내 삶의 자신감!!

이 책 한 권이면
나도 기술인이 될 수 있다.

유여사의 멋진 옷 만들기

SELF-MADE CLOTHES

저자 兪 次 順

여러분을 2편으로 다시 뵙게되어 대단히 반갑습니다.
1편인 "유여사의 실무 옷수선"을 낸 후 저의 책을
사랑해 주신 분들이 원하시는 것이 무엇인가를 생각하며
2편인 "유여사의 멋진 옷 만들기"를 출간하게 되었습니다.
30여년 동안 쌓고 경험해 온 최고의 지식을
이제는 여러분과 같이 나누어야겠다는 마음으로 최선을 다하여
집필하였습니다.

사람들은 저마다 가지고 있는 소질이 다릅니다.
이 책을 만나는 분들은 손재주와 응용력에 있어
남다른 재주가 있을 것입니다.
2편인 "유여사의 멋진 옷 만들기"를 꼼꼼히 보시고
자주 접하게 되면 나만의 멋진 기술을 익힐 수 있음을 확신합니다.
초보자들도 알기 쉽게 재단에서부터 재봉, 마무리까지
수록되어 있으며, 관심있는 분들은 쉽고 멋진 기술을 배울 수
있도록 되어 있습니다.
이 책으로 많은 분들이 옷 만들기의 기술을 익혔으면 합니다.
앞으로도 여러분들이 원하는 것이 무엇인가를 느껴보며
열심히 노력하겠습니다.
많은 성원을 해 주신 분들께 감사의 말씀 드립니다.

저자 **유 차 순** 올림

How to Make

CONTENTS

01 치마 만들기 Making Skirts

02 바지 만들기 Making Pants

03 블라우스 만들기 Making Blouses

CONTENTS

Making Skirts
Making Pants
Making Blouses
Making Dresses
Making Jackets
Making Coats

Making Skirts

치마만들기

* 3단 고무단 치마

3단 고무단 치마

01 3단 고무단 치마

종이 재단하기

■ 신체치수
- 허리둘레 – 29인치(74cm)
- 엉덩이둘레 – 37인치(94cm)
- 치마길이 – 24인치(61cm)

■ 필요옷감
- 44인치 폭(112cm) – 2마(180cm)
- 60인치 폭(152cm) – 1마 8치(160cm)

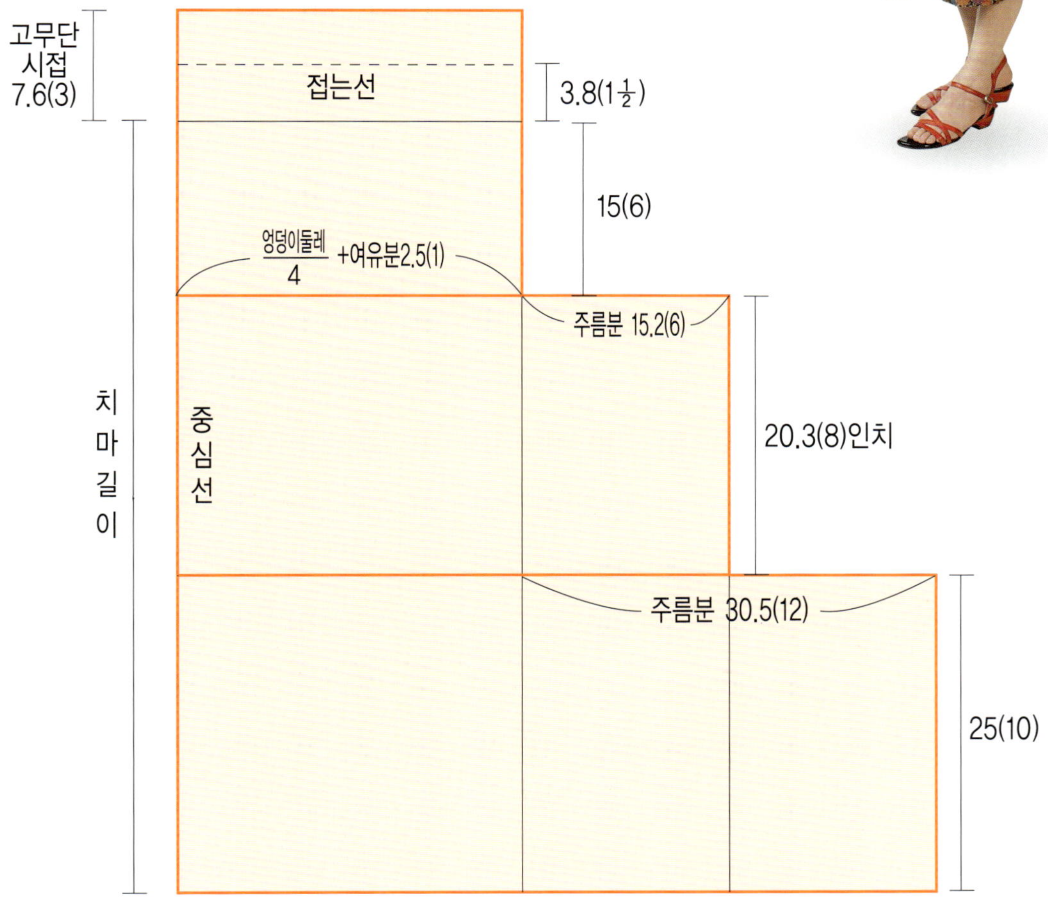

※ 주황색선은 절개선임

※ 단위 cm, 괄호안 inch임

01 3단 고무단 치마

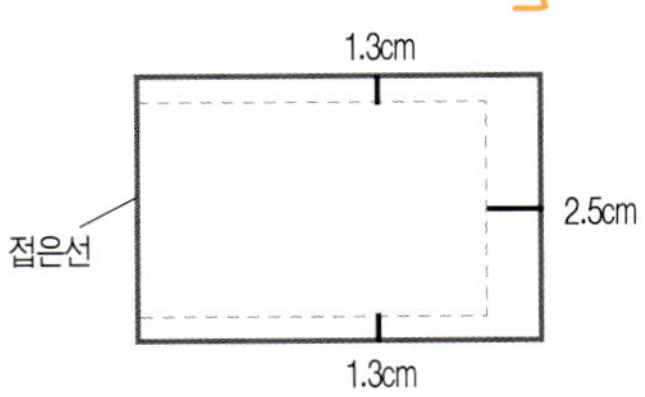

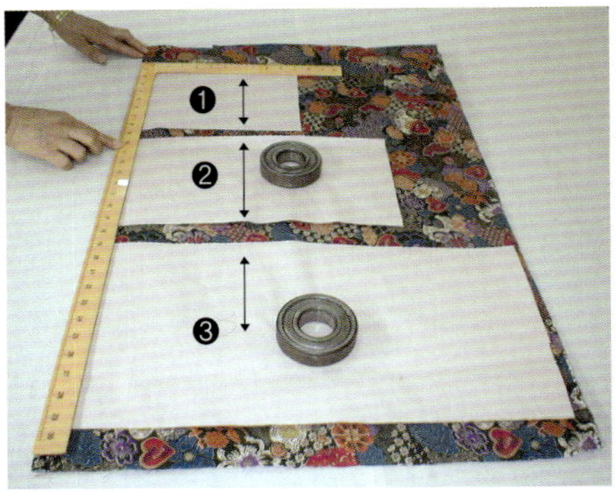

1 자리배치

절반으로 접은 원단은 아래 위 폭의 간격을 맞추고 종이재단을 올려 직선을 기준으로 직각을 구한 후 천 재단을 한다. 시침질을 한 후 가로시접 1.3cm($\frac{1}{2}$inch)과 세로시접 2.5cm(1inch) 주고 자른다.

2 주름선 박음질

1의 ①윗면은 그대로 두고 ②와 ③은 위로 2줄 박음선 0.3cm($\frac{1}{8}$inch) 간격을 주어 바늘땀이 느슨하게 박음질한다.

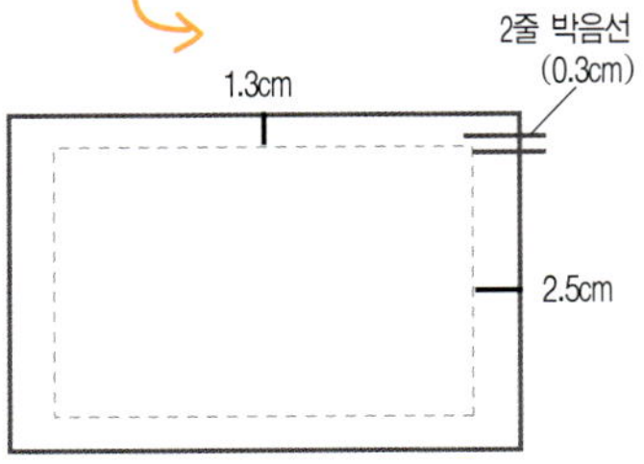

3 치마 주름 만들기

2줄의 실을 당겨 잔주름을 만든다.

4 주름잡힌 모양

잔주름을 잡은 모양이다.

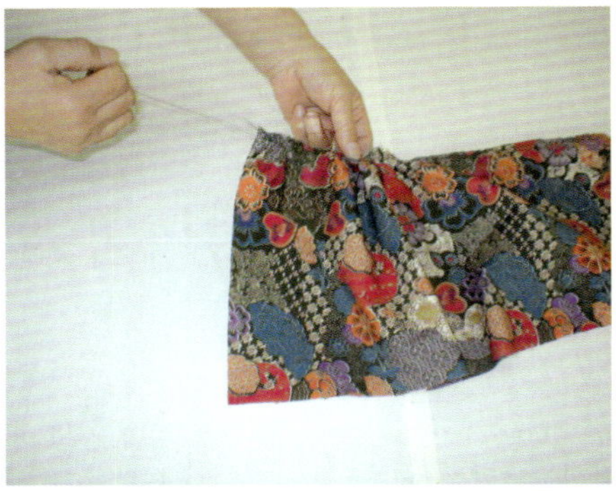

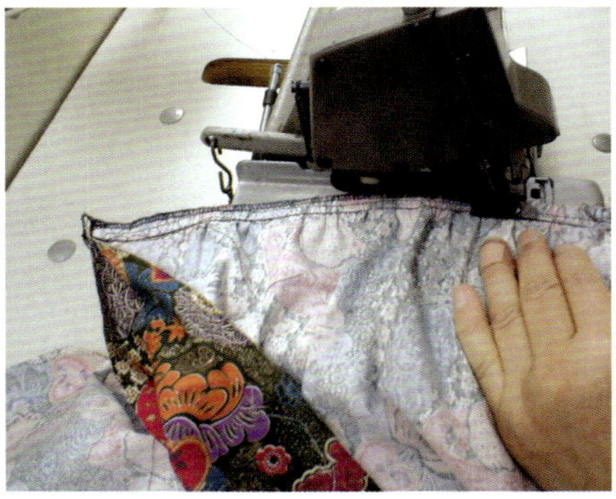

5 위, 아랫면 연결

주름이 없는 면은 밑에 두고 주름이 있는 면을 위에 올려 겉과 겉이 마주 보게 한 후 송곳으로 주름을 고르게 잡아가며 박음질한다.

6 위, 아랫면 오버룩 처리

연결 박음질한 뒤 맞잡고 오버룩 처리한다.

7 위, 아랫면 고정 박음질

옷의 겉쪽에서 아랫면 시접을 위쪽으로 보게하여 박음선 위로 눌림 박음질을 해준다.

01 3단 고무단 치마 <<<

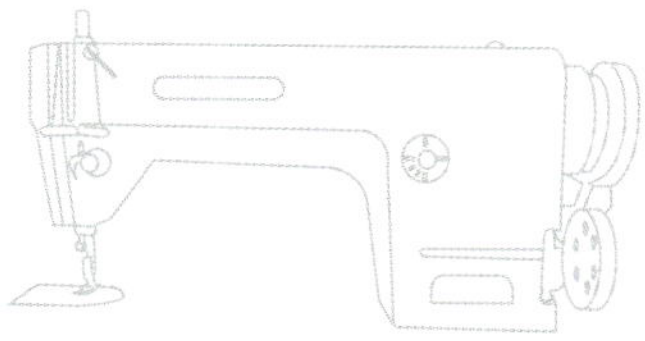

8 옆선 박음질

앞, 뒷면을 마주잡고 박음질한다.

9 옆선 오버룩 처리

박음질된 옆선을 오버룩 처리 한다.

10 옆선 다림질

옆선을 한쪽으로 눕혀 다림질한다.

11 기장 박음질

기장 끝을 1.3cm($\frac{1}{2}$inch)정도 말아 박음질하고 2cm($\frac{3}{4}$inch) 너비로 한번 더 말아 박음질한다.

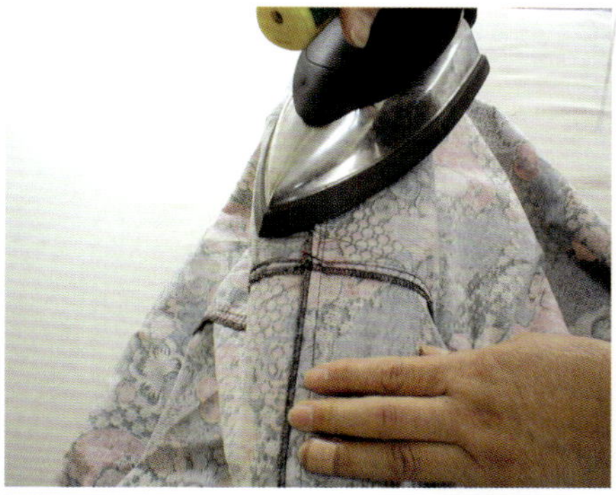

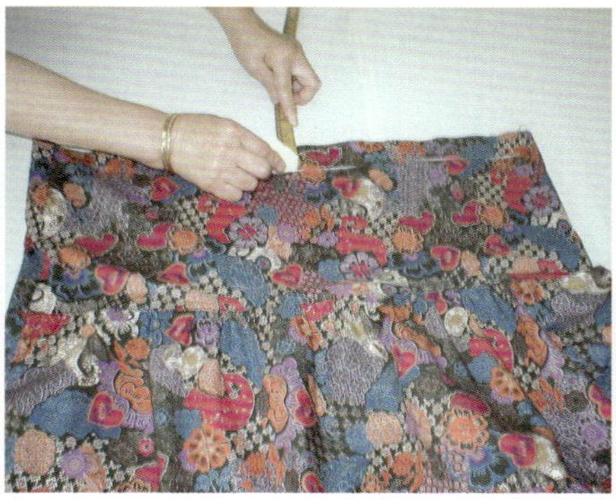

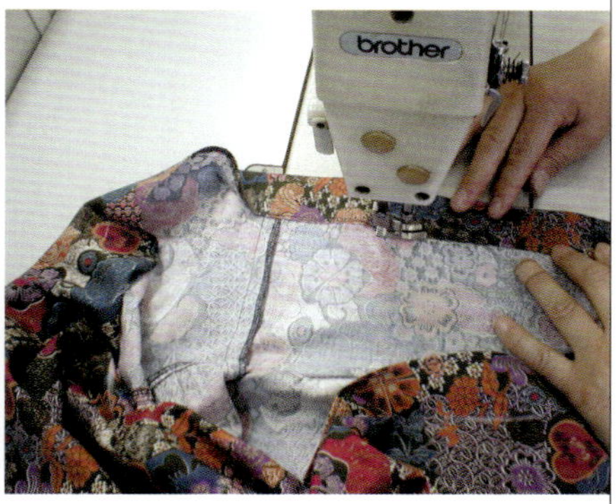

12 고무단 허리 만들기 ①

고무단을 끼워 줄 옷의 윗부분에 0.6cm($\frac{1}{4}$inch) 접어 박음질한다.

13 고무단 허리 만들기 ②

박음질 된 끝에서 3.8cm($1\frac{1}{2}$inch) 내려 표시한다. ➔3.2cm($1\frac{1}{4}$inch) 고무단을 끼우기 위해 여유분을 함께 준 치수

14 고무단 허리 만들기 ③

표시선을 따라 접고 고무단을 끼울 틈은 5cm(2inch)정도 띄우고 박음질한다.

01 3단 고무단 치마

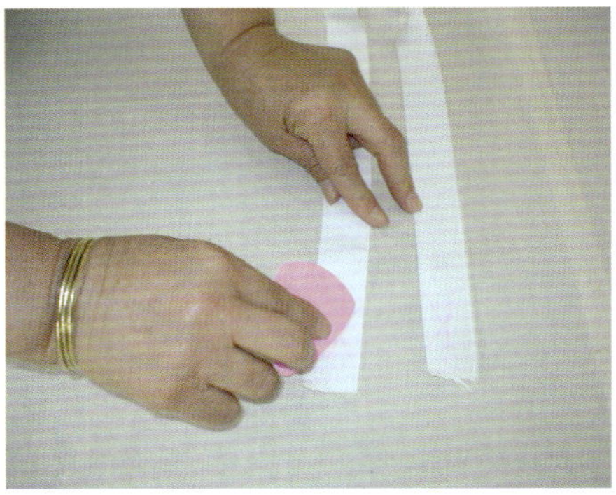

15 고무단 표시

끼워서 서로 연결할 때 꼬이지 않도록 고무단의 같은면 끝에 표시를 해 둔다.

➔허리둘레 – 12cm(4 inch)고무단 준비

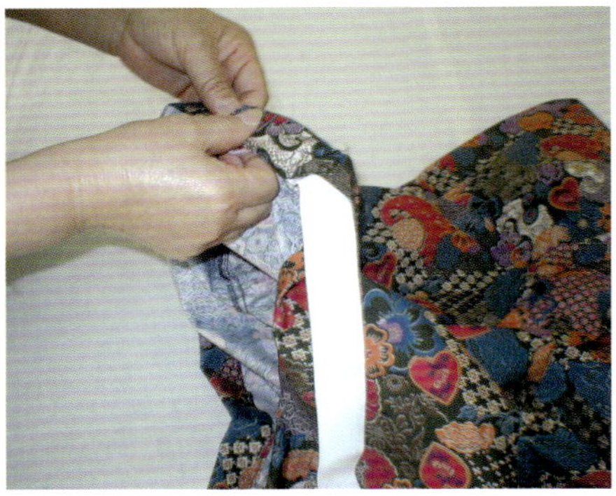

16 고무단 끼우기

고무단을 끼워준다.

17 고무단 연결

고무단을 끼워서 표시된 면끼리 연결해 준다.

18 트임 박음질

허리 고무단을 넣기 위해 박음질하지 않은 틈을 메워준다.

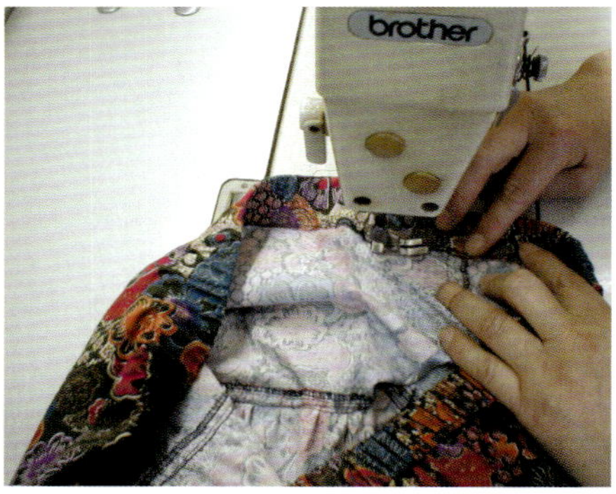

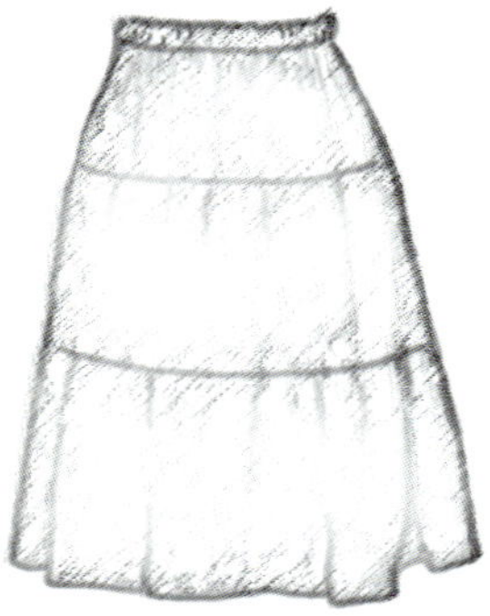

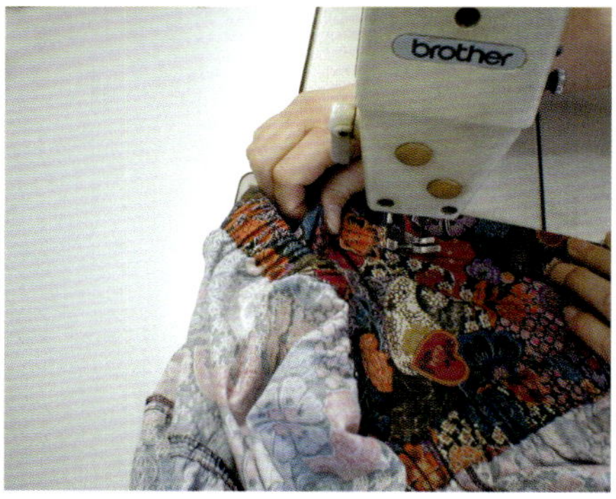

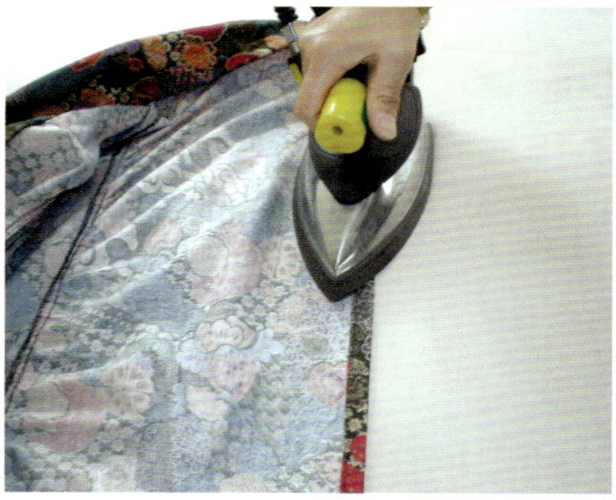

19 고무단 고정

옷의 겉쪽에서 처음 박음질된 선 위로 0.6cm($\frac{1}{4}$inch) 올려 고무단 위에서 당겨가며 함께 고정 박음질한다.

20 마무리 다림질

기장선과 옆선을 마무리 다림질 한다.

21 완성

완성

How to Make

3단 고무단 치마 만들기
플레어 치마 만들기
뒤트임 치마 만들기
투라인 치마 만들기

치마재단순서

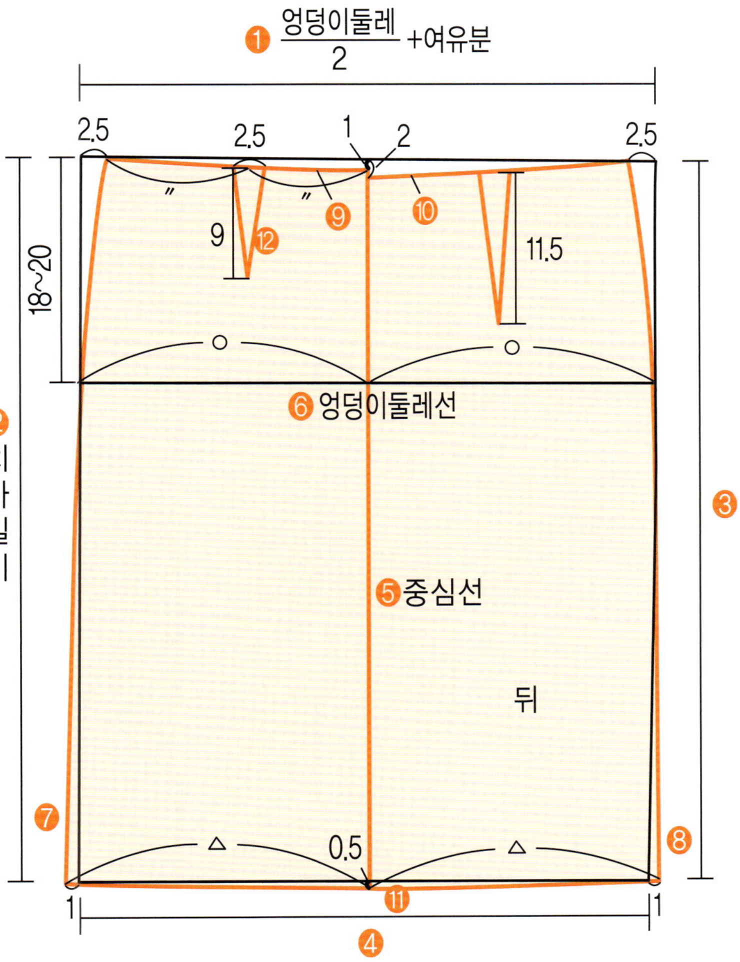

※ 주황색선은 절개선임

※ 단위 : cm

You Tip

▸ 허리둘레에 비해 엉덩이둘레가 클때

① 다아트 분량을 최대로하되 3.8cm($1\frac{1}{2}$inch)를 넘지 않게 한다.

② 다아트 갯수를 추가 시킨다.

Making Skirts
Making Pants
Making Blouses
Making Dresses
Making Jackets
Making Coats

Making Skirts

치마만들기

* 플레어 치마

플레어 치마

02 플레어 치마

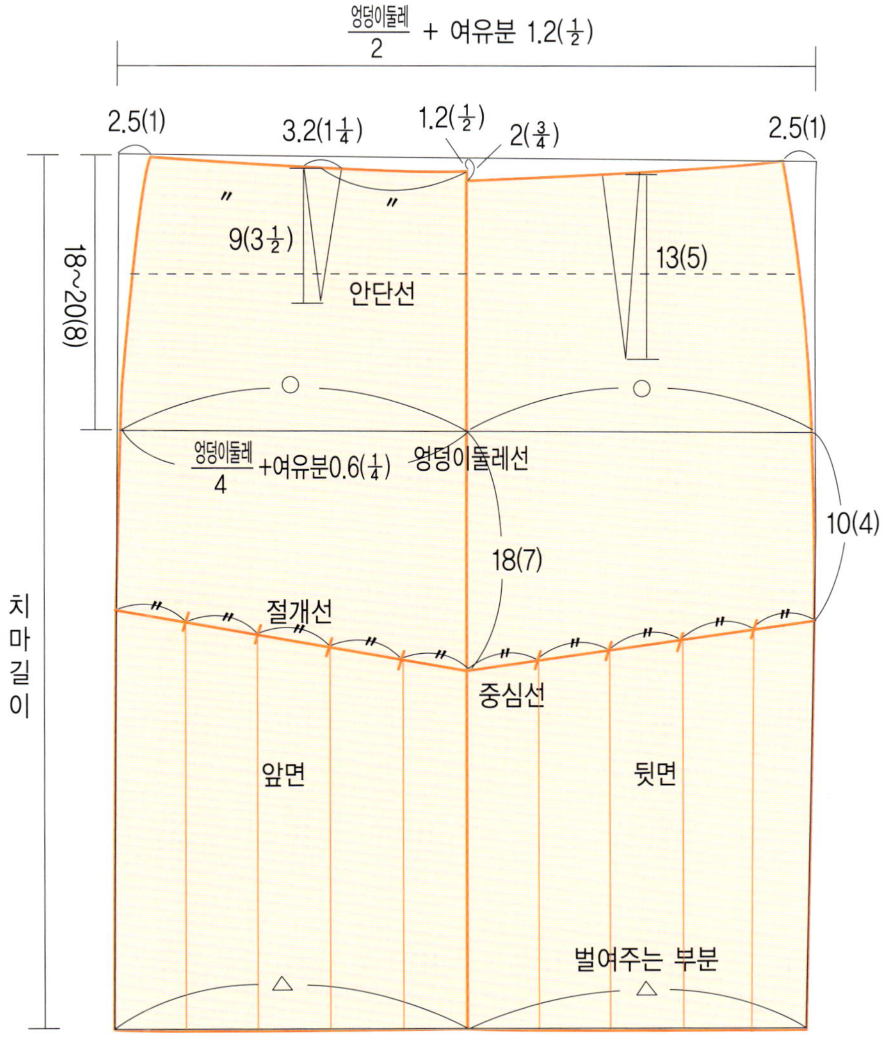

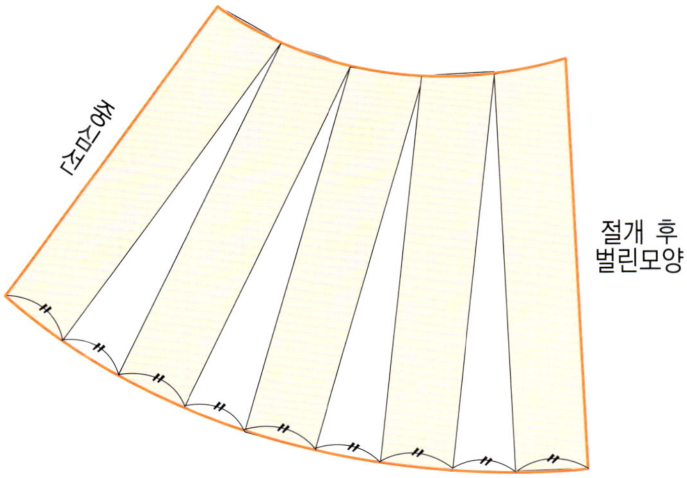

종이 재단하기

■ 신체치수
- 허리둘레 – 29인치(74cm)
- 엉덩이둘레 – 37인치(94cm)
- 치마길이 – 24인치(61cm)

■ 필요옷감
- 44인치(112cm) 폭 – 2마(180cm)
- 60인치(152cm) 폭 – 1마 5치(120cm)

※주황색선은 절개선임 ※단위 cm, 괄호안 inch임

02 플레어 치마

1 종이재단 변형

치마 아래를 살짝 벌리는 플레어치마로 아랫부분을 절개하여 사진과 같이 5등분한다.

2 치마 아래 폭 벌리기 ①

밑판에 종이를 놓고 아래로 벌려 줄 일정한 치수를 정한다. ➔본 치마는 절개 사이 간격 5cm(2 inch)를 두었다.

3 치마 아래 폭 벌리기 ②

일정한 간격을 유지시키며 풀을 이용해 붙여 치마의 형태를 만들어 준다.

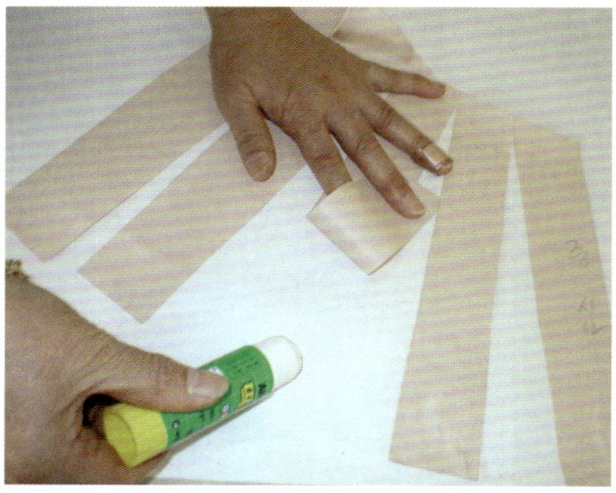

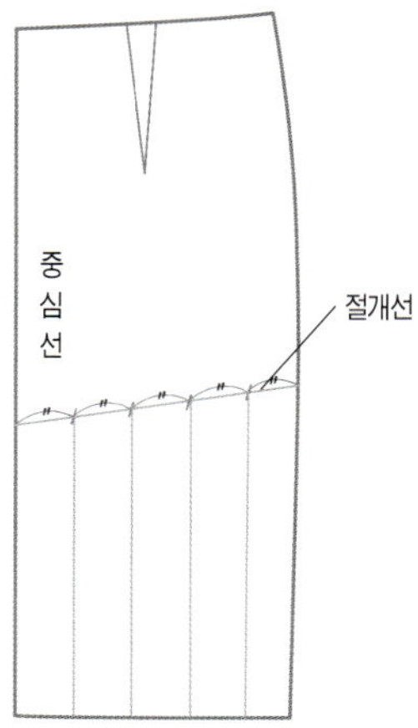

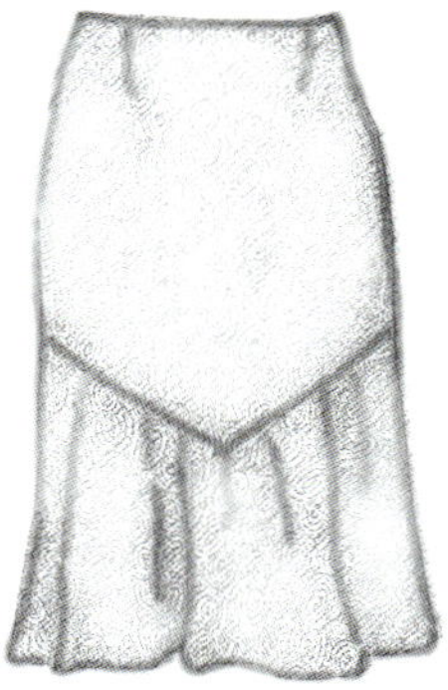

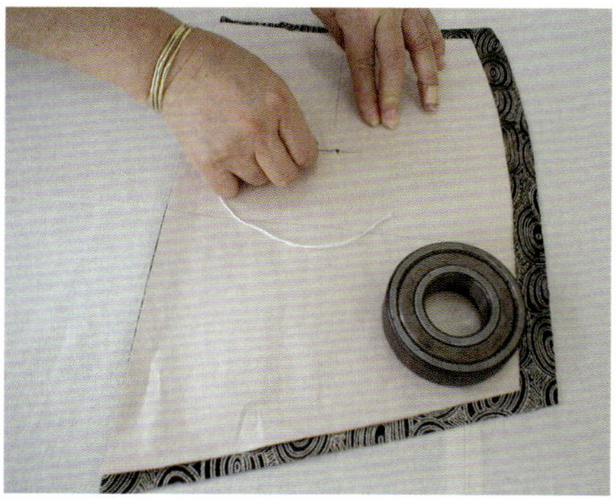

4 자리배치

절반으로 접은 원단에 재단 자리를 정해 본다. ➔대략의 천의 쓰임을 보기 위함.

5 뒷면 천 재단

재단이 될만큼 접어준 후 아래, 위 폭의 간격을 맞추고 종이 재단을 놓아 엉덩이 둘레선을 기준으로 직각을 구한 후 천 재단을 한다.

6 시침뜨기

종이 재단을 놓고 천 재단을 하여 시침뜨기를 해 준다. 밑 시접은 1cm($\frac{3}{8}$inch), 옆선 시접은 3.2cm(1$\frac{1}{4}$ inch), 허리 시접은 1cm($\frac{3}{8}$inch)로 둔다.

02 플레어 치마 <<<

7 시침 가르기

윗면을 살짝 들어 시침 가르기를 해 준다.

8 연결 박음질

앞·뒷면, 위와 아래 폭을 마주잡고 박음질한다.

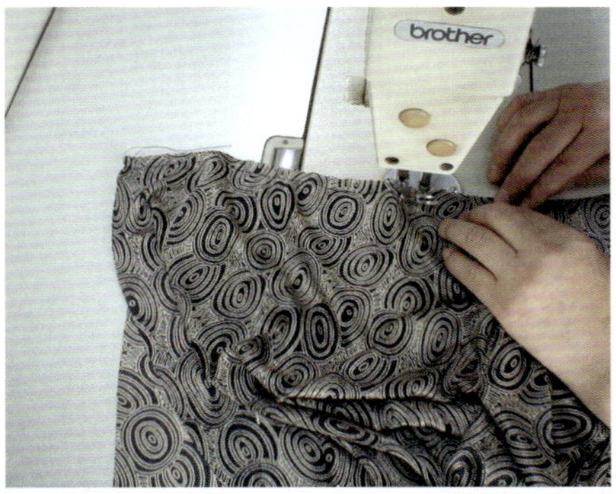

9 오버룩 처리

위, 아래 박음질한 부분과 옆선 시접을 오버룩 처리한다.

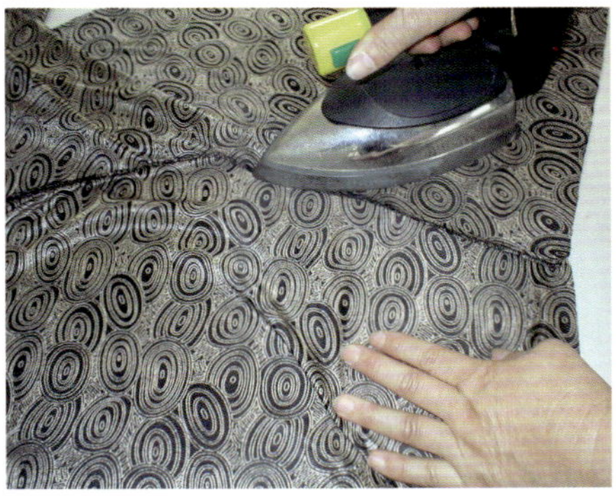

10 다림질

아래, 위폭을 붙여 박음질한 시접을 옷의 위로 눕혀 다림질 한다.

11 옆선 박음질

왼쪽 지퍼 달 자리치수 15~18cm(6~7inch)를 띄워 두고 양쪽 옆선을 붙여 박음질 한다.

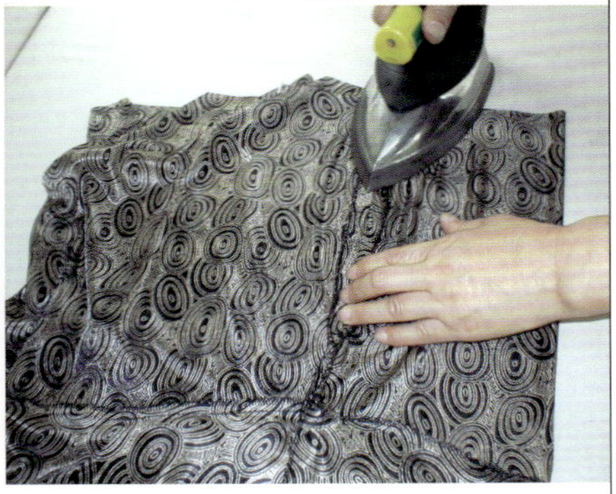

12 옆선 다림질

옆선을 양쪽으로 눕혀 다림질 한다.

02 플레어 치마

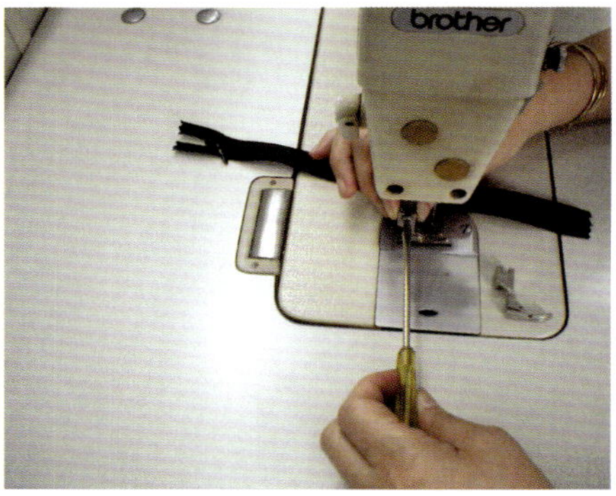

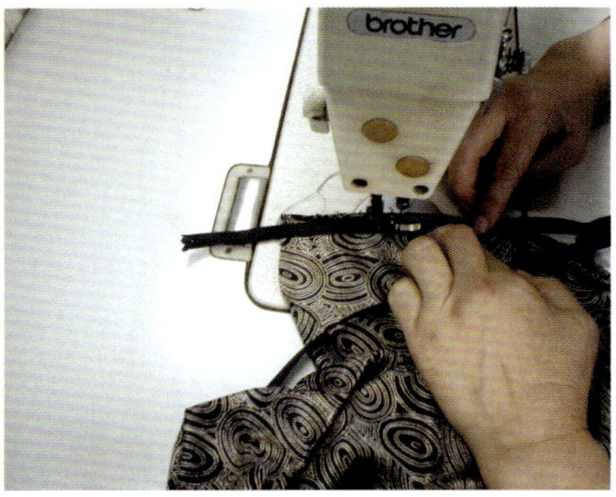

13 노루발 교체

옆선에 숨은 지퍼를 달기위해 외 노루발로 교체한다.

14 숨은 지퍼달기 ①

옷의 앞면 시접을 펴서 시접 다림선 위로(겉과 안의 경계선) 지퍼이를 놓고 노루발을 바짝 붙여 위에서 아래로 박음질 한다. 이때 옷의 겉과 지퍼의 겉이 마주보게 하고 밑쪽으로 지퍼 여유분 5cm(2inch) 준다.

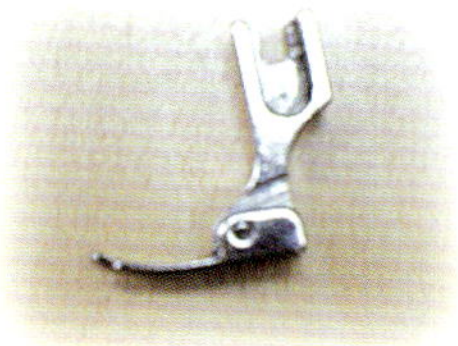

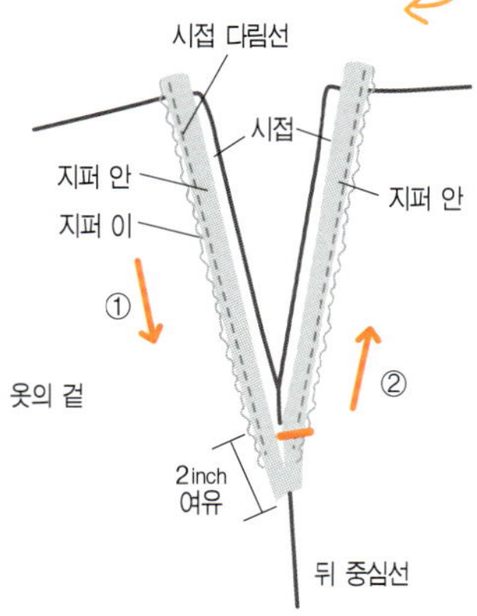

15 숨은 지퍼달기 ②

한쪽 지퍼를 달고 나서 지퍼를 잠궈 박음선 끝으로 지퍼와 시접에 같은 표시를 해 준다. ➔지퍼 이가 어긋나지 않게 함.

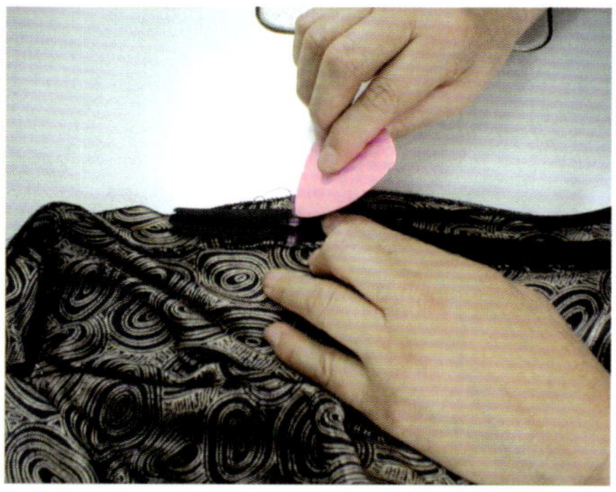

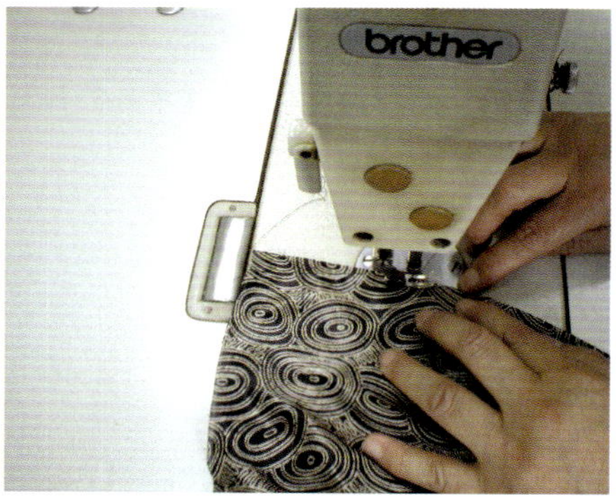

16 숨은 지퍼달기 ③

지퍼를 열고 반대편의 시접을 펴서 겉과 안의 경계선에 지퍼이를 두고 밑에서 표시선에 맞추어 노루발을 바짝 붙여 위쪽으로 박음질한다.

17 다아트 박음질

허리부분의 앞, 뒷면 다아트를 박음질한다.

02 플레어 치마

18 허리 치수 확인

허리 치수를 확인한다.

19 다아트 시접 다림질

앞, 뒤 다아트 시접을 서로 마주 보게 다림질 해 준다.

20 허리둘레 접착싱 돌리기

노벨트로 처리할 허리부분의 늘어짐을 방지하기 위해 너비는 1.3cm($\frac{1}{2}$ inch), 길이는 허리둘레 치수로 접착싱을 잘라 접착이 되는 부분을 옷의 안쪽으로 하여 박음질한다.

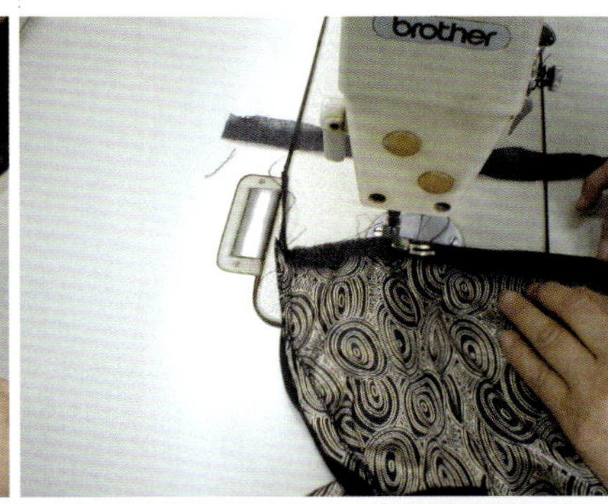

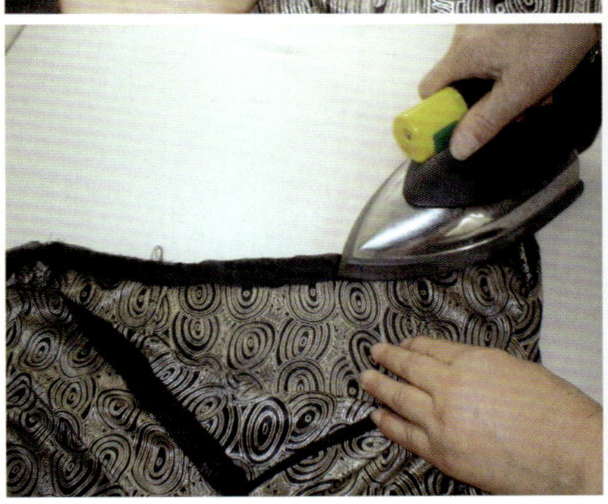

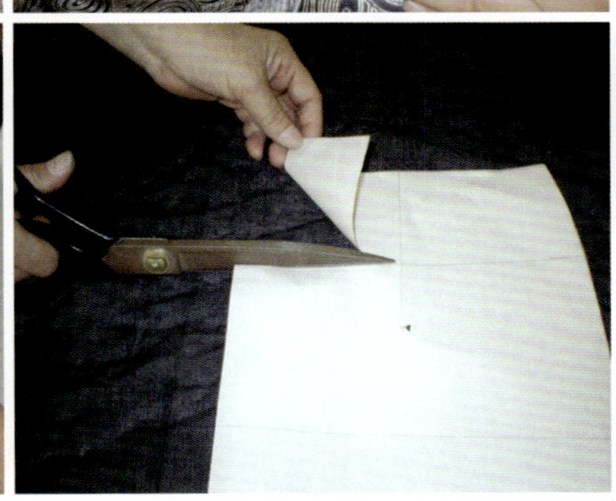

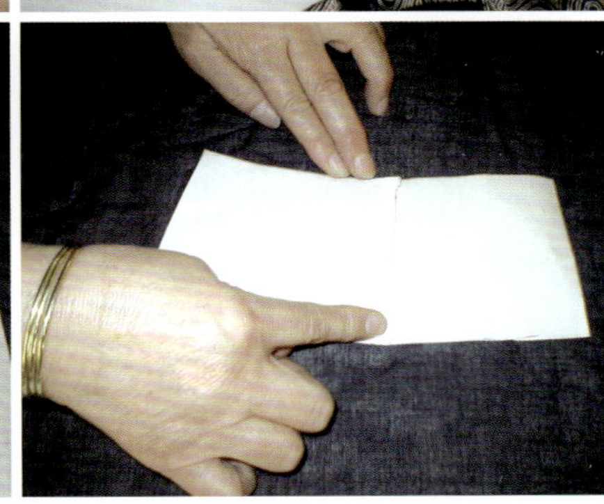

21 허리 접착싱 다림질

박음질된 허리둘레의 접착싱을 살짝 눌러 다림질한다.

22 허리 안단 만들기

천 재단을 하고 난 종이 재단지를 노벨트의 허리 안단을 만들기 위해 표시된 안단부분을 잘라 준다.

23 허리 안단 접착싱 뜨기

종이재단을 잘라 다아트를 접어 허리안단을 만든 후 겉감의 천과 허리 접착싱을 준비한다.

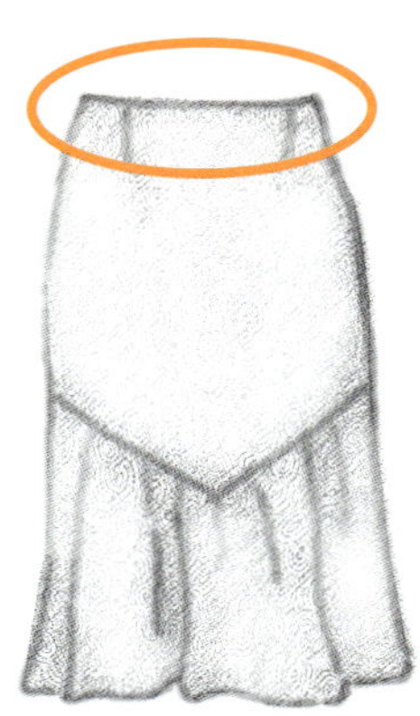

02 플레어 치마

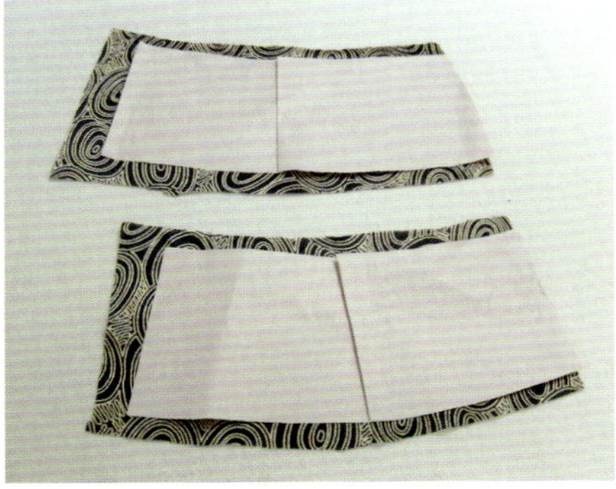

24 허리 접착심

절반으로 접은 앞, 뒷면의 허리 안단의 접착심을 준비한다.

25 허리 안단 준비

절반으로 접은 허리 안단을 겉천으로 준비한다.

26 안단 접착심 붙이기

위에서 준비한 겉천의 안단에 접착심을 다림질하여 붙인다.

27 안감 재단

허리 안단을 잘라낸 후 종이 재단지로 안감 재단을 한다. ➔겉감 재단보다 허리 안단만큼 짧아진 모양

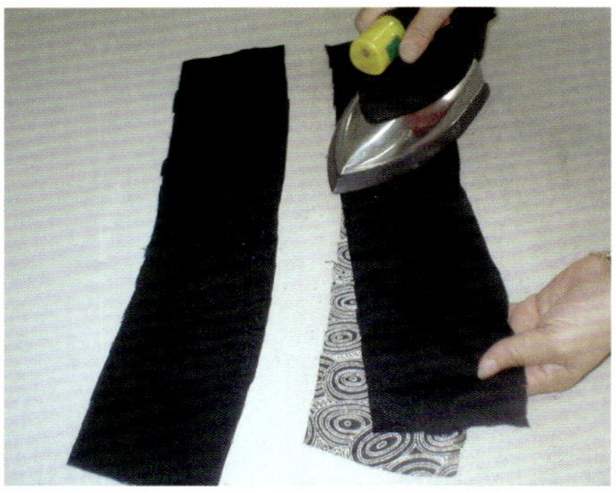

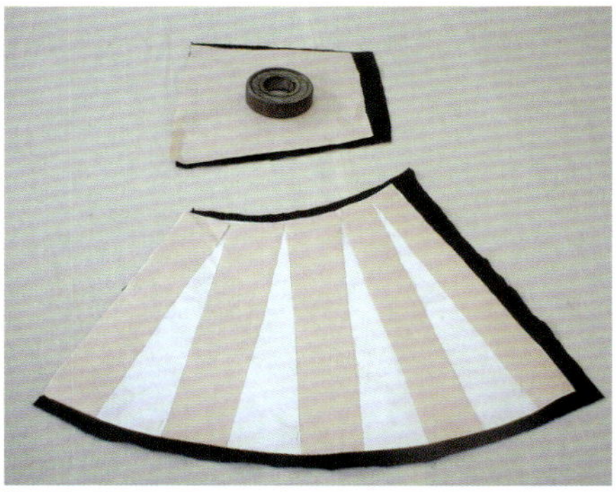

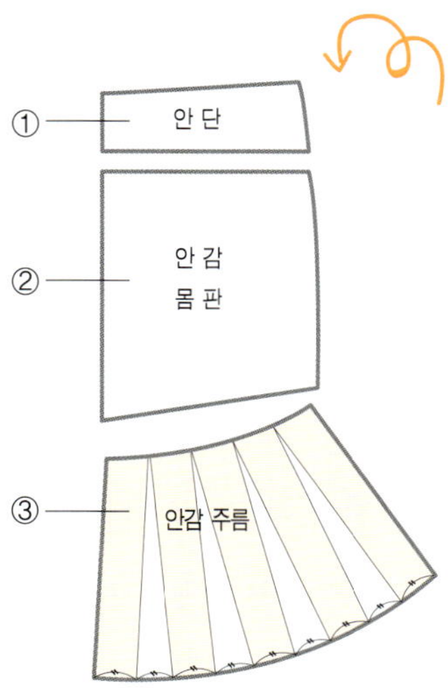

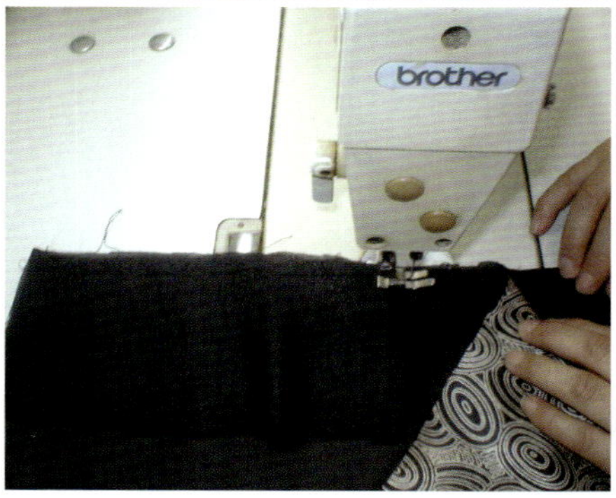

28 안감 붙이기

앞, 뒷면의 안단 ①과 안감 몸판 ②를 박음질하여 붙이고 안감 주름분 ③을 붙인다.

29 안감 오버룩 처리

안감의 연결 박음선 모두 오버룩 처리한다.

02 플레어 치마

30 안감 가로선 다림질

옷의 위쪽을 작업자의 오른쪽으로 두고 시접은 아래로 보게 눕혀 다림질한다.

31 안단 눌림 박음질

다림질 후 안감의 겉에서 안단 ①과 안감의 몸판 ②를 붙인 박음선 위로 눌림 박음질한다.

32 안감 옆선 박음질

달려있는 왼쪽 지퍼와 연결될 부분을 띄워 두고 앞, 뒷면 옆선 모두 마주잡고 박음질한다.

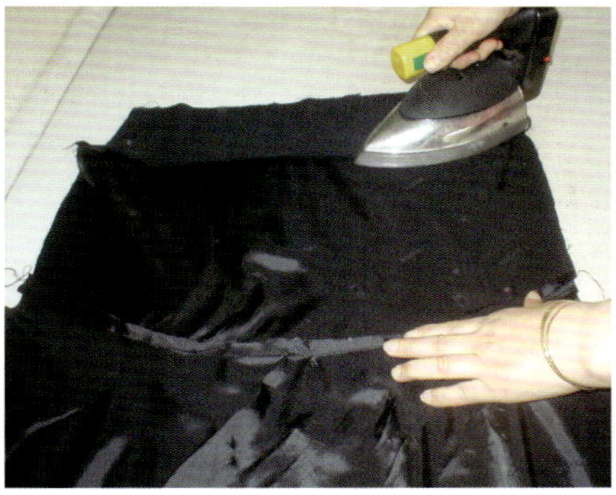

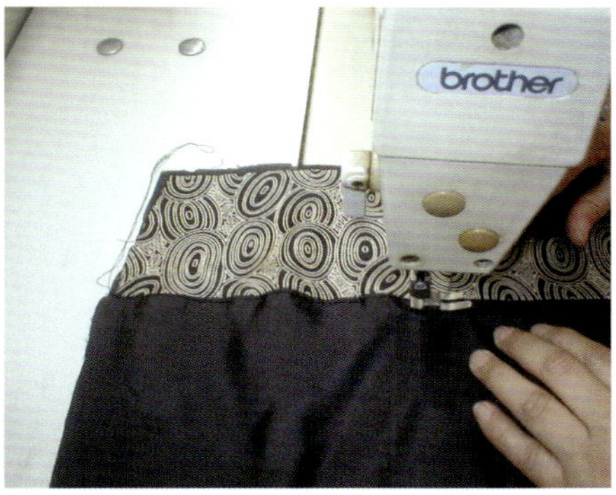

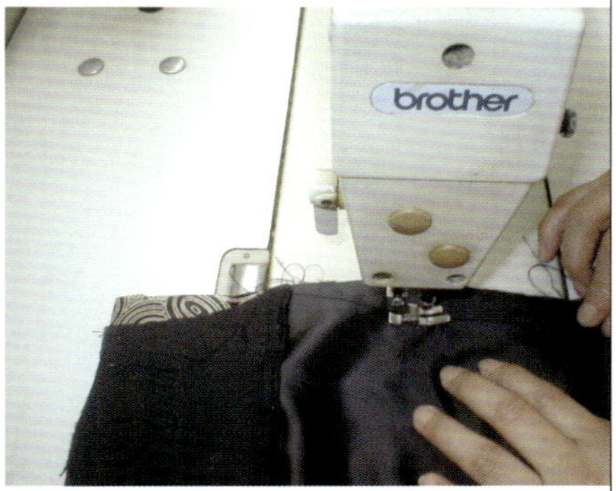

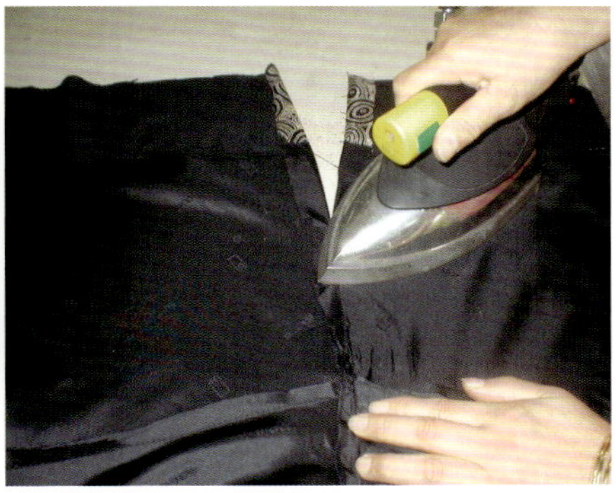

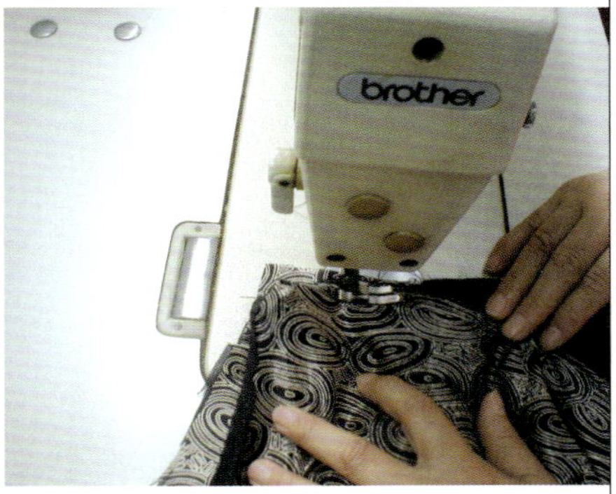

33 안감 오버룩 처리

안감의 옆선 양쪽을 오버룩 처리한다.

34 안감 다림질

안감의 지퍼 쪽의 시접은 양쪽으로 눕혀주고 지퍼 밑으로는 한쪽으로 눕혀 다림질한다.

35 겉과 안감의 지퍼 연결 박음질

겉감의 지퍼 시접에 안감시접을 아래에 놓고 겉감의 안쪽에서 박음질하여 준다.

02 플레어 치마

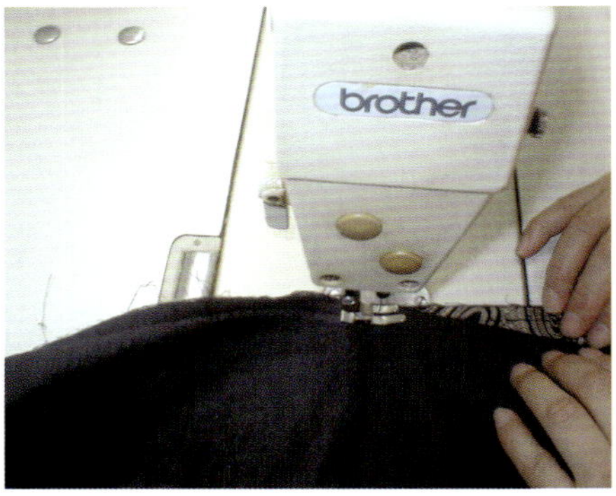

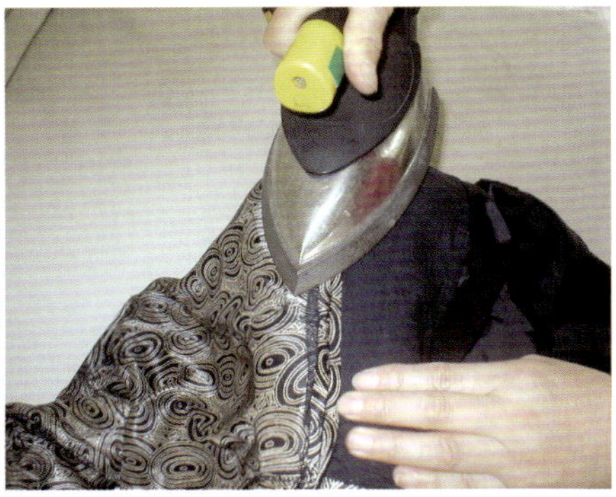

36 허리선 박음질

겉면의 겉과 안감의 겉을 마주보게하여 안감을 위에 올리고 지퍼가 달린 부분부터 허리선을 박음질한다.

37 안쪽 허리선 시접 다림질

박음질한 허리선의 시접을 우마 위에 놓고 양쪽으로 눕혀 다림질한다.

38 허리선 다림질

허리선이 안단으로 살짝 넘어오게 다림질한다.

39 허리선 눌림 박음질

겉감의 허리선에서 눌림 박음질 한다.

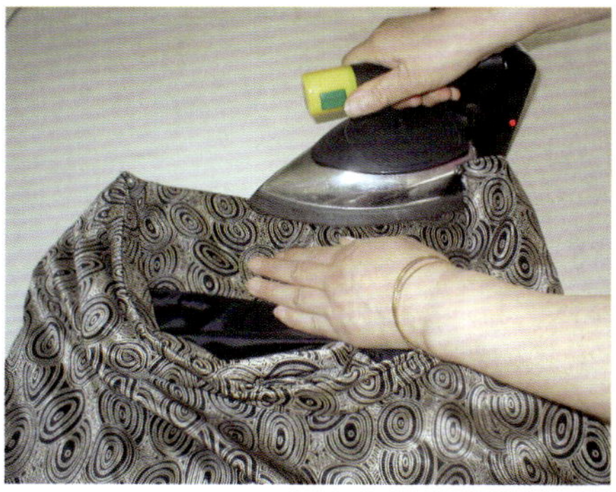

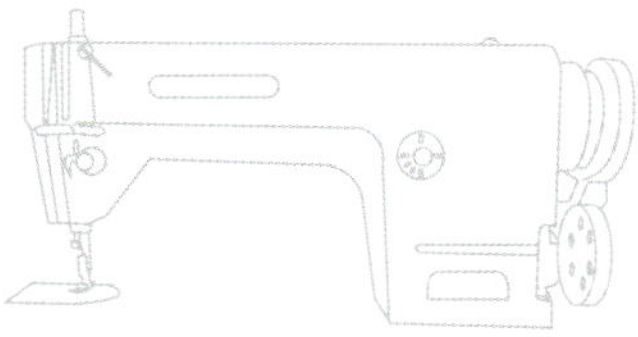

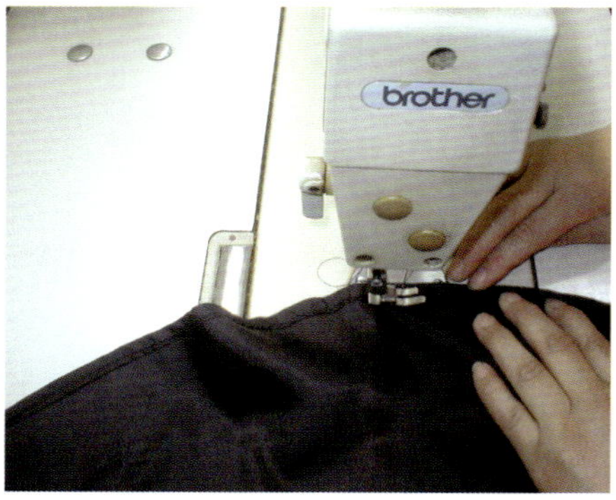

40 안감 기장 다림질

안감의 기장을 먼저 1.3cm($\frac{1}{2}$ inch)로 다림질하고 다시 말아 다림질 한다.

41 안감 기장 박음질

다림질된 안감 기장을 박음질 한다.

02 플레어 치마 <<<

42 겉감 기장하기 ①

겉감의 밑단을 0.6cm($\frac{1}{4}$inch)로 접어 박음질한다.

43 겉감 기장하기 ②

밑단을 2.5cm(1inch)로 접어 다림질한다.

44 겉감 기장하기 ③

밑폭이 넓어지는 플레어 치마이므로 밑단을 손바느질(공그르기) 한다.

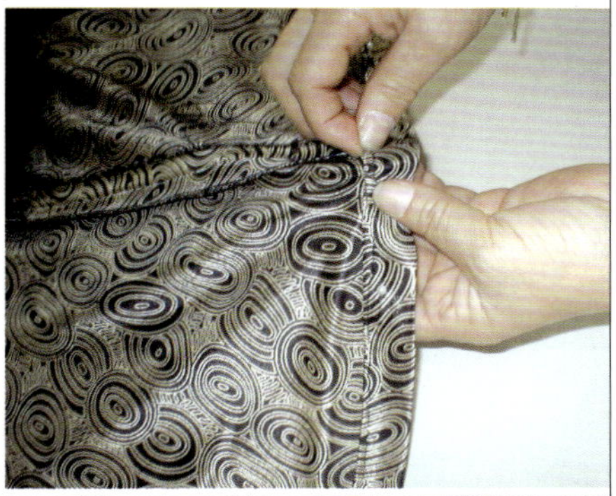

45 허리 걸고리 달기

앞쪽 끝에 걸고리를 먼저 달고 뒤쪽에 나머지 고리를 단다.

46 전체 다림질

마무리 다림질한다.

47 완성

완성

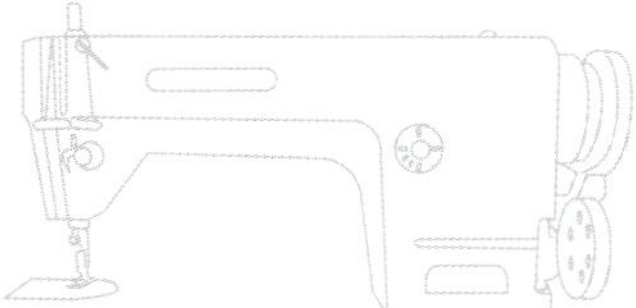

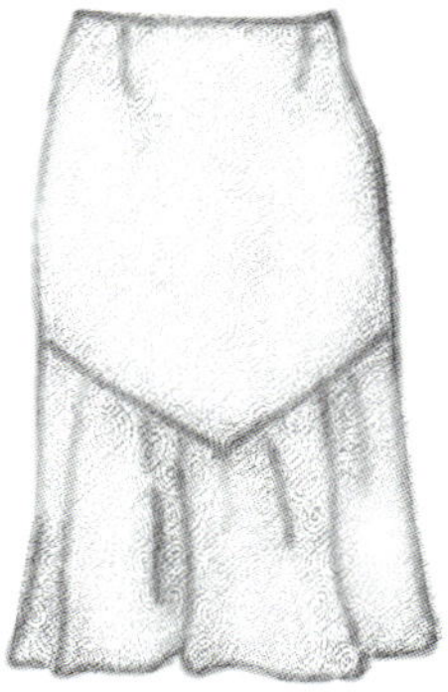

Making Skirts

치마만들기

* 뒤트임 치마

How to Make

뒤트임 치마

03 뒤트임 치마

종이 재단하기

■ 신체치수
- 허리둘레 – 29인치 (74cm)
- 엉덩이둘레 – 37인치 (94cm)
- 치마길이 – 24인치 (61cm)

■ 필요옷감
- 44인치 (112cm) 폭 – 1마 (90cm)
- 60인치 (152cm) 폭 – 8치 (72cm)

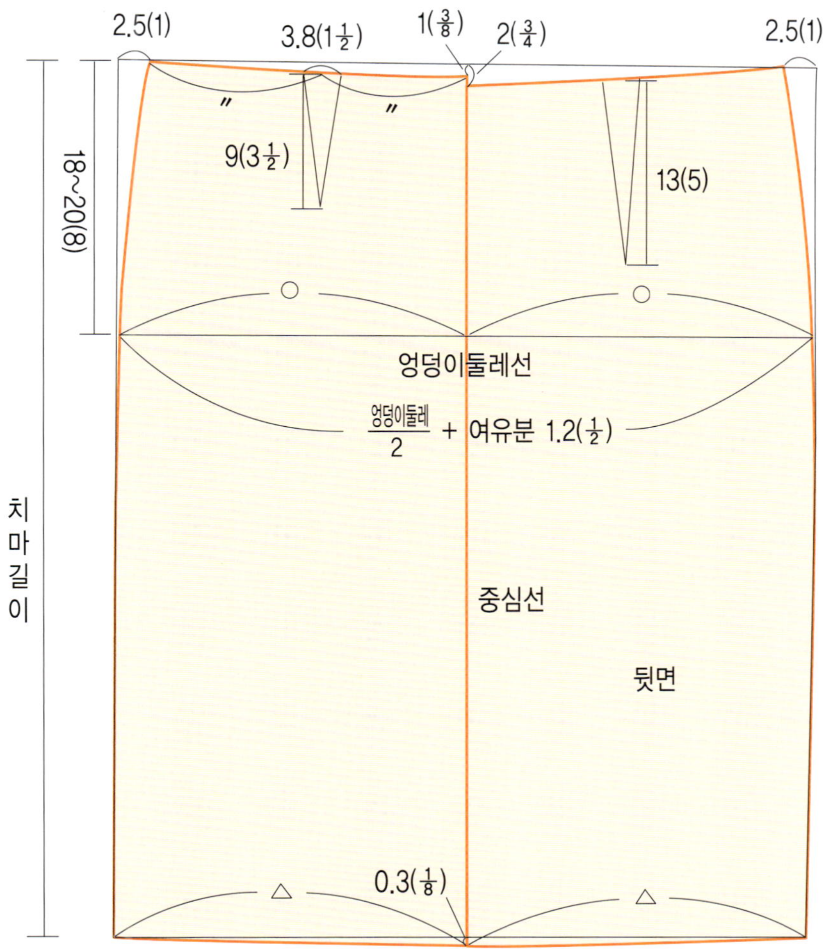

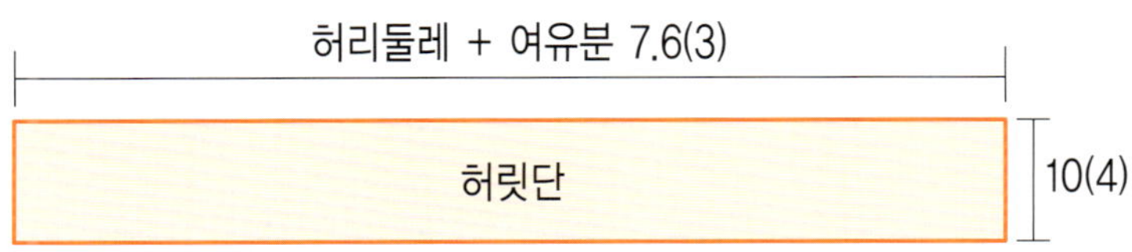

You Tip
- ▸ 얇은 천은 여유분 0.6cm($\frac{1}{4}$inch)
- ▸ 두꺼운 천은 여유분 1.2cm($\frac{1}{2}$inch)

※ 주황색선은 절개선임
※ 단위 cm, 괄호안 inch임

03 뒤트임 치마

1 자리배치

절반으로 접은 원단에 재단 종이를 올려 재단 자리를 정해본다. ➔대략의 천의 쓰임을 보기 위함.

2 천 재단

재단이 될 만큼 접어준 후 아래, 위폭의 간격을 맞추고 종이 재단을 놓아 엉덩이 둘레선을 기준으로 직각을 구한 후 천 재단을 한다.

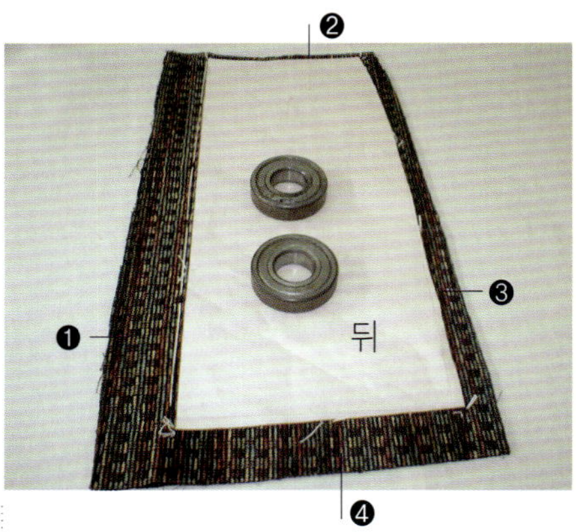

3 뒷면 시접주기

①은 뒤트임이 들어갈 부분으로 시접을 8.2cm(2$\frac{1}{2}$inch), ②는 1.3cm($\frac{1}{2}$inch), ③은 3.2cm(1$\frac{1}{4}$inch), ④는 4.5cm(1$\frac{3}{4}$inch) 둔다.

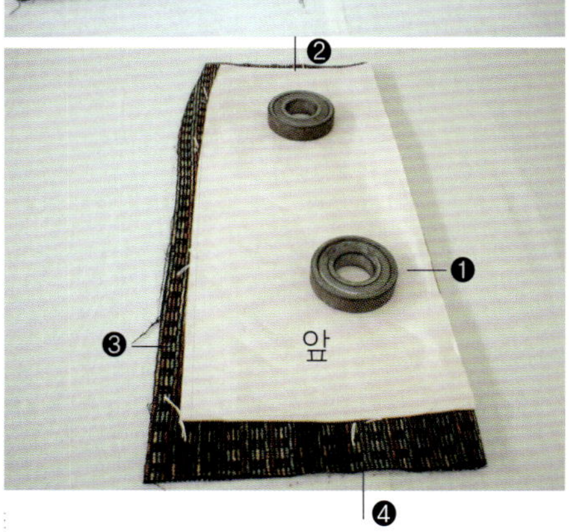

4 앞면 시접주기

앞면의 중심 ①은 접어 시접없이 두고 ②는 1.3cm($\frac{1}{2}$inch), ③은 3.2cm(1$\frac{1}{4}$inch), ④는 4.5cm(1$\frac{3}{4}$inch)로 뒷면 시접과 동일하다.

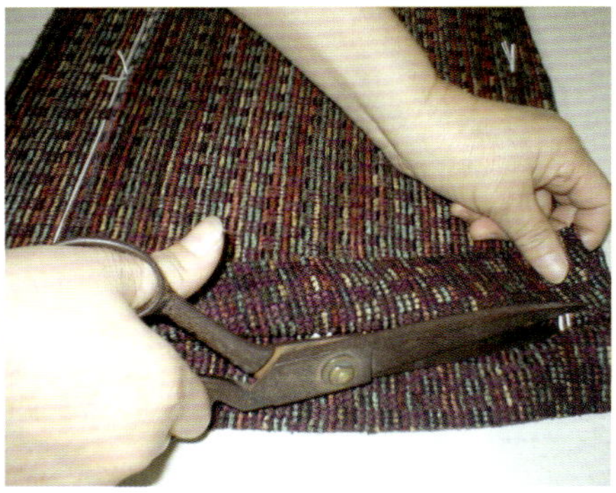

5 시침 뜨기, 시침 가르기

접어서 천 재단을 한 후 접은 천의 아래 위에 동일 표시를 하기위해 시침뜨기를 한 후 윗면을 살짝들어 시침 가르기를 해 준다.

03 뒤트임 치마 <<<

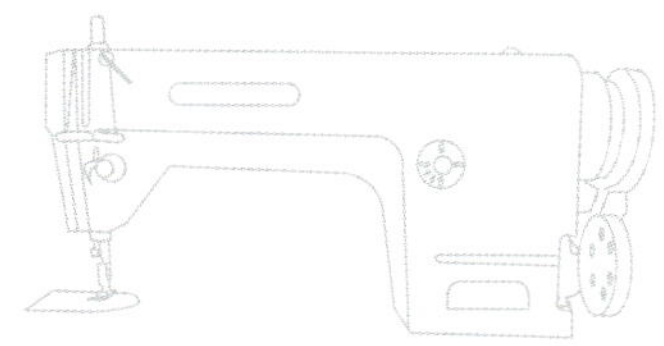

6 안감 뒷면 재단

종이 재단을 올려 기장 시접을 1.3cm($\frac{1}{2}$inch)로 하고 나머지는 뒷면의 겉감과 동일하게 시접을 두어 자른다.

7 안감 앞면 재단

앞 중심은 접어주고 앞면과 동일하게 시접을 두고 자른다.

➔기장시접 1.3cm($\frac{1}{2}$inch)

8 앞, 뒷면 오버룩 처리

옆선, 기장선을 오버룩 처리한다.

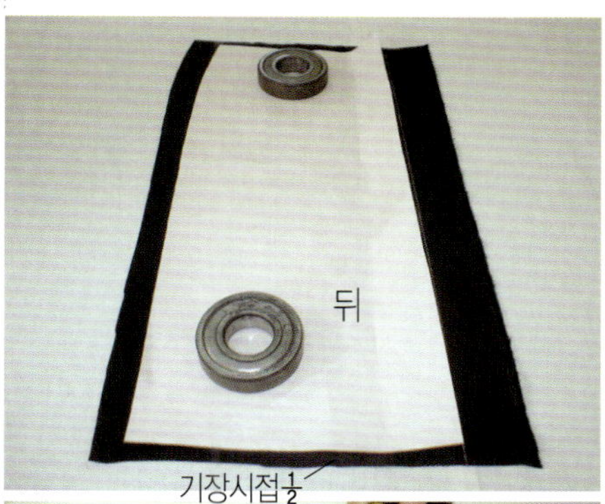

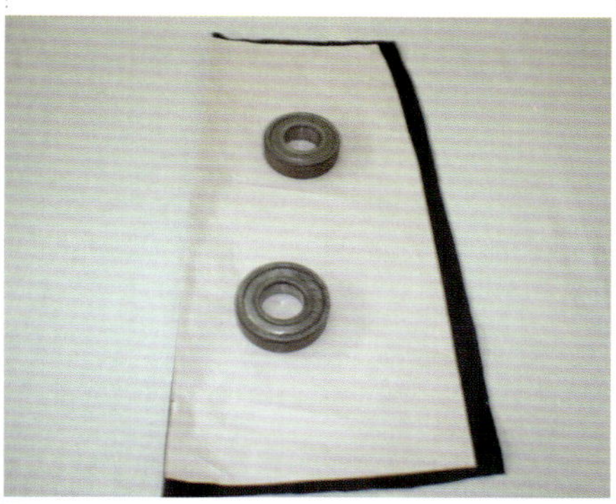

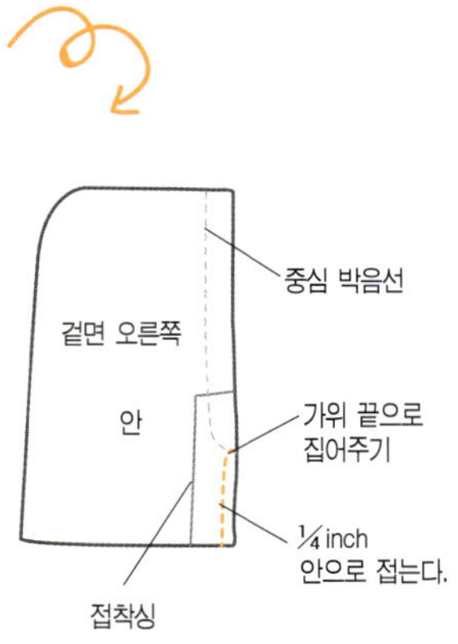

9 뒤트임 접착싱 붙이기

뒤트임 부분에 너비 12cm(4$\frac{1}{2}$inch), 길이 22cm의 접착싱을 앞뒷면에 붙여준다. 뒤트임 길이 18cm중의 끝부분 0.6cm를 안으로 접어 박음질한다.

(옷의 길이에 따라 트임길이는 달라진다.)

10 뒤트임 박음질

옷의 안에서 뒷면의 오른쪽을 위에 올려 뒤 중심선을 연결 박음질하여 내린다. 둥근 모양으로 박음질을 마무리한 후 옷의 오른쪽 뒤트임 시접 끝을 0.6cm($\frac{1}{4}$inch) 안으로 접어 박음질한다.

03 뒤트임 치마

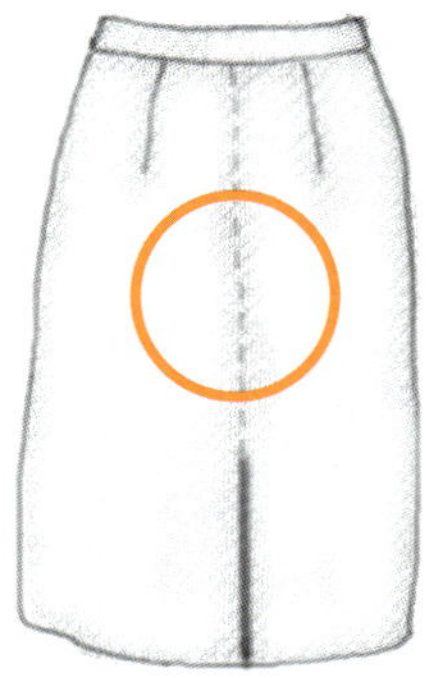

11 뒤 중심선 다림질

옷의 안에서 뒤 허리선을 작업자의 오른쪽에 두고 시접을 앞으로 눕혀 다림질한다.

12 뒤 중심선 눌림 박음질

옷의 겉에서 뒤 중심 연결 박음선 위로 눌림 박음질한다.

13 옆선박기

허리선에서 15~18cm(6~7inch) 내려 왼쪽 지퍼 달 부분을 남겨두고 옆선을 박음질한다.

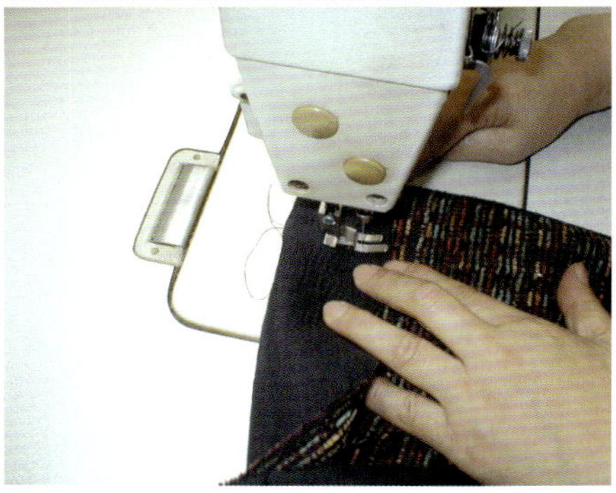

14 옆선, 기장선 다림질

옆선은 양쪽으로 눕혀 다림질하고 기장선도 다림질한다.

15 기장 뒤트임 가로 박음질

왼쪽 기장선 위의 뒤트임을 겉면으로 뒤집어 다림질된 기장선을 가로선으로 박음질한다.

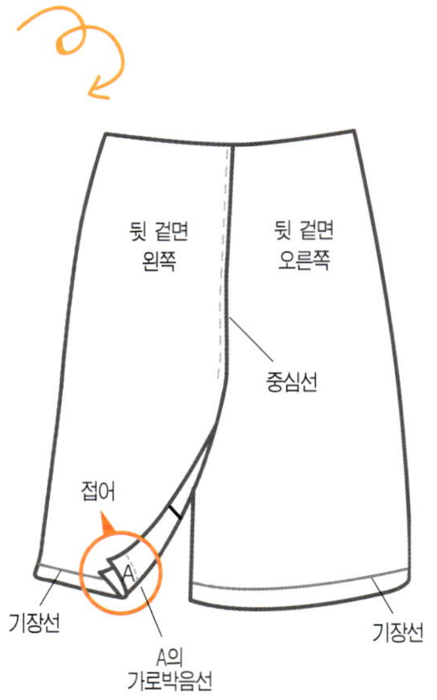

03 뒤트임 치마 <<<

16 뒤트임 다림질

박음질한 기장 가로선을 뒤집어 옷의 겉에서 다림질하고 0.6cm($\frac{1}{4}$inch) 접은 부분도 안으로 다림질하여 준다.

17 노루발 교체

옆선에 숨은 지퍼를 달기 위해 외 노루발로 교체한다.

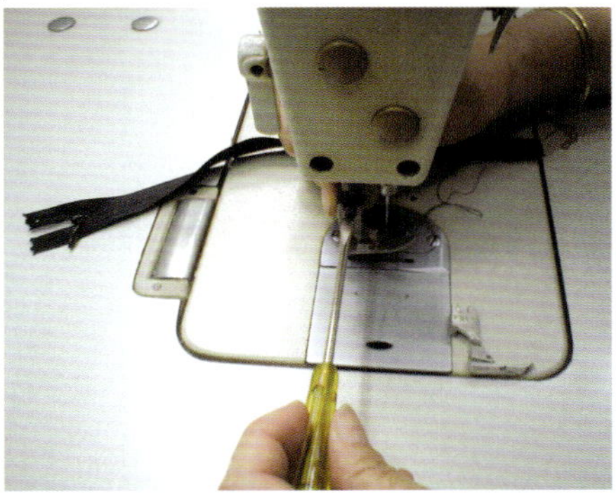

18 숨은 지퍼달기 ①

옷의 앞면 옆선 시접을 펴서 시접 다림선 위로(겉과 안의 경계선) 지퍼이를 놓고 밑 부분에 지퍼 길이 여유분 5cm(2inch)가량 남겨두고 노루발을 지퍼이에 바짝 붙여 위에서 아래로 박음질한다.

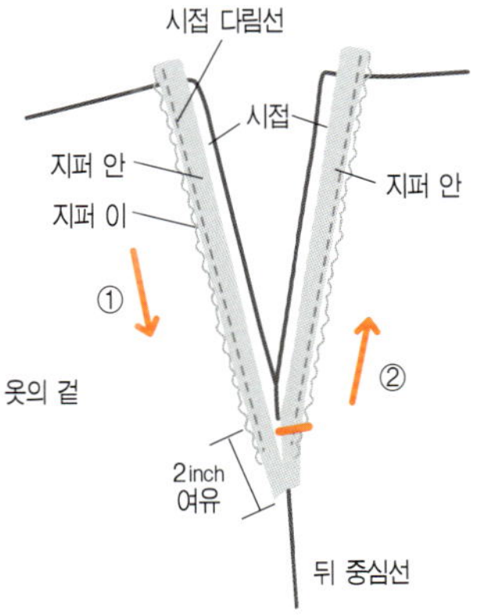

19 숨은 지퍼달기 ②

한쪽 지퍼를 달고 나서 지퍼를 잠궈 지퍼 밑 부분에 지퍼와 시접을 같이 동일 표시를 해 준다. ➔양쪽 지퍼이가 어긋나지 않게하기 위함.

20 숨은 지퍼달기 ③

지퍼를 열어 19의 시접의 표시와 지퍼 표시를 잘 맞추어 밑에서 위로 노루발을 바짝 붙여 박음질한다.

03 뒤트임 치마

21 다아트 박음질
앞, 뒤 허리 다아트를 박음질한다.

22 허리 치수 확인
허리 치수를 확인한다.

23 다아트 다림질
앞, 뒤 다아트 시접을 서로 마주 보게 다림질해 준다.

24 안감 박음질
지퍼와 연결될 부분만 남겨두고 안감 연결 박음질한다.

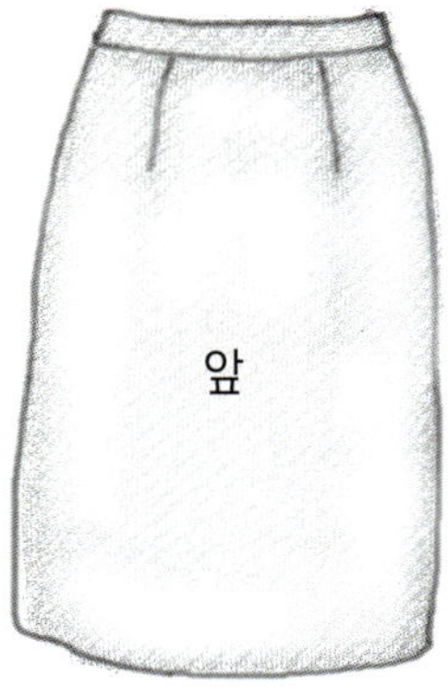

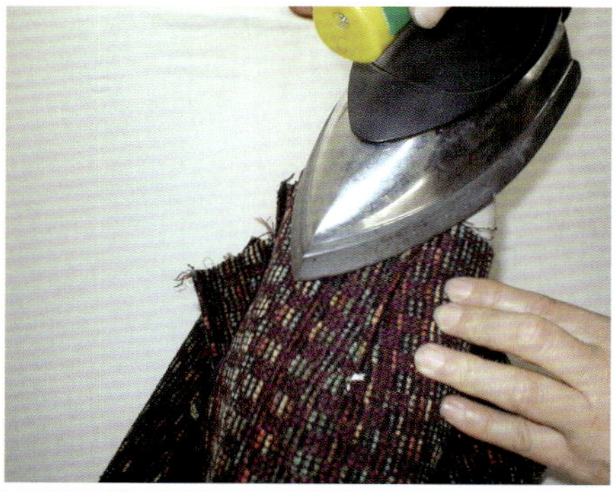

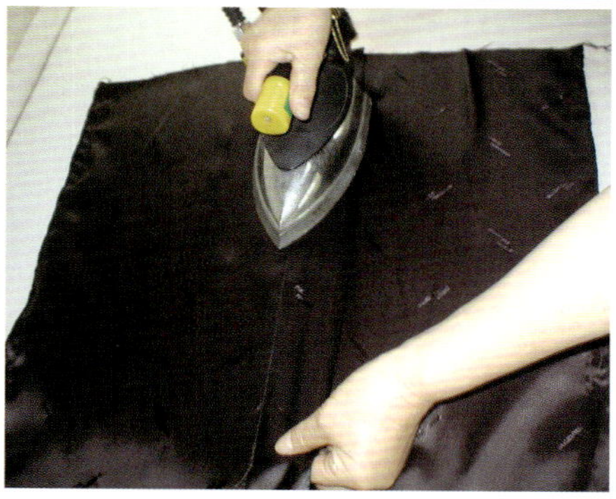

25 안감 오버룩 처리
안감의 연결 박음선 모두 오버룩 처리한다.

26 안감 다림질
안감을 다림질한다.

27 안감과 지퍼연결 박음질
옷의 안에서 안감과 맞물리게 지퍼 시접을 양쪽으로 박음질한다.

03 뒤트임 치마

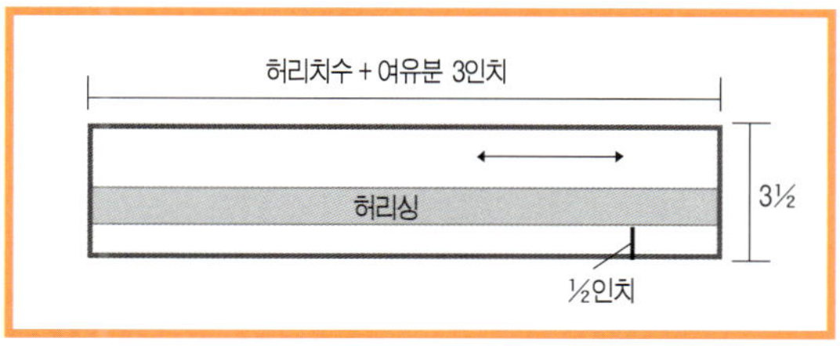

28 허릿단 만들기 ①

허릿단을 만들 천을 준비하여 위의 그림과 같이 허리싱의 접착면으로 다림질하여 눌러 허리싱을 붙인 후 아래의 1.3cm($\frac{1}{2}$inch) 시접을 허리싱 방향으로 넘겨 다림질한다.

29 허릿단 만들기 ②

허릿단을 한번 더 말아 다림질한다.

30 허릿단 만들기 ③

말아놓은 허릿단의 아래로 시접 2cm($\frac{3}{4}$inch)를 남겨두고 잘라 정리한다.

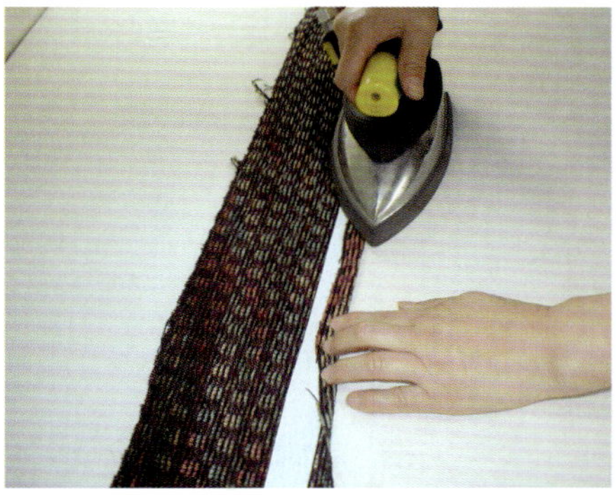

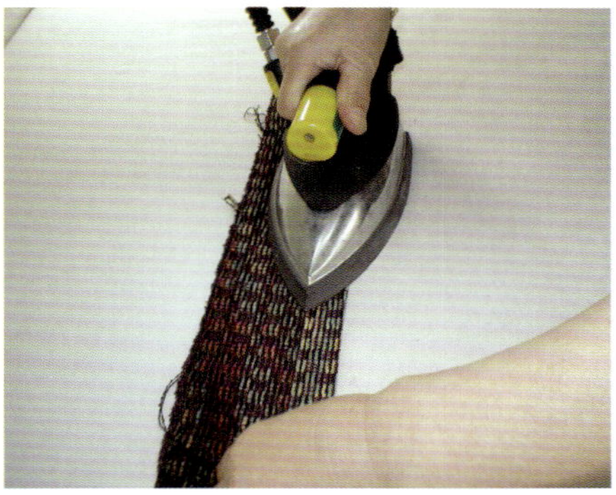

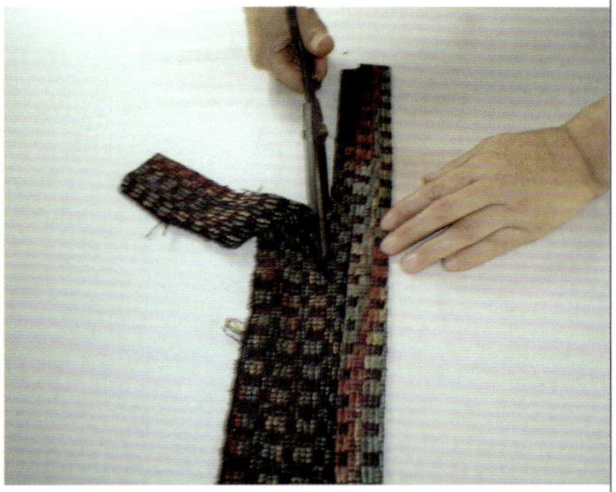

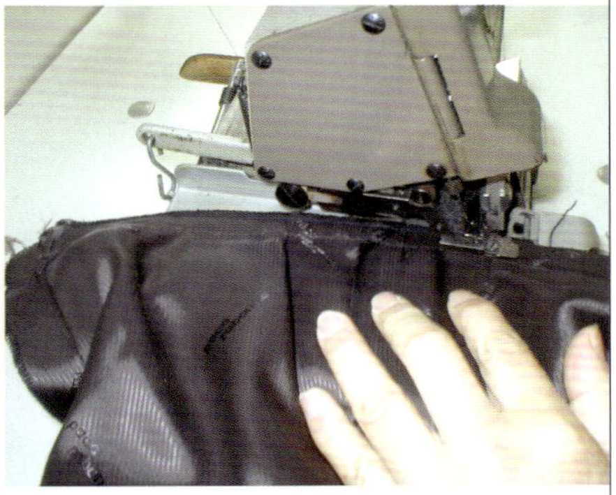

31 허릿단 붙이기

허릿단 양쪽 옆을 박음질하고 옷의 겉과 허리단의 겉을 마주보게 하여 옷의 뒤쪽에서 허릿단 여유분을 남기고 앞쪽으로 박음질한다.

32 허릿단 안감 연결

허릿단 여유분을 남겨두고 안 허릿단 시접과 안감을 연결한다. 허릿단은 밑면에 두고 안감은 위에 놓아 안감의 다아트분을 주름으로 잡아주며 박음질한다.

33 허릿단 오버룩 처리

안감과 붙여진 허릿단 시접을 오버룩 처리한다.

03 뒤트임 치마

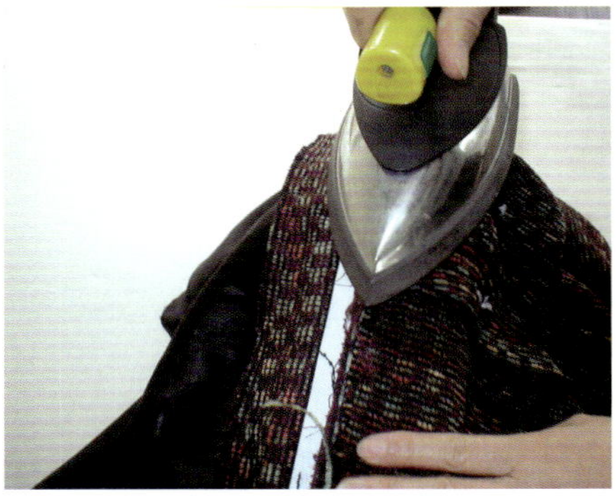

34 허릿단 다림질

옷의 안에서 붙여진 허릿단의 시접을 위로 보게 다림질 해 준다.

35 허릿단 고정박음질

옷의 겉에서 허릿단의 아래로 고정 박음질한다.

36 안감 기장 다림질

안감 기장선을 접어 다림질한다.

37 안감 기장 박음질

안감 기장을 접어 다림질한 선을 한번 더 말아 박음질한다.

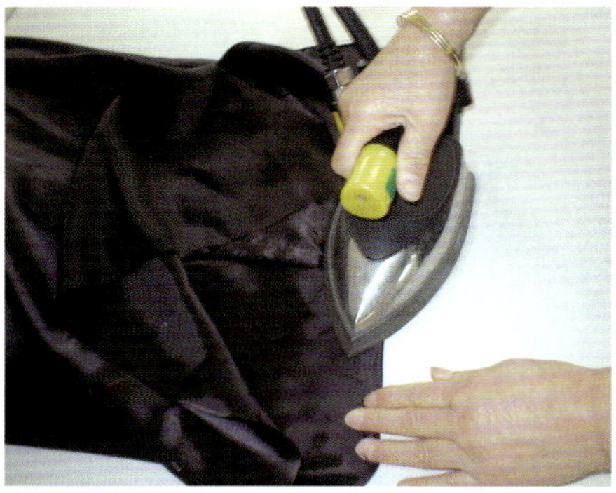

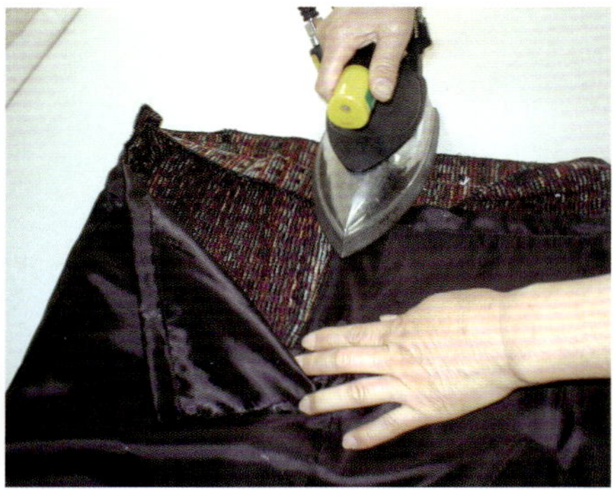

38 안감 뒤트임 다림질

아래 그림에서 0.6cm($\frac{1}{4}$inch)접어진 A면 시접 끝에 안감을 맞추어 다림질하고 안감 B면은 겉트임 시접에 맞추어 그림과 같이 부분을 잘라내고 안쪽으로 말아 다림질한다.

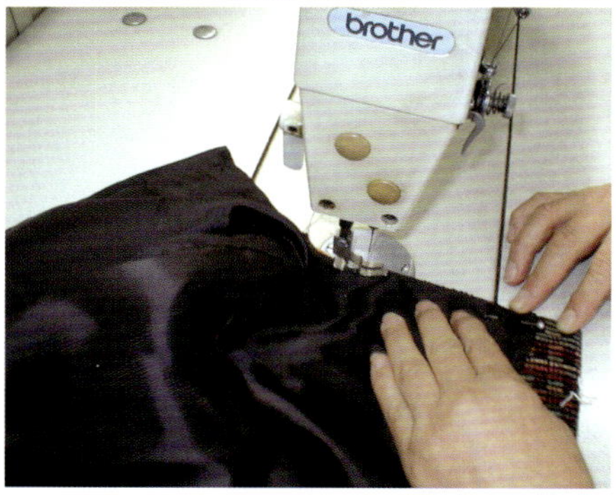

39 안감, 겉감 뒤트임 붙이기

[A의 뒤트임 처리] 다림질 된 안감의 뒤트임 선을 겉옷의 뒤트임 시접끝선에 맞춰 기장을 접어서 박음질한다.
[B의 뒤트임 처리] 안감을 뒤집어 겉감 뒤트임의 시접 끝과 안감의 다림질 선을 맞춰 오른쪽 그림과 같이 박음질한다.

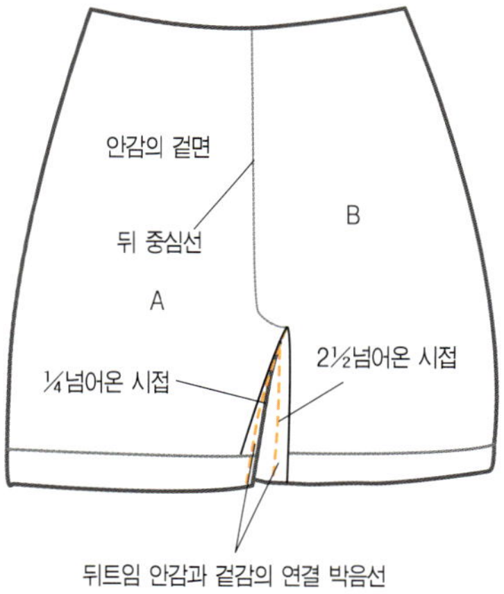

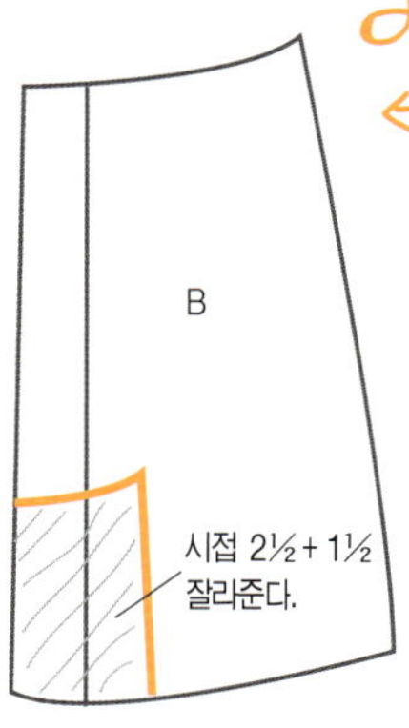

03 뒤트임 치마

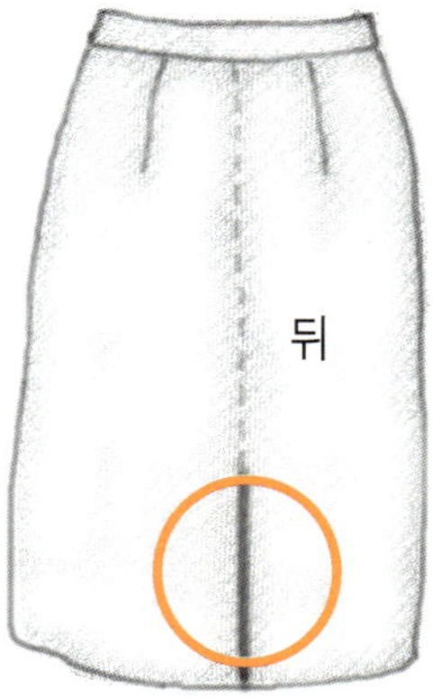

40 뒤트임 다림질

양쪽 뒤트임의 박음질이 잘 되었는지 확인하여 다림질한다.

41 밑단 뜨기

밑단 뜨기를 한다.
①스쿠이 미싱 뜨기
②손바느질

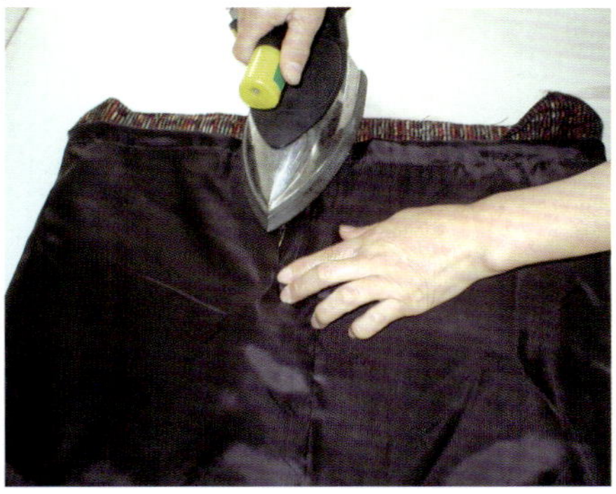

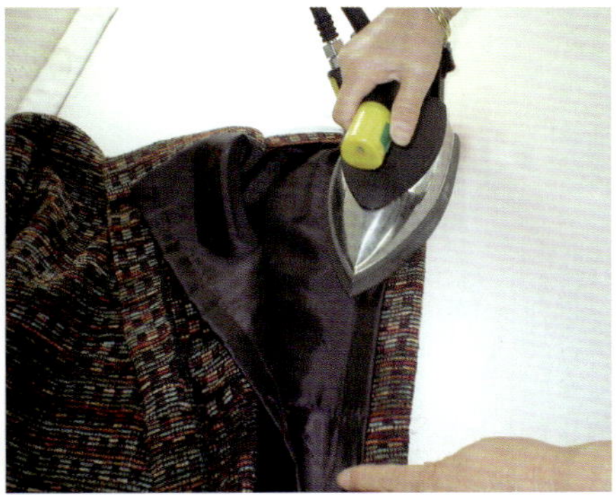

42 허리 걸고리 달기

앞단 먼저 허리 걸고리 달기를 한다.

43 마무리 다림질

기장과 전체를 마무리 다림질 한다.

44 완성

완성

Making Skirts

치마만들기

* 투라인 치마

04 투라인 치마

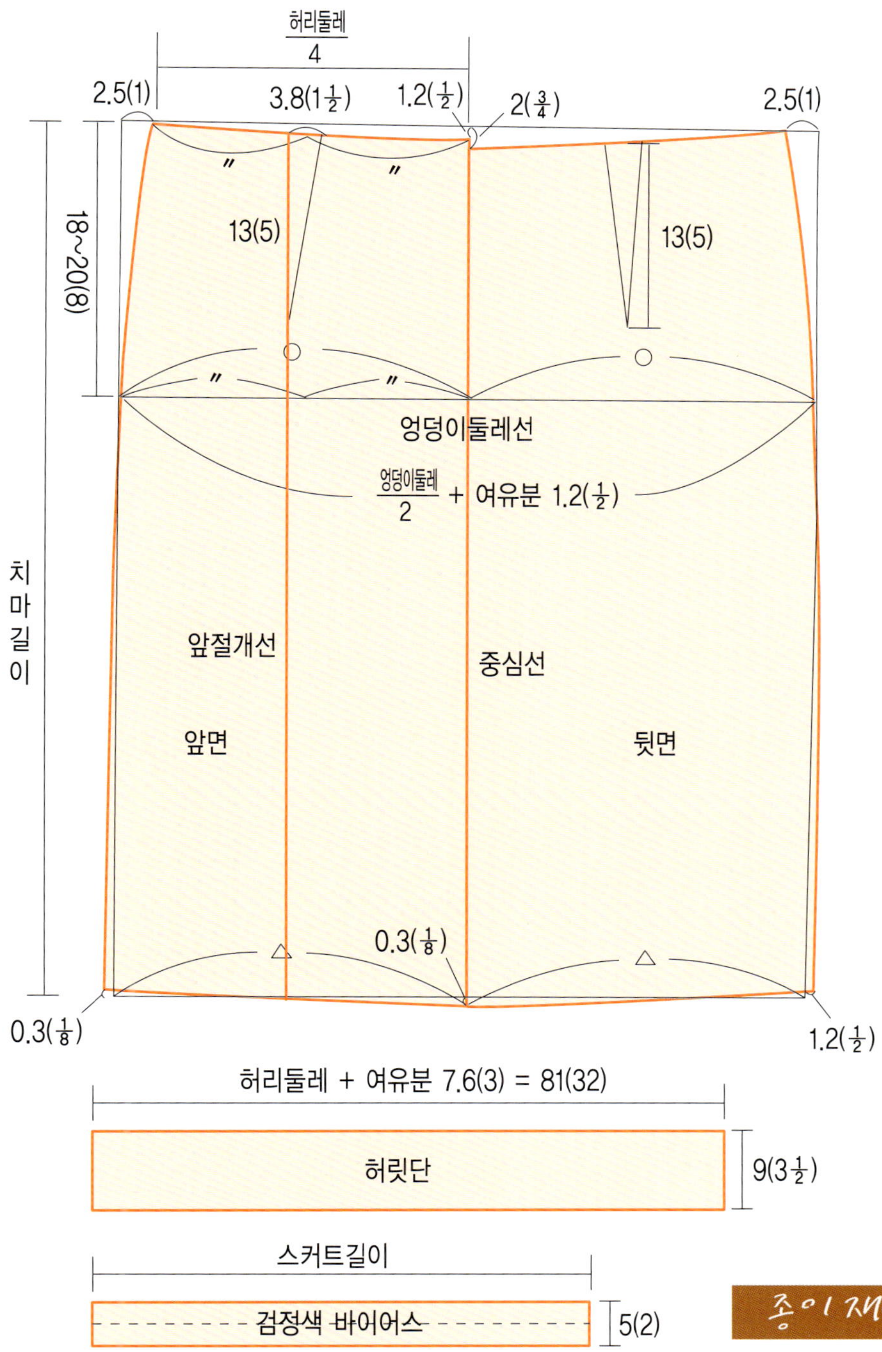

※ 주황색선은 절개선임　　※ 단위 cm, 괄호안 inch임

종이 재단하기

■ 신체치수
- 허리둘레 – 29인치(74cm)
- 엉덩이둘레 – 37인치(94cm)
- 치마길이 – 24인치(61cm)

■ 필요옷감
- 44인치(112cm) 폭 – 1마 5치(135cm)
- 60인치(152cm) 폭 – 8치(72cm)

04 투라인 치마

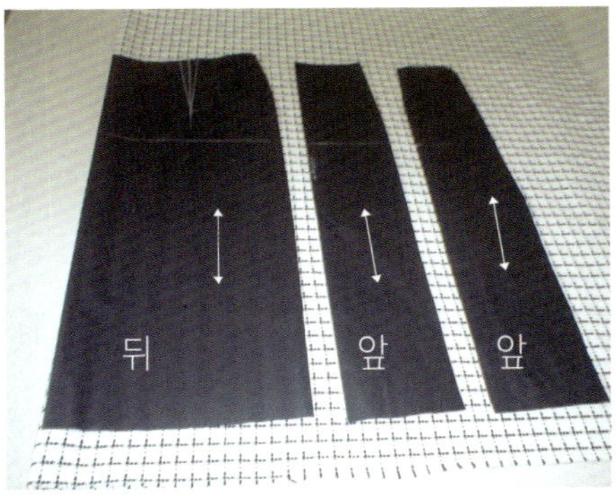

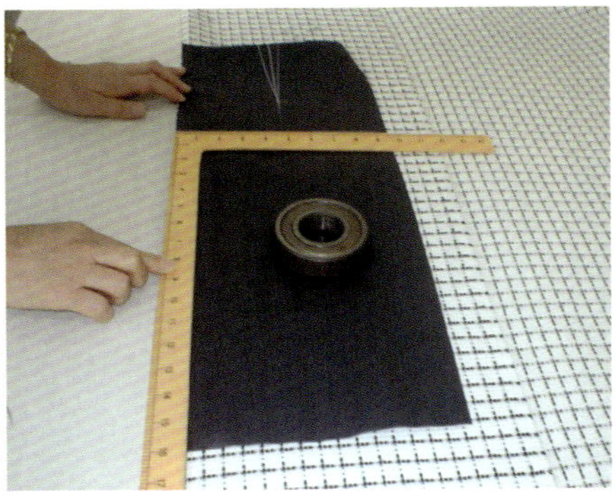

1 자리배치

절반으로 접은 원단에 종이재단을 올려 재단 자리를 정해 본다.
➔대략의 천의 쓰임을 보기 위함.

2 천 재단

재단이 될 만큼 접어 준 후 아래 위 폭의 간격을 맞추고 종이 재단을 놓아 엉덩이 둘레선을 기준으로 직각을 맞춘 후 천 재단을 한다.

3 시침 뜨기

재단된 접은 천의 위, 아랫면에 동일한 표시를 하기 위해 시침뜨기를 한다.

4 시침 가르기

윗면을 살짝 들어 시침 가르기를 한다.

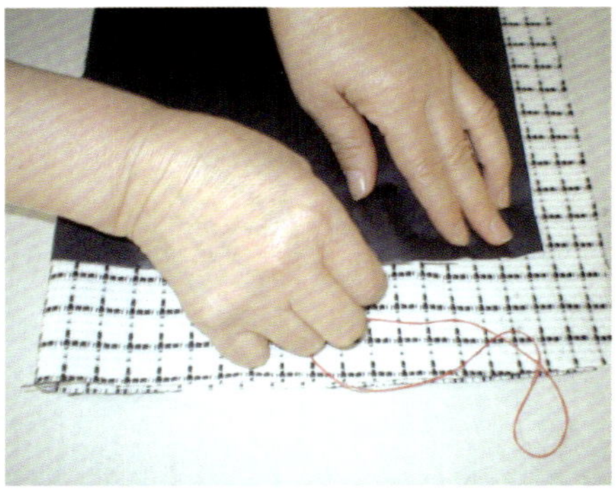

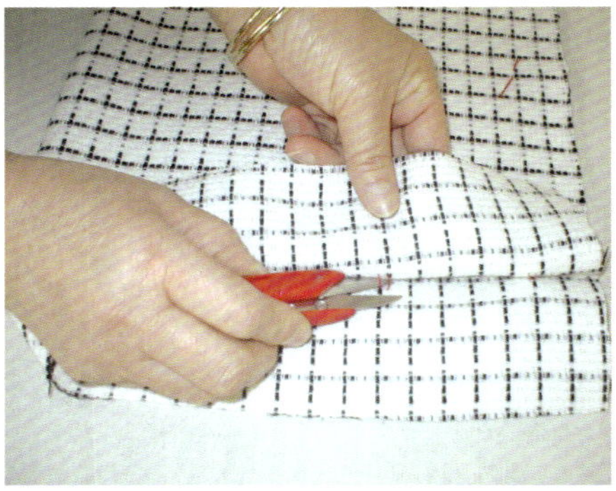

5 시접주기

앞, 뒷면의 천 재단 후 [그림 1]과 같이 시접을 주어 잘라낸다.

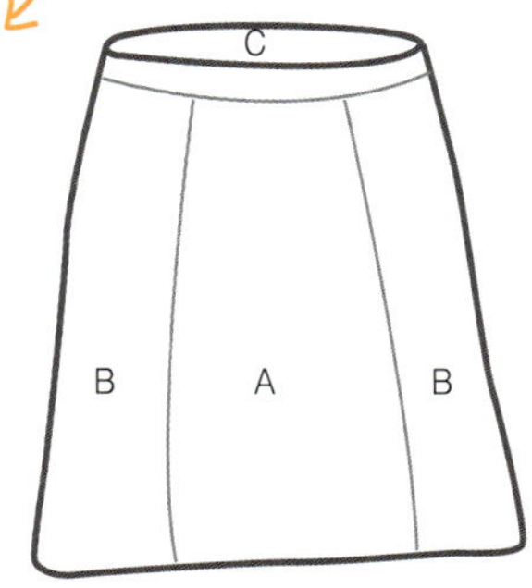

앞면 모양

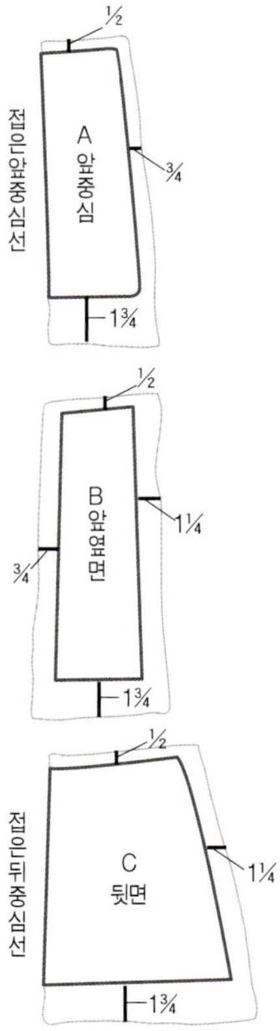

[그림 1]

04 투라인 치마

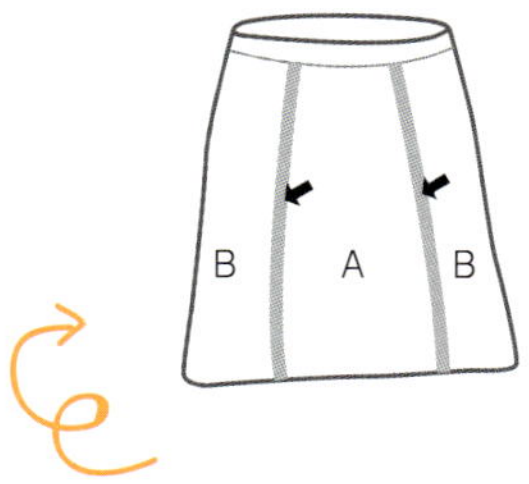

6 안감 재단

안감의 앞면은 2줄 절개선을 둘 필요가 없으므로 종이 재단을 사진과 같이 붙여 안감의 앞, 뒷면 재단을 하고 시접은 겉감과 동일하게 두고 자른다.

7 오버록 처리

각 각의 겉감을 오버룩 처리한다.

8 장식 바이어스 테이프 준비

5cm(2inch)너비의 검정색 천을 치마길이 만큼 바이어스 방향으로 잘라 절반으로 접어 다림질한 것을 2개 준비한다.

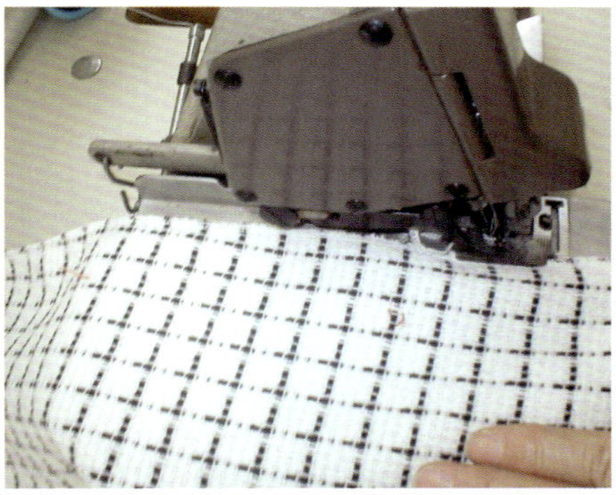

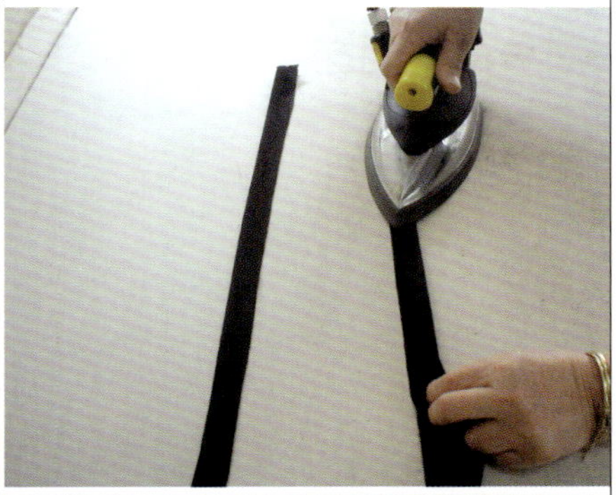

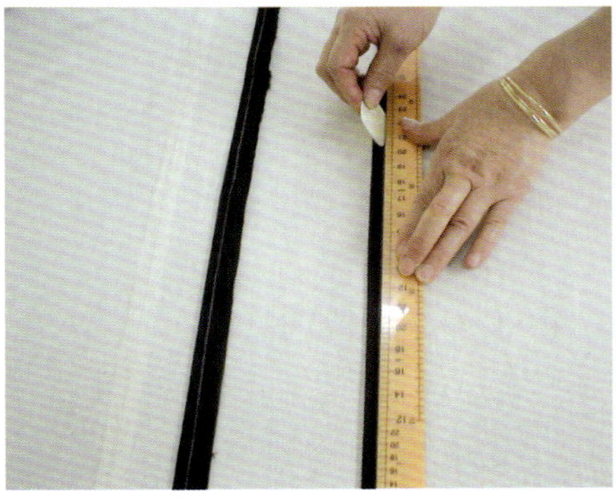

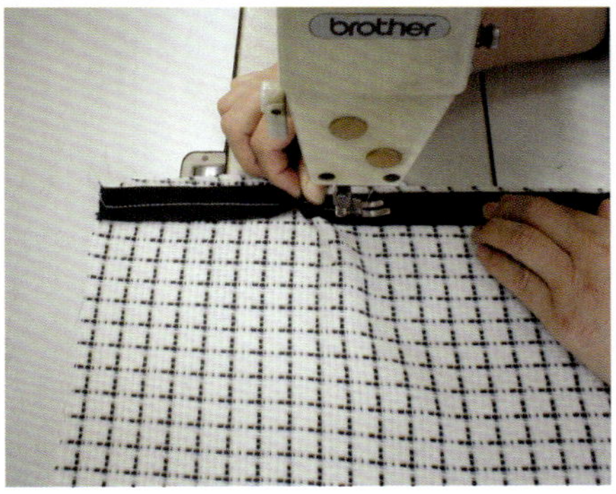

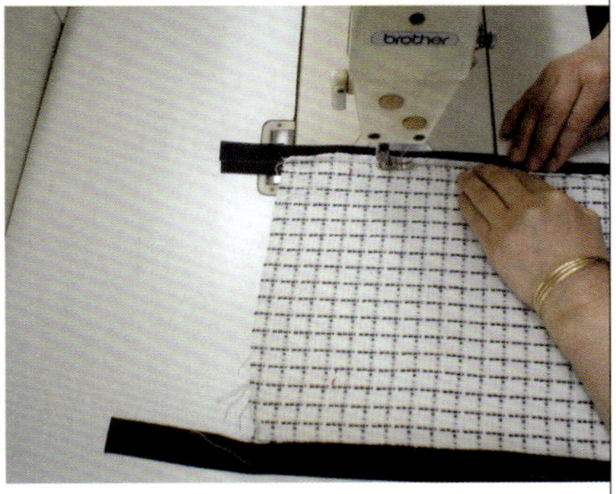

9 바이어스 테이프 박음선 표시

5cm(2inch)너비를 반으로 접어 2.5cm(1inch)너비의 바이어스 천을 만든 후 그것의 절반인 1.3cm($\frac{1}{2}$ inch) 되는 선을 표시한다.

➔바이어스 천 너비를 1.3cm($\frac{1}{2}$ inch)로 한다.

10 바이어스 테이프 붙이기

앞면의 시침 뜨기 선과 접어진 바이어스 천 표시선 따라 먼저 박음질하여 붙여 준다.

11 앞 옆선 붙이기

B를 아래에 깔고 바이어스천이 붙은 A를 위에 올려 바이어스 박음선 위로 A와 B를 함께 박음질한다.

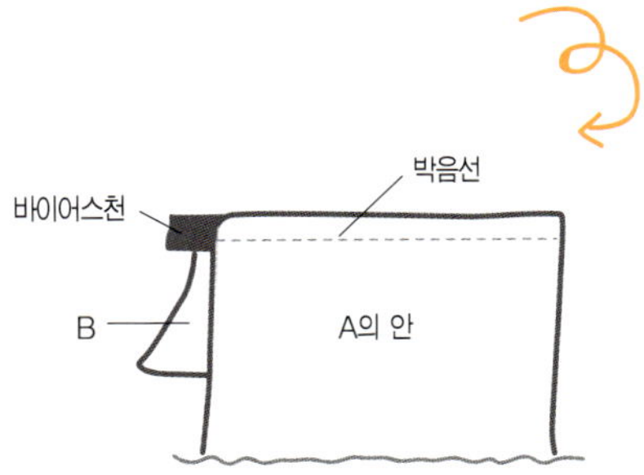

04 투라인 치마

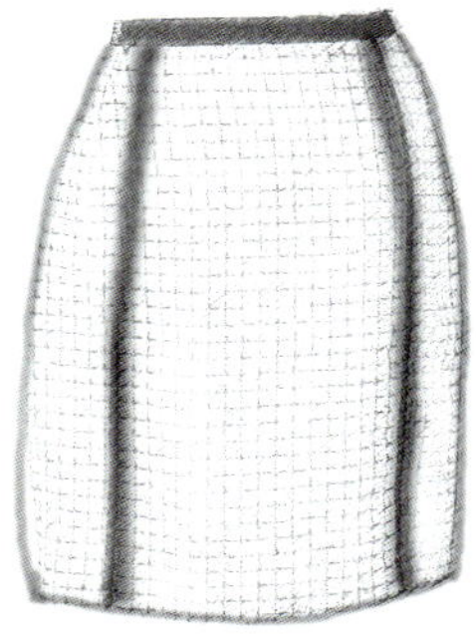

12 앞 시접 다림질

옷의 안에서 시접을 양쪽으로 마주보게 다림질한다.

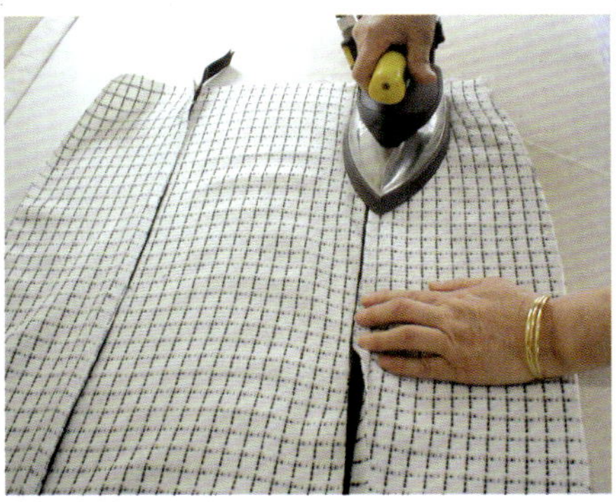

13 눌림 박음질

옷의 겉에서 바이어스 천 박음선 위로 눌림 박음질한다.

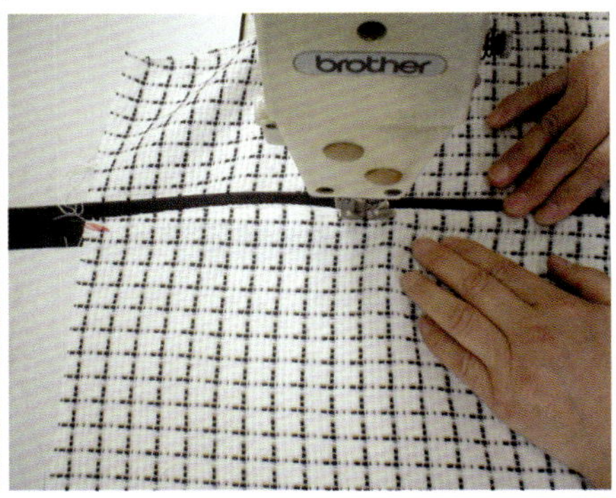

14 옆선 다림질

앞, 뒷면의 체크무늬를 맞추기 위해 시접 표시선따라 다림질하여 눕혀 준다.

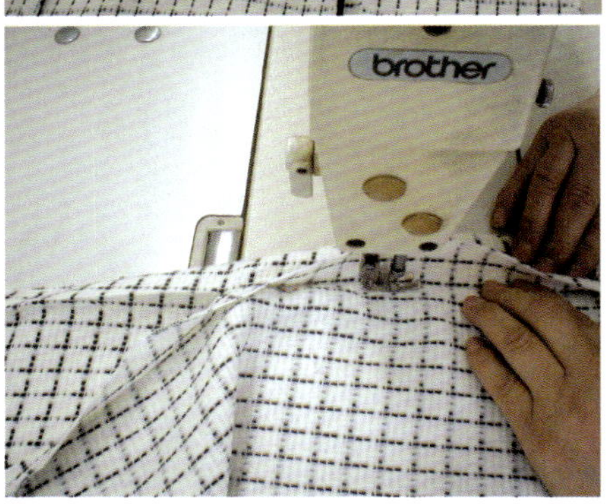

15 옆선 박음질

다림질된 면을 위에 놓아 무늬를 맞추며 양쪽 옆선을 박음질한다. 왼쪽 옆선 지퍼 달 부분을 15~18cm(6~7inch) 띄워 박음질한다.

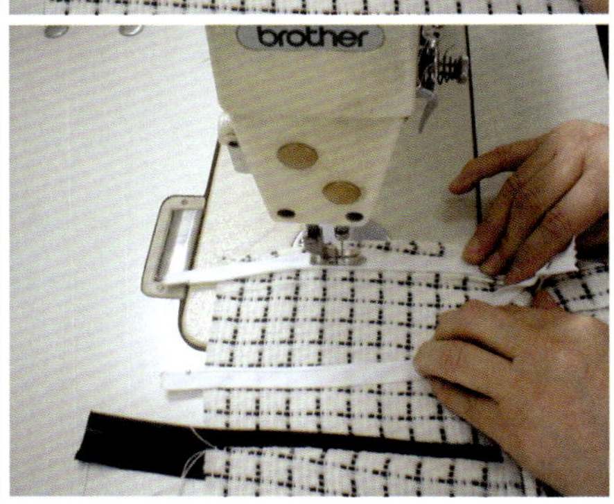

16 옆 지퍼달기 ①

앞면 시접을 펴서 시접 다림선에서 0.6cm($\frac{1}{4}$inch) 띄워 지퍼의 겉과 옷의 겉을 마주보게 하여 지퍼를 살짝 당기며 박음질한다.

17 옆 지퍼달기 ②

시접 다림선을 접어, 달린 지퍼를 아래에 놓고 옷의 겉에서 지퍼 시접 위로 눌림 박음질한다.

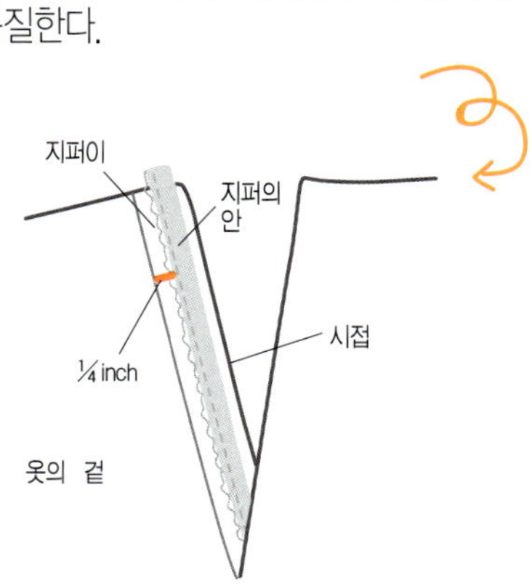

04 투라인 치마

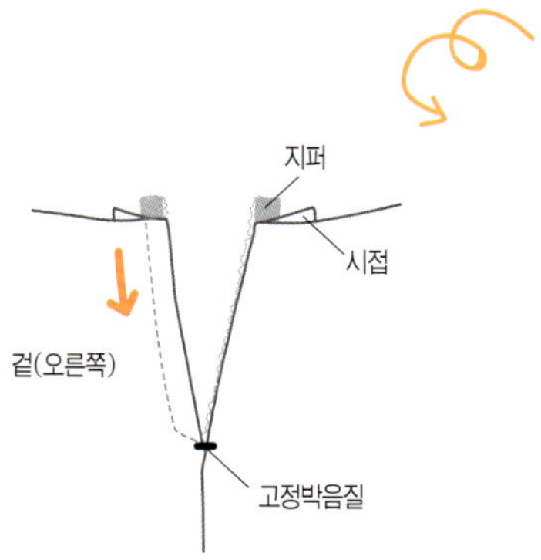

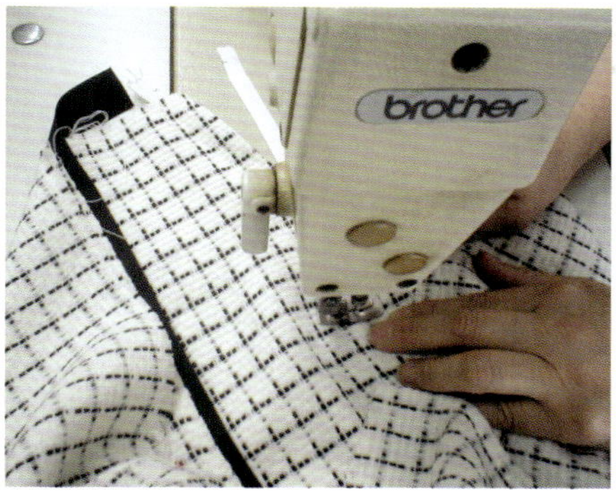

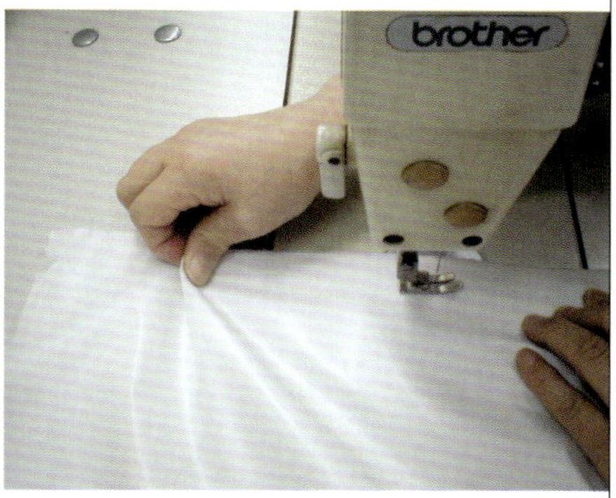

18 옆 지퍼달기 ③

박음질하여 내려와 지퍼를 잠근 후 밑 부분에서 노루발을 떼지 말고 돌린다. 다림선과 지퍼이를 맞춰 지퍼이 위에 노루발을 올려 위로 박음질한다.

19 안 만들기

안감의 왼쪽 지퍼와 연결할 부분을 띄워 놓고 앞뒷면을 마주잡고 박음질한다.

20 안 오버룩 처리

지퍼 달 자리를 제외하고 시접을 같이 잡고 오버룩 처리한다.

21 안 다림질

한쪽으로 눕혀 다림질한다.

22 허릿단 만들기 ①

검정천을 사용하여 허릿단을 만들어 본다. 허릿단 만들 천을 준비하여 아래 그림과 같이 허리싱의 접착면으로 눌러 다림질하여 허리싱을 붙인다.

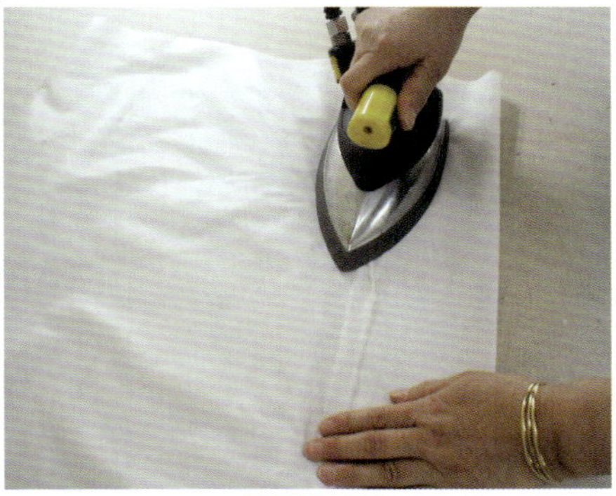

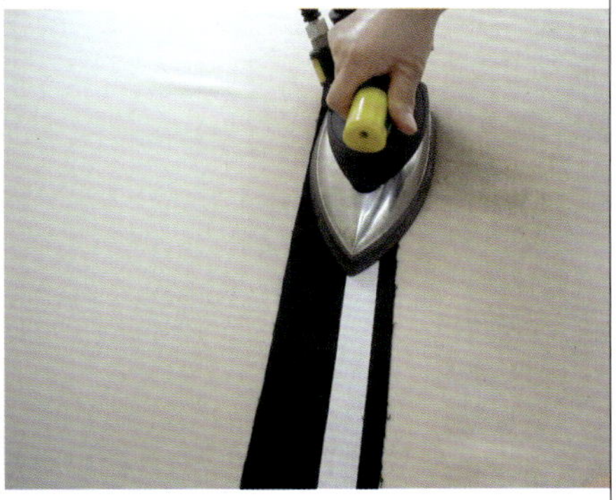

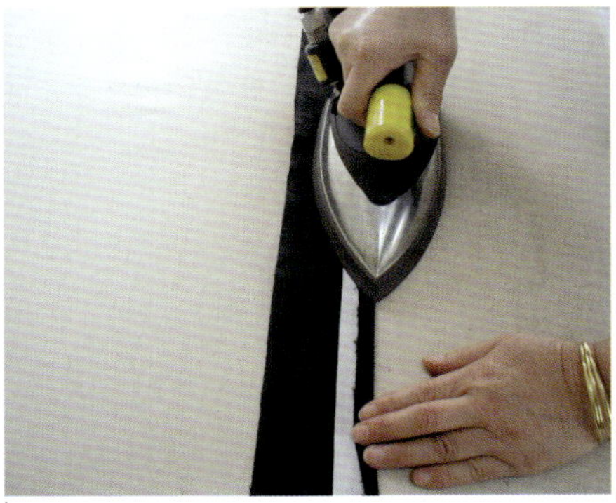

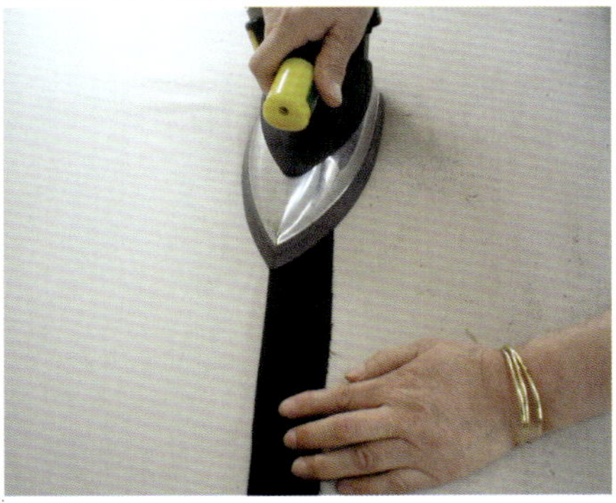

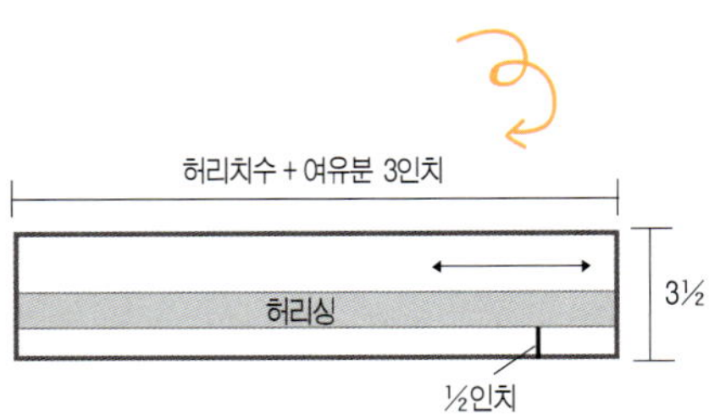

23 허릿단 만들기 ②

아래의 1.3cm($\frac{1}{2}$inch)시접을 허리싱 방향으로 넘겨 다림질한다.

24 허릿단 만들기 ③

허릿단을 한번 더 말아 다림질한다.

04 투라인 치마

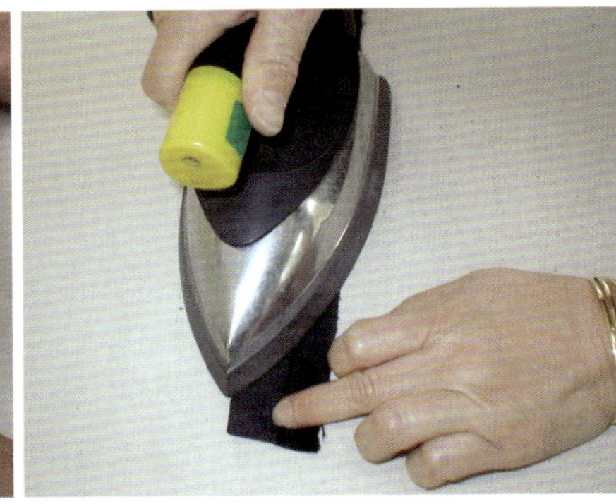

25 허릿단 만들기 ④

허릿단의 양쪽 끝을 박음질한다.

26 허릿단 만들기 ⑤

허릿단의 박음질된 양쪽 끝을 뒤집어 다림질한다.

27 뒤 다아트 박음질

시침 표시된 뒤다아트를 박음질하고 다아트의 시접을 서로 마주보게 다림질한다.

28 허릿단 달기

옷의 겉면과 만들어진 허릿단의 겉면을 서로 보게 마주잡고 뒤쪽에서부터 허리단의 여유분을 두고 달아준다.

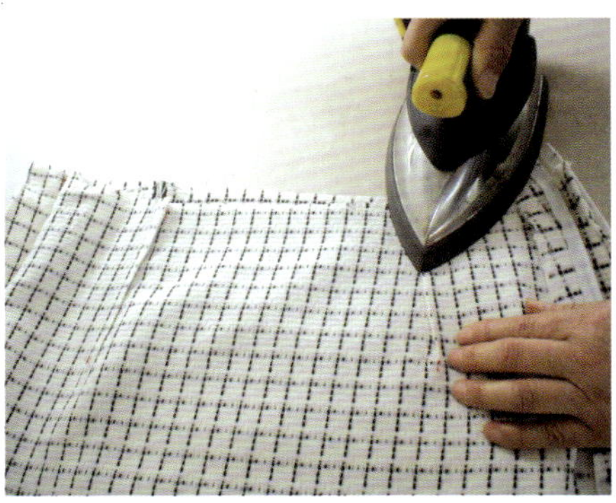

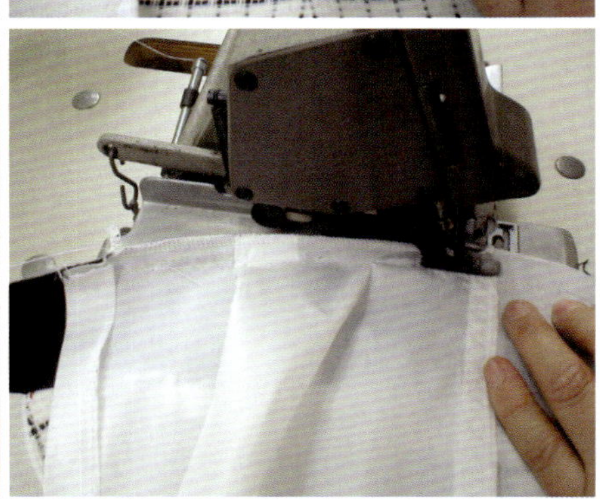

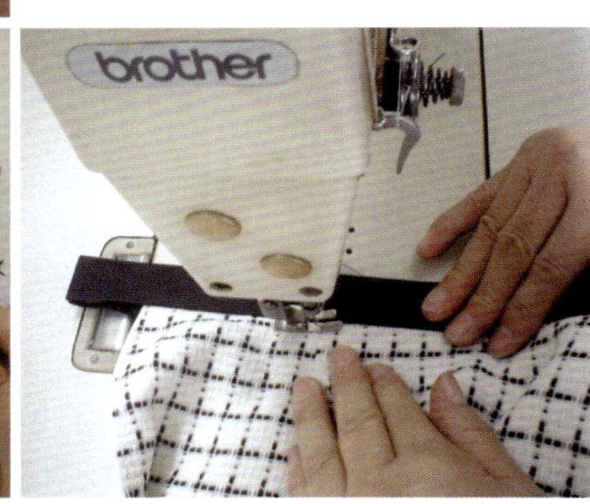

29 안 넣기

겉감의 다아트 분량만큼 안감에 주름을 주어 허릿단의 겉과 안감의 겉을 서로 보게하여 마주잡고 안감을 달아준다.

30 안 허리 시접 오버룩 처리

29번의 박음선 시접을 오버룩 처리한다.

31 허릿단 고정 박음질

옷의 겉면에 달린 허릿단의 밑선으로 고정 박음질한다.

04 투라인 치마

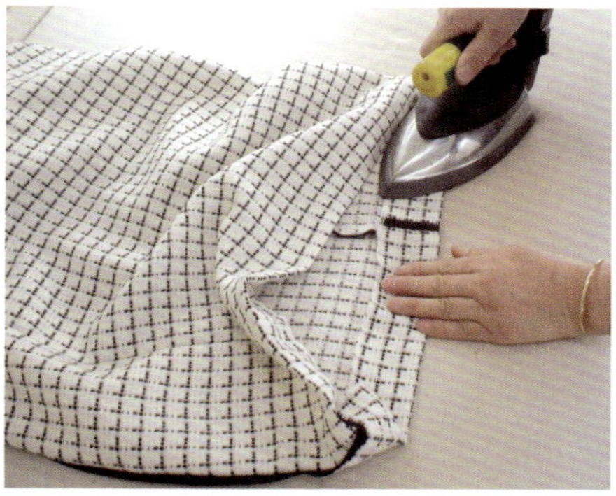

32 기장다림질

기장 시침 표시선 따라 다림질 한다.

33 안 기장다림질

안 기장은 겉 기장보다 3.2cm($1\frac{1}{4}$inch) 짧게하며 안 기장 시접 3.8cm($1\frac{1}{2}$inch)를 접어 다림질한다.

34 안 기장하기

33에서 다림질한 시접부분의 절반을 안으로 말아 살짝 당기며 박음질 한다.

35 밑단처리

밑단 뜨기를 한다.
①스쿠이 미싱 뜨기
②손바느질 뜨기

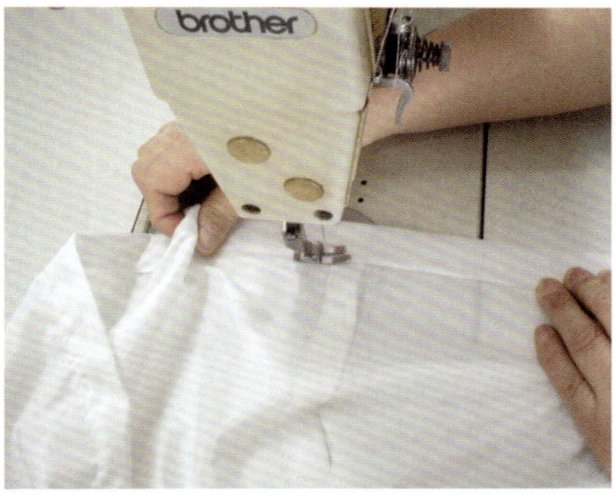

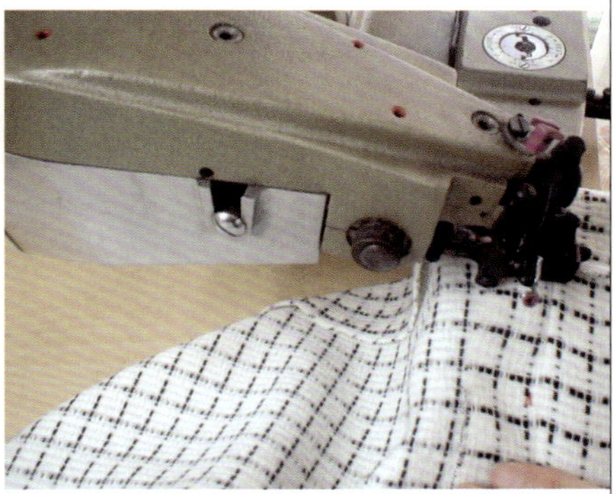

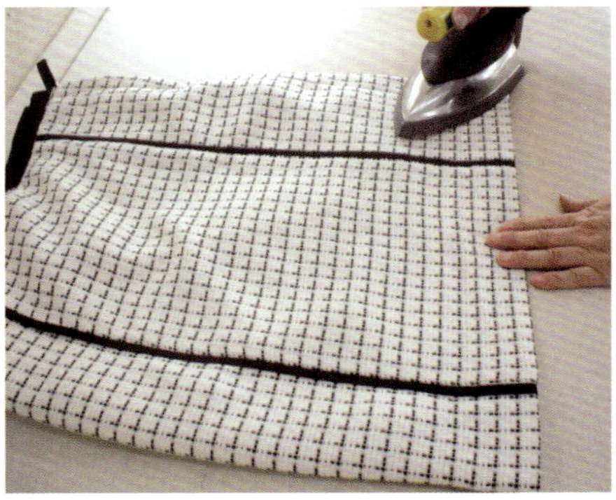

36 허리 걸고리 달기

앞쪽(위로 오는 허릿단) 끝에 걸고리를 먼저 달고 뒤쪽(밑쪽 허릿단)에 나머지 고리를 단다.

37 마무리 다림질

기장과 전체를 마무리 다림질 한다.

38 완성

완성

Making Pants

바지만들기

* 고무단 반바지

Making Skirts
Making Pants
Making Blouses
Making Dresses
Making Jackets
Making Coats

How to Make

고무단 반바지

01 고무단반바지

종이 재단하기

■ 신체치수
- 허리둘레 – 74cm(29인치)
- 엉덩이둘레 – 94cm(37인치)
- 밑위길이 – 23cm(9인치)
- 기장 – 53cm(21인치)

■ 필요옷감
- 44인치(112cm) 폭 – 1마 5치(135cm)
- 60인치(152cm) 폭 – 8치(72cm)

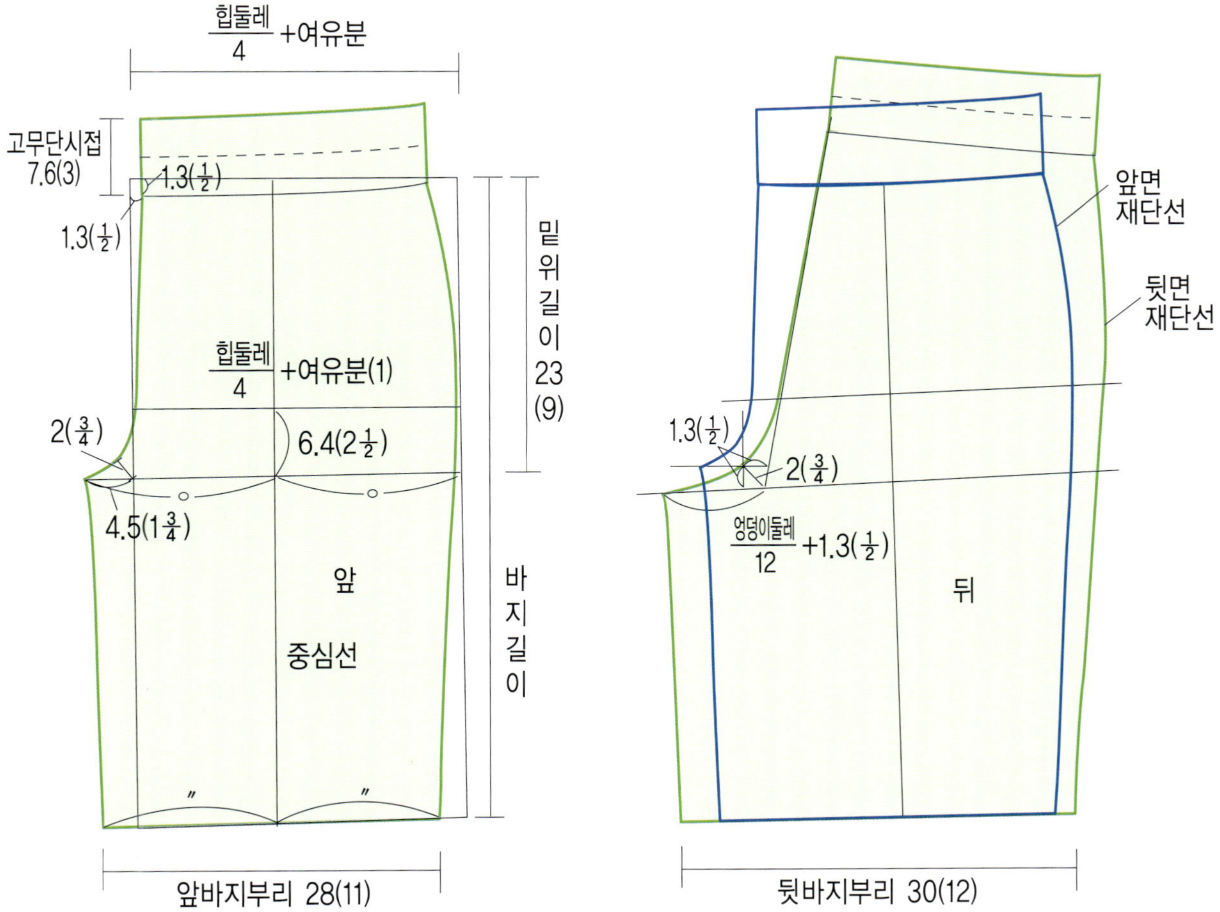

※ 초록색선은 절개선임 ※ 단위 cm, 괄호안 inch임

01 고무단 반바지

1 자리배치

절반으로 접은 원단은 아래, 위폭의 간격을 맞추고 종이 재단을 올려 엉덩이 둘레선을 기준으로 직각을 구한 후 천 재단을 한다.

2 시접 주어 자르기

앞, 뒷면 재단한 모양이다.
앞, 뒤 동일 시접주기
①, ②, ④번 2.5cm(1inch)
③번 0.6cm($\frac{1}{4}$inch),
⑤번 3.2cm(1$\frac{1}{4}$inch)

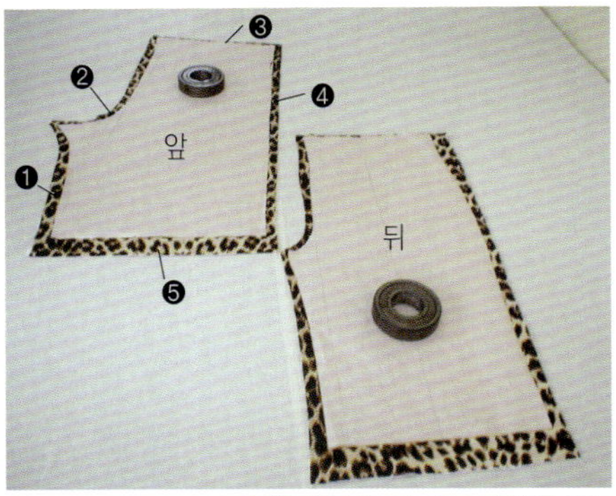

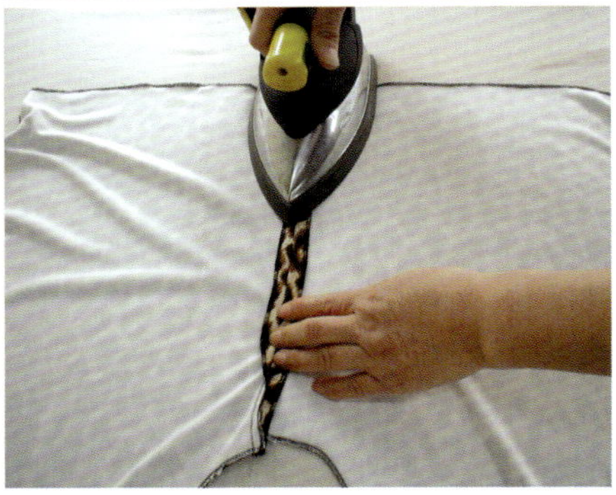

3 오버룩 처리

전체를 오버룩 처리한다.

4 안선 박음질

안선부터 박음질한다.

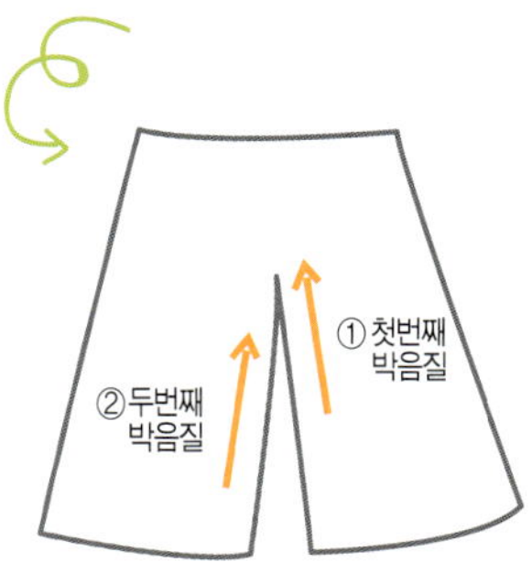

①, ② 박음질 후 오버룩 처리한다.

5 안선 시접 다림질

박음질 후 시접을 양쪽으로 눕혀 다림질한다.

01 고무단 반바지

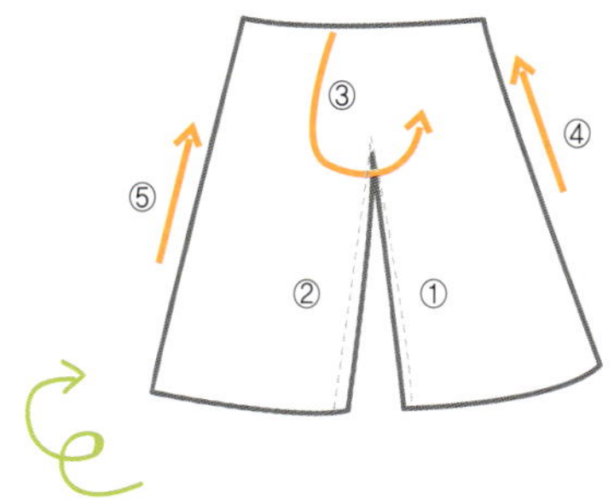

6 기장선 다림질

기장선을 다림질한다.

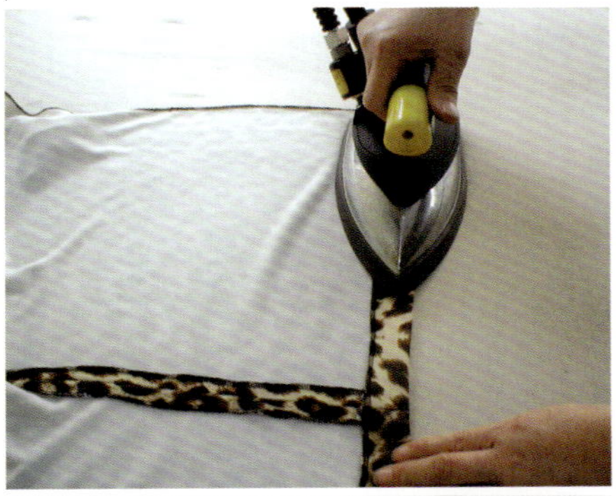

7 붙임 박음질

밑위선과 옆선, 기장선을 박음질한다.

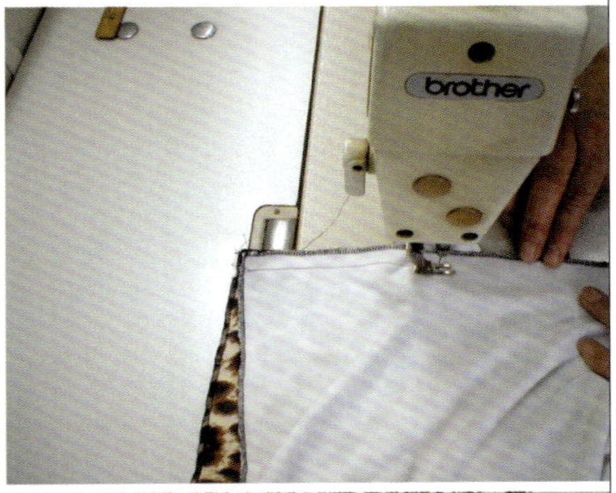

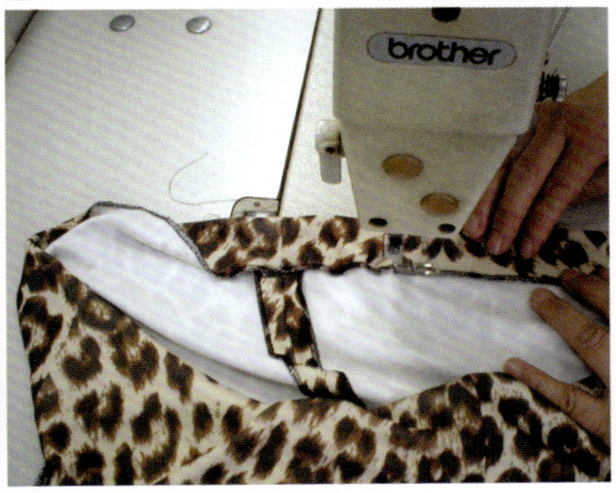

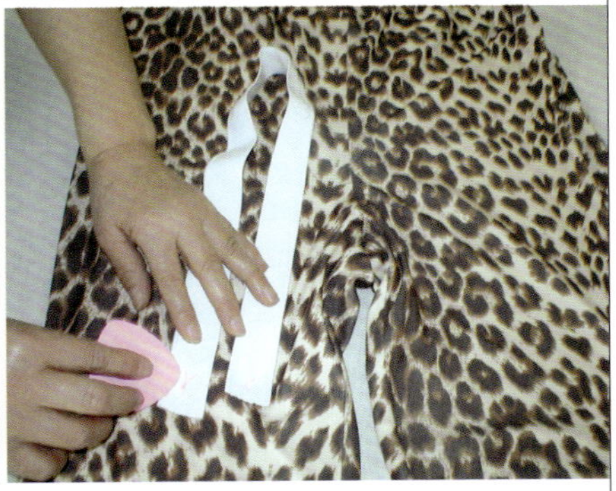

8 허리 고무단 자리 다림질

오버룩 처리된 허리 부분은 접어서 3.2cm($1\frac{1}{4}$inch) 고무단이 들어가야 함으로 3.8cm($1\frac{1}{2}$inch) 너비로 다림질한다.

9 허리 둘레 박음질

고무단을 끼울 틈은 5cm(2inch)정도 터 놓고 허리 둘레를 박음질한다.

10 허리 고무단 표시

끼워서 서로 연결할 때 꼬이지 않게 하기 위해 고무단의 같은 면 끝에 표시를 해 둔다.

➔허리둘레－12cm(4inch) 고무단 준비

01 고무단반바지

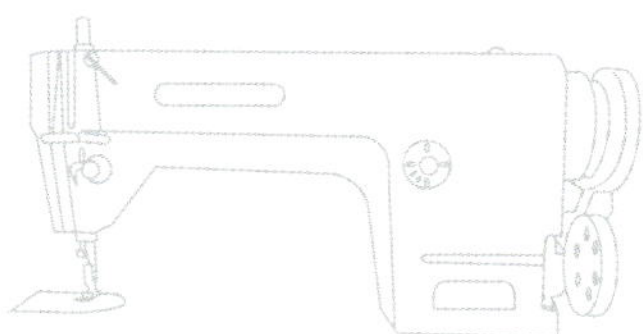

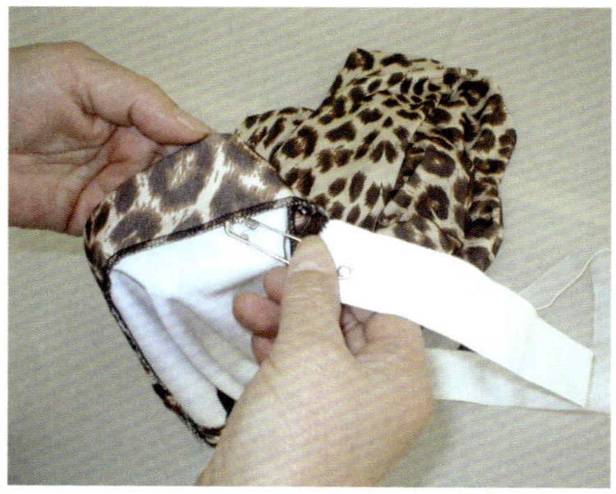

11 허리 고무단 끼우기

터 놓은 곳으로 고무단을 끼워 준다.

12 허리 고무단 연결

고무단을 끼워서 표시된 면끼리 연결해 준다.

13 허리 숨구멍 막기

허리 고무단을 넣기 위해 박음질 하지 않은 틈을 메워준다.

14 허리 고무단 고정 박음질

처음 박음질된 선 위로 0.6cm($\frac{1}{4}$ inch)올려 고무단을 당겨가며 함께 고정 박음질한다. 기장선도 박음질한다.

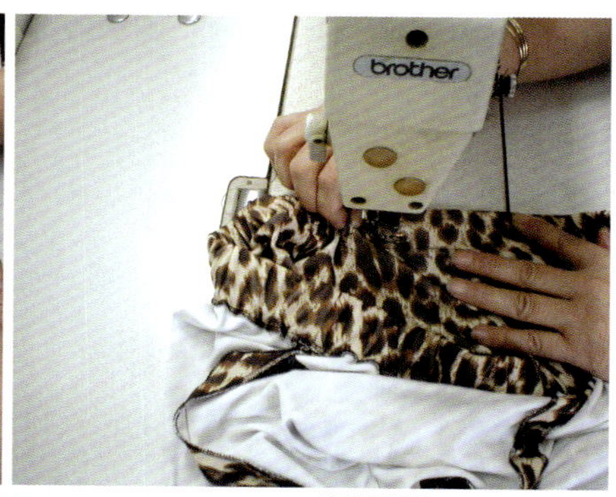

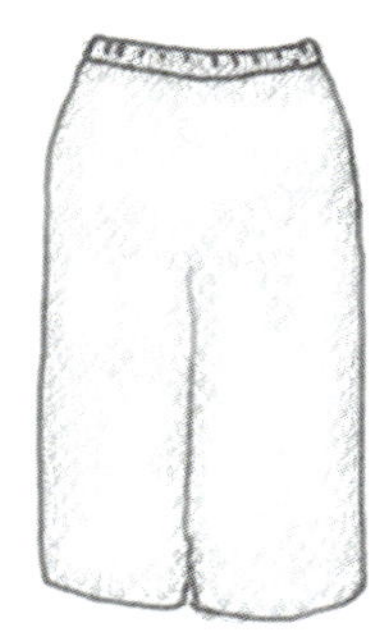

15 마무리 다림질

기장선과 옆선을 마무리 다림질 한다.

16 완성

완성

How to Make

고무단 반바지 만들기
노벨트 바지 만들기
앞주머니 있는 바지 만들기

바지 재단 순서

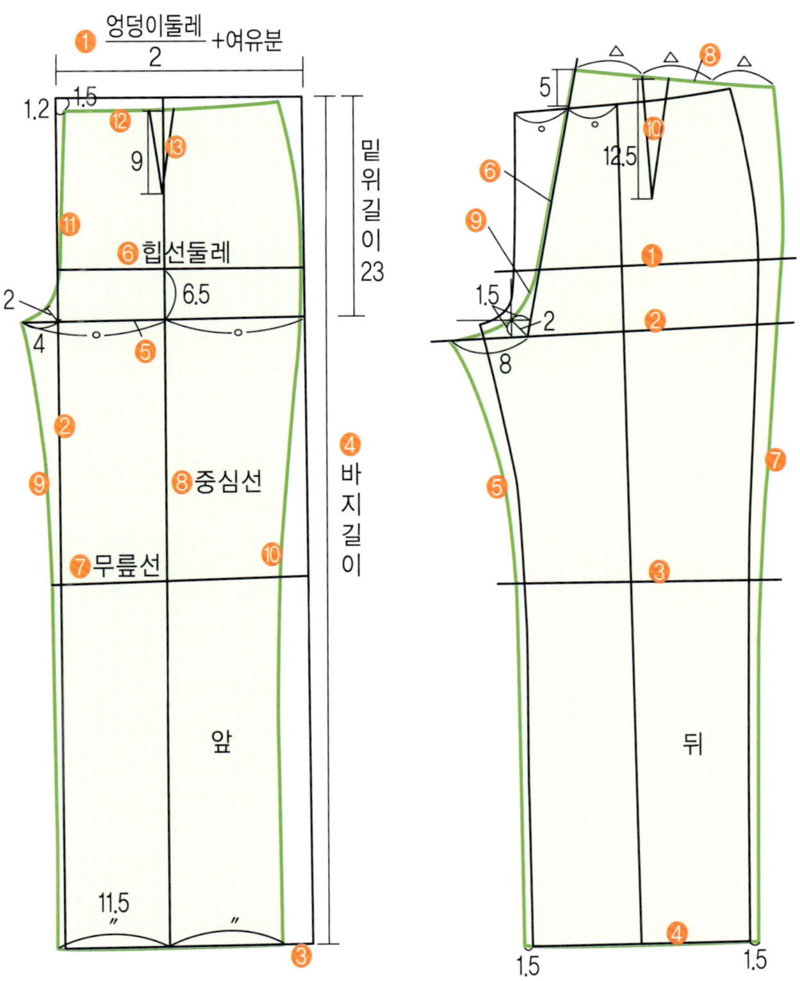

※ 초록색선은 절개선임

※ 단위 : cm

You Tip

앞 재단을 먼저 한 다음
그 재단 모형을 재단종이 위에 놓고
앞 재단을 기준하여 뒤 재단을 한다.

▸ 허리둘레에 비해 엉덩이둘레가 클때
① 다아트 분량을 최대로하되 3.8cm($1\frac{1}{2}$inch)를 넘지 않게 한다.
② 다아트 갯수를 추가 시킨다.

Making Pants
바지만들기

* 노벨트 바지

노벨트 바지

How to Make

02 노벨트바지

종이 재단하기

■ 신체치수
- 허리둘레 – 74cm(29인치)
- 엉덩이둘레 – 94cm(37인치)
- 밑위길이 – 23cm(9인치)
- 기장 – 91cm(36인치)

■ 필요옷감
- 44인치(112cm) 폭 – 2마 5치(225cm)
- 60인치(152cm) 폭 – 1마 3치(120cm)

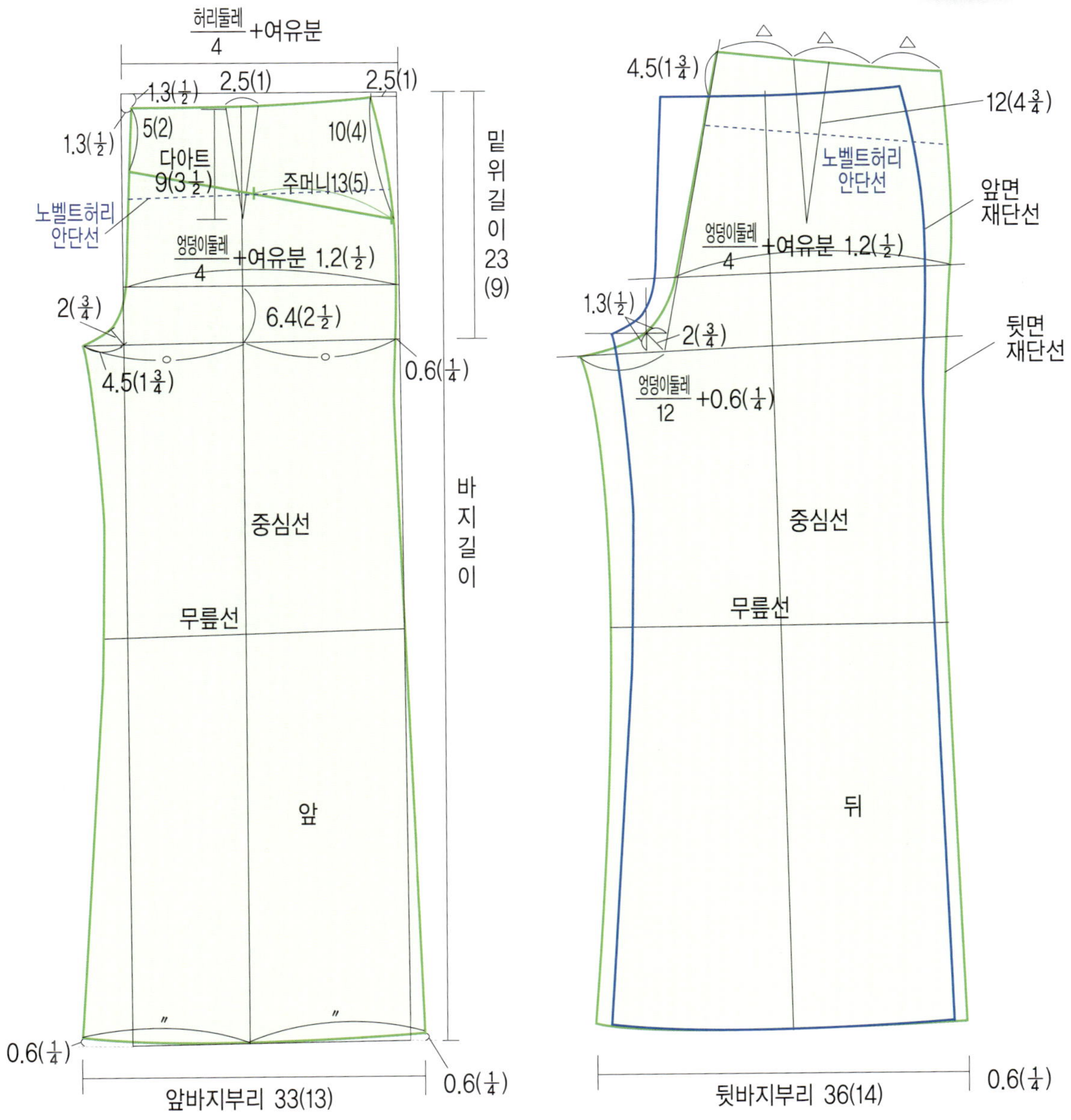

※ 초록색선은 절개선임 ※ 단위 cm, 괄호안 inch임

02 노벨트 바지

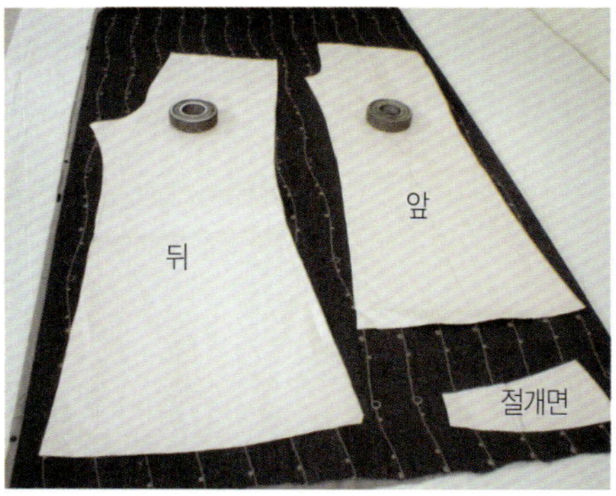

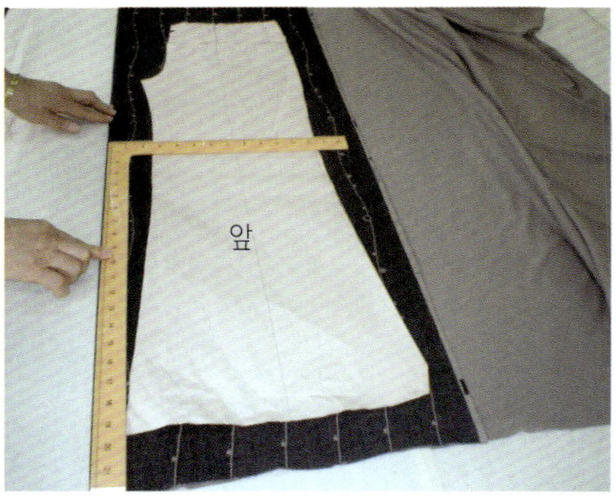

1 자리배치

절반으로 접은 원단에 종이 재단을 올려 재단 자리를 정해 본다.

➔앞 절개면은 다아트를 접은 후 천 재단한다.

2 천 재단

재단이 될 만큼 접어준 후 아래 위 폭의 간격을 맞추고 종이 재단을 놓아 무릎선을 기준으로 직각을 맞춘 후 천 재단을 한다.

3 시접주기

앞, 뒷면의 천 재단을 한 후 사진과 같이 시접을 주어 자른다. 옆선, 기장선은 앞, 뒤 동일한 시접을 준다.

4 시침 뜨기, 시침 가르기

아래, 윗면 동일 표시를 하기 위해 시침질해 놓은 윗면을 살짝 들어 시침 가르기를 한다.

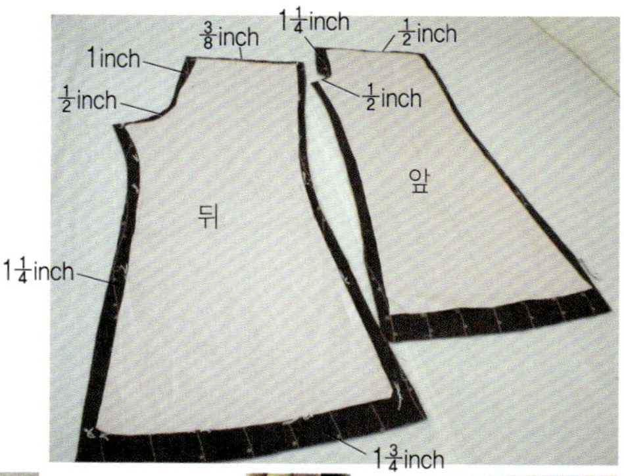

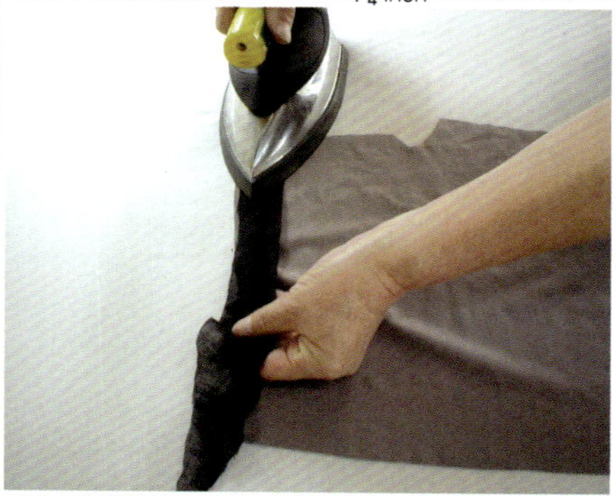

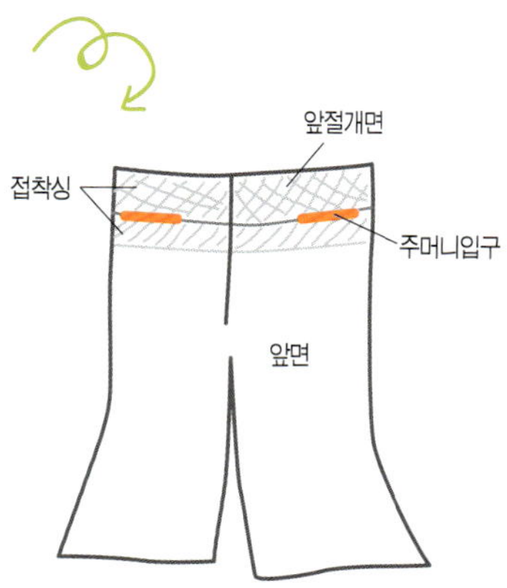

5 앞 절개면 접착심 붙이기

재단한 앞 절개면에 접착심을 붙인다.

6 앞면 접착심 붙이기

앞 절개면과 앞면의 연결선에 주머니 입구를 만들어야 하므로 앞면 위쪽으로 접착심을 붙인다.

02 노벨트바지

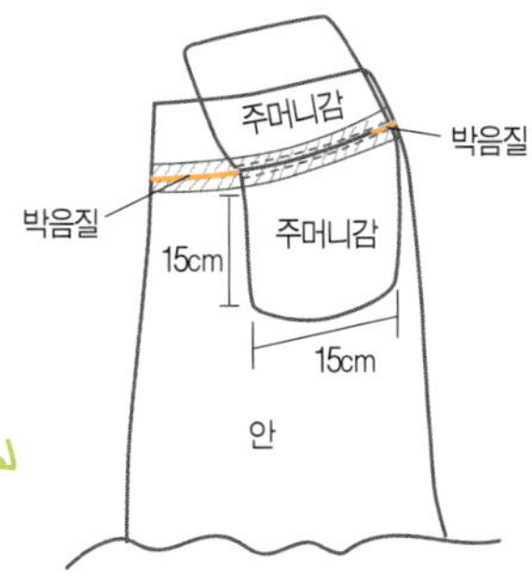

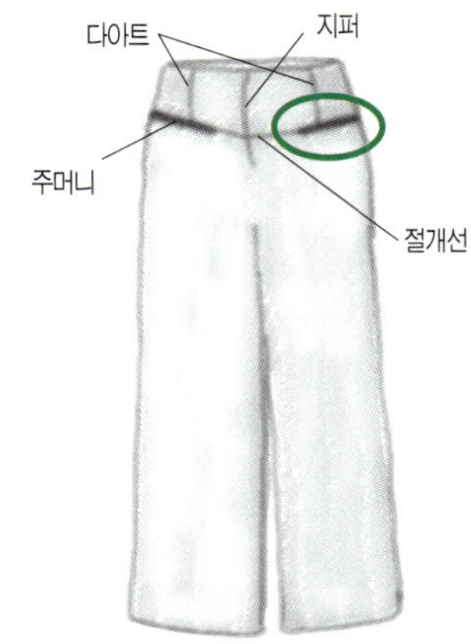

7 앞면과 앞 절개면 박음질

앞 절개면과 접착싱이 붙은 앞면을 박음질한다. 옆선 시접 3.2cm($1\frac{1}{4}$inch)을 포함하여 3.8cm($1\frac{1}{2}$inch) 박음질하고 14cm($5\frac{1}{2}$inch)길이의 주머니 입구를 터 놓고 나머지는 박음질한다.

8 주머니 감 붙이기

양쪽에 붙일 주머니감을 (가로 세로 15cm(6inch)) 겉감으로 2장, 주머니감으로 2장 준비해 그림과 같이 주머니 입구에 위쪽으로 겉감, 아래쪽으로 주머니 감을 붙인다.

9 오버룩 처리

주머니 부분과 나머지 부분을 오버룩 처리한다.

10 주머니 다림질

주머니 입구에 붙인 주머니 감을 다림질하여 준다.

11 주머니 입구 고정 박음질

위쪽의 주머니 감을 위로 제쳐놓고 옷의 겉에서 아래 주머니 입구를 가로의 눌림 박음질 후 주머니 감을 아래로 내리고 밑 주머니 감을 겹쳐서 양쪽 끝으로 0.3cm($\frac{1}{8}$inch) 세로 박음질하며 고정시킨다.

12 주머니 마무리

옷의 안에서 겹쳐진 위, 아래 주머니감을 맞잡고 박음질하여 주머니를 완성한다.

02 노벨트 바지

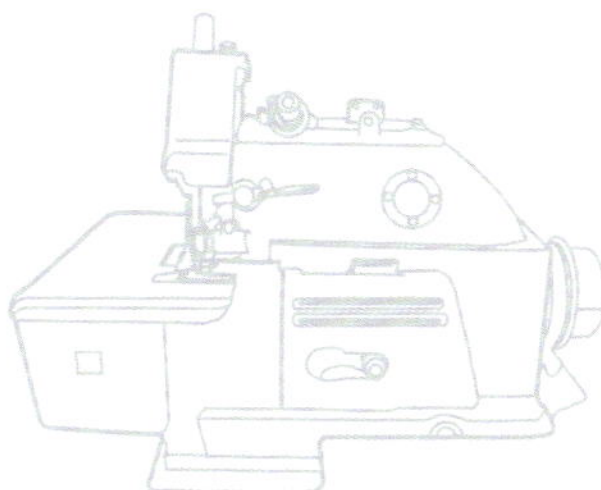

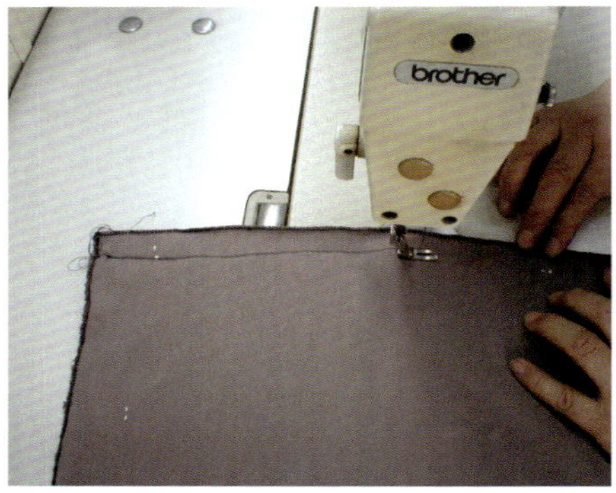

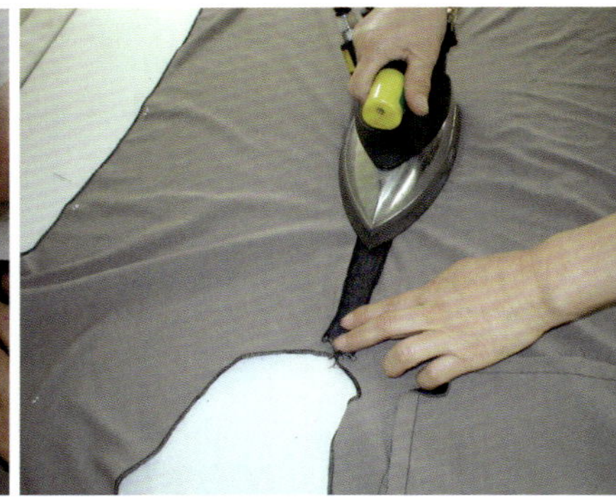

13 안선 박음질

시침 표시선 따라 옷의 안선을 먼저 박음질한다.

14 안선 다림질

박음질 된 안선을 양쪽으로 눕혀 다림질한다.

15 밑위 연결 박음질

앞 지퍼 트임 치수 15~18cm(6~7inch)를 띄워 두고 앞 뒤 밑위를 연결 박음질한다.

16 기장 다림질

밑위 박음선, 기장선을 다림질 해 놓는다.

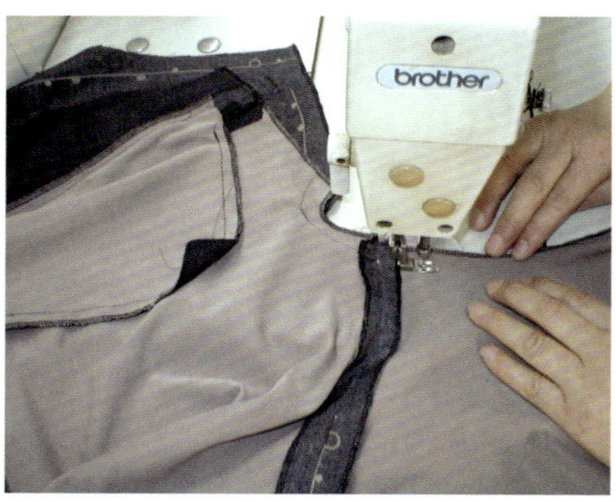

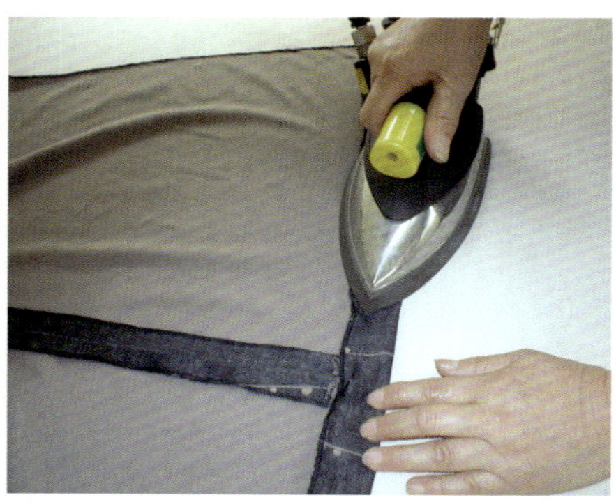

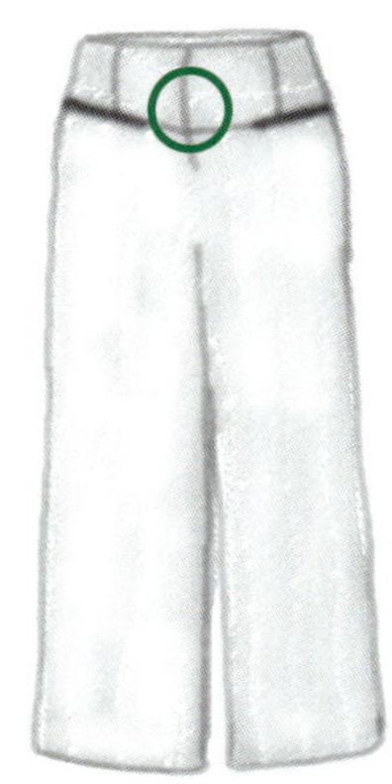

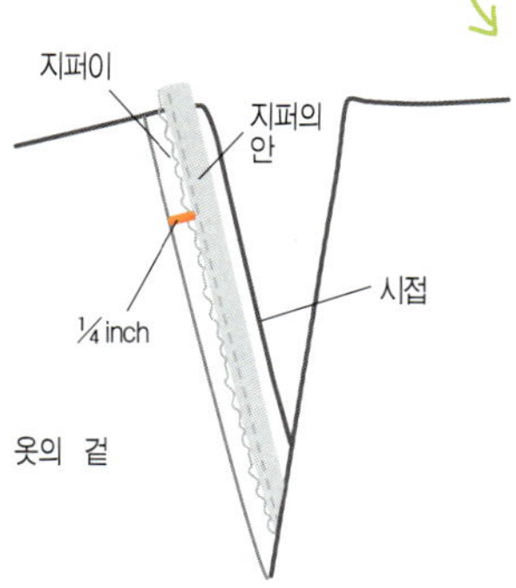

17 일반 지퍼달기 ①

옷의 겉에서 오른쪽 시접을 편다.

- 시접 다림선에서 안쪽으로 0.6cm($\frac{1}{4}$ inch) 띄워 지퍼를 연다 .
- 노루발을 지퍼이에 바짝 붙여 오른쪽 위에서 아래로 지퍼를 살짝 당기며 박음질한다.

18 일반 지퍼달기 ②

한쪽을 달고 지퍼를 잠근다.

- 양쪽 절개선이 어긋나지 않게 절개선에 맞춰 지퍼 시접에 표시를 해 둔다.

02 노벨트 바지

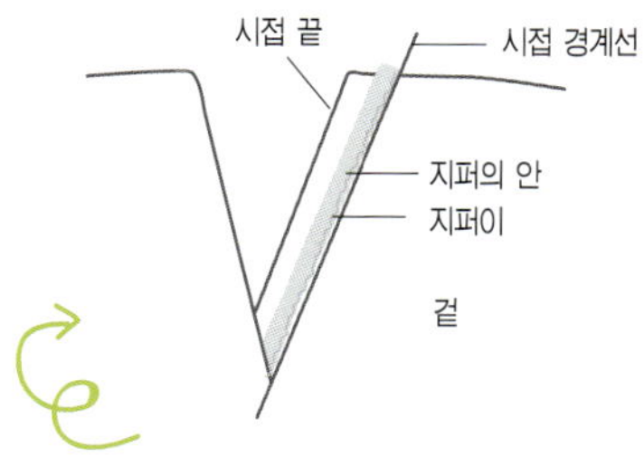

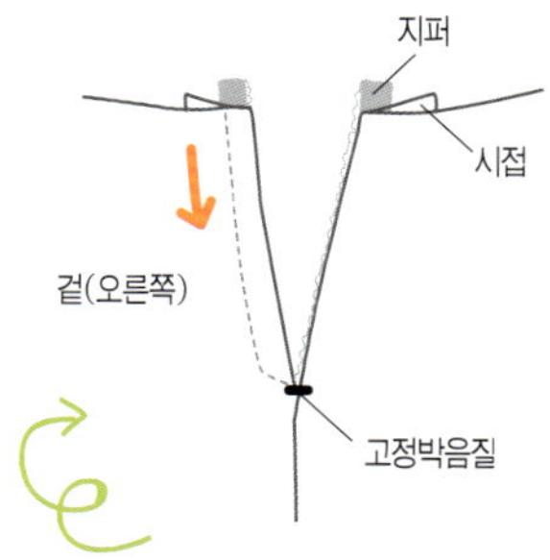

19 일반 지퍼달기 ③

지퍼가 달리지 않은 쪽 시접을 편다. ➔다림선 위에 지퍼를 놓고 옷의 안에서 지퍼 안면을 보게하여 노루발을 지퍼이 위에 올린다. ➔미싱 바늘이 지퍼이 옆을 바짝 지나가게 박음질한다.

20 일반 지퍼달기 ④

양쪽으로 지퍼가 달린 시접을 접는다. ➔옷의 오른쪽 위에서 지퍼의 중심으로 위에서 아래로 눌림 박음질하여 내려와 돌린다. ➔지퍼트임 끝부분을 고정 박음질로 마무리한다.(지그재그 박음질)

21 옆선 박음질

지퍼달기가 마무리 되고 난 후 옆선을 박음질하여 다림질한다.

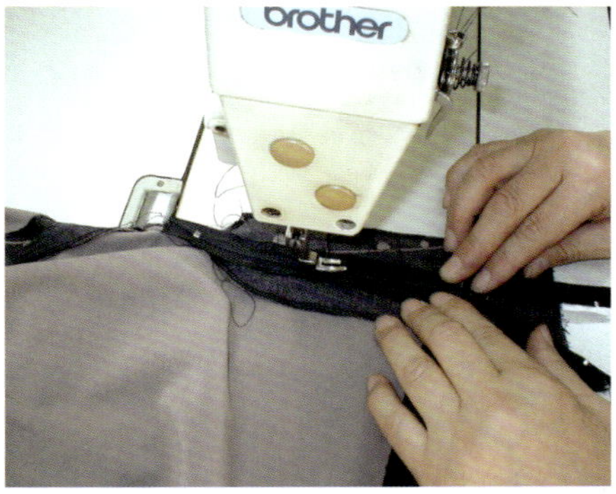

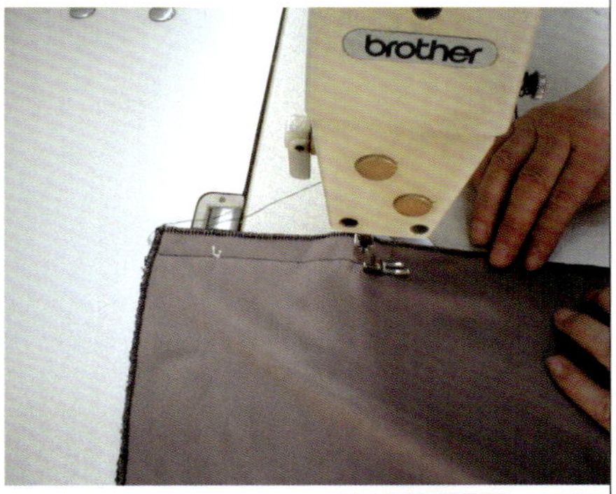

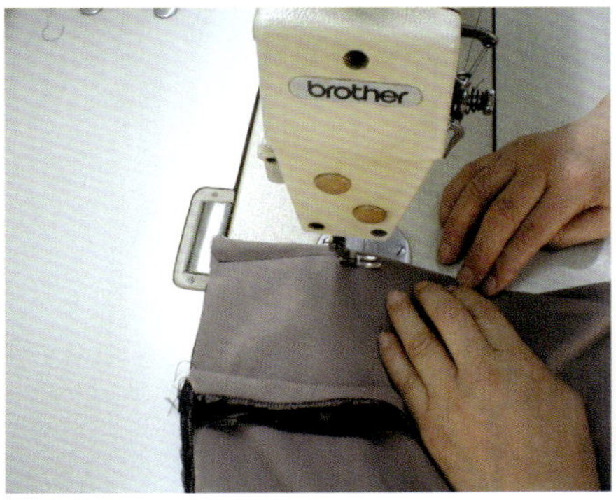

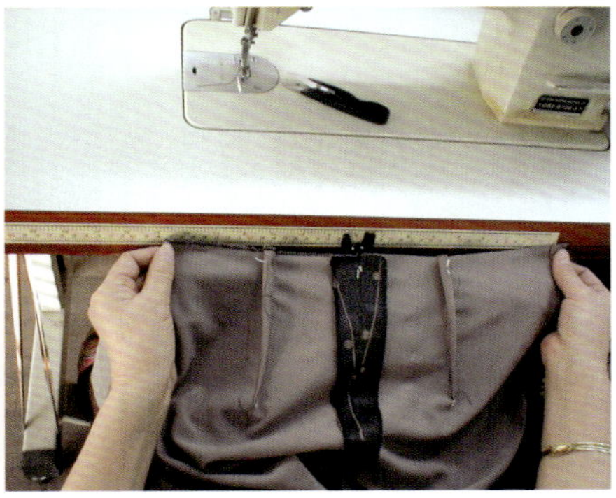

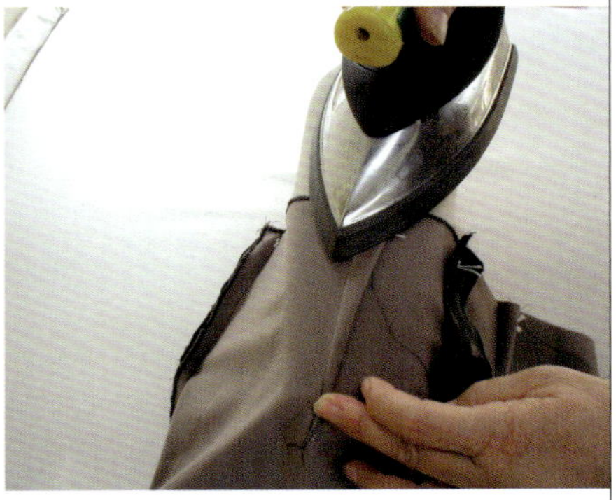

22 뒤 다아트 박음질

뒷면 2곳에 다아트 박음질을 한다.

23 허리 치수 확인

허리 치수를 확인한다.

24 허리 다아트 다림질

뒤 허리 다아트를 마주보게 다림질하여 준다.

02 노벨트 바지

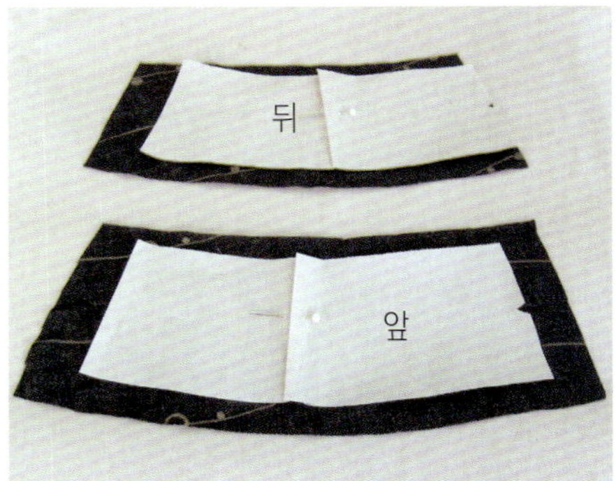

25 허리 안단 재단

노벨트의 안단 시접은 앞·뒤 양쪽으로 2.5cm(1inch), 위·아래로 0.6cm($\frac{1}{4}$inch) 두고 자른다.

26 허리 안단 접착싱 붙이기

25번과 같은 모양으로 허리 안단의 접착싱을 준비하여 겉천의 안단에 붙인다.

27 앞, 뒤 안단 연결

앞, 뒤 안단의 옆선을 연결한다.

28 허리 접착싱 박음질

겉감의 허리둘레가 늘어나지 않게 1.2cm($\frac{1}{2}$inch) 너비의 직선인 접착싱을 준비한다. 옷의 안쪽 허리둘레로 접착면이 아래 면으로 향하게 하여 박음질한다.

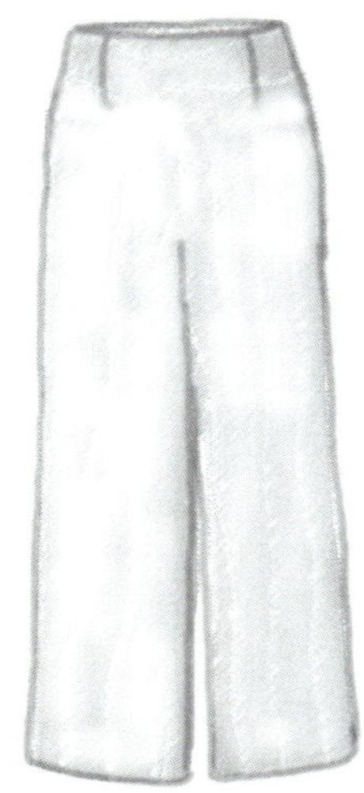

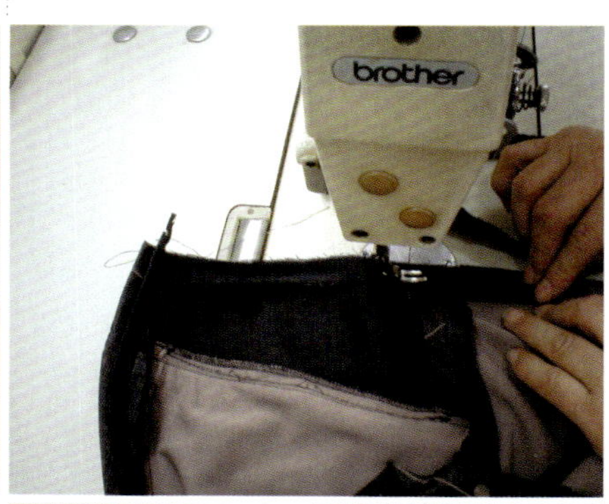

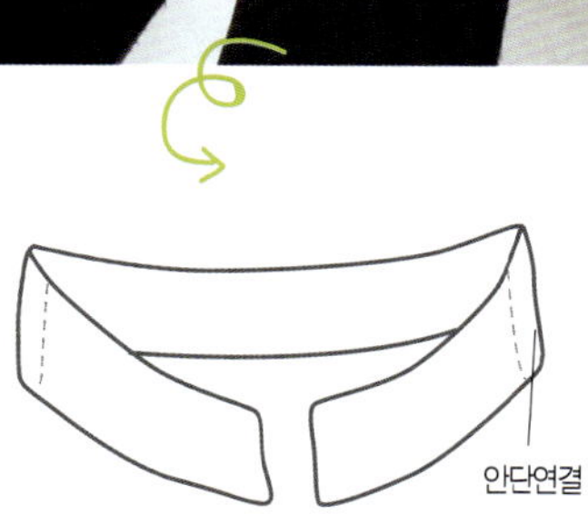

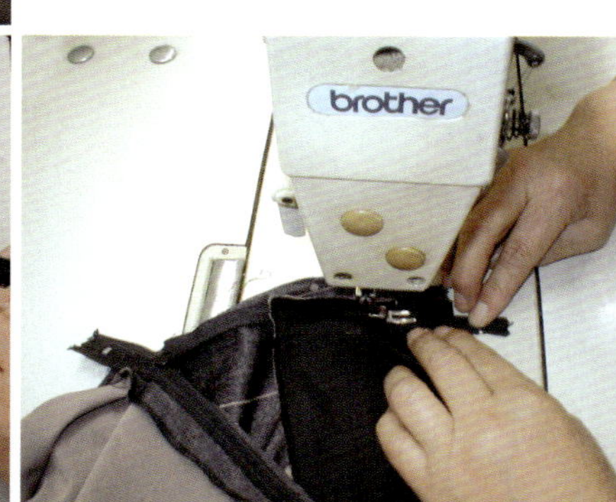

29 안단 오버룩 처리

안단을 먼저 오버룩 처리한다.

30 지퍼와 안단 연결 박음질

옷을 뒤집어 안단의 양끝을 지퍼 시접에 맞물리게 박음질한다.

02 노벨트바지 <<<

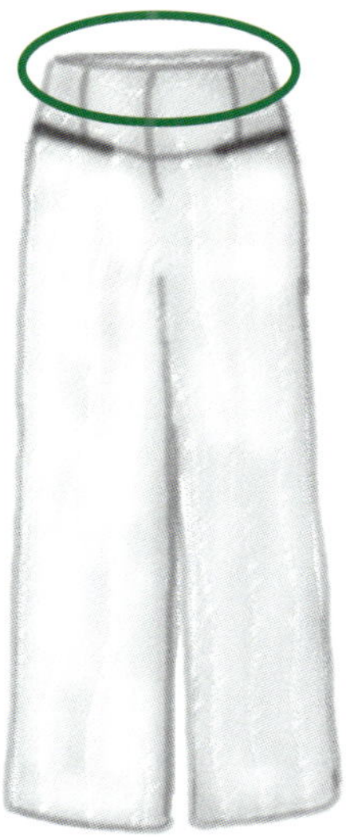

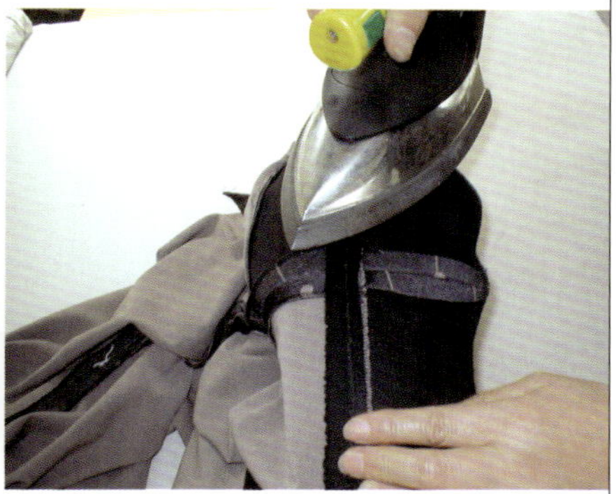

31 허리선 연결 박음질

겉감과 안단의 허리선을 연결하여 박음질한다.

32 허리선 다림질

옷의 안에서 시접을 양쪽으로 눕혀 다림질하고 옷의 겉에서 허리선의 박음선이 안쪽으로 약간 넘어가게 다림질한다.

33 허리선 눌림 박음질

허리선 다림질을 한 후, 옷의 겉쪽의 위에서 0.6cm($\frac{1}{4}$inch)내려 고정 박음질한다.

34 밑단처리

①스쿠이 미싱 뜨기
②손바느질로 기장 마무리를 한다.

35 허리 걸고리 달기

앞쪽 안의 끝에 걸고리를 먼저 달고 뒤쪽 겉에 나머지 고리를 단다.

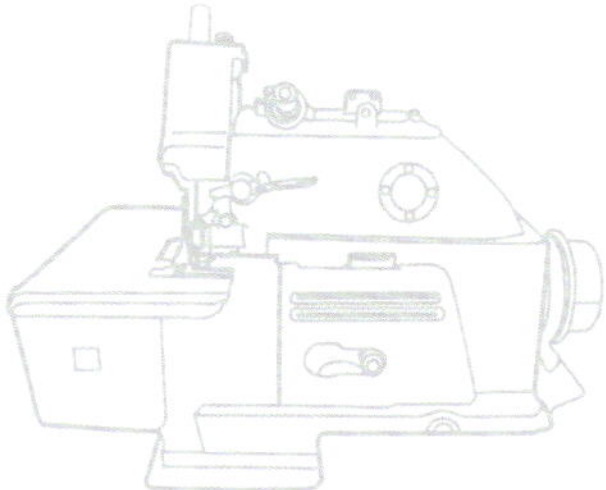

36 마무리 다림질

기장과 전체를 마무리 다림질 한다.

37 완성

완성

Making Pants

바지만들기

* 앞주머니 있는 바지

앞주머니 있는 바지

How to Make

03 앞주머니 있는 바지

종이 재단하기

■ 신체치수

- 허리둘레 – 74cm(29인치)
- 엉덩이둘레 – 94cm(37인치)
- 밑위길이 – 23cm(9인치)
- 기장 – 91cm(36인치)

■ 필요옷감

- 44인치(112cm) 폭 – 2마 5치(225cm)
- 60인치(152cm) 폭 – 1마 2치(110cm)

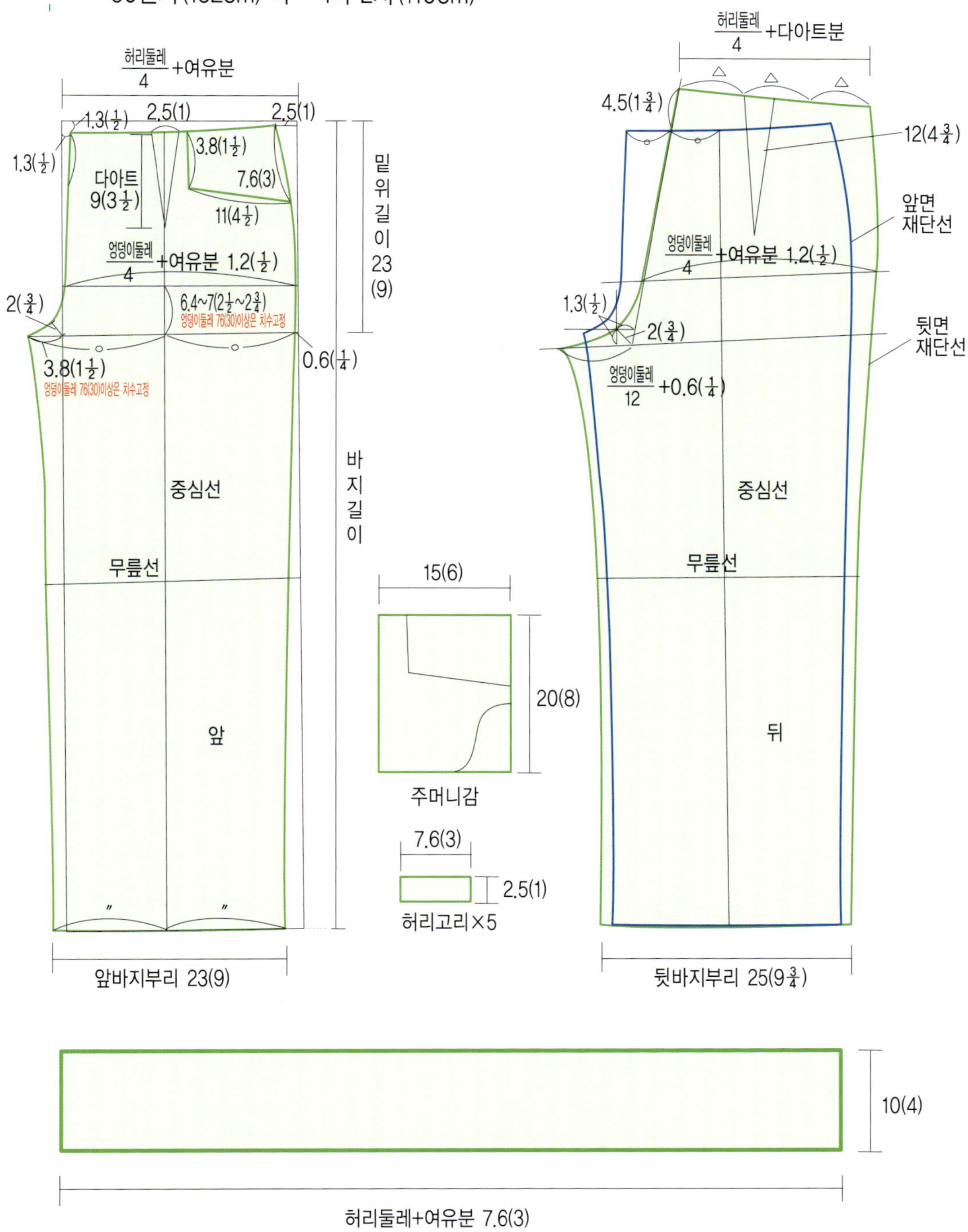

※ 초록색선은 절개선임

※ 단위 cm, 괄호안 inch임

03 앞주머니 있는 바지

1 자리배치

절반으로 접은 원단에 앞, 뒷면, 허릿단의 재단 종이를 올려 재단 자리를 정해 본다.

➔대략의 천의 쓰임을 보기 위함.

2 천 재단

재단이 될 만큼 접어준 후 아래, 위폭의 간격을 맞추고 종이 재단을 놓아 무릎선을 기준으로 직각을 구한 후 천 재단을 한다.

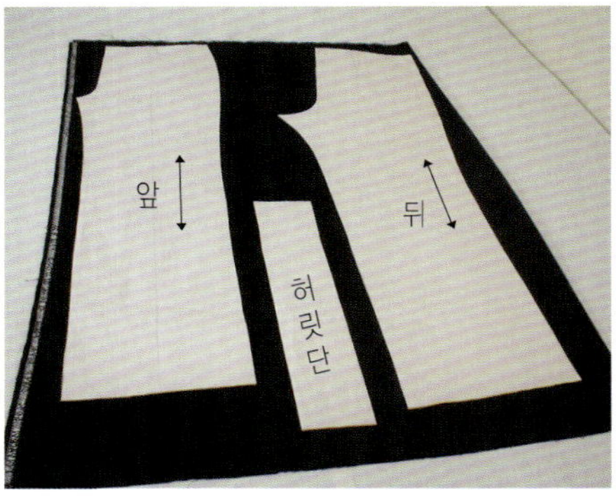

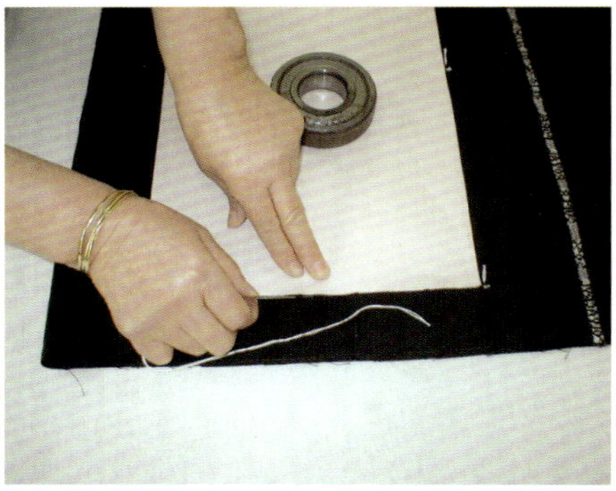

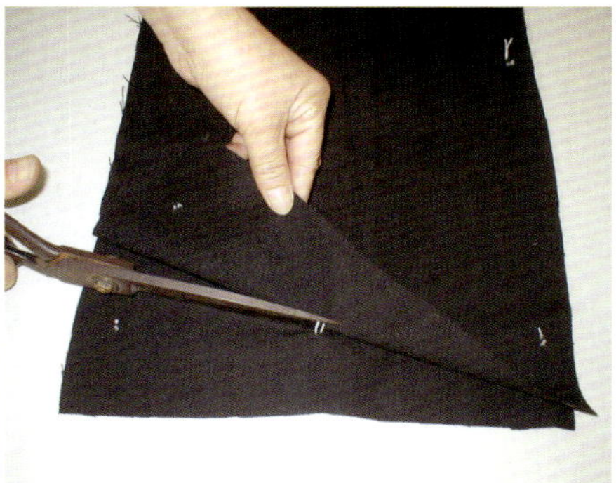

3 시침질

아래, 위 동일표시를 하기 위해 재단선 따라 시침뜨기를 한다.

4 시침 가르기

시침뜨기를 한 후 윗면을 살짝 들어 시침 가르기를 해 준다.

5 시접주기

앞면, 뒷면을 그림과 같이 시접을 준다.

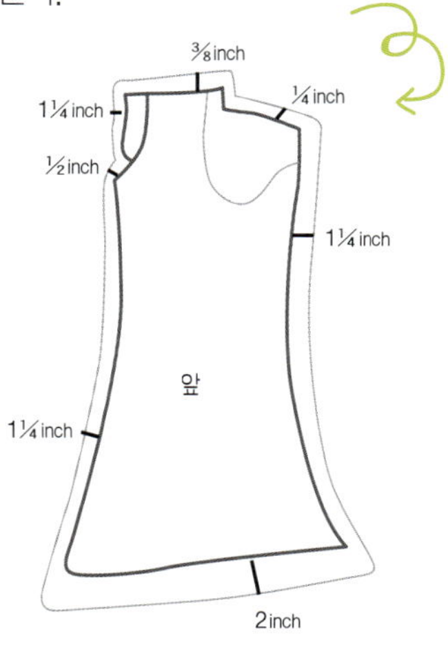

앞면 시접주어 재단한 모습

03 앞주머니 있는 바지

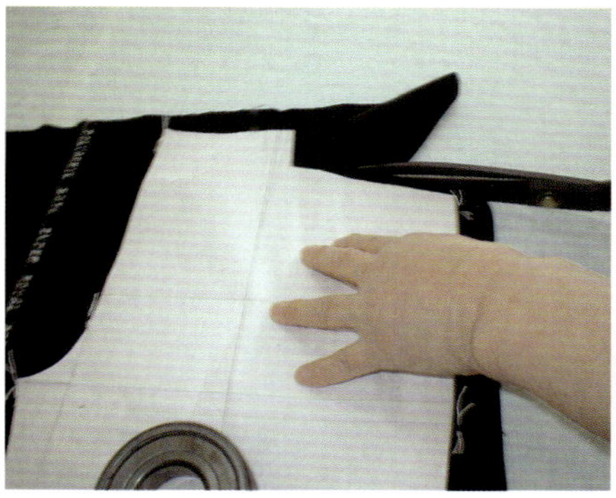

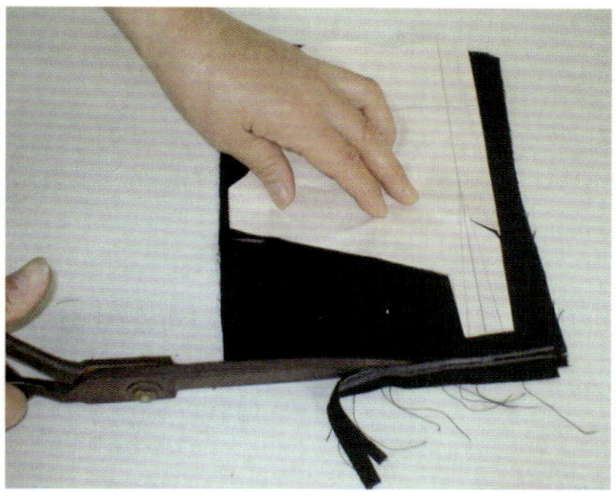

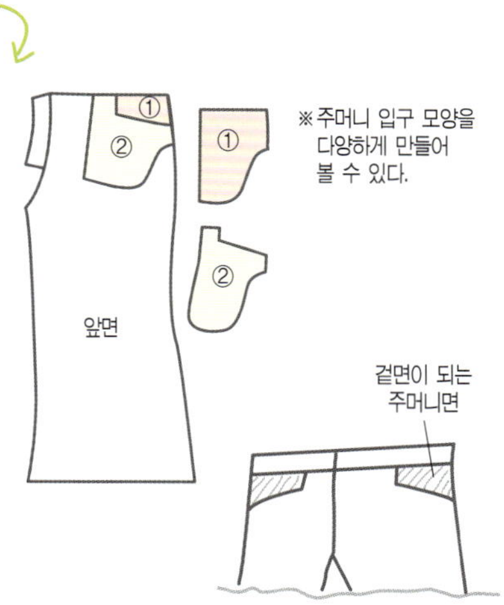

6 앞면 천 재단

앞면의 주머니 시접을 0.6cm($\frac{1}{4}$inch) 주고 천 재단한다.

7 주머니 안단 만들기 ①

주머니 안단 ①을 겉감의 천으로 2장 준비한다.

8 주머니 안단 만들기 ②

주머니 안단 ②를 2장 준비한다.

9 주머니 접착심 뜨기

주머니 둘레의 모양대로 잘라 주머니 부분에 붙일 접착심을 준비한다.

10 접착심 붙이기

주머니 입구에 9에서 만든 접착심을 다림질하여 안쪽에 붙여준다.

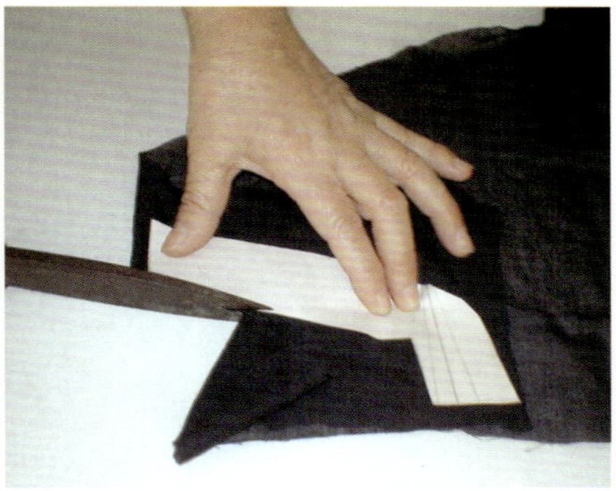

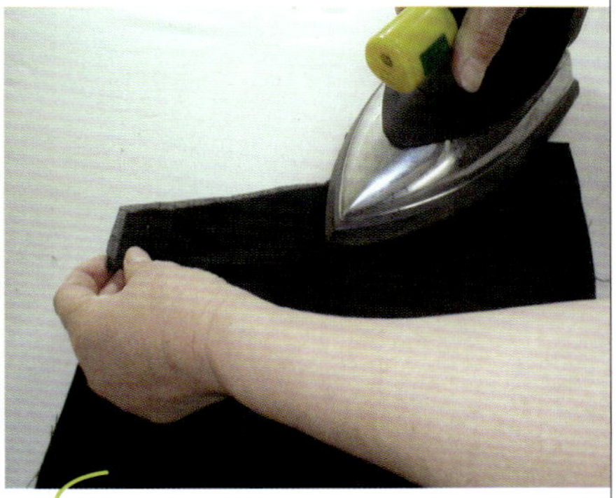

03 앞주머니 있는 바지

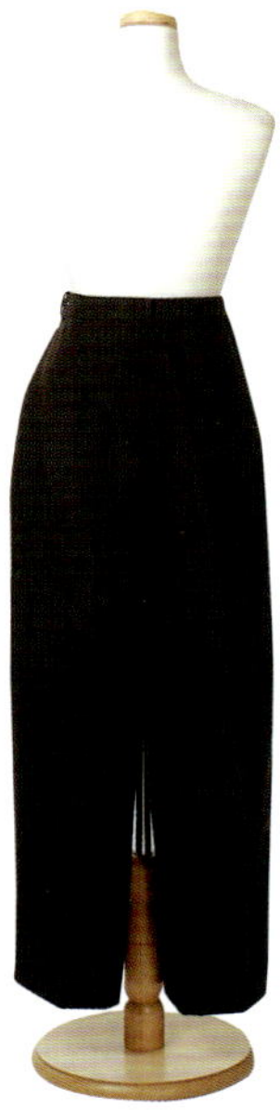

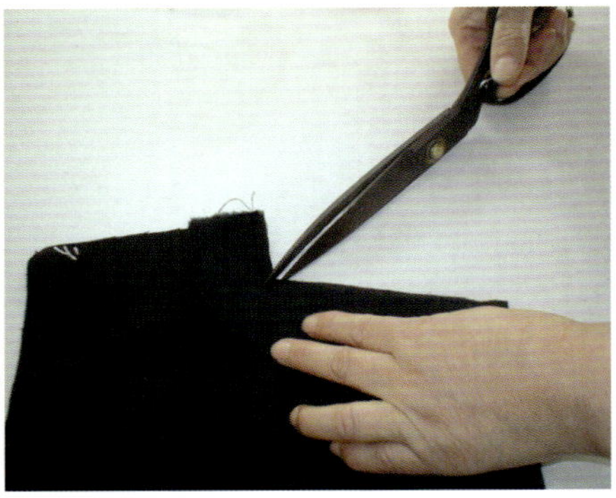

11 주머니 안단 붙이기 ①

앞면의 겉과 주머니 안단 ②의 겉을 마주보게 하여 앞면을 위에 놓아 박음질 한다.

12 주머니 뒤집기

박음질된 주머니의 직각인 모서리 부분을 가위 끝으로 집어 뒤집는다.

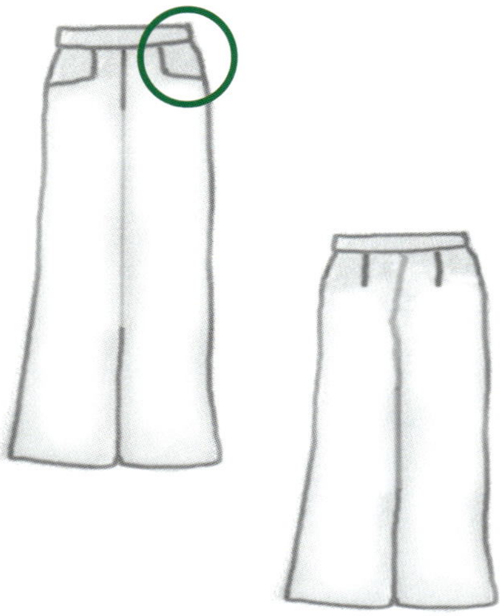

13 주머니 다림질

주머니 박음선이 옷의 안으로 살짝 넘어오게 다림질한다.

14 주머니 눌림 박음질

주머니 위쪽에서 0.3cm($\frac{1}{8}$inch) 내려 옷의 겉에서 눌림 박음질한다.

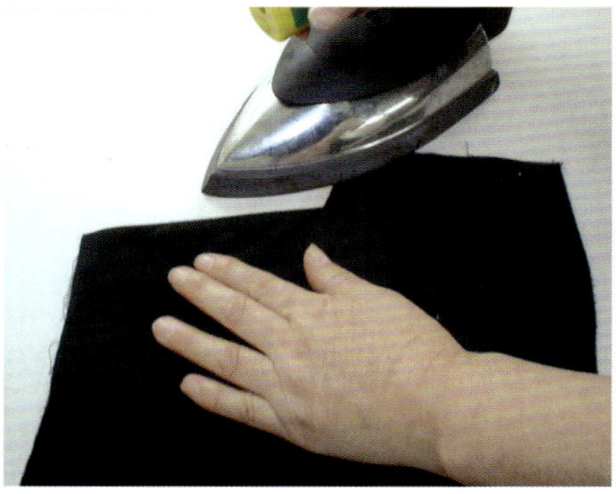

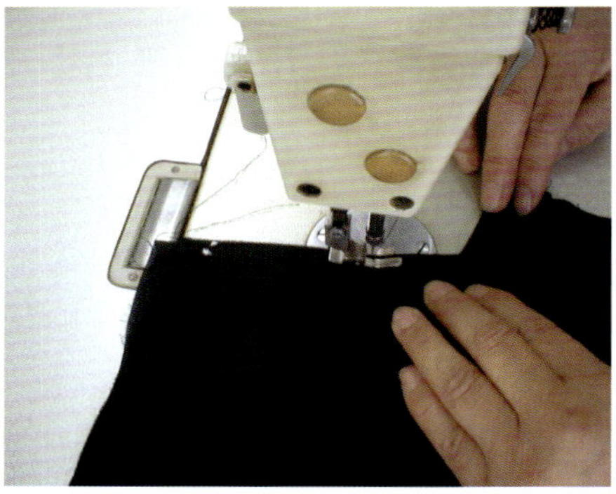

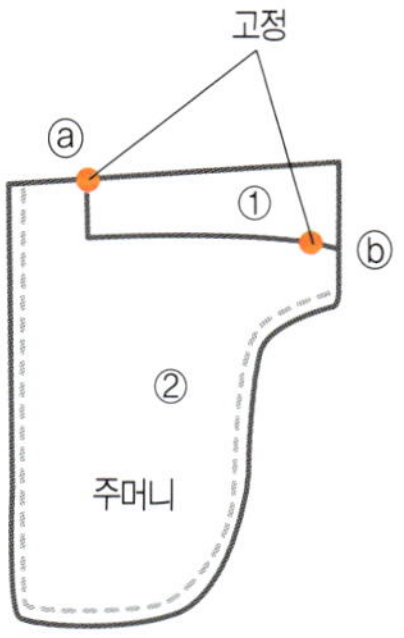

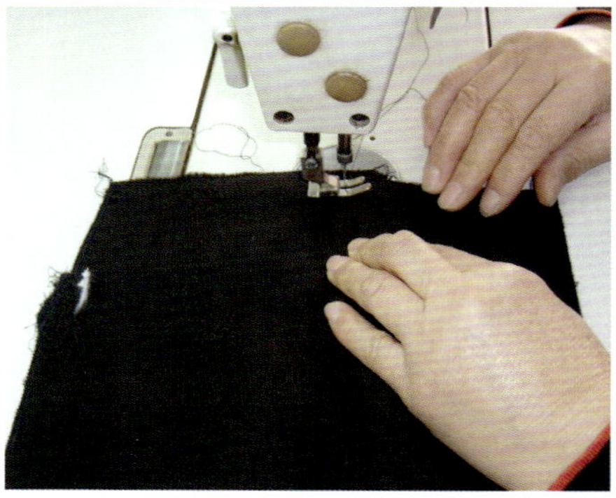

15 주머니 고정 박음질

주머니 안단 ①을 허리선과 옆선에 맞춰서 아래에 놓고, 14에서 만든 앞면을 위에 놓아 ⓐ와 ⓑ점을 고정시킨다.

16 주머니 연결하기

옷의 안에서 주머니 안단 ①과 ②를 마주잡고 돌려 박음질하여 주머니 달기를 마무리 한다.

03 앞주머니 있는 바지

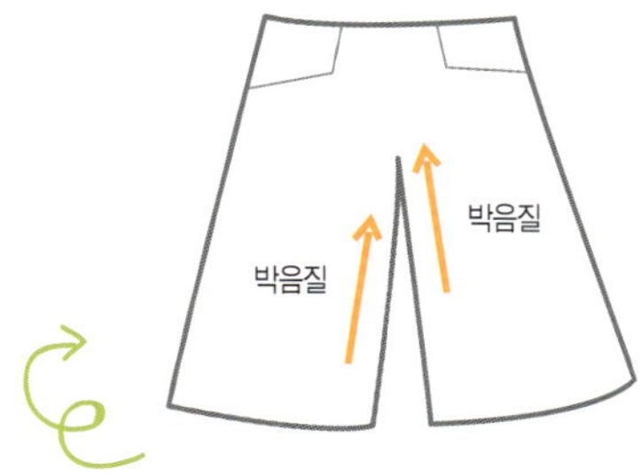

17 전체 오버록 처리

주머니와 함께 전체 오버록 처리한다.

18 바지 안선 박음질

앞, 뒷면을 마주잡고 바지의 안선을 박음질한다.

19 바지 안선 다림질

박음질 한 안선을 다림질한 후 바지 앞면 중심선을 눌러 앞선 잡기를 해준다.

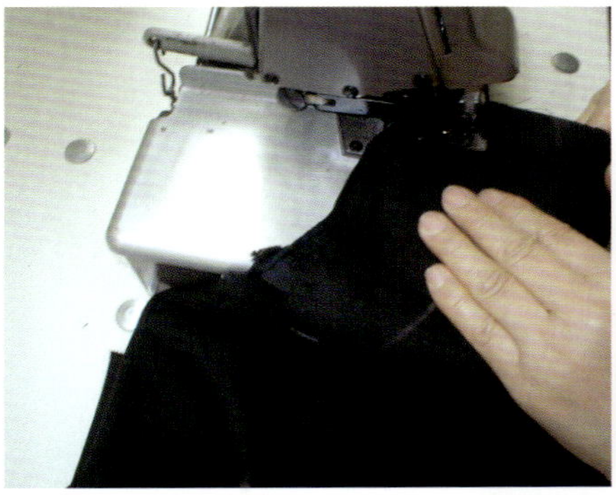

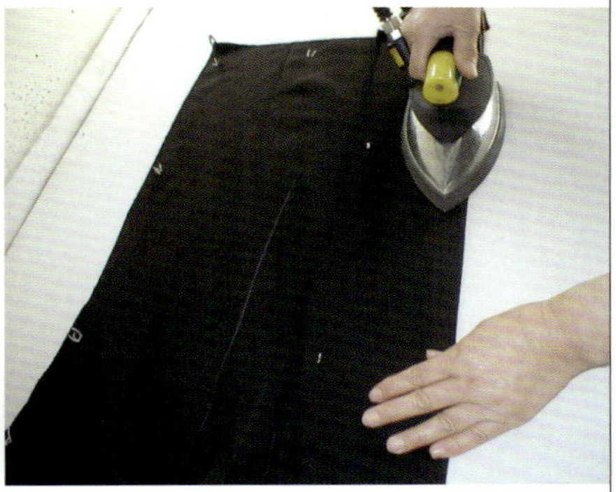

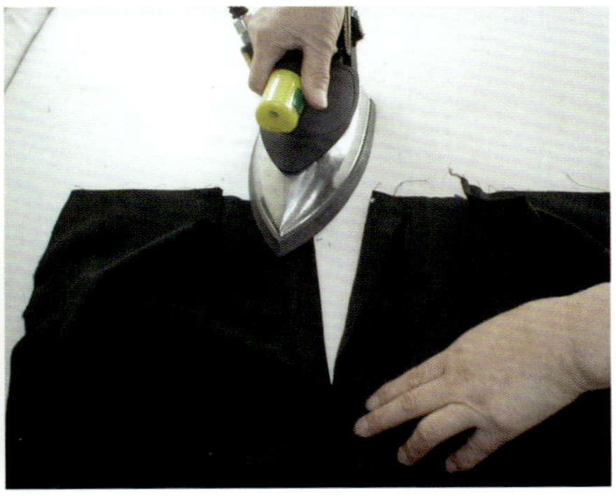

20 바지 밑위 박음질

앞 지퍼 길이 15~18cm(6~7inch) 남겨 두고 앞 뒤 밑위선을 박음질한다.

21 지퍼 시접 다림질

지퍼 달 부분의 시접과 박음질된 밑위선을 다림질한다.

03 앞주머니 있는 바지

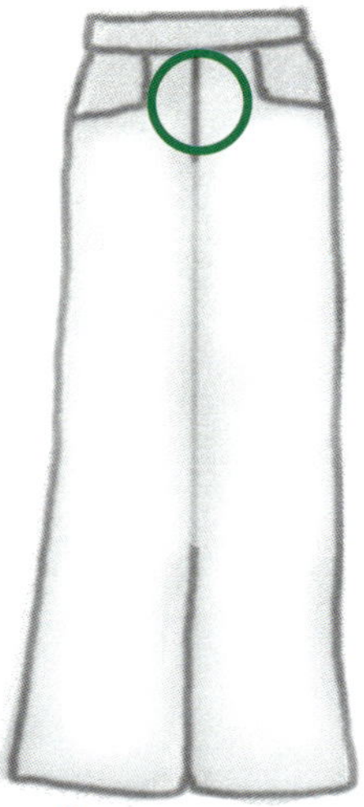

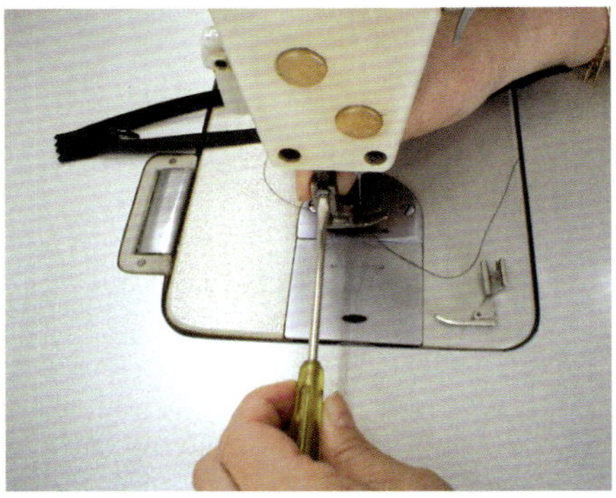

22 숨은 지퍼달기 ①

숨은 지퍼를 달기 위해 외 노루발로 교체한다.

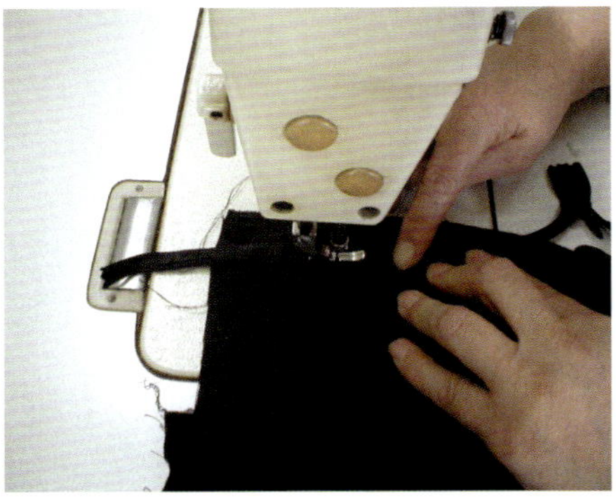

23 숨은 지퍼달기 ②

옷의 오른쪽 시접을 펴서 시접 다림선 위로(겉과 안의 경계선) 지퍼 이를 놓고 밑부분에 지퍼 길이의 여유분 5cm(2inch)가량 남겨두고(지퍼차가 옷의 트임 밑으로 완전히 내려갈 수 있게 여유를 준다.) 노루발을 지퍼이에 바짝 붙여 위에서 아래로 박음질한다.

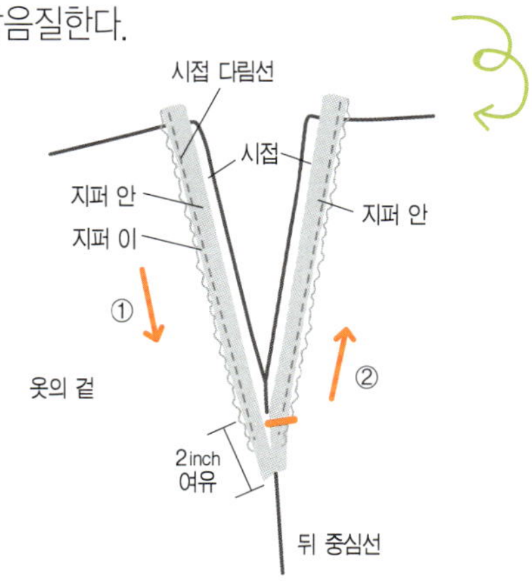

24 숨은 지퍼달기 ③

한쪽 지퍼를 단 후 지퍼를 잠궈 지퍼 밑 부분에 지퍼와 시접을 같이 동일 표시해 준다. ➔양쪽 지퍼이가 어긋나지 않게 하기 위함.

25 숨은 지퍼달기 ④

지퍼를 열고 19의 시접 표시와 지퍼의 표시를 잘 맞추어 밑에서 위로 노루발을 바짝 붙여 박음질한다.

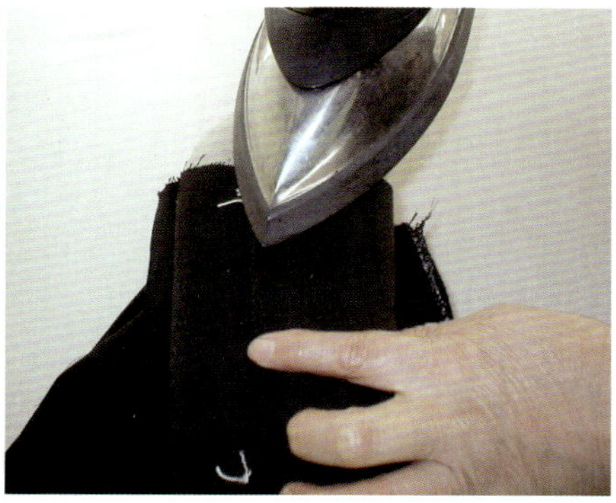

26 앞, 뒤 다아트 박음질

앞, 뒤 허리부분 다아트를 박음질한다.

27 허리 치수 확인

허리 치수를 확인한다.

28 다아트 다림질

앞, 뒤 다아트 시접을 서로 마주보게 다림질 해 준다.

03 앞주머니 있는 바지 <<<

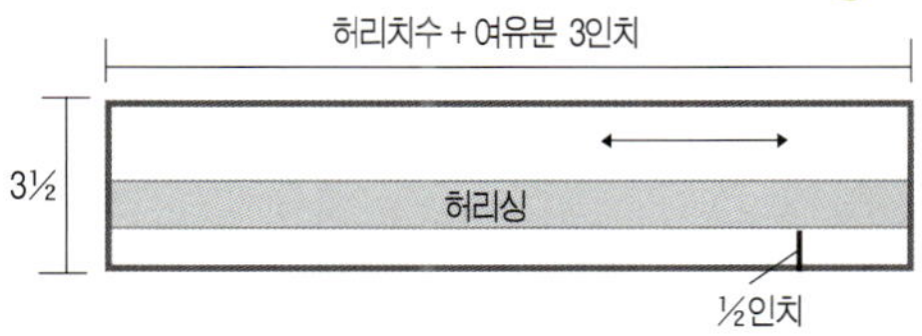

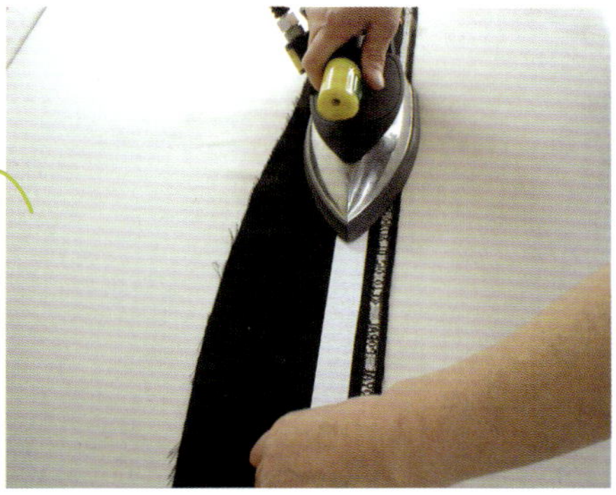

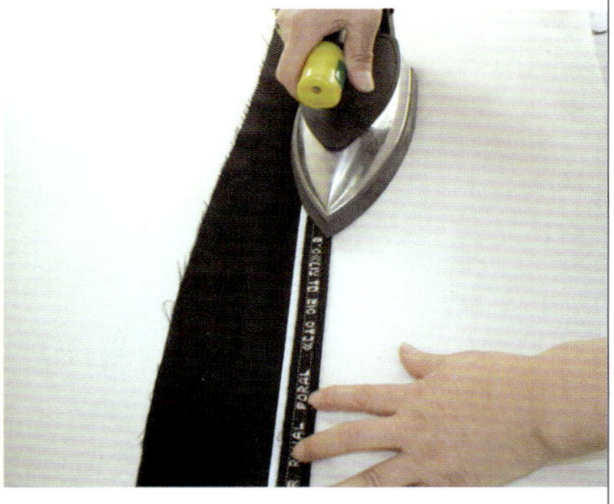

29 허릿단 만들기 ①

허릿단 만들 천을 준비하여 허리심을 다림질하여 접착되게 눌러 허릿단 만들기를 시작한다.

30 허릿단 만들기 ②

붙인 허리심의 한쪽 시접을 말아 다림질한다.

31 허릿단 만들기 ③

한번 더 허리싱를 말아 다림질 한다.

32 허릿단 만들기 ④

시접 정리가 되지 않은 허릿단을 따라 시접 0.6cm($\frac{1}{4}$inch)을 남겨 놓고 잘라낸다.

33 허릿단 만들기 ⑤

허릿단 끝 양쪽을 박음질하여 뒤집어 다림질한다.

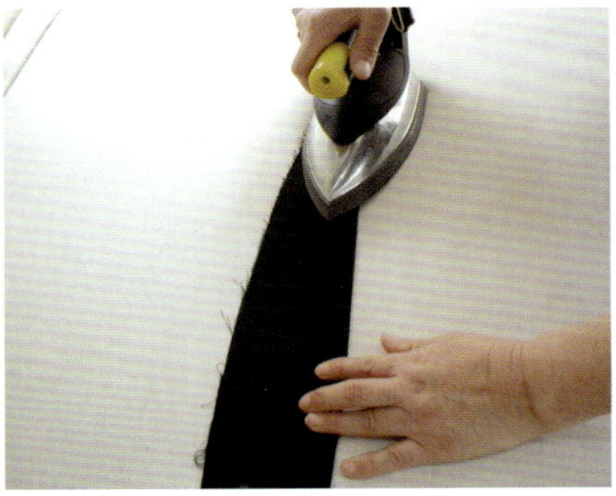

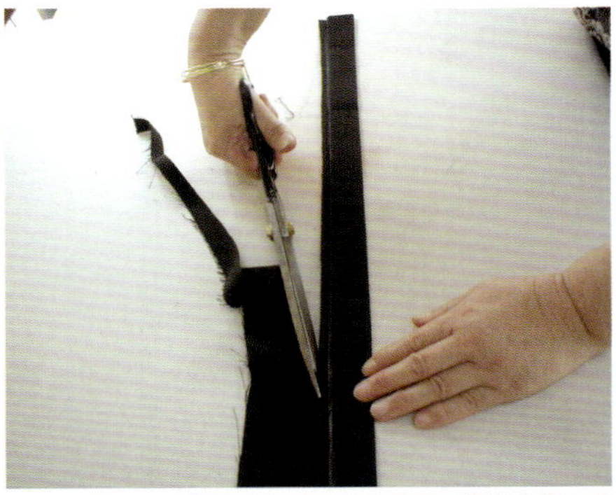

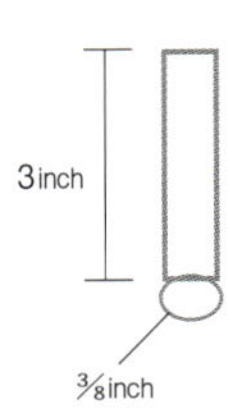

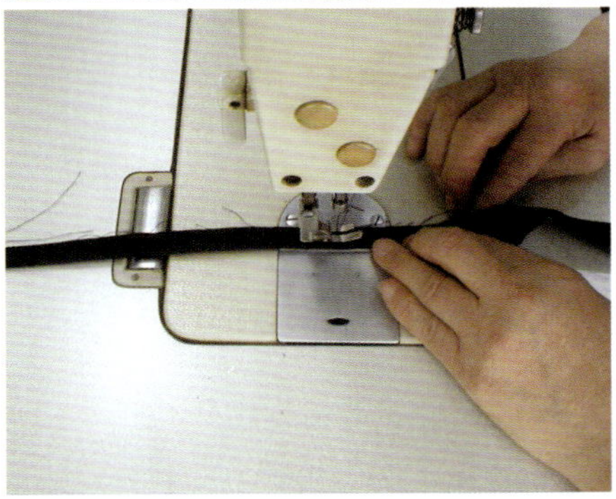

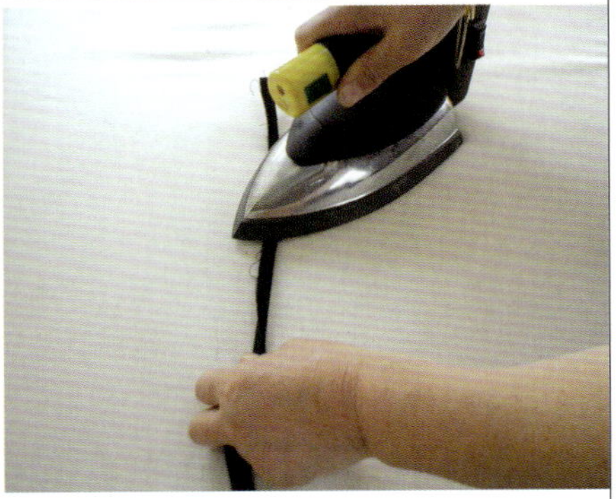

34 허리벨트 고리 만들기 ①

고리 5개를 만들기 위해 길이 38cm(15inch),너비 2.5cm(1 inch)의 천을 준비하여 시접 0.3cm($\frac{1}{8}$inch)주고 박음질 한다.

35 허리벨트 고리 만들기 ②

박음질한 고리의 시접을 양쪽으로 눕혀 다림질한다.

03 앞주머니 있는 바지

36 허리벨트 고리 만들기 ③

7.6cm(3inch)씩 5개로 잘라 송곳으로 뒤집는다.

37 허리벨트 고리 만들기 ④

뒤집은 고리의 박음질 선이 중앙으로 가도록 다림질한다.

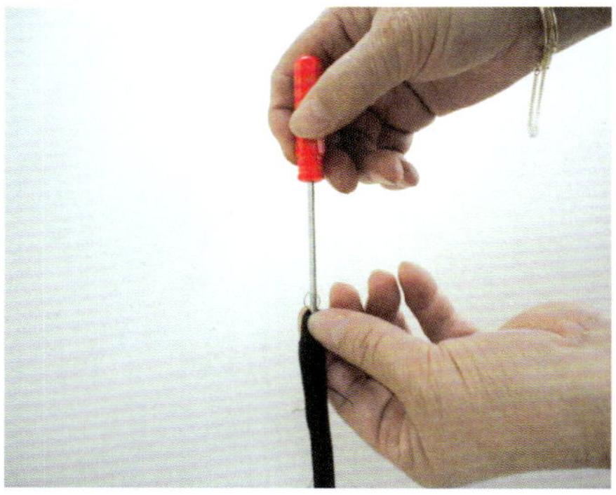

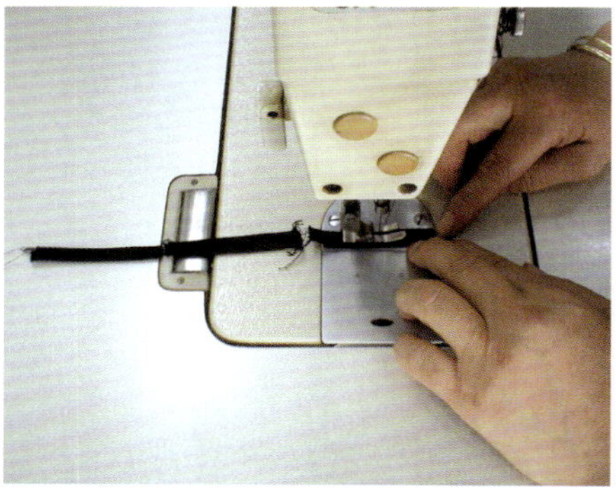

38 허리벨트 고리 만들기 ⑤

고리의 겉에서 양쪽을 눌림 박음질한다.

39 허리벨트 고리 달기(아래쪽)

허릿단을 달기 전 옷의 겉과 고리의 겉을 마주하여 그림의 위치와 같이 고정 시킨다.

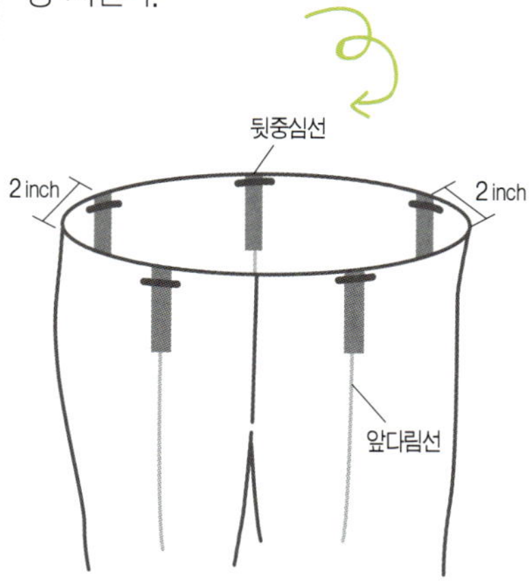

40 허릿단 달기 ①

옷의 안과 허릿단의 겉을 마주 보게 하여 옷의 앞면 지퍼부분에서 허릿단 시접을 따라 뒷면 지퍼까지 박음질하여 달고 허릿단 시접을 남긴다.

03 앞주머니 있는 바지

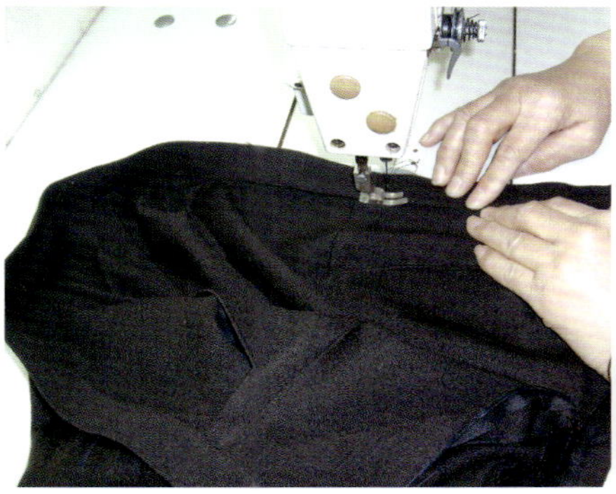

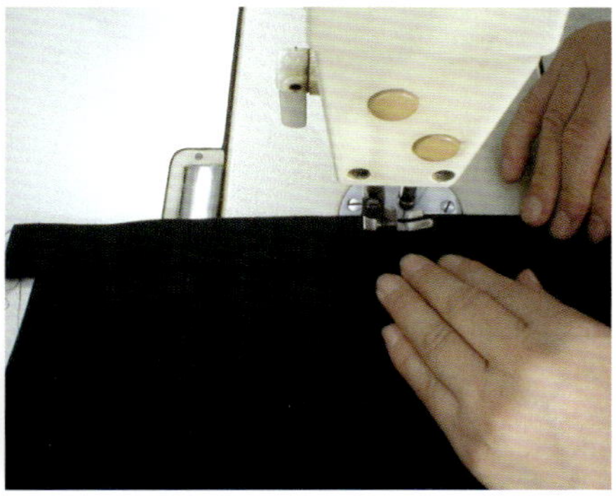

41 허릿단 달기 ②

40에서 박음질한 허릿단을 옷의 겉으로 넘겨 허릿단을 눌림 박음질한다.

42 허릿단 눌림 박음질

허릿단의 양쪽 끝과 윗분분을 눌림 박음질한다.

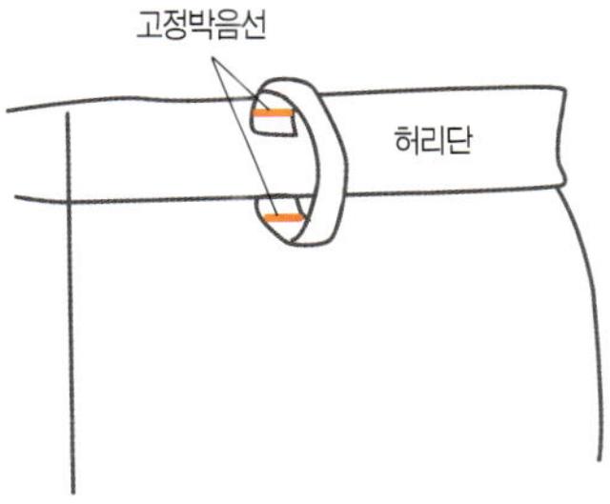

43 허릿단 고리 달기

아래 한쪽으로 고정해 둔 고리를 허릿단 위에서 0.6cm($\frac{1}{4}$inch) 내려 위쪽 고리의 안에서 고정 박음질하여 달아준다.

44 밑단뜨기

밑단 뜨기를 하여 기장 마무리를 한다.

① 스쿠이 미싱 뜨기

② 손바느질

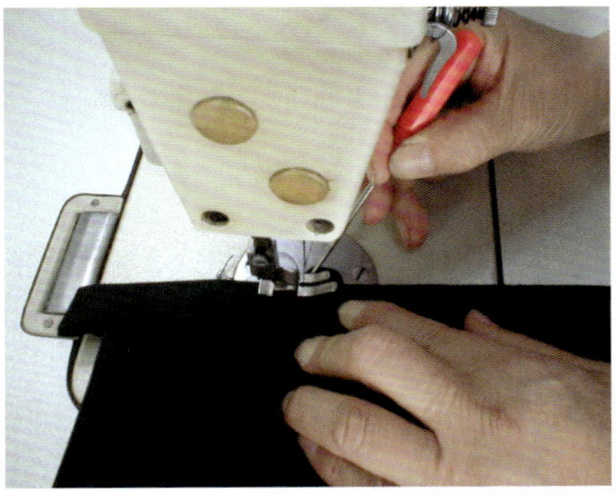

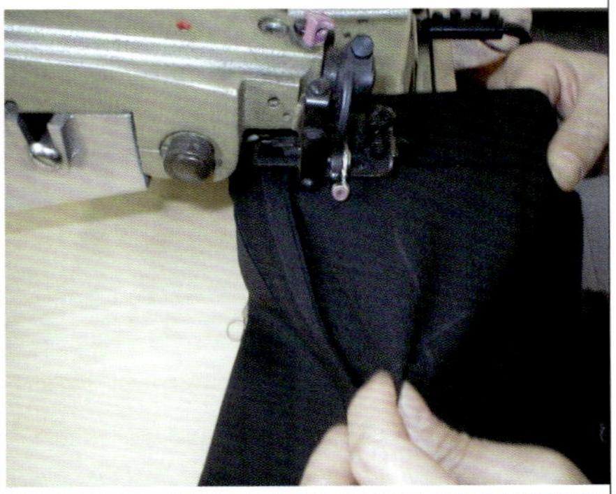

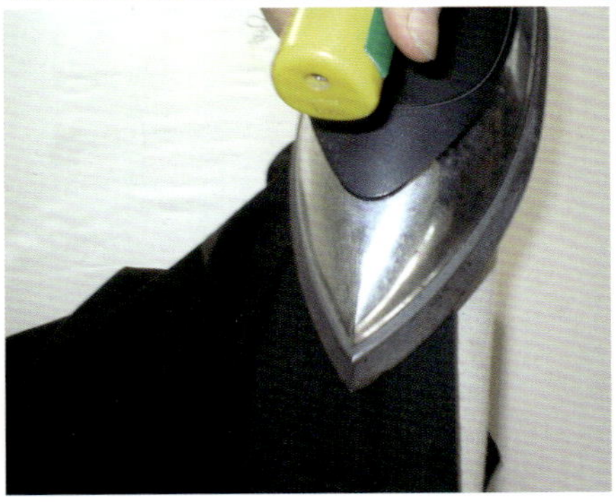

45 걸고리 달기

허릿단 오른쪽부터 걸고리 달기를 한다.

46 마무리 다림질

기장과 전체를 마무리 다림질 한다.

47 완성

완성

Making Blouses

블라우스만들기

* 스텐칼라 블라우스

01 스텐칼라 블라우스

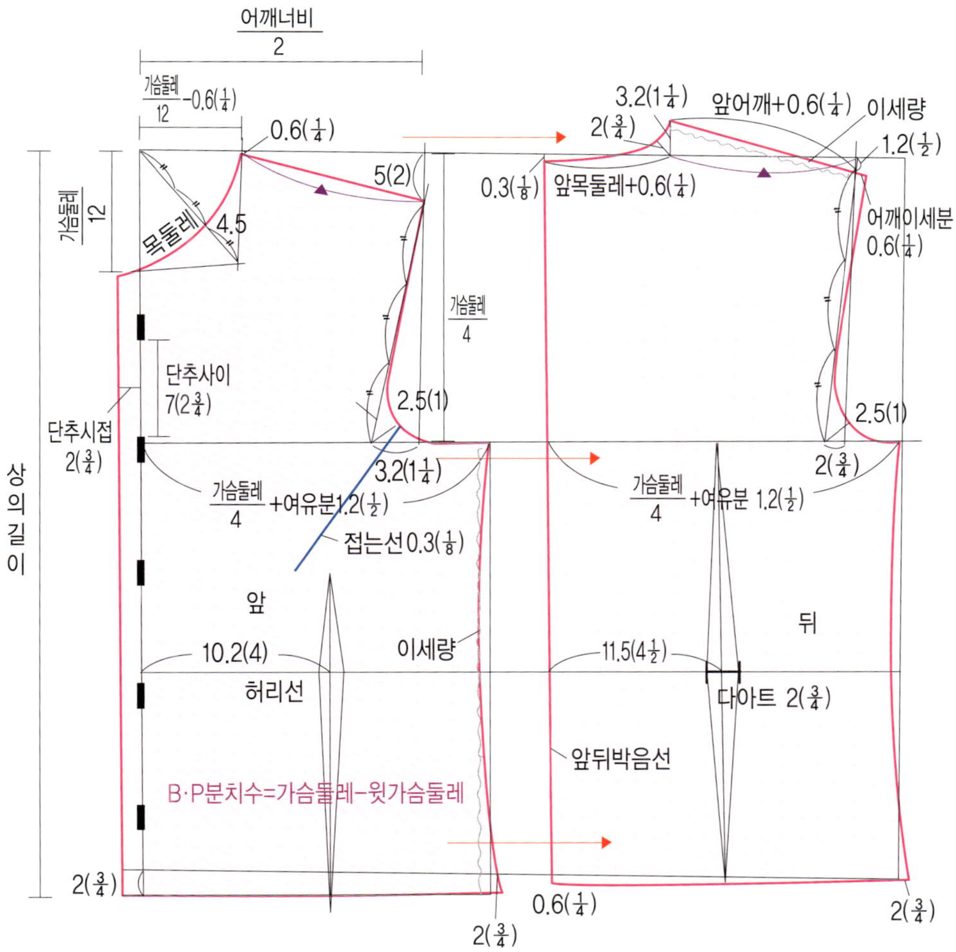

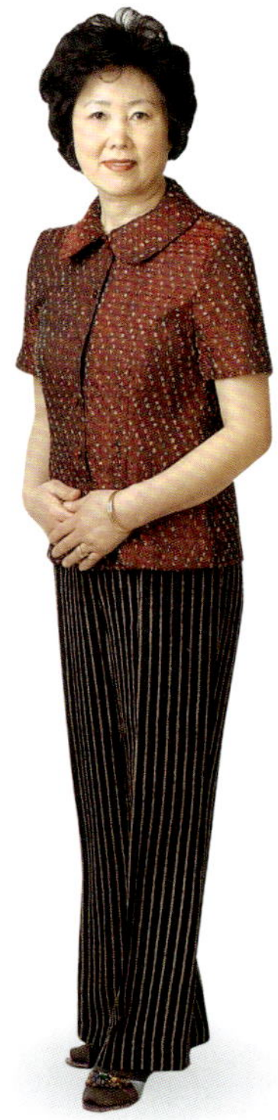

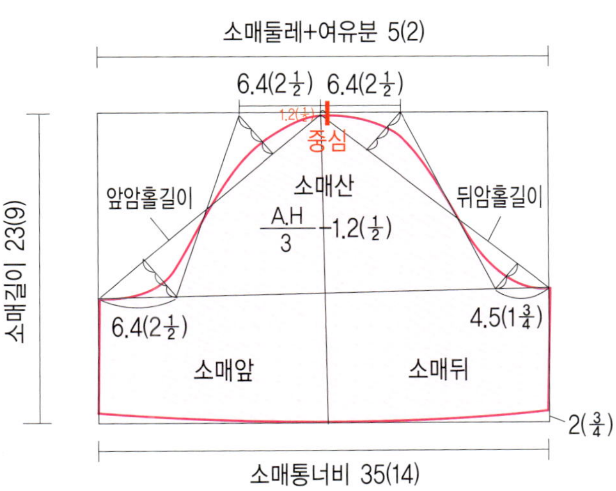

종이 재단하기

■ 신체치수
- 어깨넓이 – 38cm(15인치)
- 소매길이 – 23cm(9인치)
- 등품 – 35.5cm(14인치)
- 허리선길이 – 40.6cm(16인치)
- 상의길이 – 58cm(23인치)
- 앞품 – 33cm(13인치)
- 윗가슴둘레 – 86.4cm(34인치)
- 가슴둘레 – 91.5cm(36인치)

■ 필요옷감
- 44인치(112cm) 폭 – 1마 6치(144cm)
- 60인치(152cm) 폭 – 1마 2치(108cm)

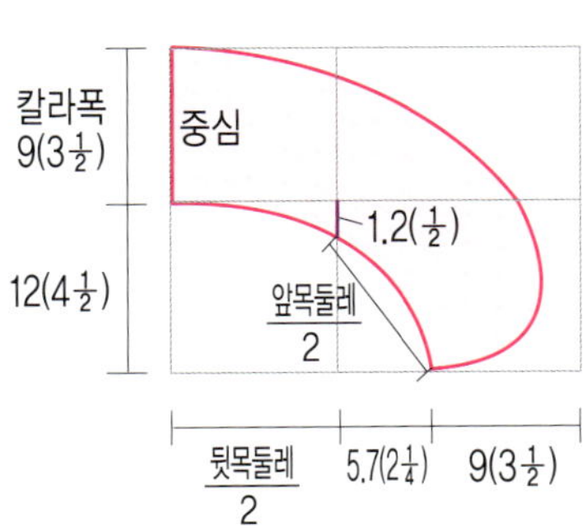

※ 분홍색선은 절개선임
※ 단위 cm, 괄호안 inch임

01 스텐칼라 블라우스

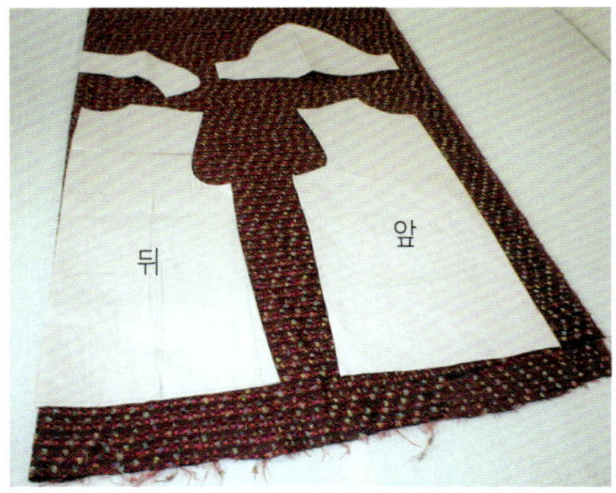

1 자리배치

절반으로 접은 원단에 앞, 뒷면, 소매, 칼라의 재단 종이를 올려 재단 자리를 정해 본다.

➔대략의 천의 쓰임을 보기 위함.

2 천 재단

재단이 될 만큼 접어준 후 아래, 위폭의 간격을 맞추고 종이 재단을 놓아 허리선을 기준으로 직각을 구한 후 천 재단을 한다.

3 앞면 시접주기

①앞 안단 시접을 6.4cm($2\frac{1}{2}$inch), ②, ④는 1cm($\frac{3}{8}$inch), ③은 2cm($\frac{3}{4}$inch), ⑤는 3.2cm($1\frac{1}{4}$inch), ⑥은 3.8cm($1\frac{1}{2}$inch) 둔다.

4 시침 뜨기, 시침 가르기

접어서 천 재단을 한 후 천의 아래, 위로 동일한 표시를 하기 위해 시침뜨기를 하고 접은 윗면을 살짝 들어 시침 가르기를 한다.

5 뒷면 시접주기

①은 뒤 중심－접는선(골), ②, ④는 1cm($\frac{3}{8}$inch), ③은 2cm($\frac{3}{4}$inch), ⑤는 3.2cm($1\frac{1}{4}$inch), ⑥은 3.8cm($1\frac{1}{2}$inch) 둔다.

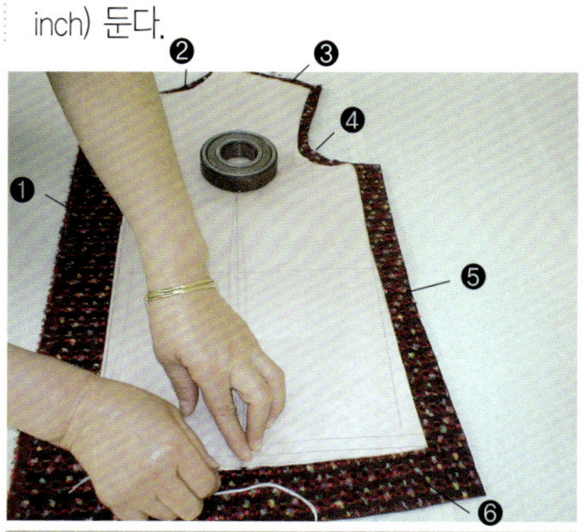

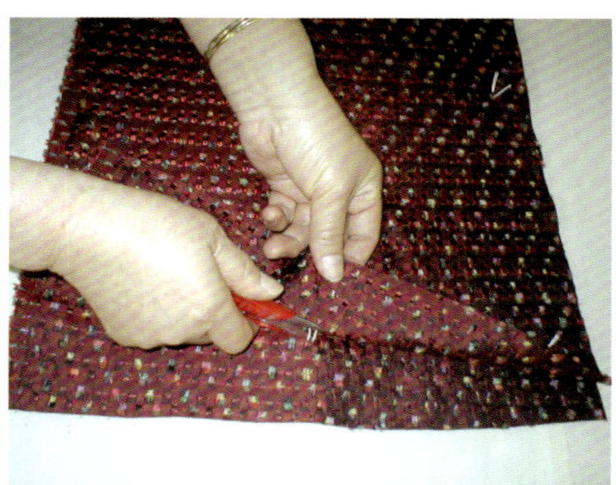

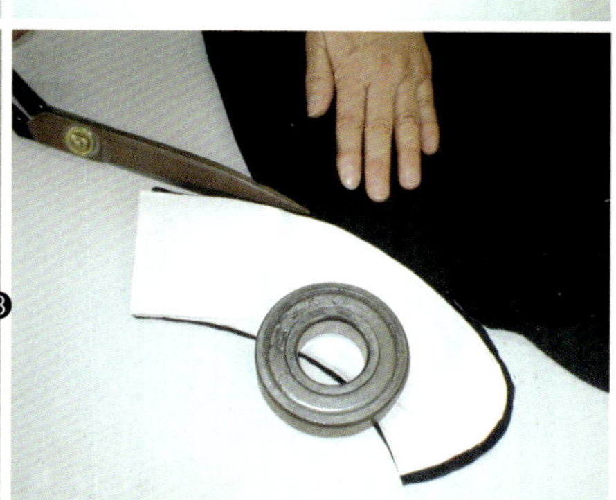

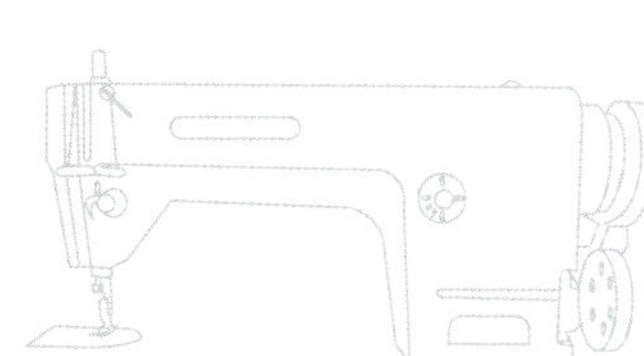

6 소매 시접주기

①, ③은 3.2cm($1\frac{1}{4}$inch), ②는 1cm($\frac{3}{8}$inch), ④는 3.8cm($1\frac{1}{2}$inch) 둔다.

7 겉 칼라 접착싱 준비

겉 칼라에 붙일 접착싱을 전체 시접 0.6cm($\frac{1}{8}$inch) 주어 준비한다.

01 스텐칼라 블라우스 <<<

8 밑 칼라에 접착싱 붙이기

밑 칼라는 바이어스 방향으로 재단하여 접착싱을 붙인다.

9 겉 칼라, 밑 칼라에 접착싱을 붙인 모양

겉 칼라, 밑 칼라 2장에 접착싱을 붙였다.

You Tip

천의 질감에 따라 겉 칼라에만 접착싱을 붙이는 경우도 있다.

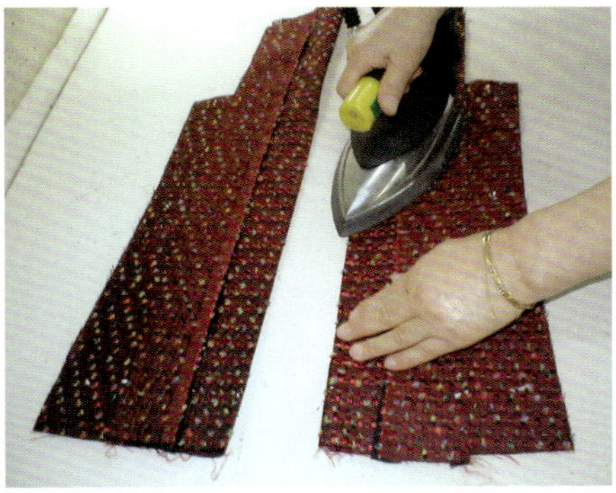

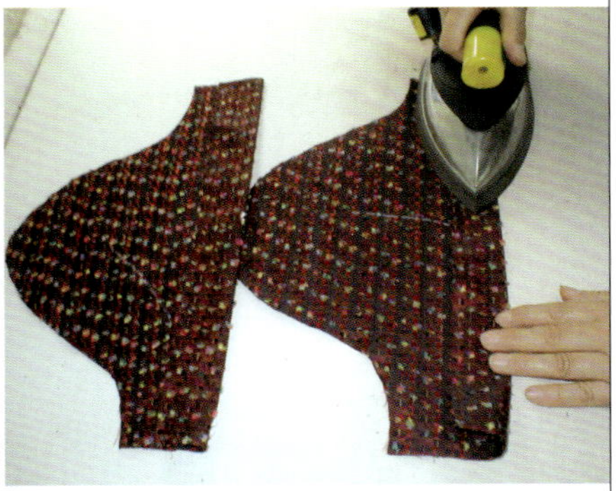

10 앞섶 접착싱 붙이기

접어서 앞섶이 될 6.4cm(2½ inch)너비보다 조금 넓게 접착싱을 너비 10cm(4inch) 되게 앞섶에 붙여준다.

11 앞섶 접어 다림질

앞섶 6.4cm(2½inch)를 접어 다림질한다.

12 소매 기장 다림질

소매 기장 표시선대로 접어주고 한번 더 시접의 절반을 말아 다림질한다.

01 스텐칼라 블라우스

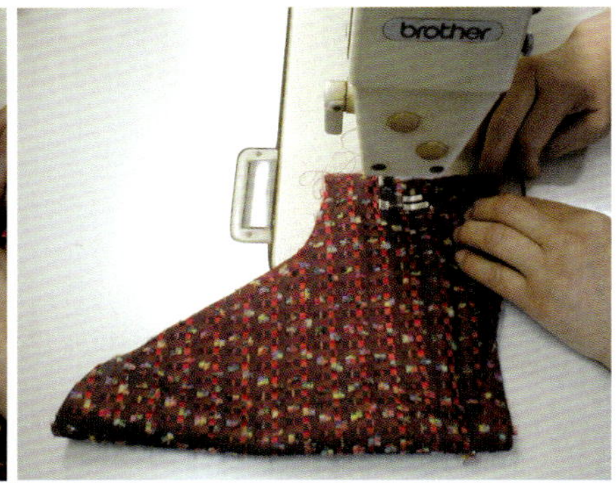

13 몸판 박음질

옆선, 다아트선, 어깨선을 박음질 한다.

14 소매 밑선 박음질

소매 밑선을 박음질한다.

15 오버룩 처리

몸판, 소매시접을 오버룩 처리 한다.

16 다림질

몸판, 소매를 다림질한다.

17 몸판 기장 다림질

기장 표시선을 다림질하고 다시 한번 안으로 말아 다림질한다.

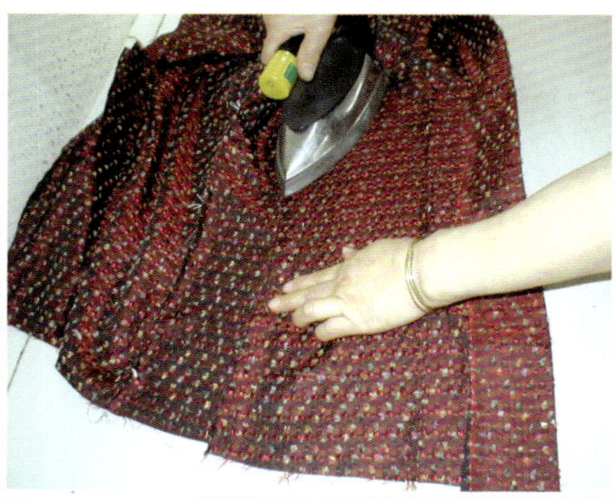

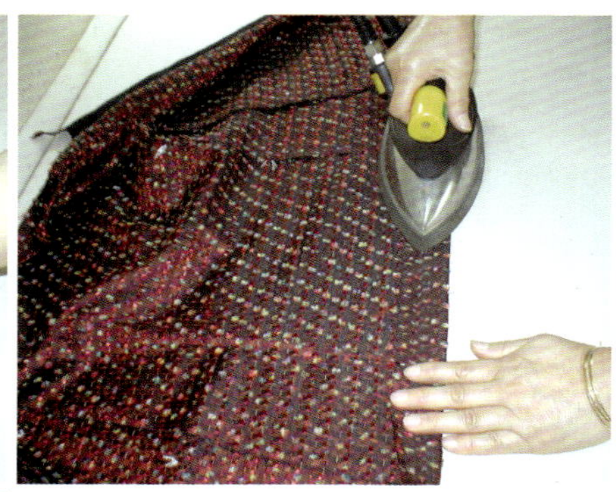

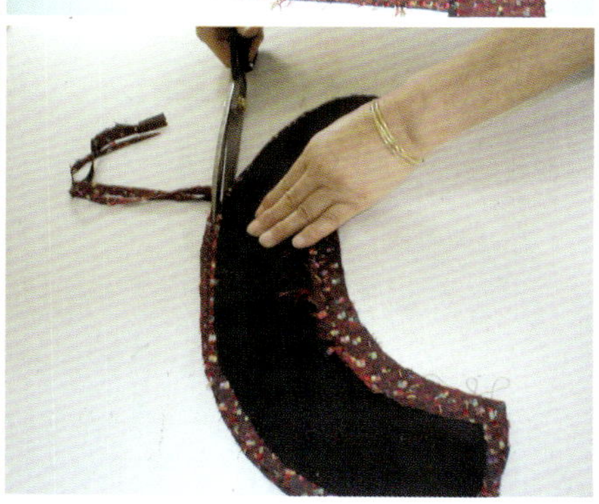

18 2겹 칼라 붙이기

2겹 칼라를 맞잡고 위에 놓인 겉 칼라를 밀며, 아래의 밑 칼라를 살짝 당겨 박음질하여 겉 칼라에 약간의 여유를 준다.

19 칼라 시접 정리

목둘레선을 제외한 박음질이 된 칼라 시접을 정리한다.

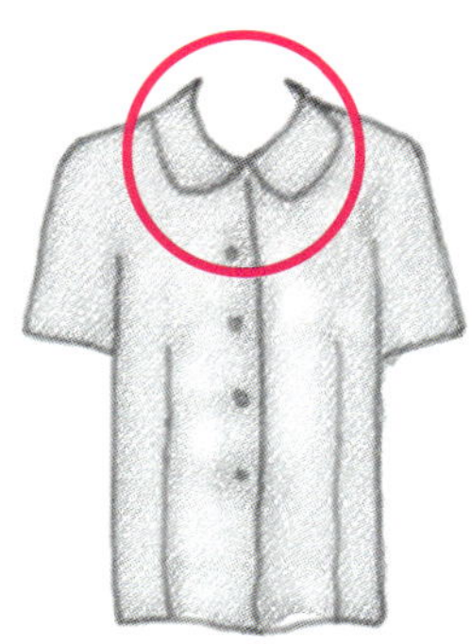

01 스텐칼라 블라우스

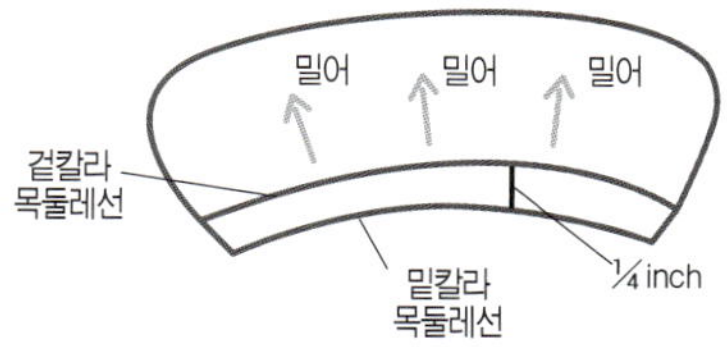

20 칼라 다림질

아래면으로 박음선이 살짝 넘어오게 다림질한다.

21 겉 칼라 여유주기

위쪽 칼라를 바깥쪽으로 0.6cm($\frac{1}{4}$inch)가량 밀어 겉 칼라에 살짝 여유를 주어 시침핀을 꽂아 고정시킨다.

22 밑 칼라 시접정리

겉 칼라의 목둘레선 시접은 접어 다림질 된 상태로, 밑 칼라에 0.6cm($\frac{1}{4}$inch) 시접을 주어 정리해 준다.

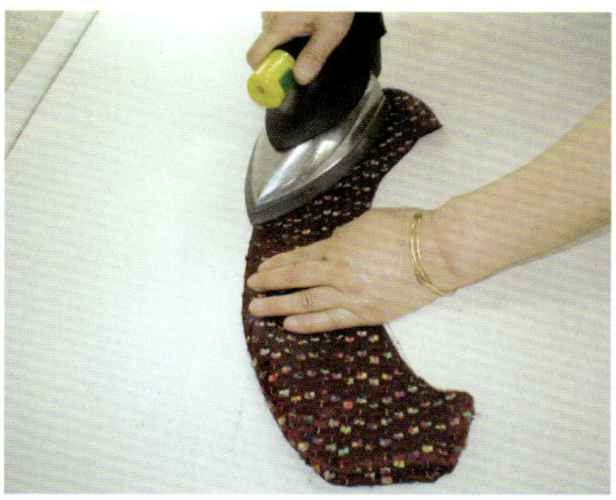

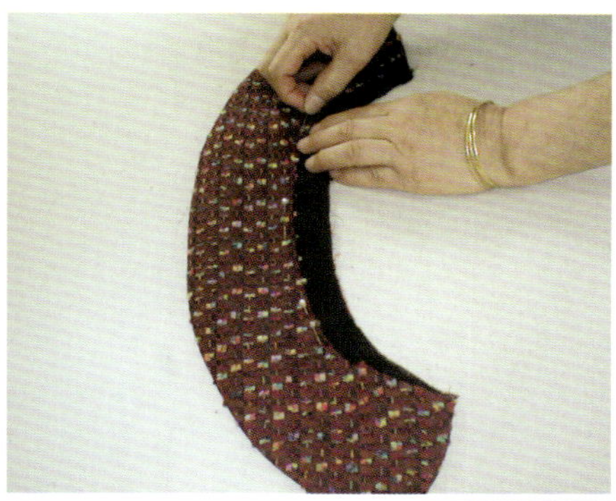

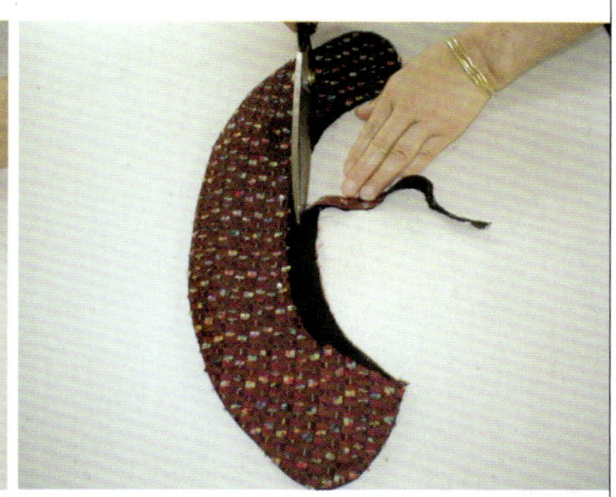

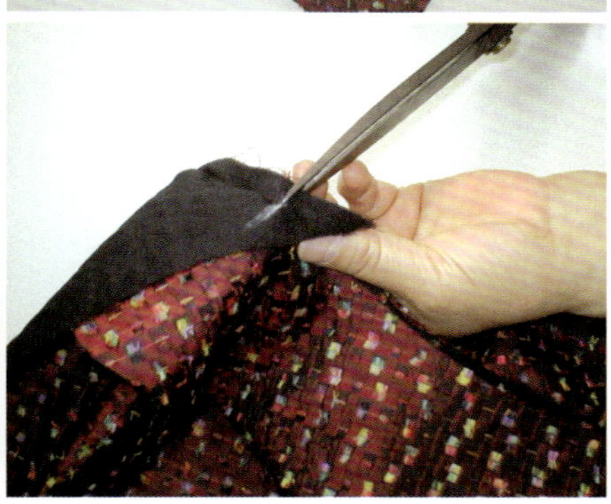

23 칼라달기 ①

안단을 펼쳐 안단 다림선에서 1.2cm($\frac{1}{2}$inch) 띄워 겉 칼라를 제쳐두고 밑면을 옷의 겉 목둘레선으로 박음질한다.

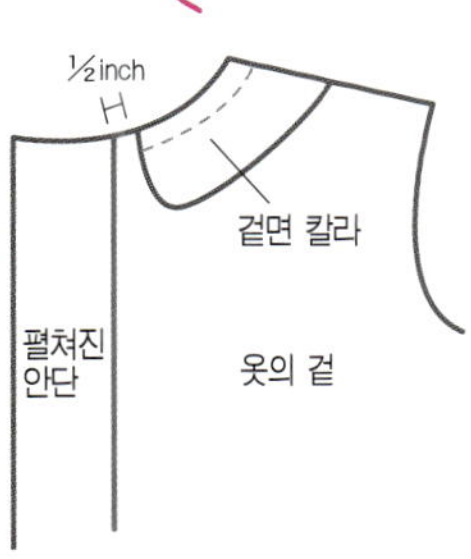

24 칼라달기 ②

안단을 옷의 겉으로 밑칼라와 목둘레선을 맞잡고 박음질한 후 넘겨 안단 끝에서 3.8cm($1\frac{1}{2}$inch) 지점까지 다림질 된 겉 칼라의 시접을 안단너비만큼 펴서 밑 칼라, 겉 칼라 안단을 함께 A점까지 3.6cm($1\frac{1}{2}$inch) 박음질하고 오른쪽 그림의 A점을 가위 끝으로 집어 준다.

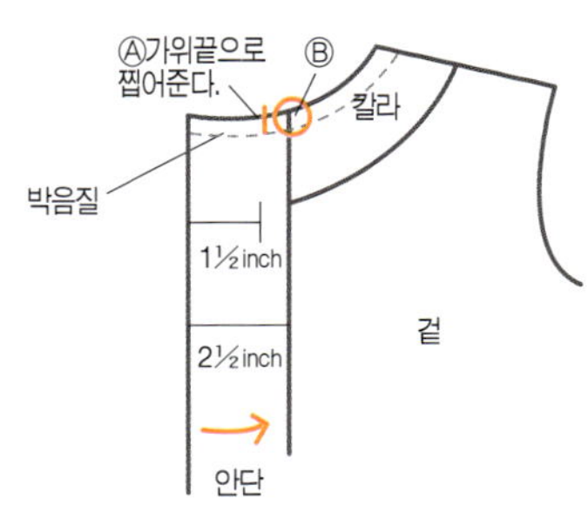

01 스텐칼라 블라우스

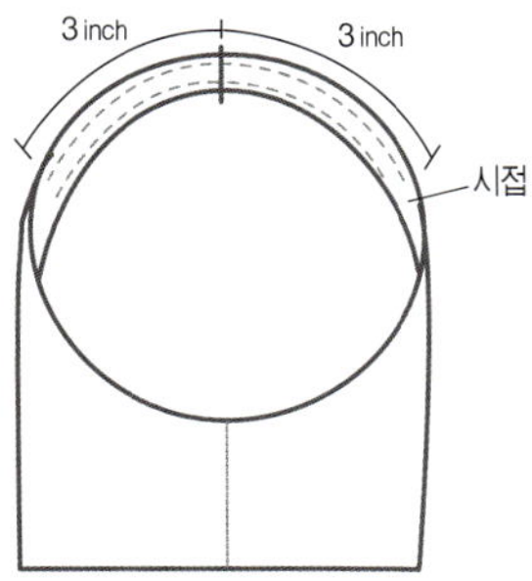

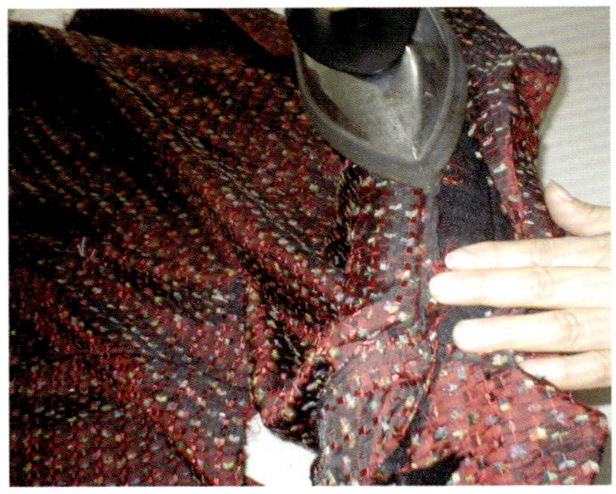

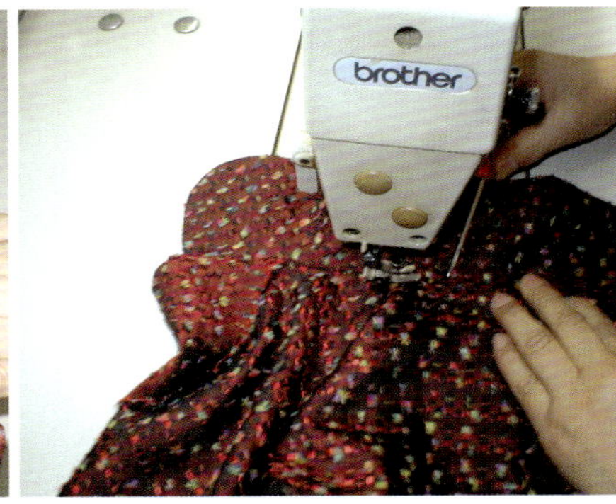

25 칼라달기 ③

안단을 뒤집어 주고 우마 위에 올려 칼라와 몸판의 시접을 칼라 사이로 넣어 다림질한다.

26 칼라달기 ④

24의 안단 B를 가위끝으로 접은선까지 칼라사이로 밀어 넣어 옷의 안에서 밑 칼라와 겉 칼라를 겹쳐 밑 칼라 박음선 위로 눌림 박음질 한다.

27 소매산 2줄 박음질

소매산 꼭지점을 기준으로 0.3cm($\frac{1}{8}$inch)간격의 2줄 박음선을 만든다. ➔15cm(6inch) 가량

28 소매산 만들기

2줄의 실을 당겨 소매산을 오목하게 만든다.

29 소매달기

소매산 꼭지점과 어깨점, 소매 밑선과 옷의 옆선을 맞추어 소매를 달아 준다. 진동둘레보다 소매둘레에 여유를 주고 달아 준다.

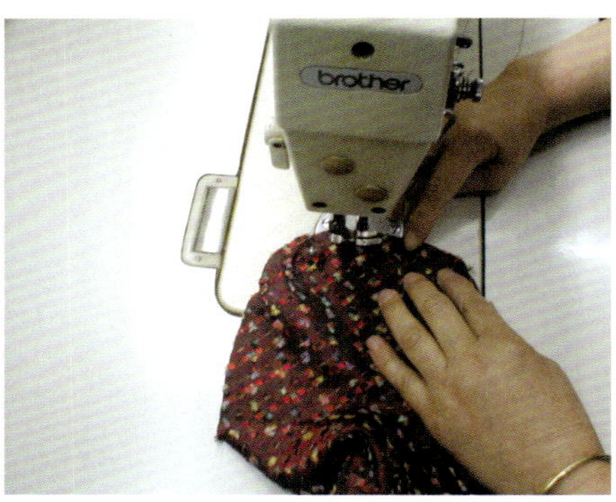

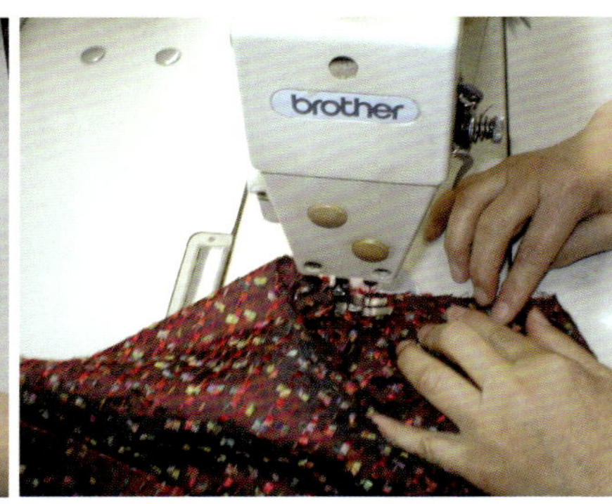

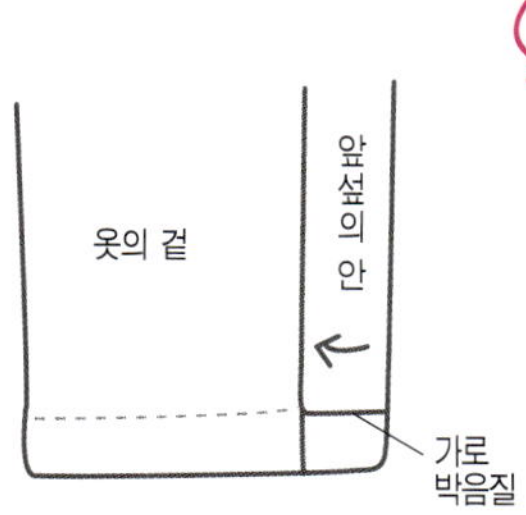

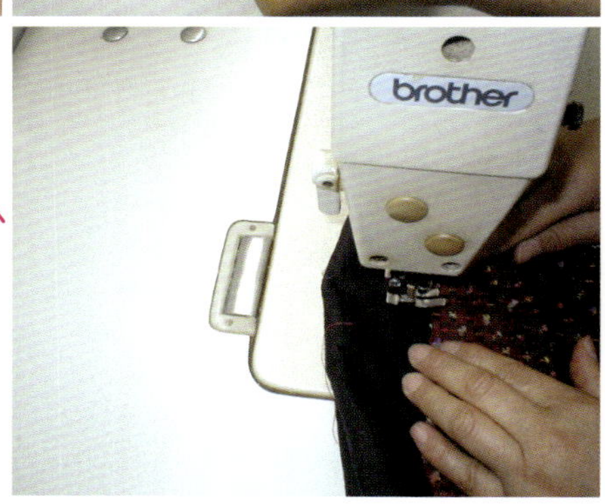

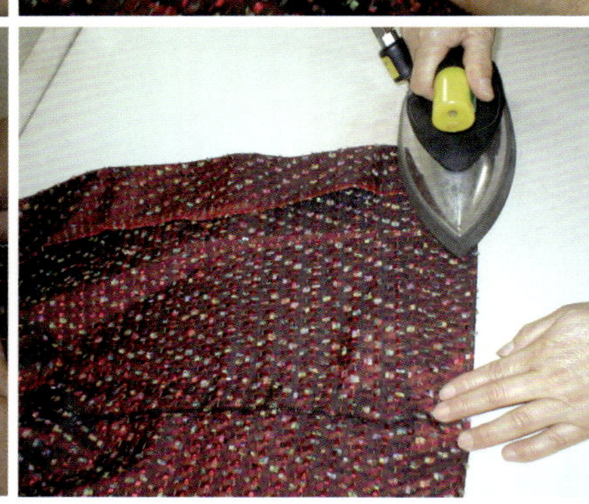

30 안섶 박음질

앞섶을 옷의 겉쪽으로 뒤집어 기장 다림선 따라 가로 박음질한다.

31 안섶 다림질

박음질이 잘 되었는지 확인하며 다림질한다.

01 스텐칼라 블라우스 <<<

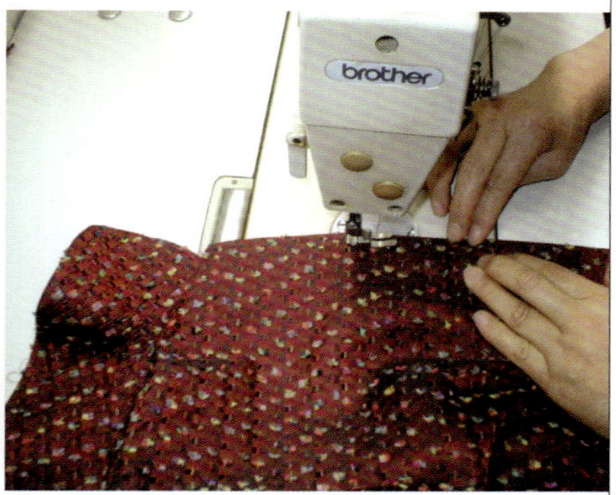

32 기장 박음질

다려진 몸판, 소매 기장 모두 박음질한다.

33 앞섶 눌림 박음질

앞섶 끝으로 눌림 박음질한다.

34 여자 상의 단추 구멍 표시

옷의 오른쪽 겉면의 시접 다림선에서 가로 2cm($\frac{3}{4}$inch) 뛰우고 세로 7.6cm(3inch) 간격으로 단추 구멍 5개를 표시한 후 단추 구멍을 만든다.
(여자 블라우스 단추구멍 만들기)

35 단추 달 위치 표시

앞 섶을 나란히 놓고 단추구멍을 기준하여 단추 달 자리를 표시한다.

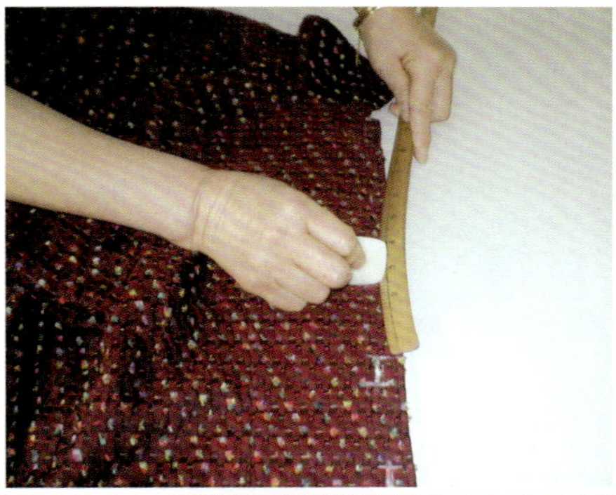

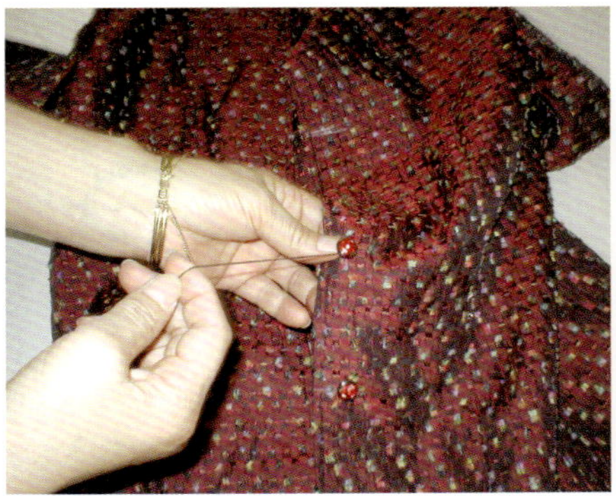

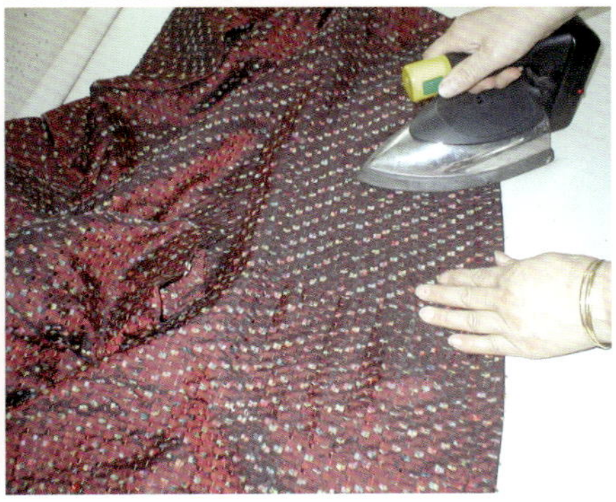

36 단추달기

옷의 안에 속 단추를 받쳐 윗 단추를 헐렁하게 달아 윗 단추 사이로 실을 몇 번 감아 단추를 단다.

37 마무리 다림질

전체를 마무리 다림질한다.

38 완성

완성

Making Blouses

블라우스만들기

* Y칼라 블라우스

How to Make

Y칼라 블라우스

02 Y칼라블라우스

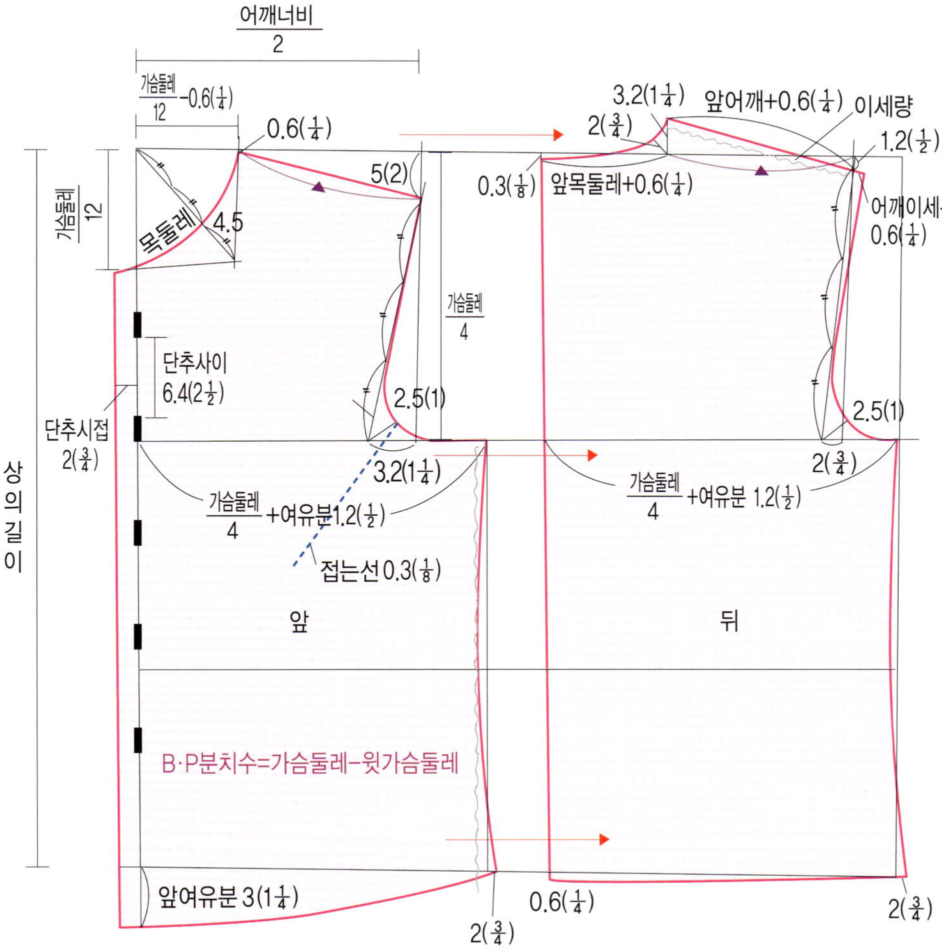

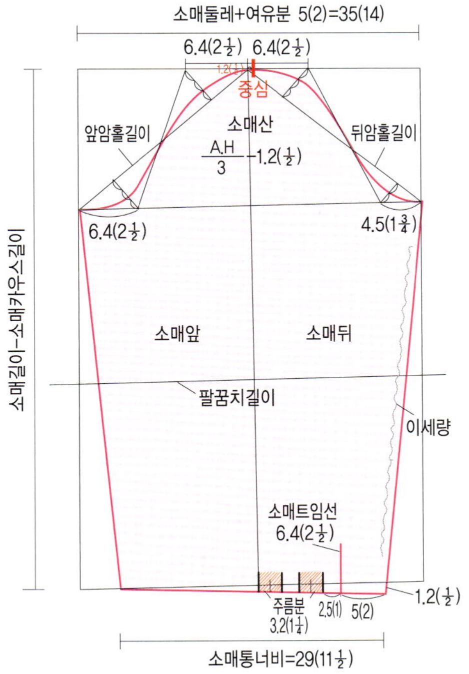

종이 재단하기

■ 신체치수
- 어깨넓이 – 38cm(15인치)
- 팔꿈치길이 – 34.3cm($3\frac{1}{2}$인치)
- 소매길이 – 57cm($22\frac{1}{2}$인치)
- 등품 – 35.5cm(14인치)
- 허리선길이 – 40.6cm(16인치)
- 상의길이 – 61cm(24인치)
- 앞품 – 33cm(13인치)
- 윗가슴둘레 – 86.4cm(34인치)
- 가슴둘레 – 91.5cm(36인치)

■ 필요옷감
- 44인치(112cm) 폭 – 2마 2치(198cm)
- 60인치(152cm) 폭 – 1마 8치(162cm)

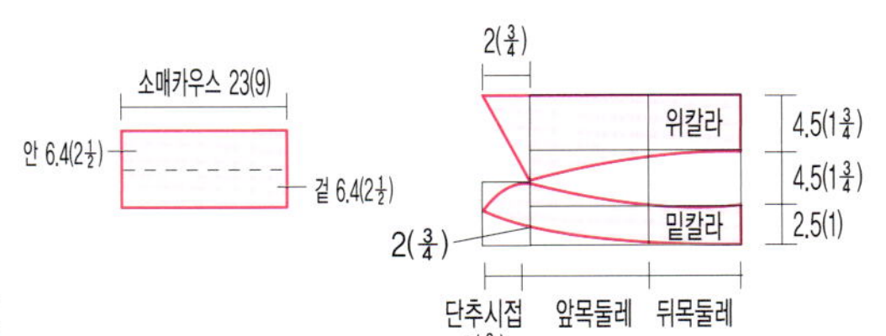

※ 분홍색선은 절개선임　　※ 단위 cm, 괄호안 inch임

02 Y칼라 블라우스

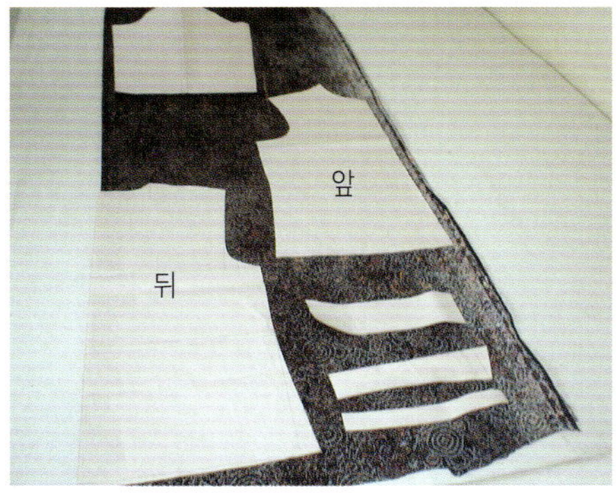

1 자리배치

절반으로 접은 원단에 앞, 뒷면, 소매, 소매 커프스, 칼라를 재단 종이에 올려 재단 자리를 정해 본다.

➔대략의 천의 쓰임을 보기 위함.

2 천 재단

재단이 될 만큼 접어준 후 아래 위 폭의 간격을 맞추고 종이 재단을 놓아 상동선을 기준으로 직각을 구한 후 천 재단을 한다.

3 뒷면 시접주기

①은 뒤중심 접는선(골), ②, ④는 1cm($\frac{3}{8}$inch), ③은 2cm($\frac{3}{4}$inch), ⑤는 3.2cm(1$\frac{1}{4}$inch), ⑥은 3.8cm(1$\frac{1}{2}$inch) 둔다.

4 시침 뜨기, 시침 가르기

접어서 천 재단을 한 후 천의 아래, 위에 동일한 표시를 하기 위해 시침 뜨기를 하고 접은 윗면을 살짝 들어 시침 가르기를 한다.

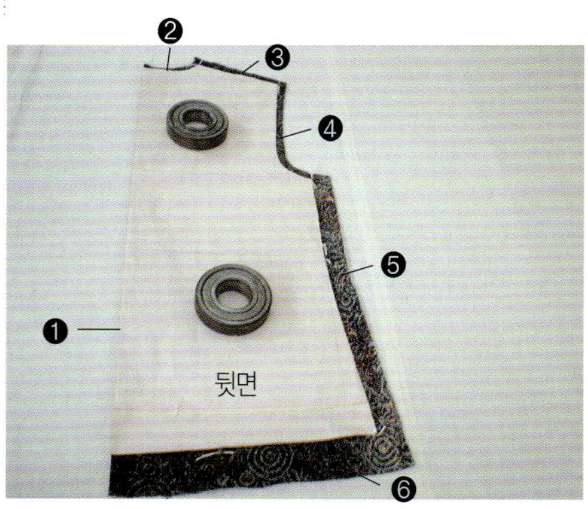

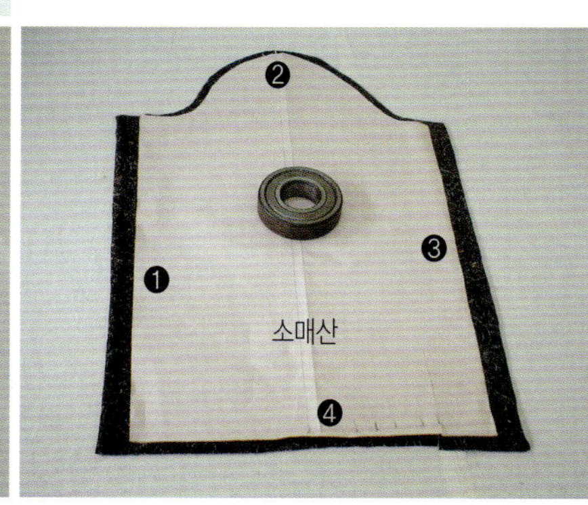

5 앞면 시접주기

①은 앞 안단 시접 6.4cm(2$\frac{1}{2}$inch), ②, ④는 1cm($\frac{3}{8}$inch), ③은 2cm($\frac{3}{4}$inch), ⑤는 3.2cm(1$\frac{1}{4}$inch), ⑥은 3.8cm(1$\frac{1}{2}$inch) 둔다.

6 소매 시접주기

①, ③은 3.2cm(1$\frac{1}{4}$inch), ②, ④는 1cm($\frac{3}{8}$inch) 둔다.

02 Y칼라 블라우스

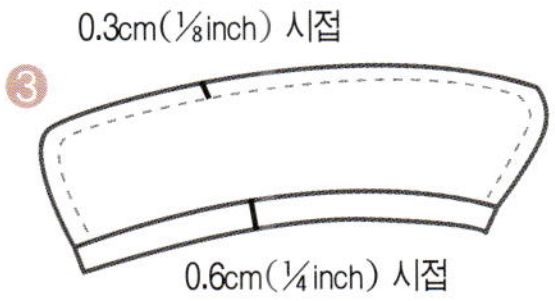

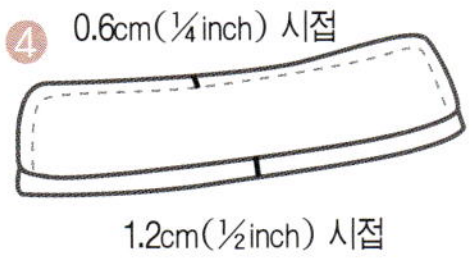

7 접착싱 준비

①, ②-소매 커프스 양옆 세로 시접 0.6cm($\frac{1}{4}$inch)와 가로 시접 1.2cm($\frac{1}{2}$inch)를 주어 준비한 접착싱이다.
③, ④-겉칼라의 시접은 위의 그림과 같이 준다.
⑤, ⑥-안칼라는 겉칼라보다 전체적으로 시접에 여유를 주어 준비한다.

8 접착싱 붙이기

①-소매 커프스 접착싱과 천을 똑같이 붙여준다.
②-안칼라에는 시접분까지 포함하여 접착싱을 붙인다.
③-겉 작은칼라 아래부분에 시접 0.6cm($\frac{1}{4}$inch)만 접어 다림질해 준다.

9 접착싱 다림질

①소매 커프스 양쪽 시접을 1.2cm($\frac{1}{2}$inch) 말아 다림질하고 밑면이 될 부분을 0.3cm($\frac{1}{8}$inch) 보이게 접어 ②와 같이 다림질한다.

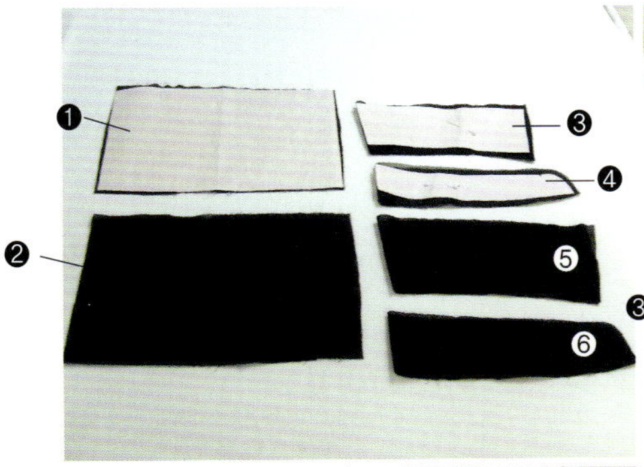

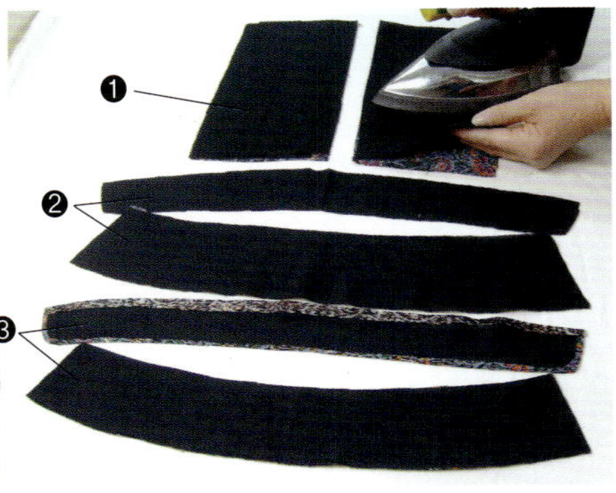

10 칼라와 소매커프스 만들기

①-안칼라와 겉칼라를 마주잡고 안칼라를 밑에 놓고 겉칼라를 위에 올려 0.3cm($\frac{1}{8}$inch) 시접선으로 위에 놓인 칼라를 약간씩 밀며 아래 칼라는 살짝 당겨 겉칼라에 여유를 주어 박음질한다.
②-커프스는 양 옆 세로 시접 0.6cm($\frac{1}{4}$inch)선으로 박음질한다.

11 칼라, 커프스 다림질

①-커프스를 뒤집어 양 옆면을 다림질하여 준다.
②-칼라는 우마 위에 올려 안에서 시접을 양쪽 눕혀 다림질 한다.

12 칼라 끝 모양 내기

뒤집어 송곳으로 칼라 모서리를 뽑아 끝 모양을 살려준다.

02 Y칼라 블라우스

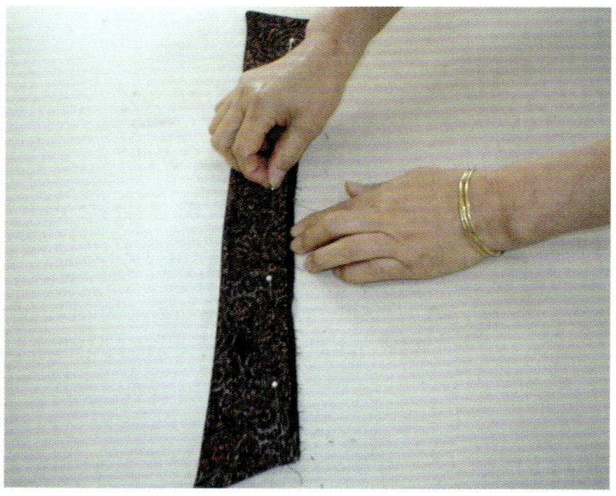

13 위 칼라 다림질

칼라의 밑면으로 박음선이 보이게 다림질한다.

14 겉 칼라 여유주기

위칼라의 겉을 바깥쪽으로 0.6cm($\frac{1}{4}$inch) 가량 밀어 겉 칼라에 약간의 여유를 주어 안쪽에 시침핀을 꽂아 고정시킨다.

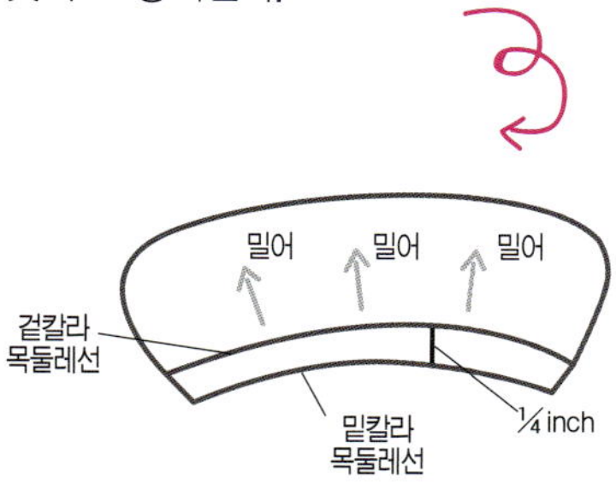

15 칼라 시접 고정 박음질

핀을 꽂은 상태로 흩어지지 않게 겉 칼라의 안쪽 시접선으로 고정 박음질 한다.

16 칼라 시접 정리

핀을 뽑고 시접을 가위질하여 정리한다.

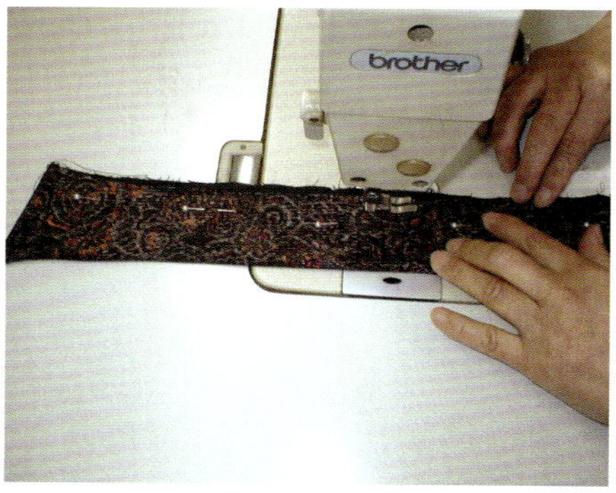

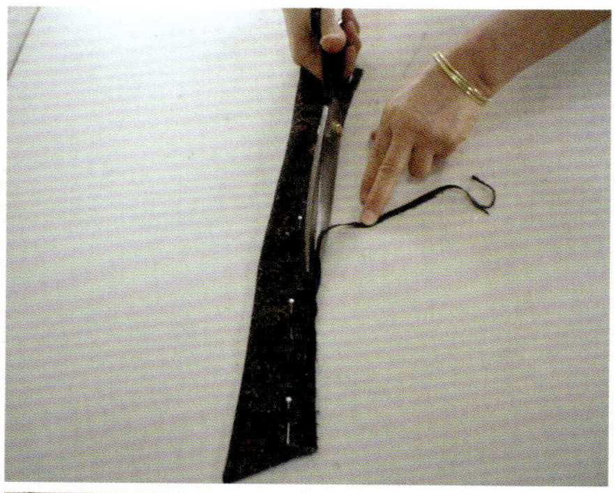

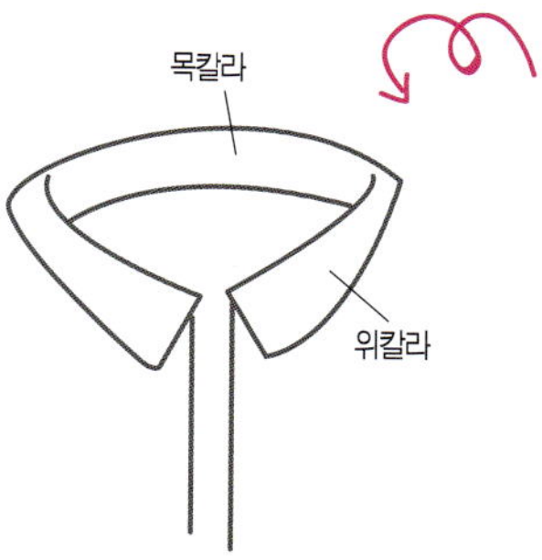

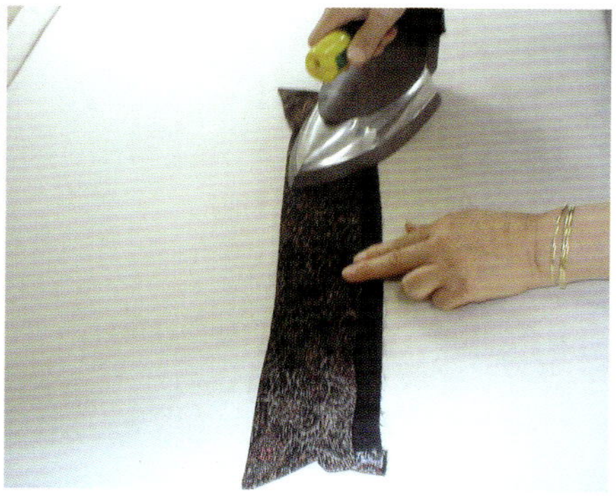

17 목 칼라 붙이기

목칼라 밑면은 아래에 두고 만들어진 위칼라는 가운데, 목칼라 겉면은 위에 놓아 박음질한다.

18 칼라 다림질

연결된 목칼라와 위칼라를 다림질한다.

02 Y칼라 블라우스

19 앞섶 접착싱 붙이기

접어서 앞섶이 될 6.4cm($2\frac{1}{2}$inch) 너비보다 조금 넓게 너비 10cm(4 inch)의 접착싱을 붙여 준다.

20 앞섶 접어 다림질

앞섶을 너비 6.4cm($2\frac{1}{2}$inch)로 접어 다림질한다.

21 소매트임 테이프 준비

너비 3.8cm($1\frac{1}{2}$inch), 길이 25cm(10 inch)의 천을 2개 준비하여 양쪽으로 0.6cm($\frac{1}{4}$inch) 접어 다림질한다.

22 소매트임 처리 ①

옷의 안쪽으로 6.4cm($2\frac{1}{2}$inch)길이의 소매 끝 트임선에 돌릴 테이프의 시접을 펴서 다림선 위로 박음질한다.

23 소매트임 처리 ②

옷의 안쪽에서 붙여진 양쪽 테이프를 옷의 겉면에서 눌림 박음질한다.

24 소매트임 처리 ③

소매트임 끝의 겹쳐지는 곳의 아래쪽을 잡고 지그재그 고정 박음질한다.

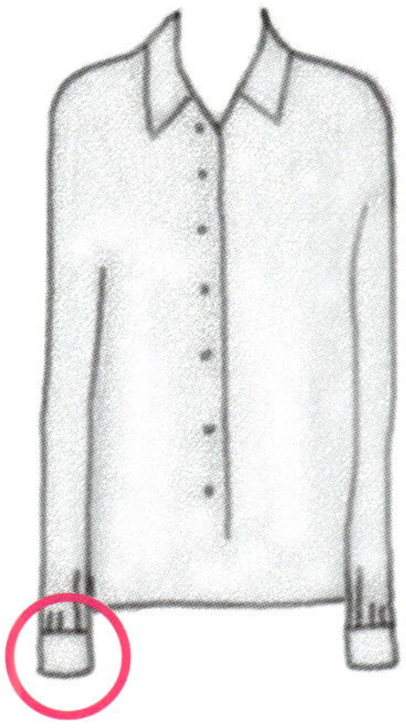
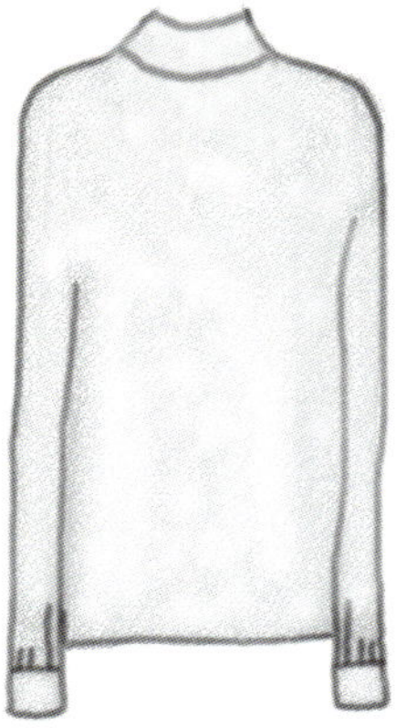
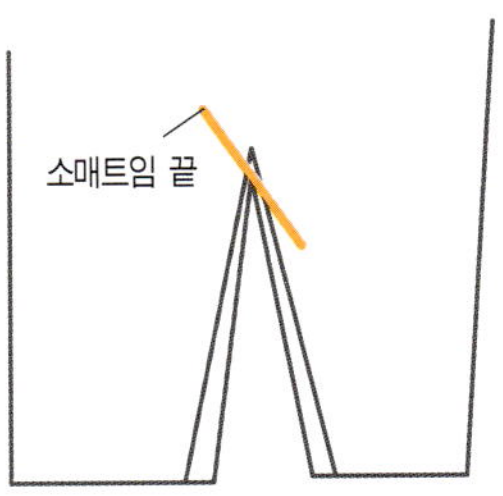

02 Y칼라 블라우스

25 소매 끝 주름잡기

소매 커프스 치수에 맞게 소매 끝 주름 위치에 2개의 주름을 잡는다.

26 소매 박음질

소매 밑선을 박음질한다.

27 어깨선, 옆선 박음질

어깨선, 옆선을 연결 박음질한다.

28 몸판, 소매시접 오버룩 처리

소매 밑선, 몸판의 시접을 오버룩 처리한다.

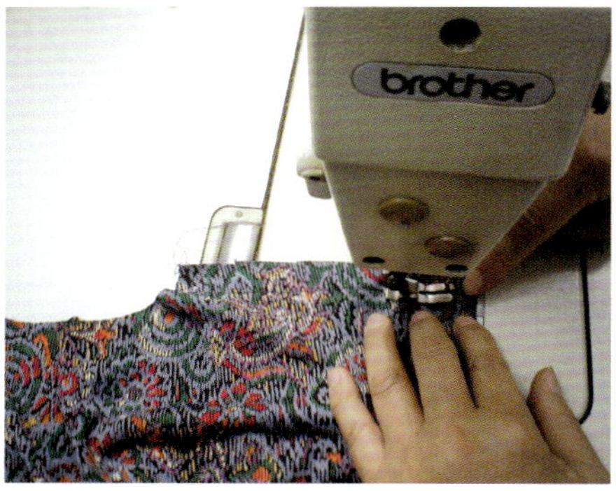

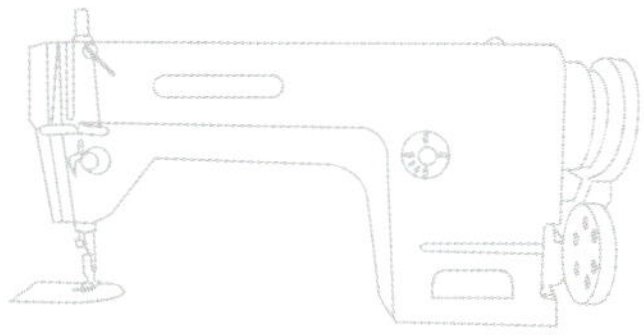

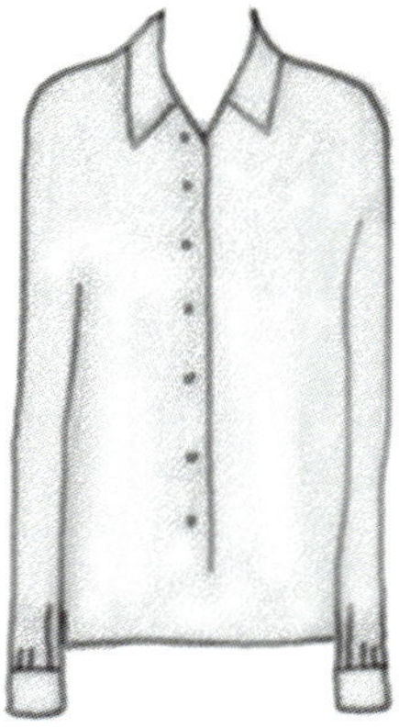

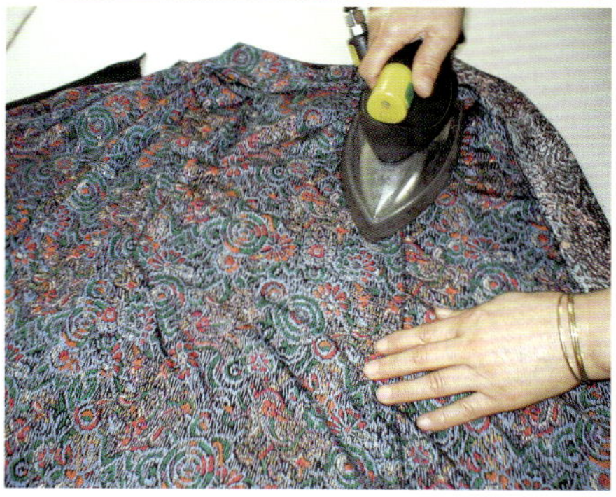

29 몸판, 소매 다림질

몸판, 소매를 다림질한다.

30 칼라 달기 ①

목칼라 겉을 제쳐두고 옷의 겉면과 목칼라 겉을 마주 잡고 안쪽에서 안을 붙여 박음질한다.

02 Y칼라 블라우스

31 칼라 다림질

29에서 박음질 한 시접을 칼라 안의 위쪽으로 눕혀 다림질한다.

32 칼라 달기 ②

옷의 안에서 박음질 되지 않은 목 칼라의 겉면(시접이 다림질 되어 접어진) 위로 눌림 박음질한다.

33 칼라 눌림 박음질

위칼라와 목칼라의 연결 박음선 위로 눌림 박음질한다.

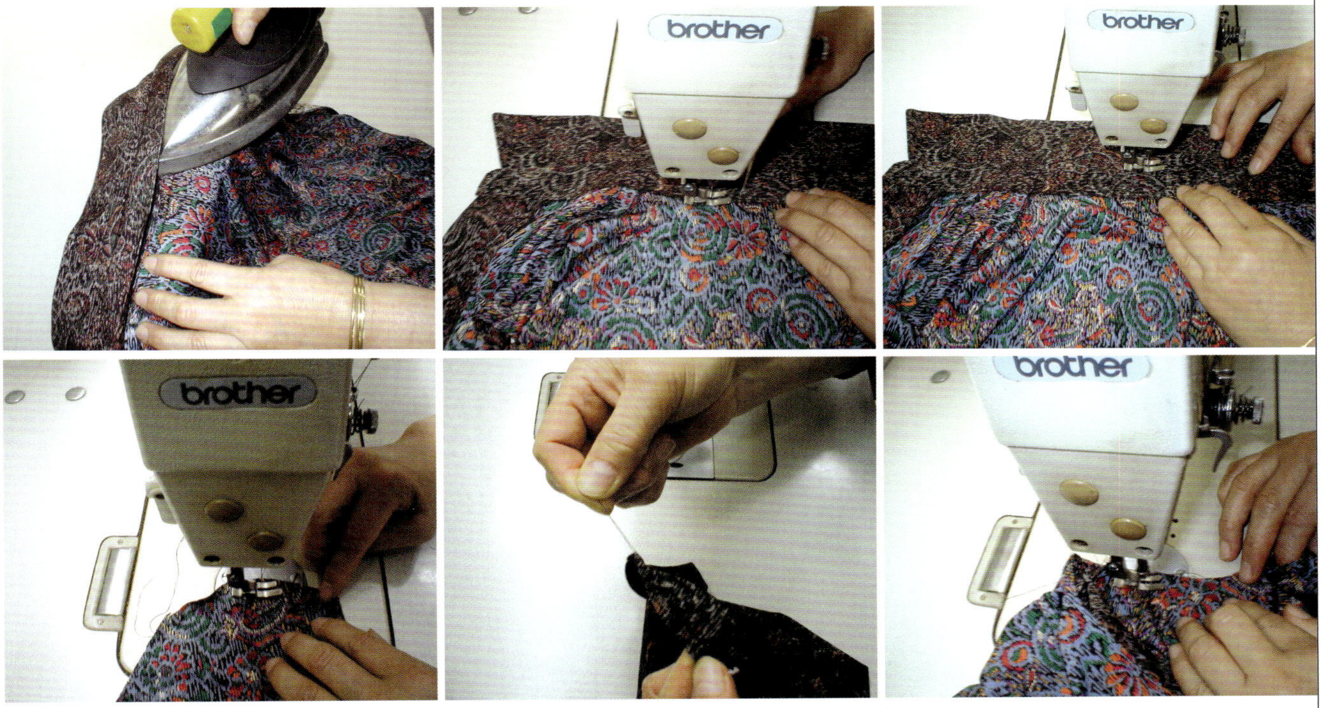

34 소매산 2줄 박음질

소매산 꼭지점을 기준으로 0.3cm($\frac{1}{8}$inch) 간격의 2줄 박음선을 만든다. ➔15cm(6inch)가량

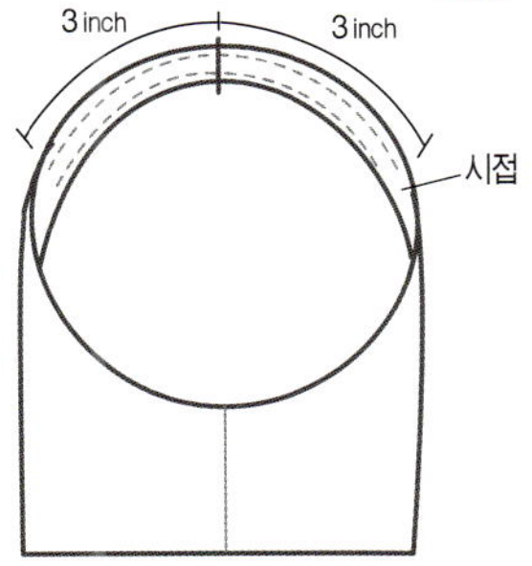

35 소매산 만들기

2줄의 실을 당겨 소매산을 오목하게 만든다.

36 소매달기

소매산 꼭지점과 어깨점, 소매 밑선과 옷의 옆선을 맞추어 소매를 단다. 진동 둘레 보다 소매 둘레에 여유를 주어 달아 준다.

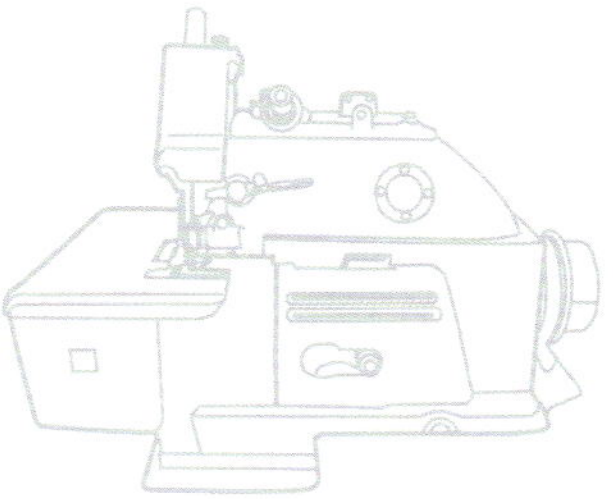

02 Y칼라 블라우스

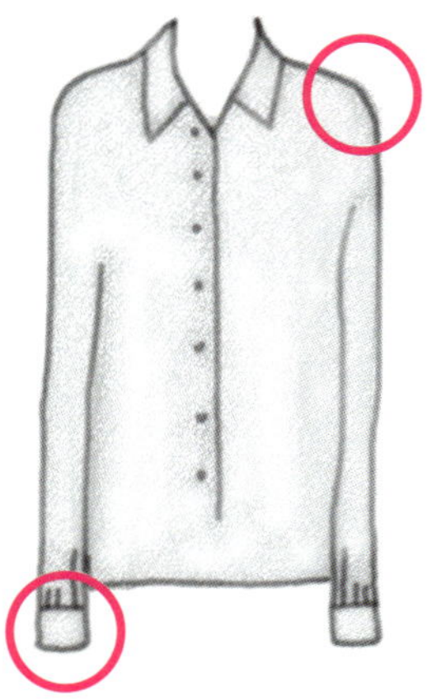

37 소매 커프스 달기

만들어진 소매 커프스 사이로 소매 끝을 끼워 커프스의 겉에서 박음질하고 커프스 끝부분을 눌림 박음질한다.

38 소매산 오버룩 처리

박음질된 소매 진동 둘레를 오버룩 처리한다.

39 기장 다림질

기장 시접 끝을 오버룩 처리한 후 기장 표시선 따라 다림질한다.

40 안섶 박음질

접착심을 붙여 접은 앞섶의 기장선을 옷의 안에서 가로 박음질한다.

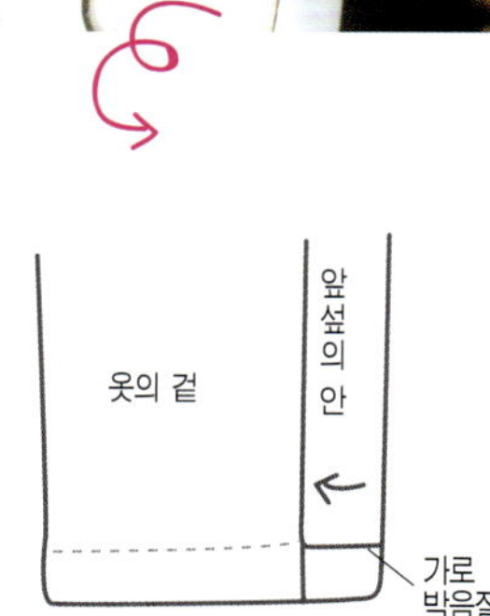

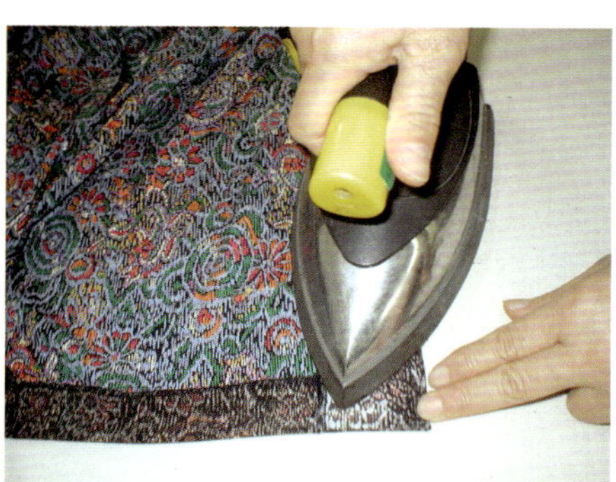

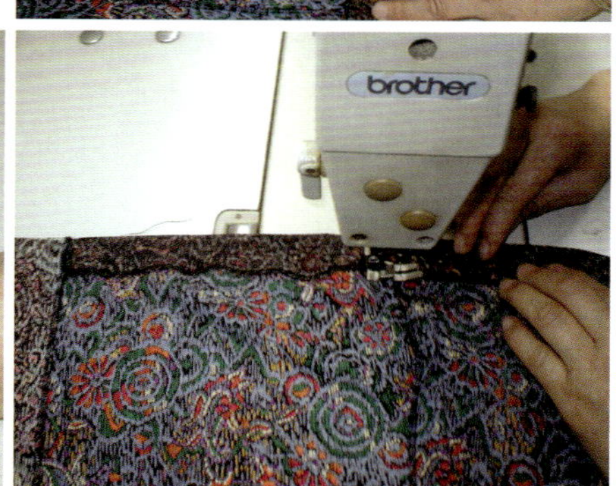

41 안섶 다림질

박음질이 잘 되었는지 확인하며 다림질한다.

42 기장 박음질

다림질된 기장 표시선을 접어 기장을 박음질한다.

02 Y칼라 블라우스

43 상의 단추 구멍 표시
옷의 오른쪽 겉면의 시접 다림선에서 가로 2cm($\frac{3}{4}$inch) 띄우고 세로 6.4cm($2\frac{1}{2}$inch) 간격을 맞춰 6개의 단추 구멍 표시를 한 후 단추 구멍을 만든다. (여자 블라우스 단추 구멍 만들기)

44 단추달 위치 표시
앞섶을 나란히 하여 단추 구멍을 기준하여 단추달 자리를 표시한다.

45 단추달기
실에 여유를 주어 단추를 헐렁하게 달아 단추 밑 사이로 실을 몇 번 돌려 감아 단추를 단다.

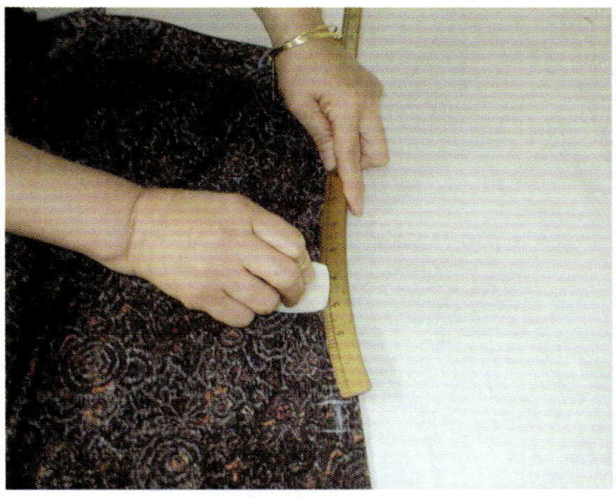
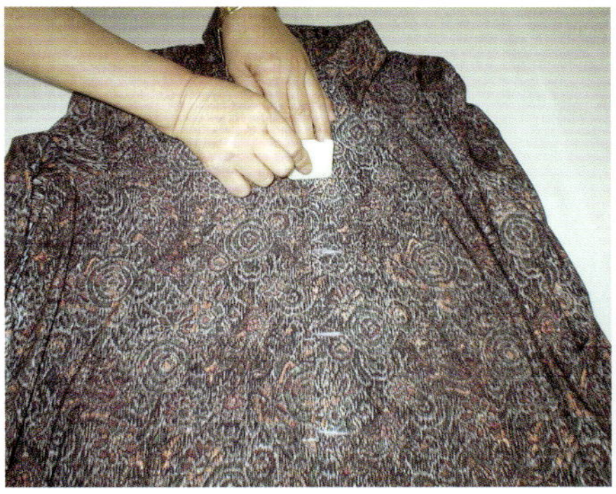

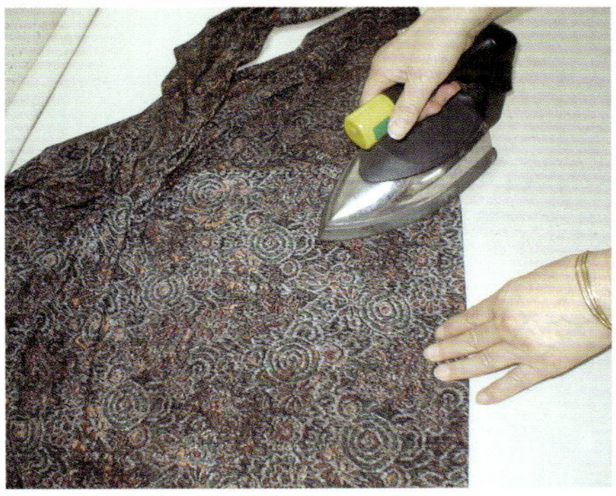

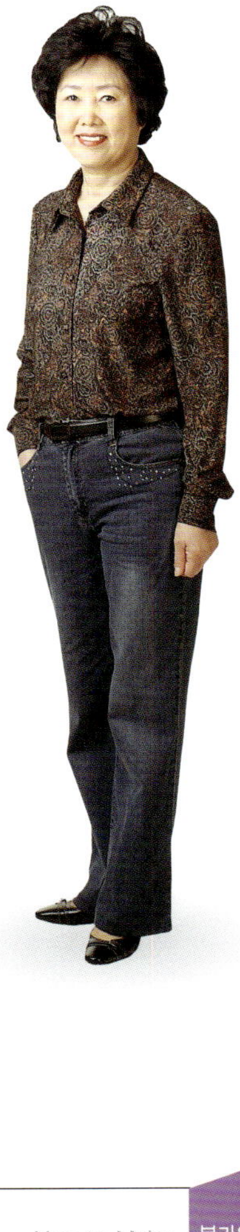

46 마무리 다림질
전체를 마무리 다림질한다.

47 완성
완성

Making Blouses

블라우스만들기

* 롤칼라 블라우스

03 롤칼라 블라우스

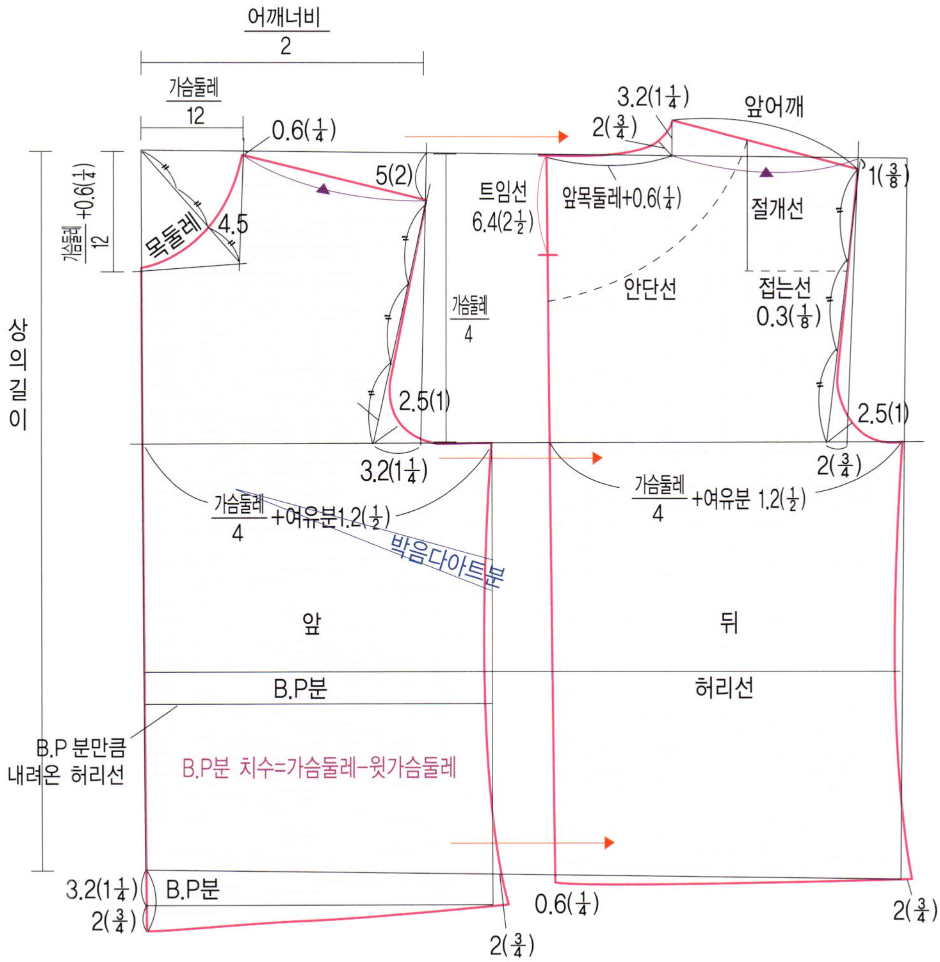

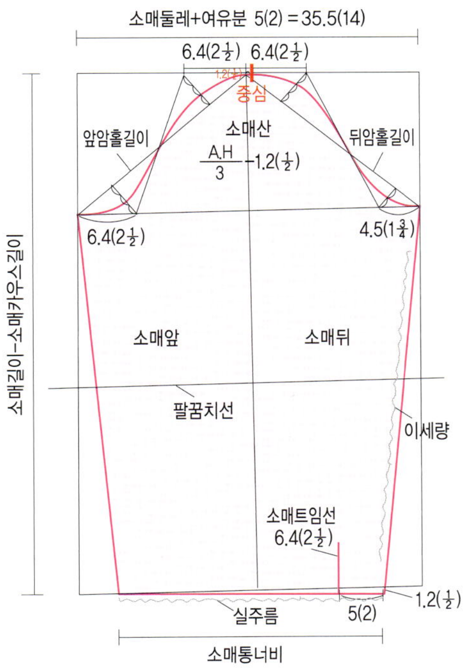

※ 분홍색선은 절개선임 ※ 단위 cm, 괄호안 inch임

종이 재단하기

■ 신체치수
- 어깨넓이 – 38cm(15인치)
- 팔꿈치길이 – 34.3cm(3½인치)
- 소매길이 – 58.5cm(23인치)
- 등품 – 35.5cm(14인치)
- 허리선길이 – 40.6cm(16인치)
- 상의길이 – 61cm(24인치)
- 앞품 – 33cm(13인치)
- 윗가슴둘레 – 86.4cm(34인치)
- 가슴둘레 – 91.5cm(36인치)

■ 필요옷감
- 44인치(112cm) 폭 – 2마(180cm)
- 60인치(152cm) 폭 – 1마 2치(108cm)

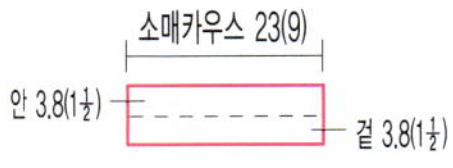

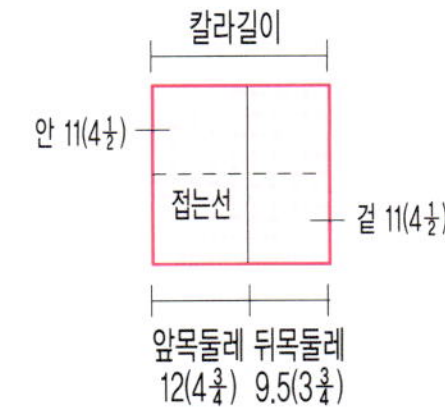

03 롤칼라블라우스

1 자리배치

절반으로 접은 원단에 앞, 뒷면, 소매, 소매 커프스, 칼라의 재단 종이를 올려 재단 자리를 정해 본다. ➔대략의 천의 쓰임을 보기 위함.

2 천 재단

재단이 될 만큼 접어 준 후 아래 위 폭의 간격을 맞추고 종이 재단을 놓아 상동선을 기준으로 직각을 구한 후 천 재단을 한다.

3 앞면 시접주기

①은 중심접는선(골)
②, ④는 1cm($\frac{3}{8}$inch)
③은 2cm($\frac{3}{4}$inch), ⑤는 3.2cm(1$\frac{1}{4}$inch)
⑥은 4.5cm(1$\frac{3}{4}$inch) 둔다.

4 시침 뜨기

접어서 천재단을 한 후 천의 아래 위로 동일한 표시를 하기 위해 시침뜨기를 한다.

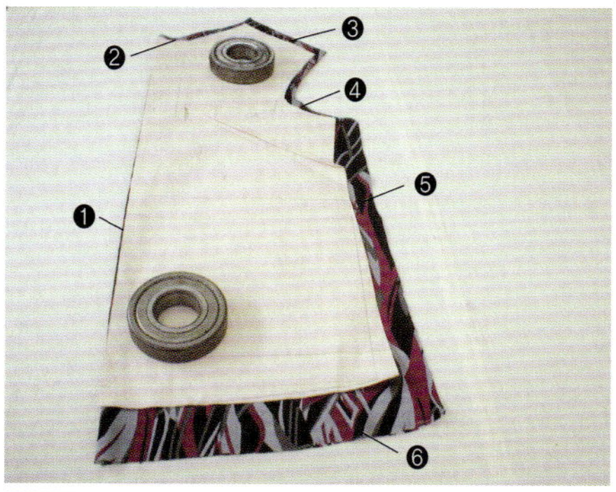

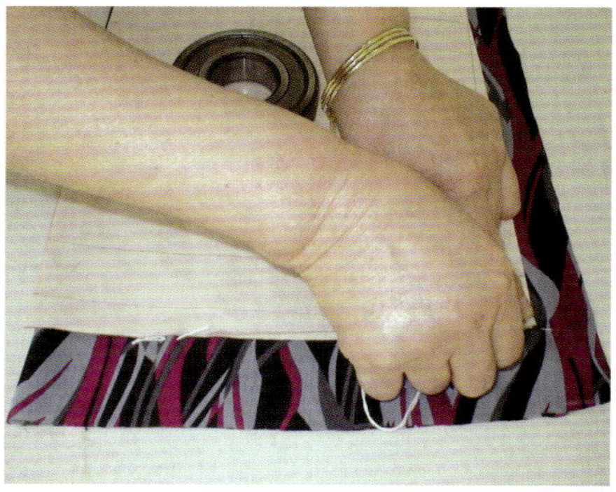

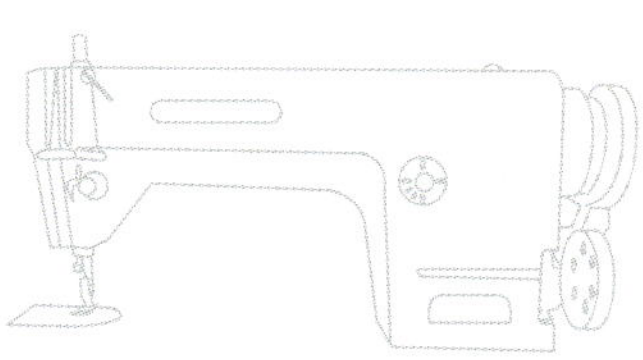

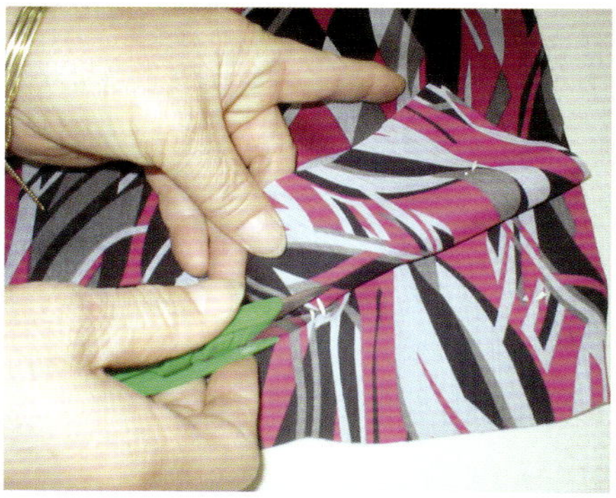

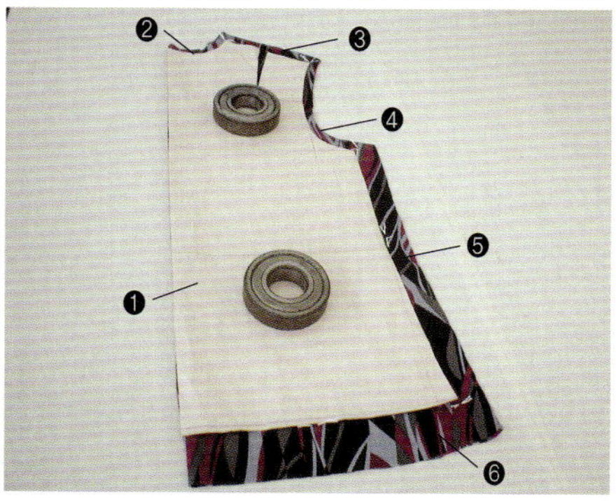

5 시침 가르기

접은 윗면을 살짝 들어 시침 가르기를 한다.

6 뒷면 시접주기

① 뒤 중심 접는 선(골)
②, ④는 1cm($\frac{3}{8}$inch)
③은 2cm($\frac{3}{4}$inch)
⑤는 3.2cm(1$\frac{1}{4}$inch)
⑥은 4.5cm(1$\frac{3}{4}$inch) 둔다.

03 롤칼라 블라우스

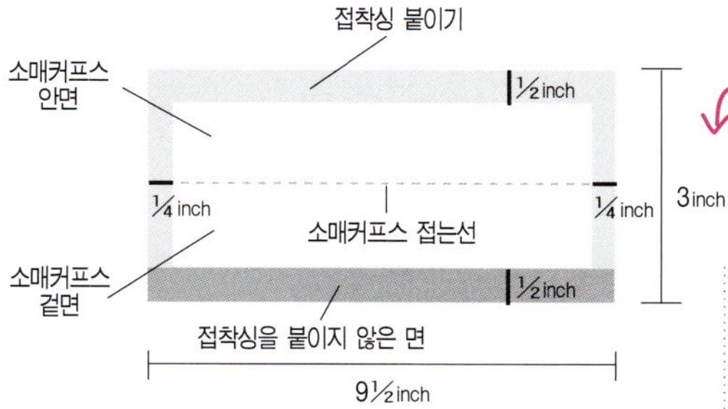

7 소매 시접주기

①, ③은 2.5cm(1inch)
②는 1cm($\frac{3}{8}$inch)
④는 1.2cm($\frac{1}{2}$inch) 둔다.

8 뒷목 접착싱 붙이기

뒤 목둘레에 접착싱을 붙여준다.

9 뒷목 안단, 소매 커프스 접착싱 붙이기

뒷목안단 ①은 1cm($\frac{3}{8}$inch) 시접을 주어 천 재단을 한 후 접착싱을 붙여 주고, 소매 커프스 ②는 그림과 같이 시접을 준 후 천 재단을 한다. 소매 커프스 시접에는 접착싱을 붙이지 않고 나머지 모두 붙여 준다.

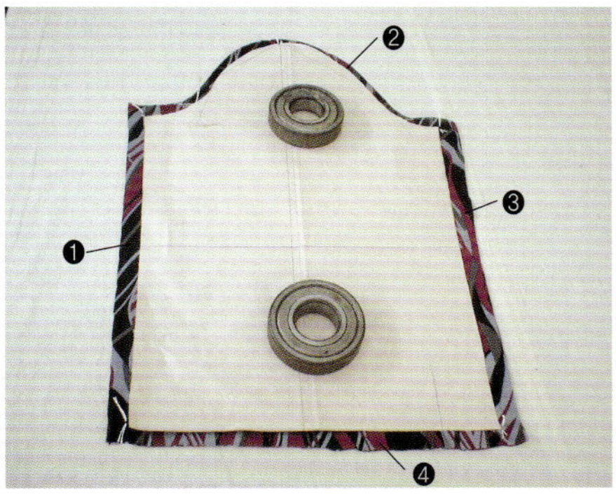

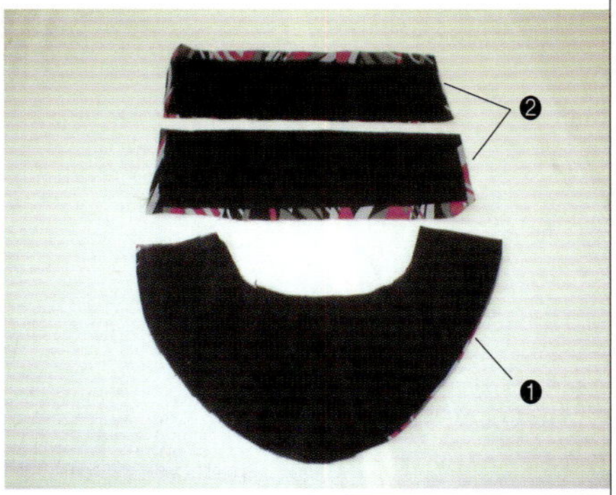

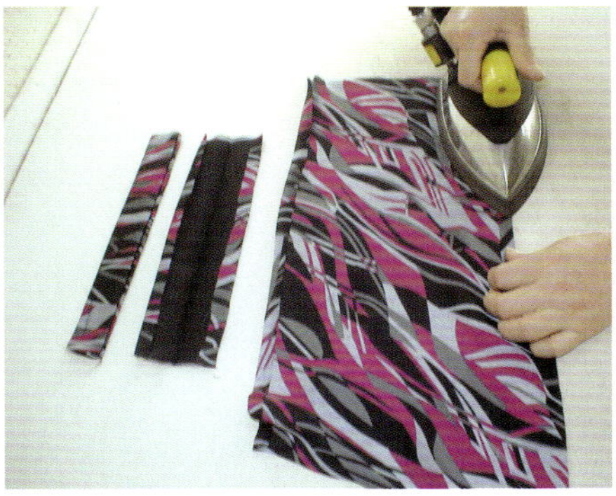

10 소매 커프스 시접 다림질

커프스의 폭으로 양쪽 시접을 다림질하여 말아 주고 뒤쪽이 0.3cm($\frac{1}{8}$inch) 보이게 접어 다림질한다.

11 롤 칼라 시접 다림질

바이어스 방향으로 아래 그림과 같이 준비한 칼라 원단에는 접착싱을 붙이지 않고 양쪽으로 1.2cm($\frac{1}{2}$inch) 시접을 접어 다림질한다.

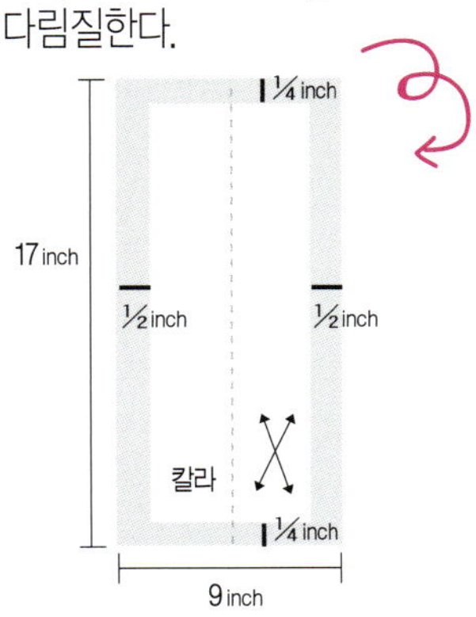

12 롤 칼라 절반 접어 박음질

소매 커프스, 칼라의 시접선 위로 연결 박음질한다.

03 롤칼라 블라우스

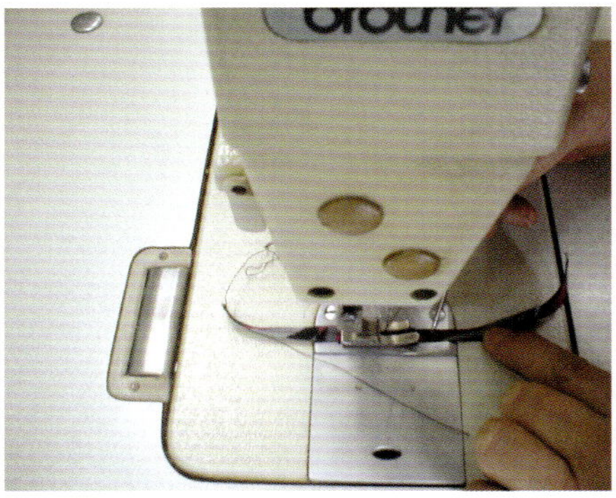

13 소매 커프스, 칼라 다림질

박음질된 소매 커프스, 칼라 끝을 다림질한다.

14 단추 고리 만들기 ①

뒷목 칼라에 달 단추 고리 2개를 바이어스 방향의 천으로 폭 0.3cm($\frac{1}{8}$inch) 되게 박음질한다.

15 단추 고리 만들기 ②

좁은 고리를 뒤집을 때는 바늘에 실을 꿰어 한 모서리를 실로 감아 바늘 뒤를 집어 넣어 뒤집어 준다.

16 뒤트임 마들기

뒤 목둘레 중심선에서 아래로 6.4cm($2\frac{1}{2}$inch) 길이를 가위 끝으로 잘라 트임을 만든다.

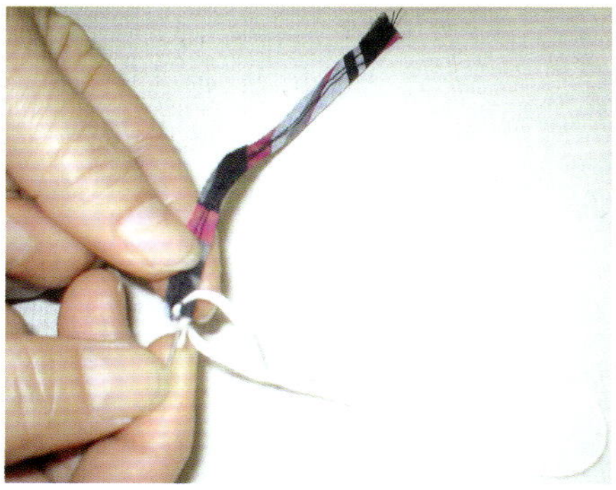

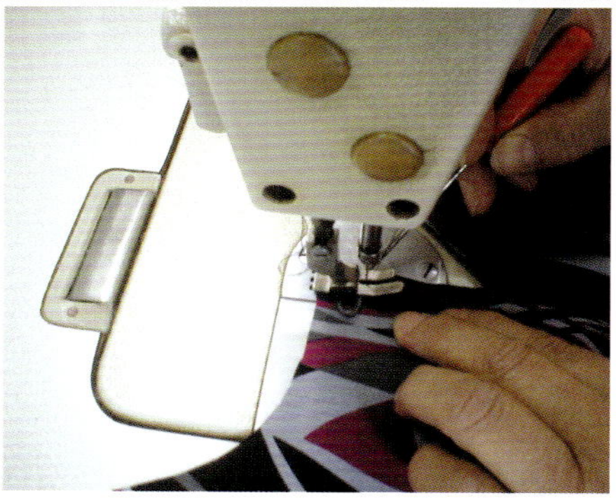

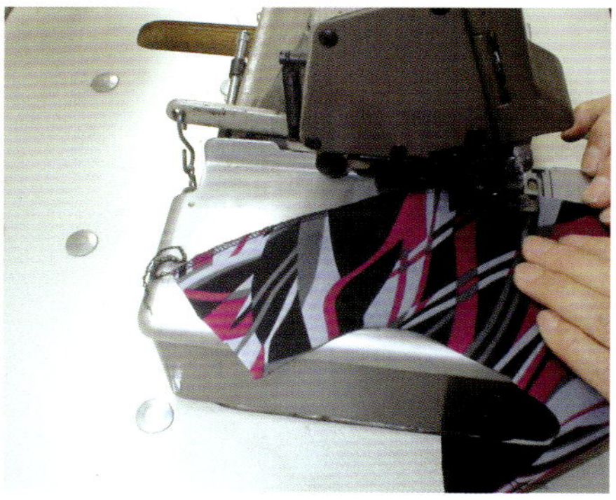

17 뒷 단추 고리 달기

옷의 겉면 왼쪽에서 목둘레 시접 1cm($\frac{3}{8}$inch) 내려와 뒤트임 선에 박음질하여 고정시킨다.

18 뒷목 안단 오버룩 처리

접착심을 붙인 뒷목 안단 시접에 오버룩 처리한다.

03 롤칼라 블라우스

19 뒷목 안단 붙이기

옷의 겉과 뒷목 안단의 겉을 마주보게 하여 접착심을 붙인 옷의 안을 위로 하고 목둘레선과 뒤트임선 둘레를 박음질한다.

20 뒷목 안단 뒤트임 만들기

겉면의 트임과 동일하게 붙여진 뒷목 안단에 한번 더 가위질한다.

21 뒷목 안단 다림질

옷을 뒤집어 박음선이 안으로 약간 넘어가게 뒷목 안단을 다림질한다.

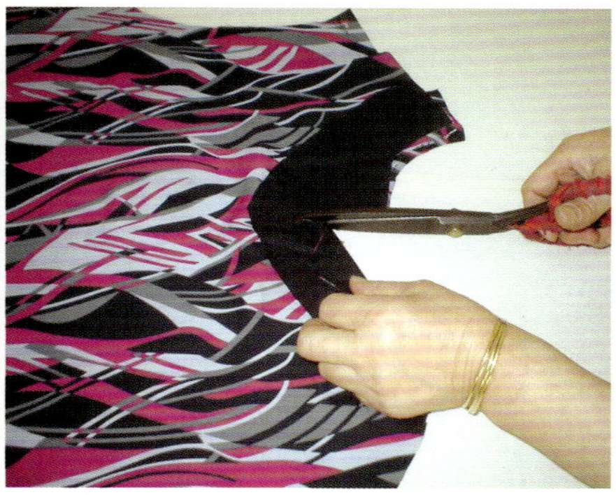

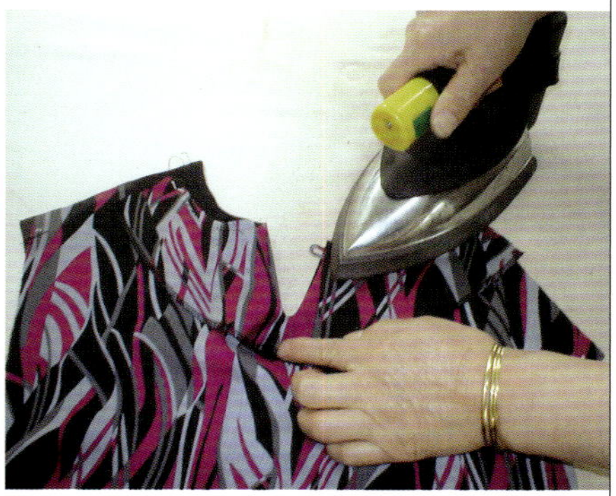

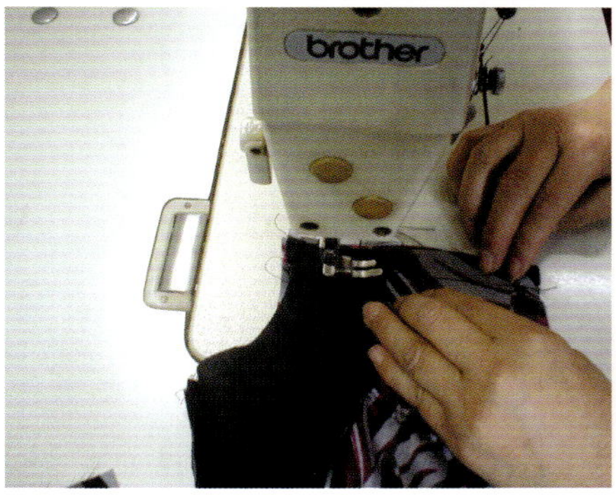

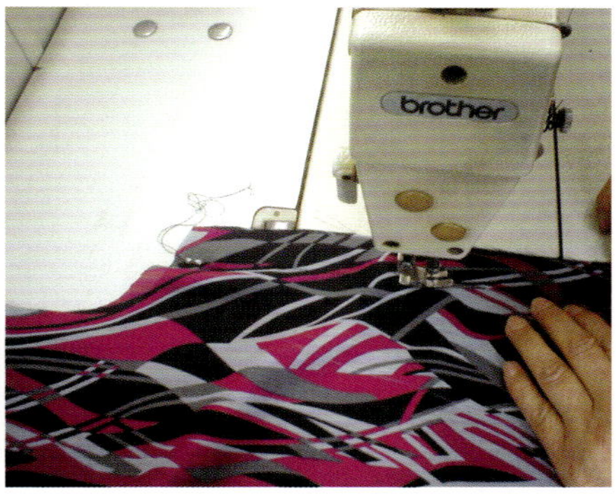

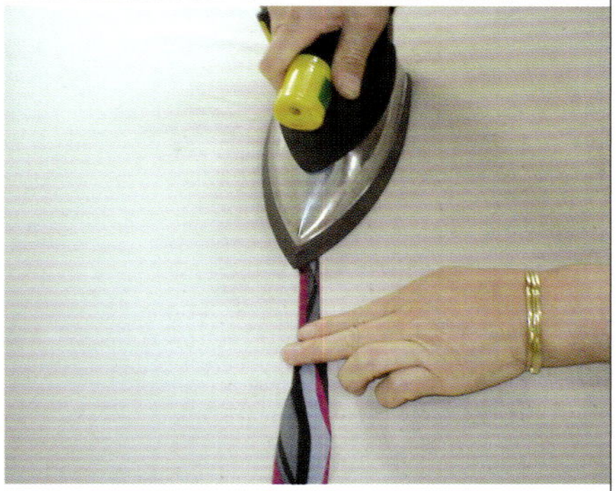

22 어깨선 연결 박음질

뒷목 안단, 앞·뒤 어깨선 3겹을 박음질하여 연결한다.

23 옆선 박음질

옆선을 맞잡고 박음질한다.

24 소매 트임 테이프 준비

소매 끝 트임 부분에 돌릴 너비 2.5cm(1 inch), 길이 25cm(10 inch)의 테이프를 준비하여 양쪽으로 0.6cm($\frac{1}{4}$ inch)시접을 접어 다림질한 후 다시 절반으로 접어 다림질한다.

03 롤칼라 블라우스

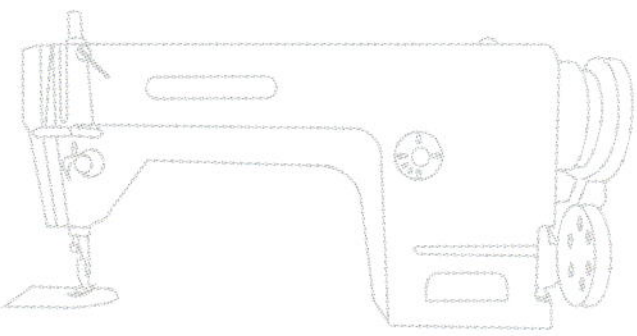

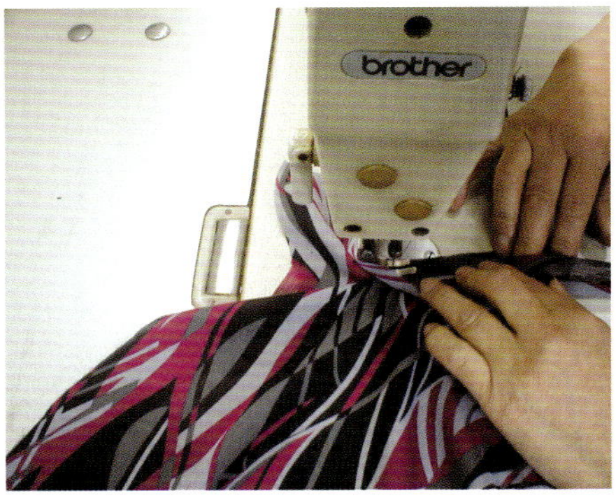

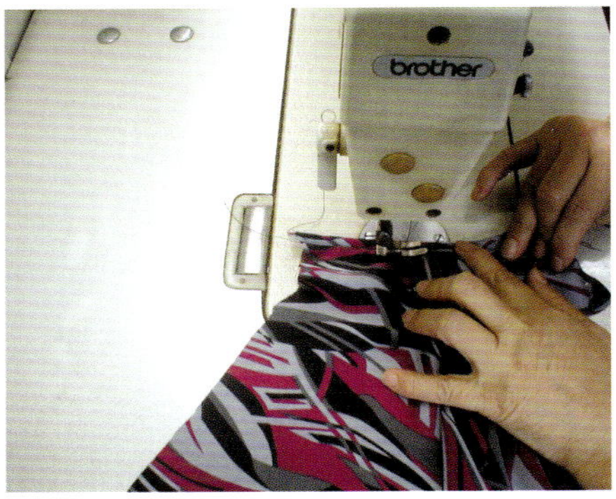

25 소매 트임 테이프 붙이기 ①

준비한 25cm(10inch) 길이의 테이프를 2개로 나누어 소매 끝 트임선에 시접을 펴서 다림선 위로 박음질한다.

26 소매 트임 테이프 붙이기 ②

양쪽 옷의 안에서 다림질선 위로 박음질한 후 옷의 겉으로 말아 눌림 박음질한다.

27 소매 트임 테이프 붙이기 ③

테이프를 돌린 소매 트임 끝의 겹쳐지는 곳의 밑쪽을 잡고 지그재그 박음질한다.

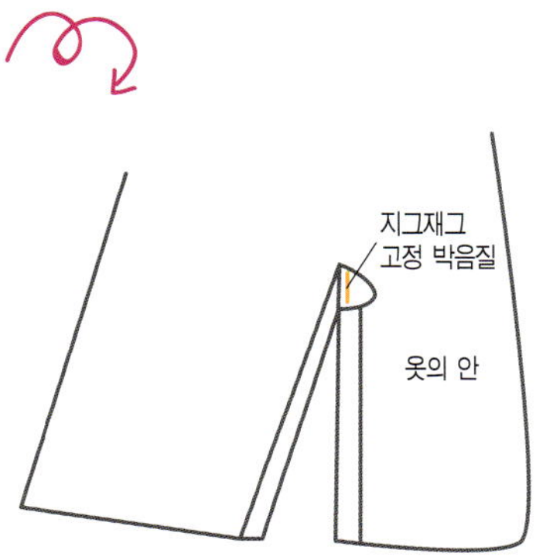

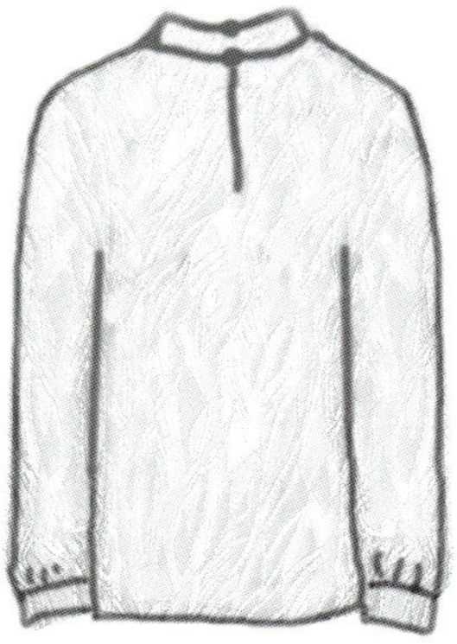

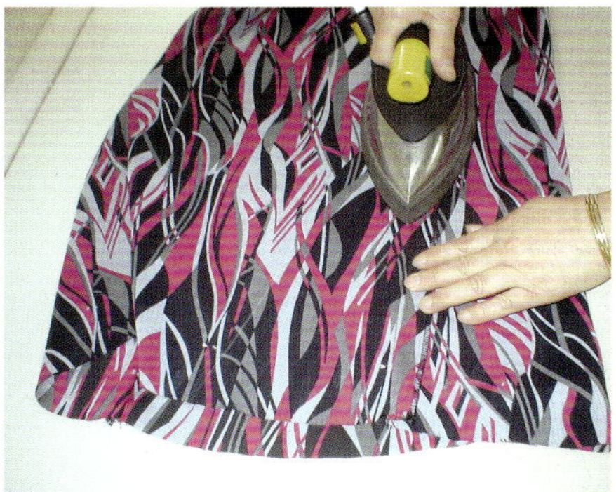

28 소매 밑선 박음질

소매 밑선을 박음질한다.

29 앞, 뒷면, 소매 오버룩 처리

앞, 뒤 몸판, 소매를 오버룩 처리한다.

30 앞, 뒷면, 소매 다림질

오버룩 처리된 몸판, 소매시접을 양쪽으로 눕혀 다림질한다.

03 롤칼라 블라우스

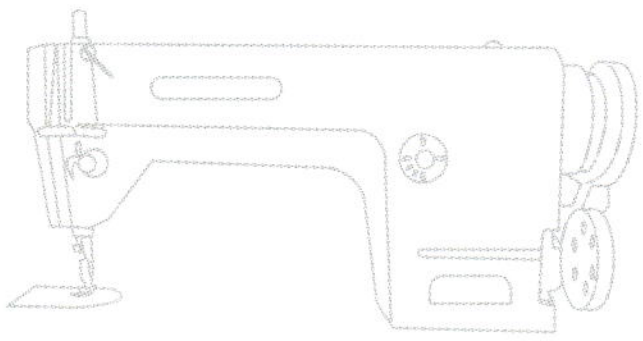

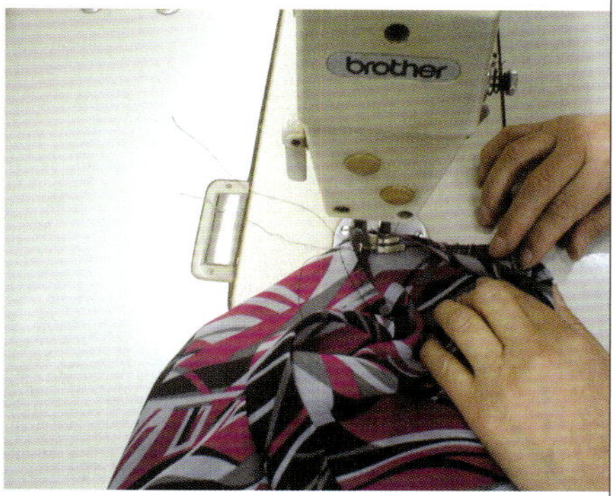

31 기장 다림질

기장 표시선따라 다림질하고 다시 시접의 절반을 말아 다림질한다.

32 칼라 달기 ①

옷의 안쪽에서 칼라의 안쪽이 될 면을 붙여 뒤트임쪽부터 박음질한다.

33 칼라 달기 ②

옷의 겉쪽에서 겉 칼라 위로 눌림 박음질하여 칼라 달기를 한다.

34 칼라에 단추 고리 달기

12cm(4$\frac{1}{2}$inch) 너비의 칼라에 아래에서 $\frac{1}{3}$지점인 4cm(1$\frac{1}{2}$inch) 위치에 단추고리를 달아준다.

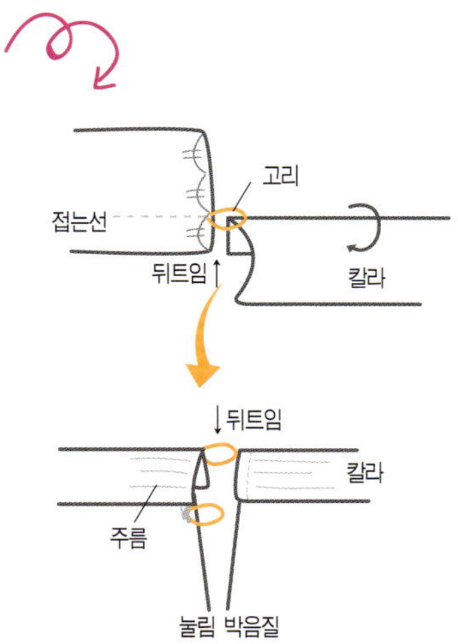

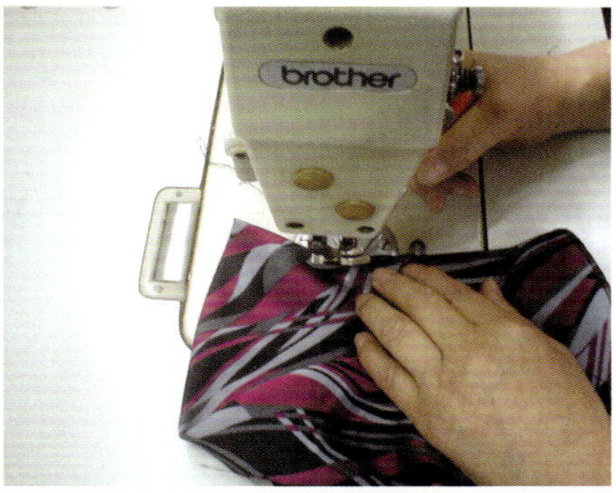

35 뒤 칼라 주름잡기

$\frac{1}{3}$지점(단추 고리 단 부분)에서 칼라 너비 $\frac{2}{3}$를 주름을 잡아 $\frac{1}{3}$너비가 되게 하여 세로 눌림 박음질한다.

36 소매 끝 주름잡기 ①

소매 끝 시접에 0.3cm($\frac{1}{8}$inch) 간격의 2줄 박음선을 만든다.

03 롤칼라블라우스

37 소매 끝 주름잡기 ②

박음선 2가닥을 잡아 당겨 소매 부리의 주름을 잡아 소매 카우스길이 23cm(9inch)에 맞춘다.

38 소매 커프스 달기

소매의 겉과 소매 커프스의 겉을 보며 함께 박음질한다.

39 소매 커프스 눌림 박음질

소매 카우스 끝을 눌림 박음질 한다.

40 소매산 2줄 박음질

소매 꼭지점을 기준으로 0.3cm($\frac{1}{8}$ inch) 간격의 2줄 박음선을 만든다.
➔15cm(6inch) 가량

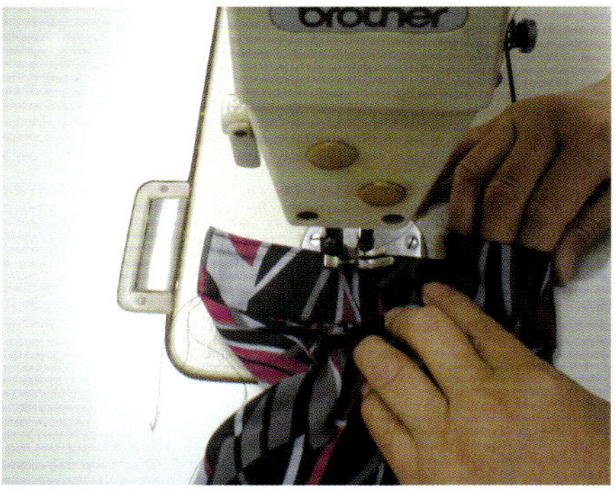

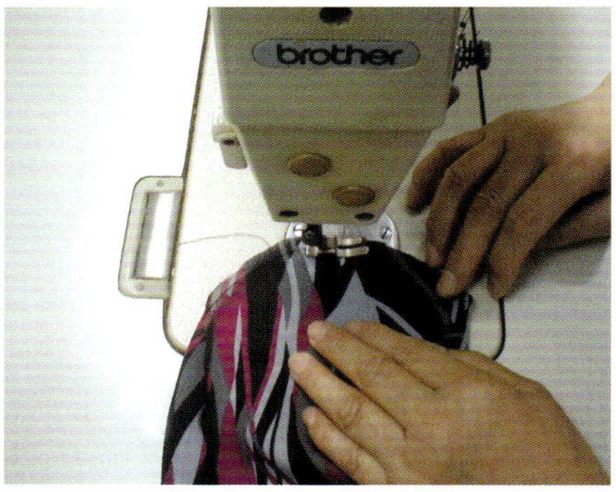

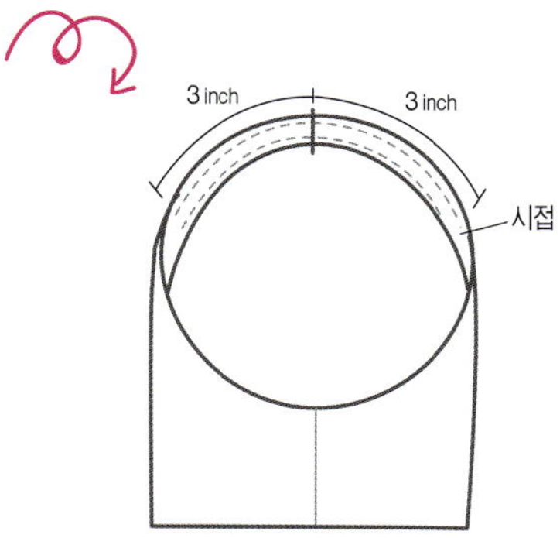

41 소매산 만들기

2줄의 실을 잡아 당겨 소매산을 오목하게 만든다.

03 롤칼라 블라우스

42 소매달기

소매 꼭지점과 어깨점, 소매 밑선과 옷의 옆선을 맞추어 소매를 단다. 진동둘레 보다 소매둘레를 여유롭게 달아준다.

43 기장 박음질

다림질된 기장선을 박음질한다.

44 소매둘레 오버룩 처리

소매둘레를 오버룩 처리한다.

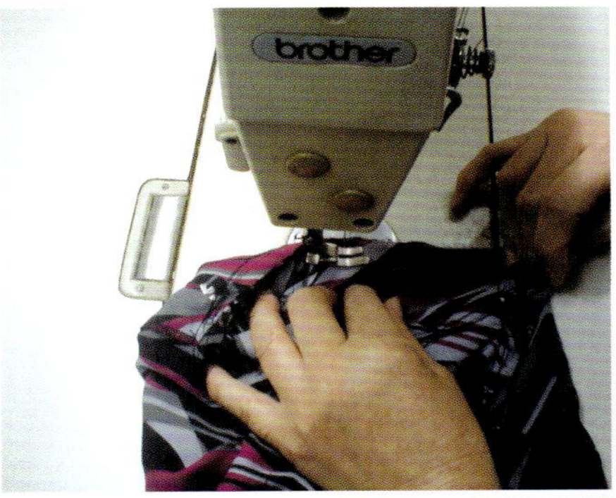

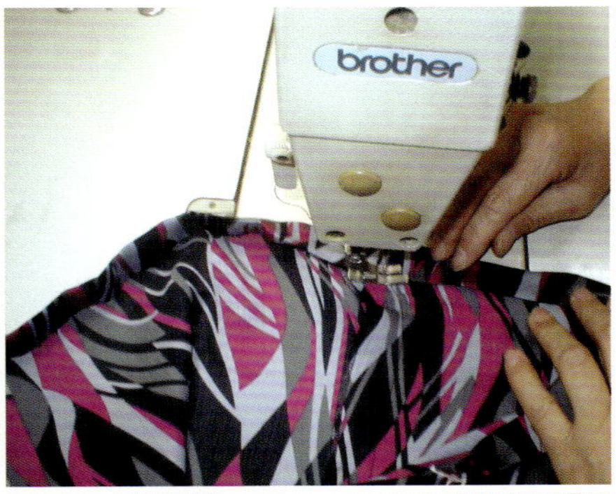

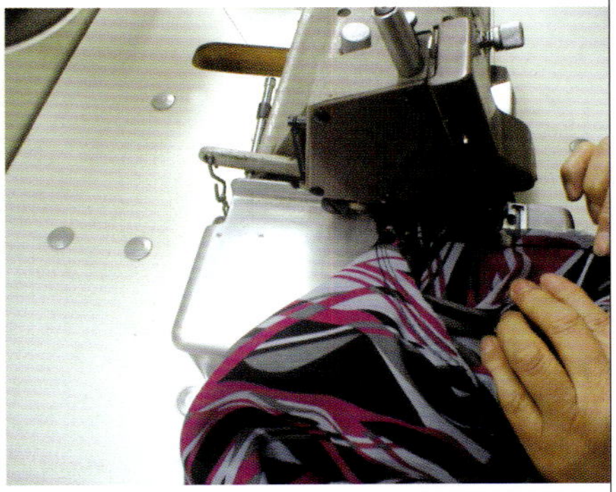

45 단추 구멍 만들기, 단추달기

소매 커프스에 단추구멍을 만들고 실을 헐렁하게 한 후 단추 아래로 실을 몇 번 감아 마무리 한다. 뒤 목둘레 칼라 끝에 만들어 둔 고리에 맞게 단추를 단다.

46 마무리 다림질

전체를 마무리 다림질한다.

47 완성

완성

Making Skirts
Making Pants
Making Blouses
Making Dresses
Making Jackets
Making Coats

Making Dresses

원피스만들기

*소매없는 원피스

How to Make

소매없는 원피스

01 소매없는 원피스

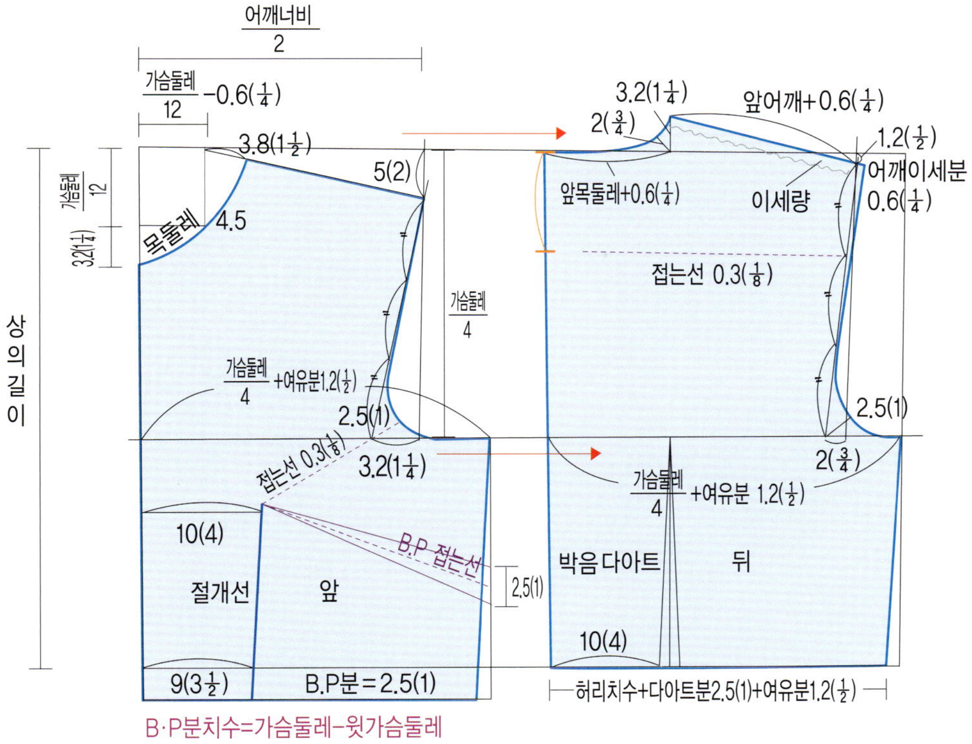

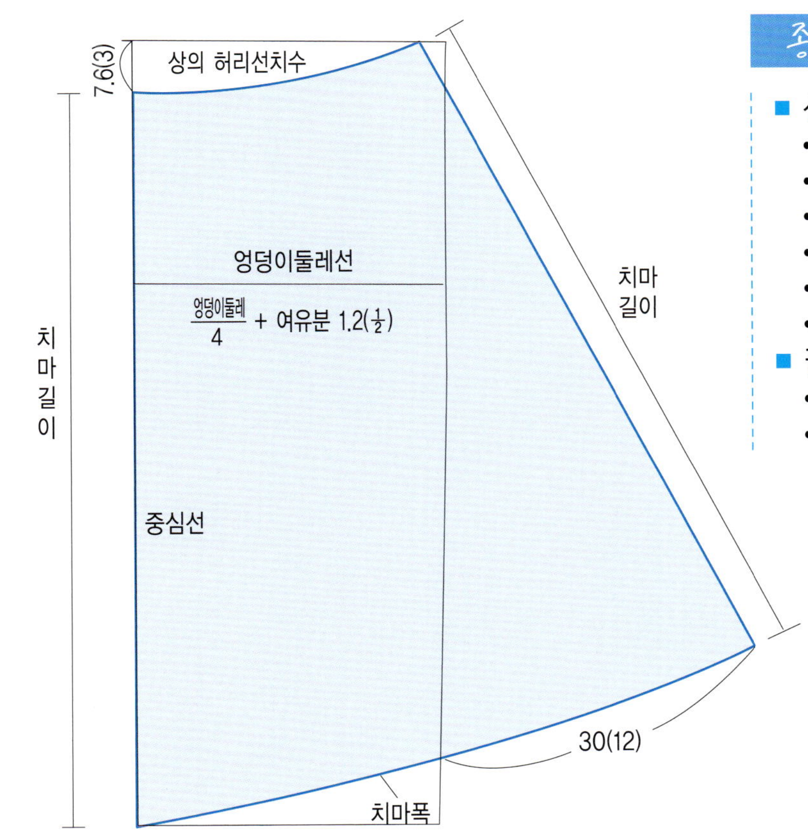

종이 재단하기

- **신체치수**
  - 어깨넓이 – 38cm(15인치)
  - 등품 – 35.5cm(14인치)
  - 허리선길이 – 40.6cm(16인치)
  - 총길이 – 106.6cm(42인치)
  - 윗가슴둘레 – 86.4cm(34인치)
  - 가슴둘레 – 91.5cm(36인치)
- **필요옷감**
  - 44인치(112cm) 폭 – 3마(270cm)
  - 60인치(152cm) 폭 – 2마 2치(198cm)

※ 파란색선은 절개선임
※ 단위 cm, 괄호안 inch임

01 소매없는 원피스

1 자리배치

절반으로 접은 원단에 앞, 뒷면, 치마 재단 종이를 올려 재단 자리를 정해 본다.

➔대략의 천의 쓰임을 보기 위함.

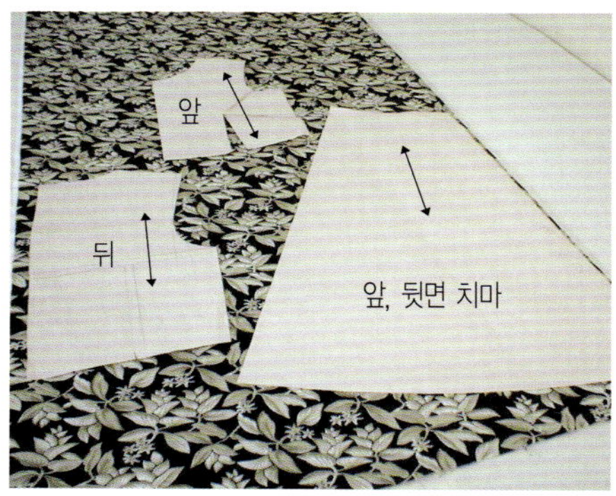

2 천 재단

재단이 될 만큼 접은 후 아래 위 폭의 간격을 맞추고 종이 재단을 놓아 엉덩이 둘레선을 기준으로 직각을 구한 후 천 재단을 한다. 사진의 치마 앞 중심선은 접어주는 선이므로 시접을 별도로 주지 않고, 나머지 시접은 허리 1cm($\frac{3}{8}$inch), 옆선 3.2cm($1\frac{1}{4}$inch), 기장 4.5cm($1\frac{3}{4}$inch)의 시접을 준다.

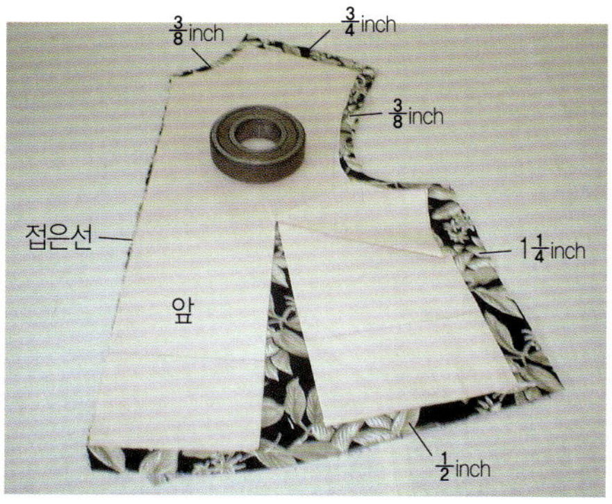

3 상의 앞면 시접주기

종이재단을 할 때 허리선에서 가슴 다아트까지 절개하고 옆선에서 B.P분량을 접은 후 천 재단을 해준다.

4 상의 앞면 시침질

재단선을 따라 원단의 아래 위에 동일한 표시를 하기위해 시침뜨기를 한다.

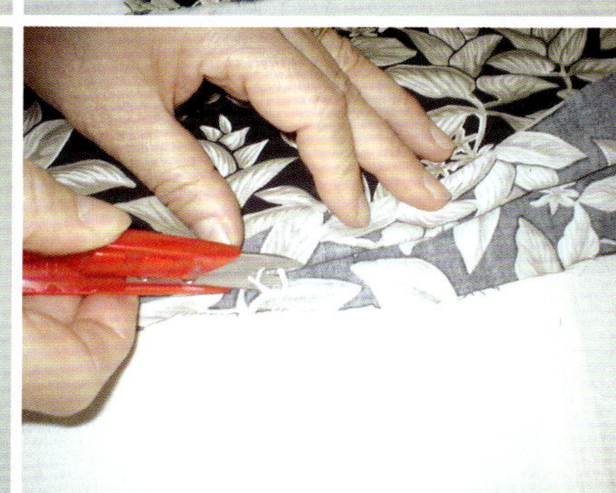

5 시침 가르기

윗면을 살짝 들어 시침 가르기를 한다.

01 소매없는 원피스 <<<

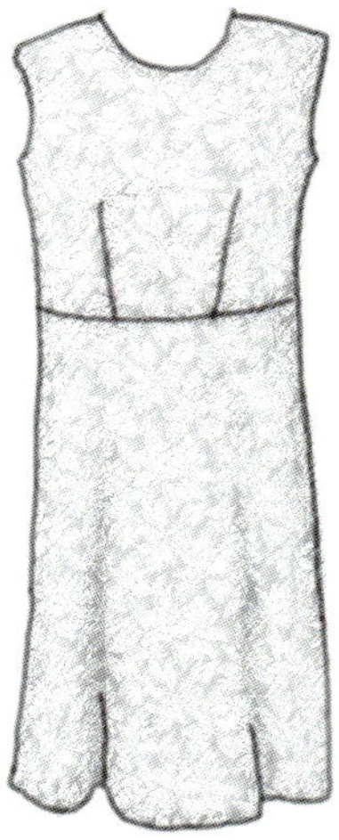

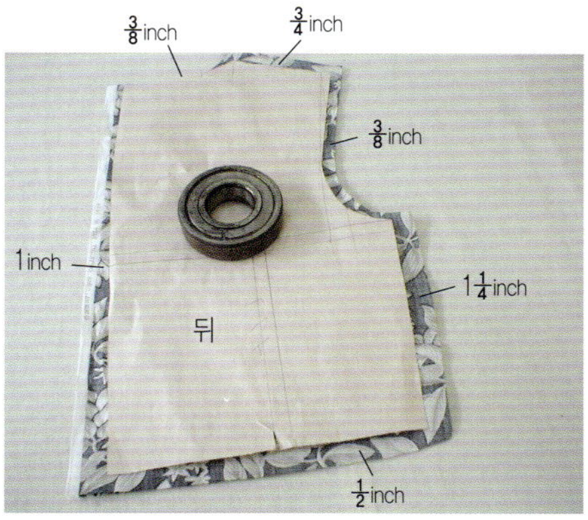

6 상의 뒷면 시접주기

상의 뒷면에 시접을 준 모양이다.

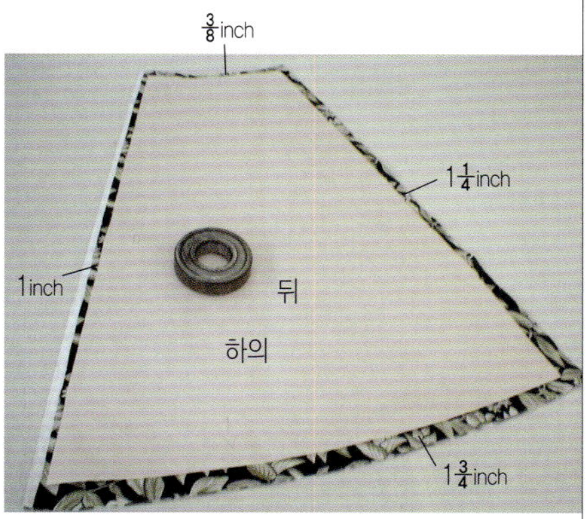

7 하의 뒷면 시접주기

하의 뒤 중심선 시접은 2.5cm(1inch)를 주고 나머지 시접은 앞, 뒷면 동일하게 주어 천재단을 한 후 시침뜨기와 시침 가르기를 한다.

8 다아트 다림질

앞, 뒷면 다아트의 중심을 다림질 한다.

9 상의 박음질

앞, 뒤 다아트부터 박음질하고 옆선을 제외하고 어깨 박음질을 한다.

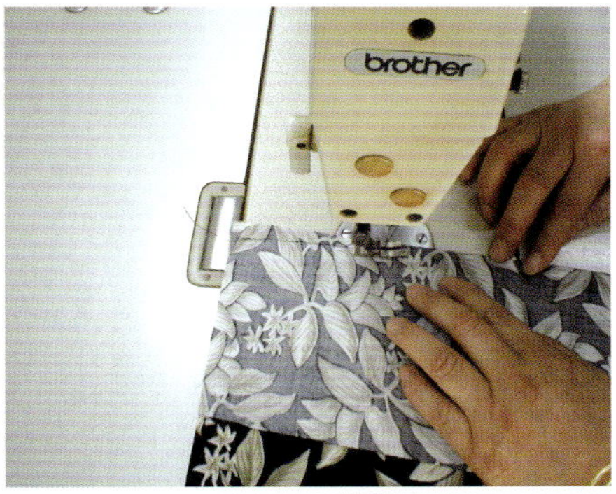

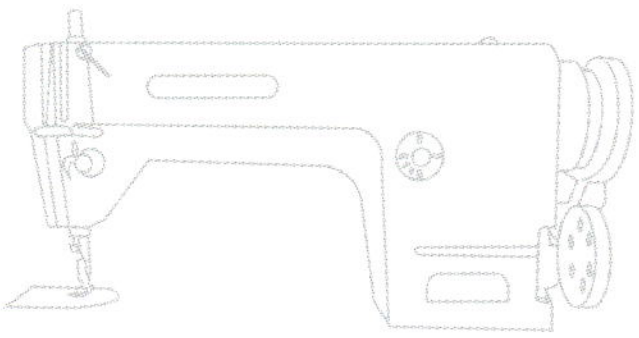

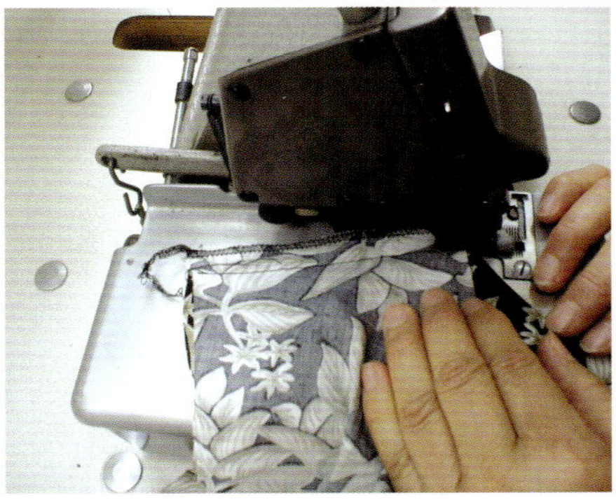

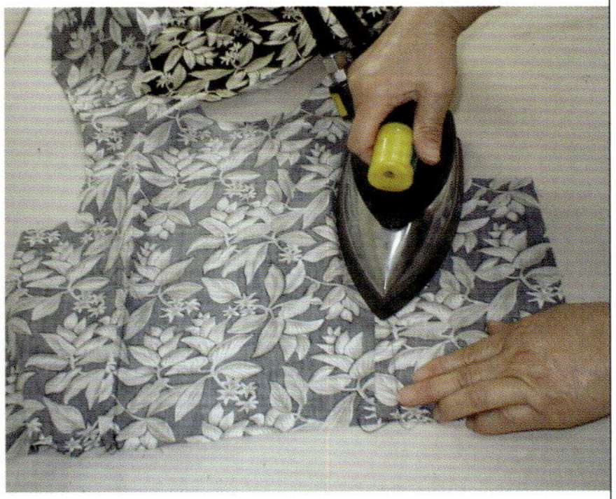

10 시접 오버룩처리

시접을 마주잡고 오버룩 처리 한다.

11 다아트 다림질

박음질 된 앞, 뒤 다아트를 마주보게 다림질한다.

01 소매없는 원피스

12 바이어스 테이프 준비

진동둘레와 목둘레의 길이에 맞게 너비 2.5cm(1inch)의 바이어스 천을 3개 준비하고 사진과 같이 양쪽으로 0.6cm($\frac{1}{4}$inch) 시접을 주어 다림질한다.

13 목둘레 바이어스 테이프 돌려박기 ①

옷의 겉과 접은 바이어스 겉을 맞대고 시접선 따라 박음질한다.

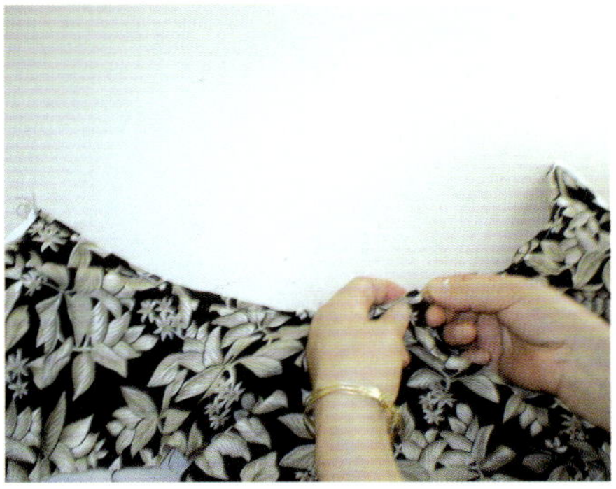

14 목둘레 바이어스 테이프 돌려박기 ②

박음질 한 바이어스 단을 옷의 안으로 접어 넘겨 바이어스 박음질선이 살짝 덮히게 핀을 꽂아 준다.(겉면에서 박음질하여 물리게 하기 위함.)

15 목둘레 바이어스 테이프 돌려박기 ③

옷의 겉에서 박음선 바로 밑선으로 박음질하고 왼쪽 손톱의 감각으로 밑의 바이어스 끝 면이 물리는지 확인하면서 박음질한다.

16 상의, 하의 연결하기

앞, 뒷면 상의와 하의의 허리선을 박음질하여 연결한다.

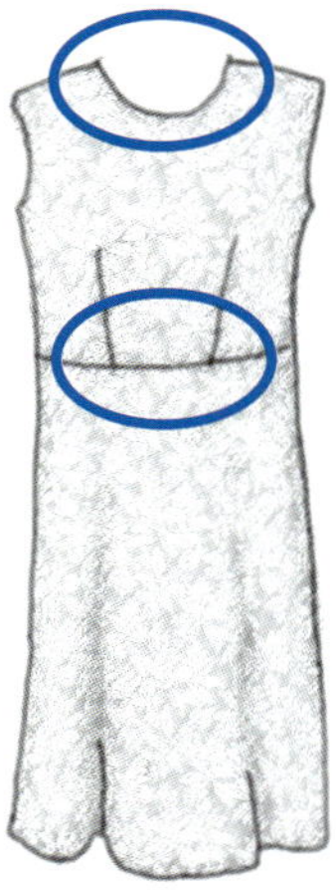

01 소매없는 원피스 〈〈〈

17 옆선 박음질과 뒷선 박음질

옆선을 모두 박음질하고 뒤 지퍼가 달릴 자리의 트임을 뒤쪽 목둘레 중심선에서 43~46cm(17~18inch) 내려 그 밑에서부터 나머지 박음질을 한다.

18 옆선 오버룩처리

양 옆선의 시접을 서로 맞잡고 오버룩 처리한다.

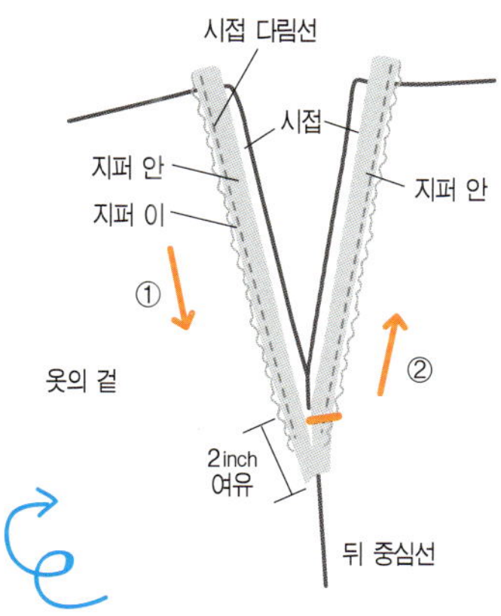

19 시접 다림질

허리선 시접을 상의 쪽으로 눕혀 다림질하고 옆선도 다림질한다.

20 숨은 지퍼달기 ①

옷의 뒤 중심선에 숨은 지퍼를 달기 위해 외 노루발로 교체한다.

21 숨은 지퍼달기 ②

옷의 왼쪽 옆선 시접을 펴서 시접 다림선 위로(겉과 안의 경계선) 지퍼이를 놓고 노루발을 지퍼이에 바짝 붙여 위에서 아래로 박음질한다. 아래에 지퍼 여유분 5cm(2inch)를 둔다.

22 숨은 지퍼달기 ③

한쪽 지퍼를 달고 나서 지퍼를 잠궈 허리선 연결 부위에 양쪽 지퍼 시접에 동일 표시를 해 준다.

➔ 양쪽 지퍼이가 어긋나지 않게 하기 위함.

01 소매없는 원피스

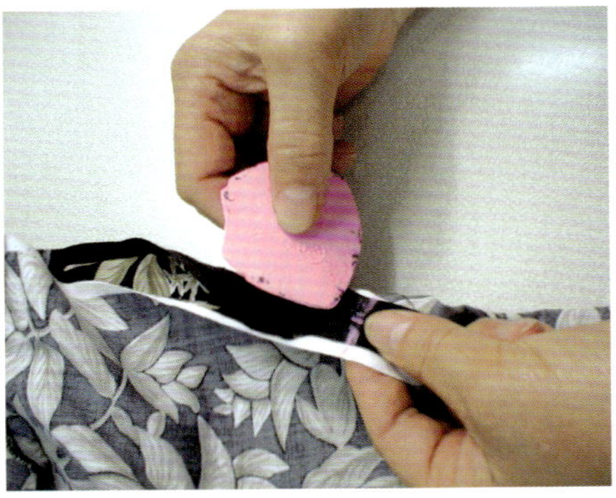

23 숨은 지퍼달기 ④
동일한 방법으로 밑 부분의 지퍼 시접에 표시를 한다.

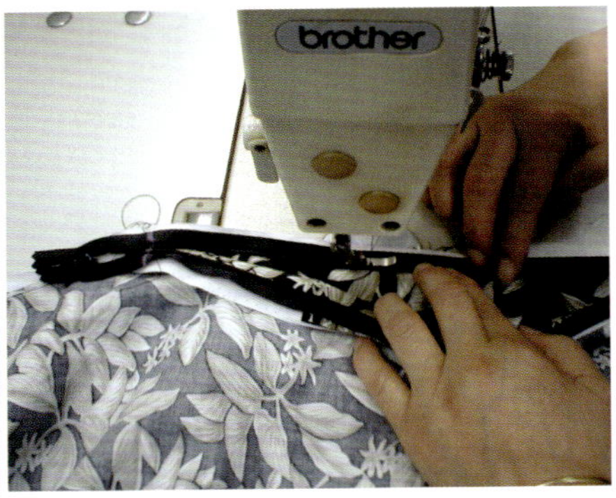

24 숨은 지퍼달기 ⑤
잠근 지퍼를 열어 시접을 펴서 겉과 안의 경계선에 지퍼이를 두고 표시에 맞추어 밑쪽부터 달아준다.

25 치마기장 다림질
시접 1.2cm($\frac{1}{2}$inch)을 접어 다림질하고 한번 더 접어 다림질한다.

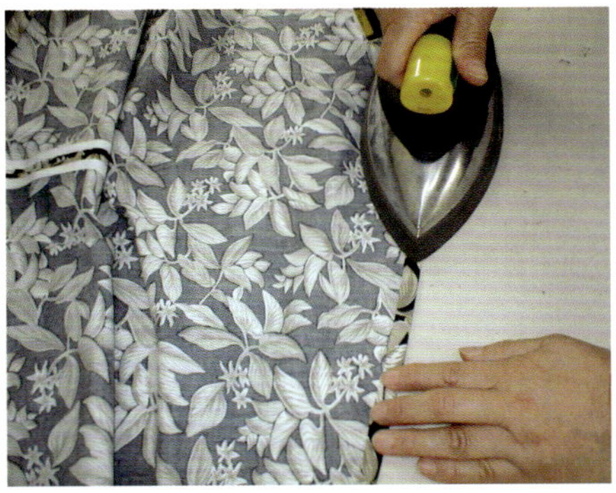

26 치마기장 박음질
다림질한 치마 기장을 박음질 한다.

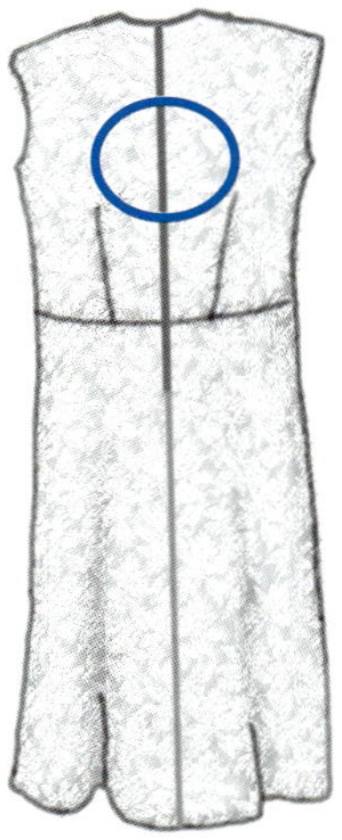

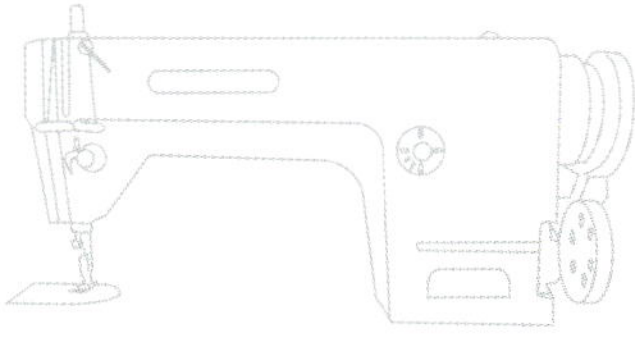

27 마무리 다림질
전체를 마무리 다림질한다.

28 완성
완성

How to Make

소매없는 원피스 만들기

긴소매 원피스 만들기

롱조끼 만들기

Making Dresses

원피스만들기

*긴 소매 원피스

긴 소매 원피스

How to Make

02 긴 소매 원피스

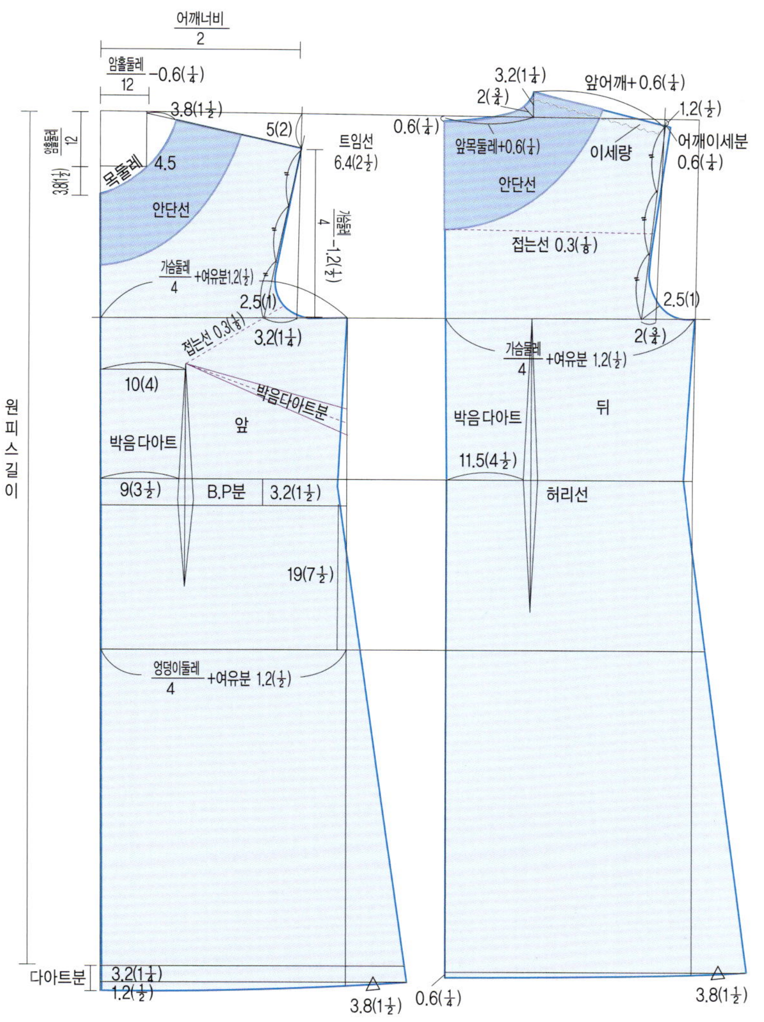

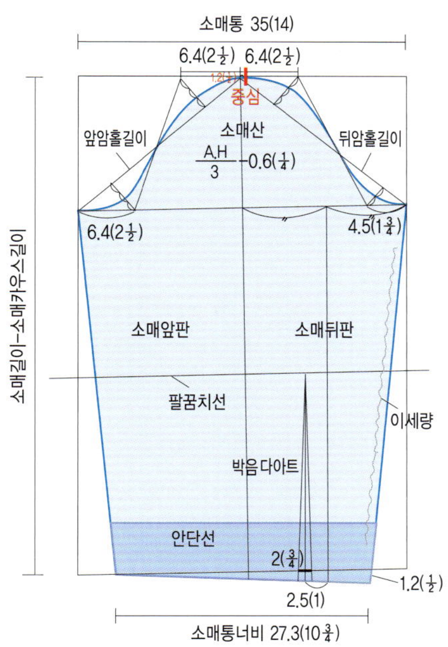

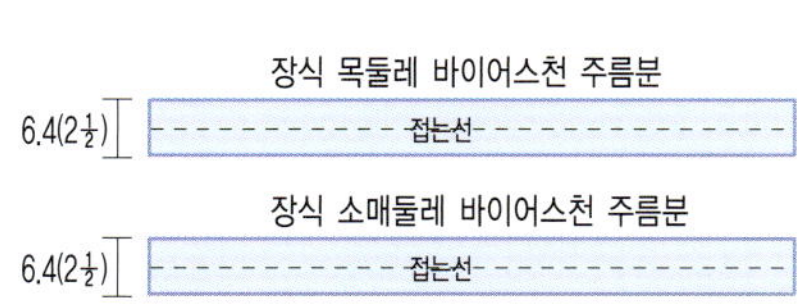

종이 재단하기

■ 신체치수

- 어깨넓이 – 38cm(15인치)
- 팔꿈치길이 – 34.3cm(13½인치)
- 소매길이 – 56cm(22인치)
- 등품 – 35.5cm(14인치)
- 허리선길이 – 40.6cm(16인치)
- 엉덩이둘레 – 94cm(37인치)
- 총길이 – 101.6cm(40인치)
- 앞품 – 33cm(13인치)
- 윗가슴둘레 – 86.4cm(34인치)
- 가슴둘레 – 91.5cm(36인치)

■ 필요옷감

- 44인치(112cm) 폭 – 2마 3치(207cm)
- 60인치(152cm) 폭 – 2마(180cm)

※ 파란색선은 절개선임　　※ 단위 cm, 괄호안 inch임

02 긴소매 원피스 <<<

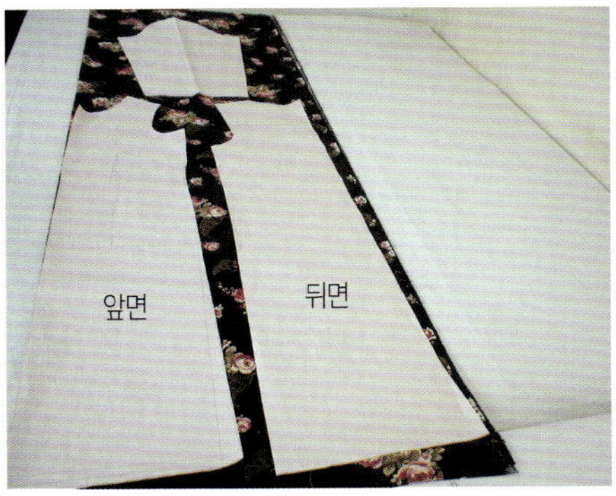

1 자리배치

절반으로 접은 원단에 앞, 뒷면, 소매 재단 종이를 올려 재단 자리를 정해 본다. ➔대략의 천의 쓰임을 보기 위함.

2 천 재단

재단이 될 만큼 접어준 후 아래 위 폭의 간격을 맞추고 종이 재단을 놓아 허리선을 기준으로 직각을 구한 후 천 재단을 한다. 뒤 중심선에 숨은 지퍼를 달아 주기위해 시접을 준다.

3 시침뜨기

접은 원단의 아래 위에 동일한 표시를 하기위해 시침 뜨기를 한다.

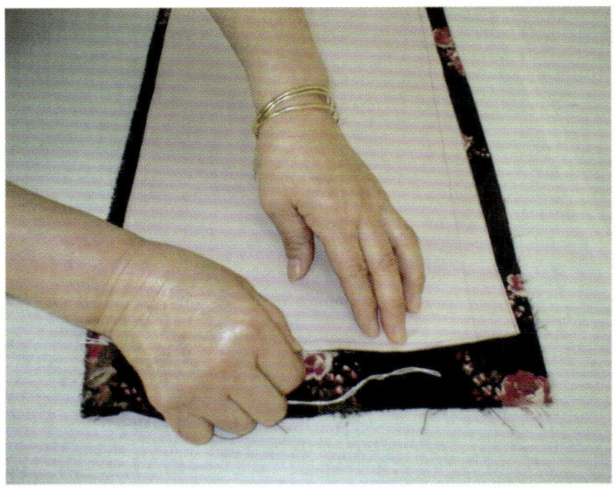

4 시침 가르기

윗면을 살짝 들어 시침 가르기를 한다.

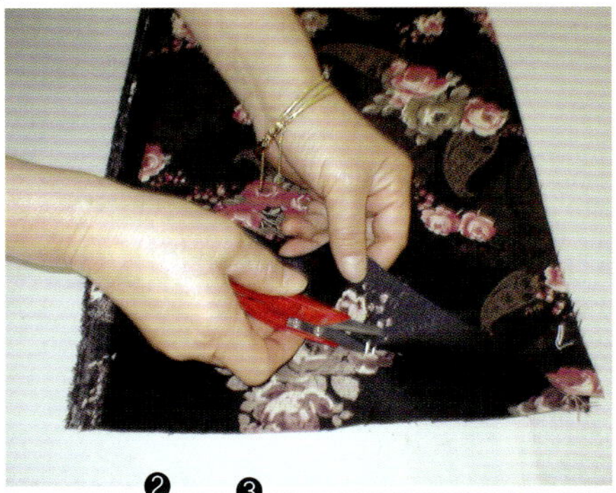

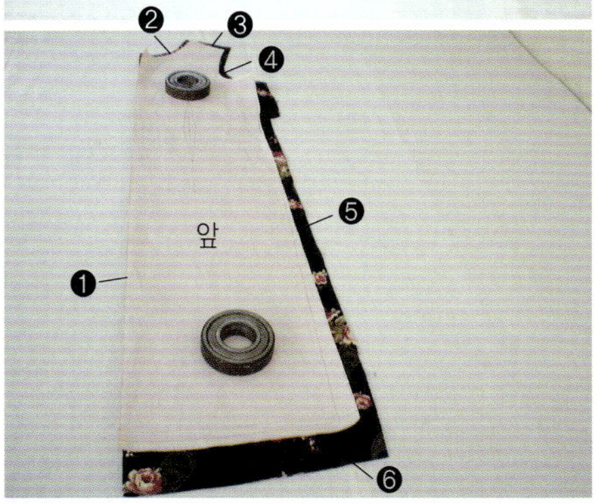

5 앞면 시접주기

①중심 접는선(골)
②, ④는 1cm($\frac{3}{8}$inch)
③은 2cm($\frac{3}{4}$inch)
⑤는 3.2cm(1$\frac{1}{4}$inch)
⑥은 4.5cm(1$\frac{3}{4}$inch) 둔다.

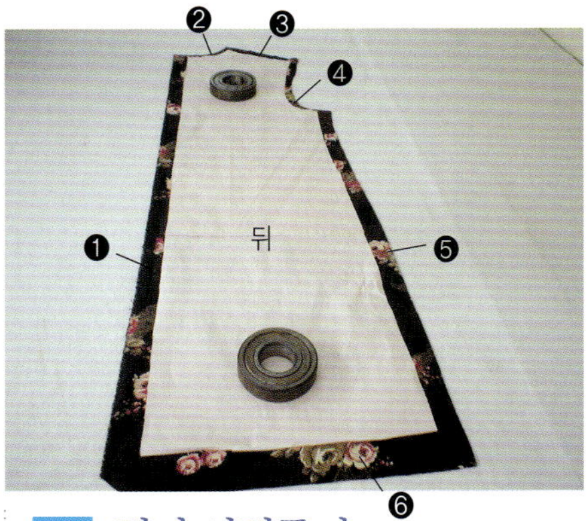

6 뒷면 시접주기

①뒤 지퍼 달릴 부분 2.5cm(1inch)
②, ④는 1cm($\frac{3}{8}$inch),
③은 2cm($\frac{3}{4}$inch)
⑤는 3.2cm(1$\frac{1}{4}$inch),
⑥은 4.5cm(1$\frac{3}{4}$inch) 둔다.

02 긴 소매 원피스

7 소매 시접주기

소매 재단 시접주기
①, ③은 3.2cm($1\frac{1}{4}$inch)
②는 1cm($\frac{3}{8}$inch), ④는 1cm($\frac{3}{8}$inch)둔다.
소매 끝부분에 레이스를 붙이므로 기장 시접을 많이 줄 필요가 없다.

8 안감 뒷면 재단

기장은 1.2cm($\frac{1}{2}$inch) 시접 분량을 주고 겉감과 동일하게 시접을 주어 자른다. (뒷목 안단 떼어 낸 재단 모습)

9 안감 앞면 재단

기장은 1.2cm($\frac{1}{2}$inch) 시접 분량을 주고 겉감과 동일한 시접을 주어 자른다. (앞목 안단 떼어 낸 재단 모습)

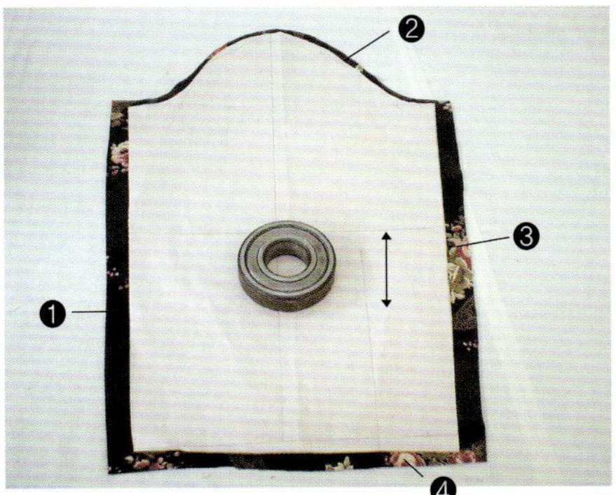

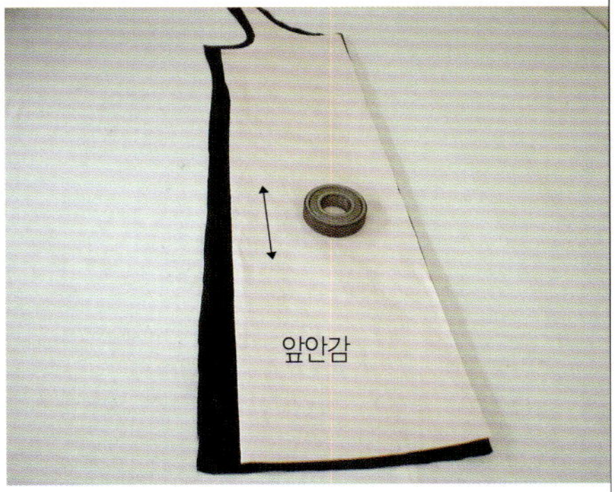

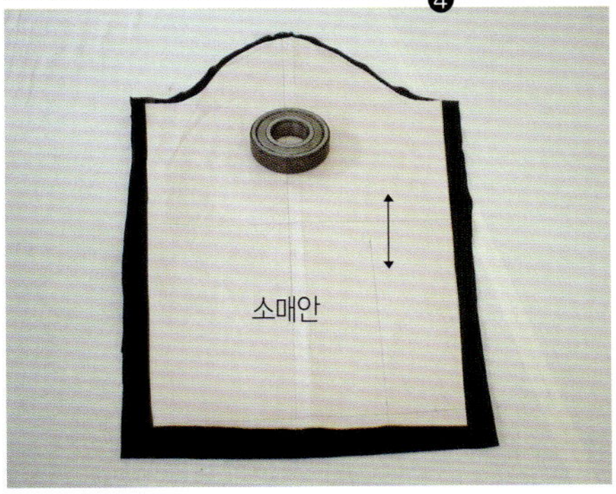

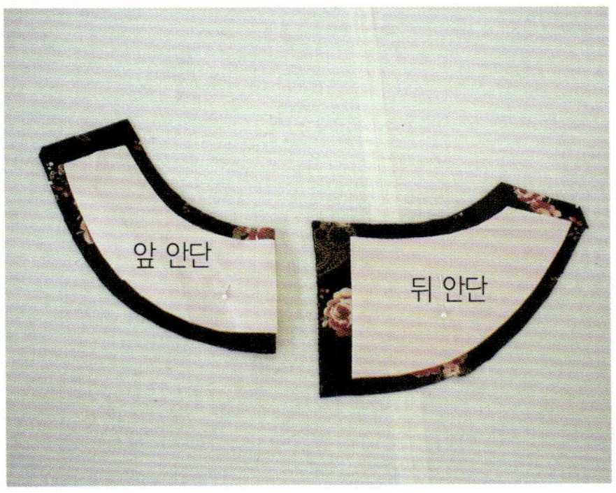

10 소매 안감 재단

겉감 재단과 동일하게 안감을 재단한다.

11 안단 재단

겉감 천을 접어 앞, 뒤 안단을 준비한다. 앞 안단의 중심은 접는 선이고 뒤 안단의 중심은 절개선이다.

12 안단에 접착싱 붙이기

앞, 뒤 안단에 접착싱을 붙인다.

02 긴 소매 원피스

13 접착심을 붙인 안단

①은 뒤 안단, ②는 앞 안단

14 다아트 중심 다림질

앞, 뒤 허리 다아트 중심을 옷의 안에서 다림질하여 준다.

15 앞, 뒤 연결 박음질

다아트를 먼저 박음질하고 어깨선과 옆선을 박음질하여 붙여준다.

16 뒤 중심선 박음질

지퍼가 달릴 뒤 중심선은 위에서 43~46cm(17~18inch) 띄워 놓고 박음질한다.

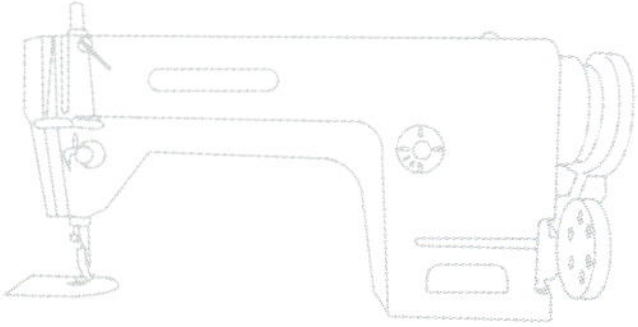

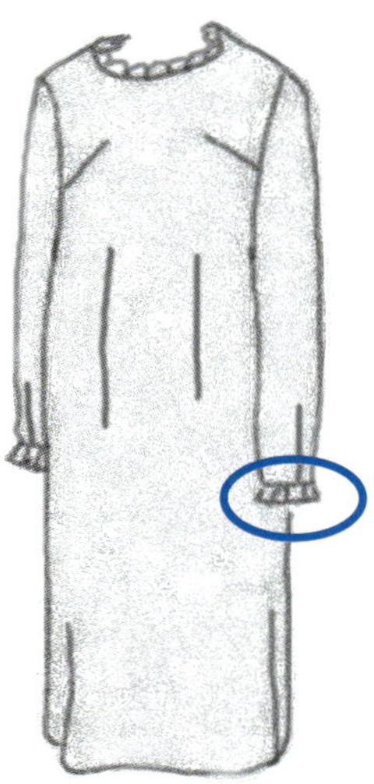

17 소매 박음질

소매 다아트와 소매 밑선을 박음질한다.

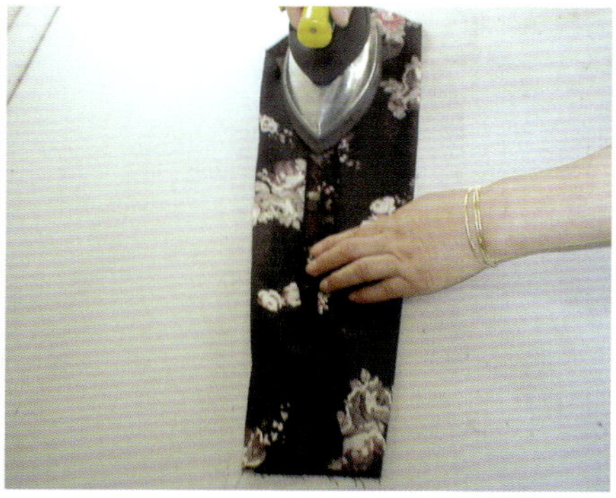

18 소매 다림질

소매를 다림질한다.

02 긴소매 원피스

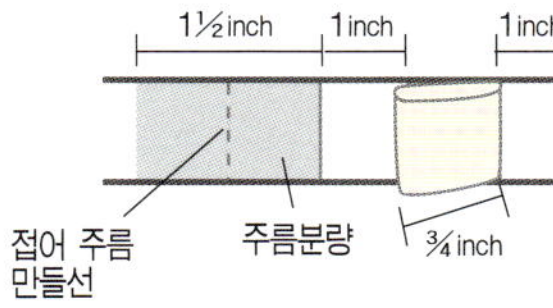

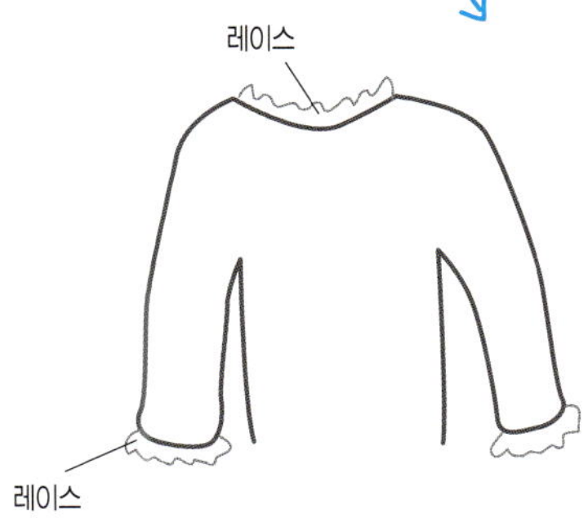

19 레이스천 준비

소매끝, 목둘레에 붙일 레이스를 준비한다. 너비 5cm(2inch) 천을 절반으로 접어 시접쪽으로 박음질하여 고정시킨다.

20 레이스 주름잡기

3.8cm(1½inch) 주름분량으로 2.5cm(1inch)간격을 주어 주름을 잡아 레이스를 만든다. (주름간격은 각자 자유롭게 정한다.)

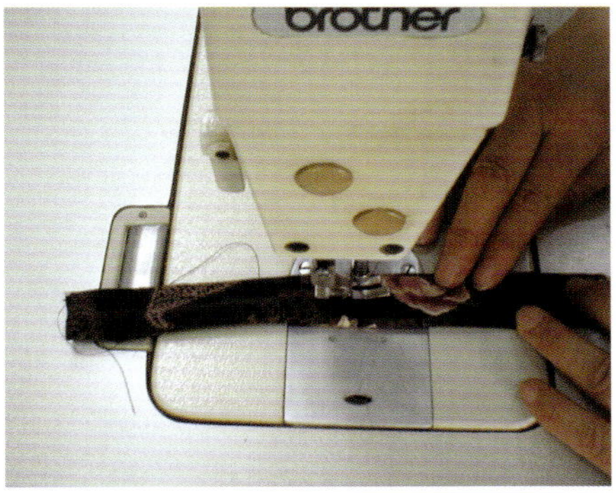

21 소매 끝 안단 준비

접착심을 붙인 너비 5cm(2inch)의 소매 끝 안단을 겉 소매 둘레의 치수와 동일하게 주어 옆선을 박음질하여 붙이고 시접을 다려준다.

22 소매 끝 레이스 붙이기

소매를 아래에 두고 레이스의 겉을 소매의 겉과 마주보게 하여 소매 끝에서 레이스를 약간 당기며 박음질한다.

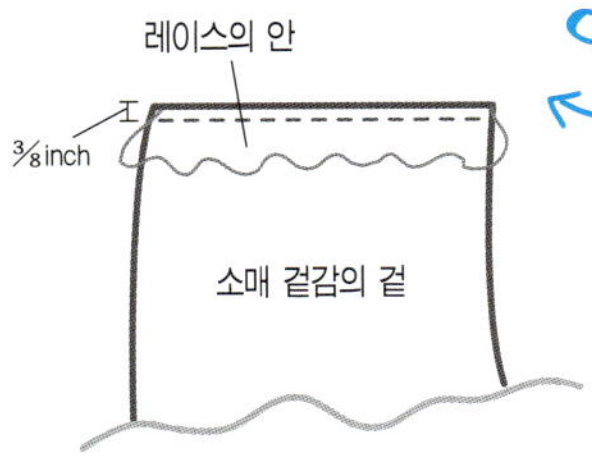

[그림 1]

23 소매 안단 연결

안단을 아래에 두고 [그림 2]와 같이 겉감의 안에서 첫번째 레이스 박음선 위로 다시 박음질하여 안감을 연결한다.

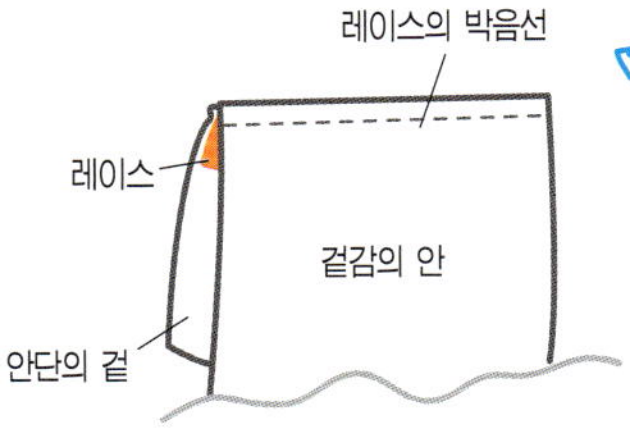

[그림 2]

02 긴소매 원피스 <<<

24 숨은 지퍼달기 ①

숨은 지퍼를 달기위해 외 노루발로 교체한다.

25 숨은 지퍼달기 ②

옷의 겉 왼쪽 시접을 펴서 시접 다림선 위로(겉과 안의 경계선) 지퍼이를 놓고 노루발을 지퍼이에 바짝 붙여 위에서 아래로 박음질한다.
(지퍼 5cm(2inch) 아래에 여유를 둔다.)

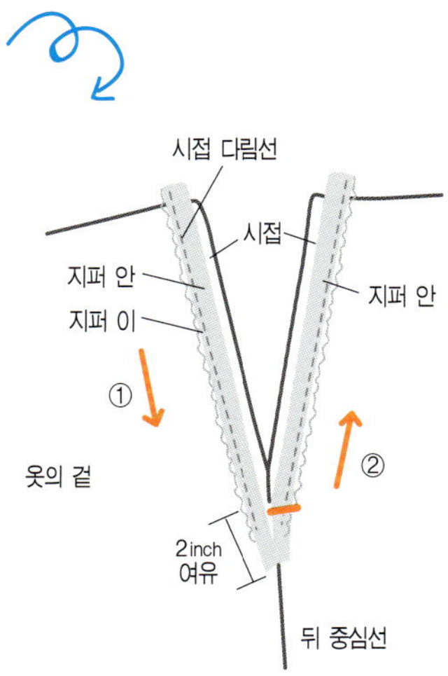

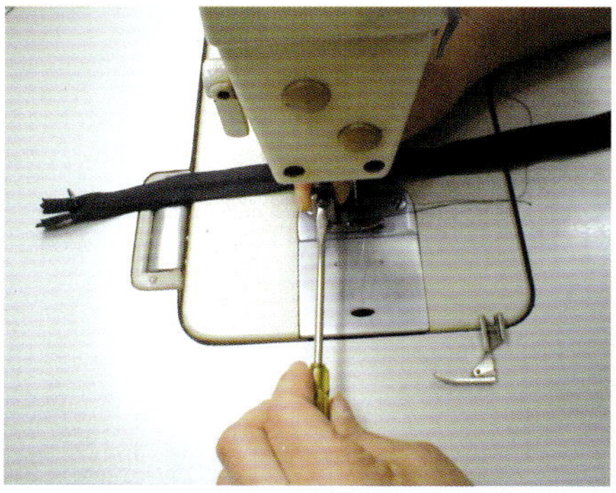

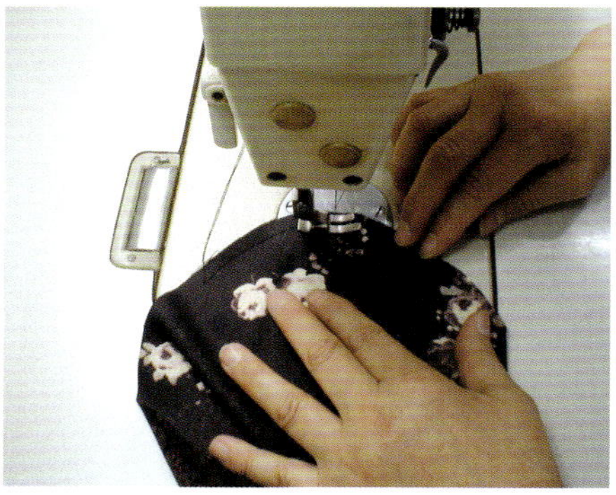

26 숨은 지퍼달기 ③

한쪽 지퍼를 달고 나서 지퍼를 잠궈 밑부분의 지퍼와 시접을 동시에 표시해 준다. ➔양쪽 지퍼이가 어긋나지 않게 하기 위함.

27 숨은 지퍼달기 ④

잠근 지퍼를 열어 옆면의 시접을 펴서 겉과 안의 다림선에 지퍼이를 두고 노루발을 지퍼이에 바짝 붙여 표시에 맞추어 밑쪽에서 위로 달아준다.

28 소매산 만들기 ①

소매산 꼭지점을 양쪽으로 7.6cm(3inch)가량 0.3cm($\frac{1}{8}$inch)간격으로 바늘 땀수를 느슨하게 하여 2줄 박음질한다.

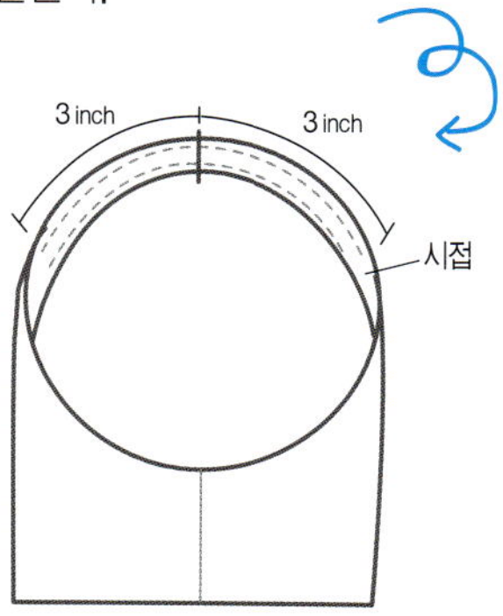

02 긴 소매 원피스 <<<

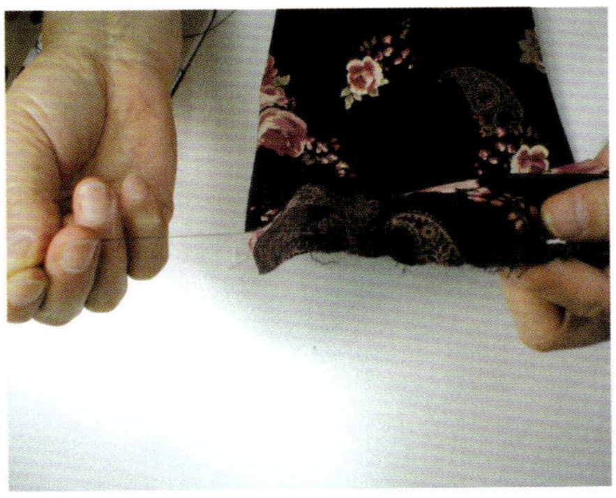

29 소매산 만들기 ②

박음질 된 2가닥의 실을 당겨 소매산을 오목하게 만든다.

30 소매달기

소매산 꼭지점을 맞추어 진동둘레 보다 소매둘레가 여유있게 소매를 달아준다.

31 안 만들기

앞, 뒤 목선 안단과 안감 몸판을 붙이고, 안감의 어깨선과 옆선을 붙인다.

32 안감 오버룩 처리

마주잡고 오버룩 처리한다.

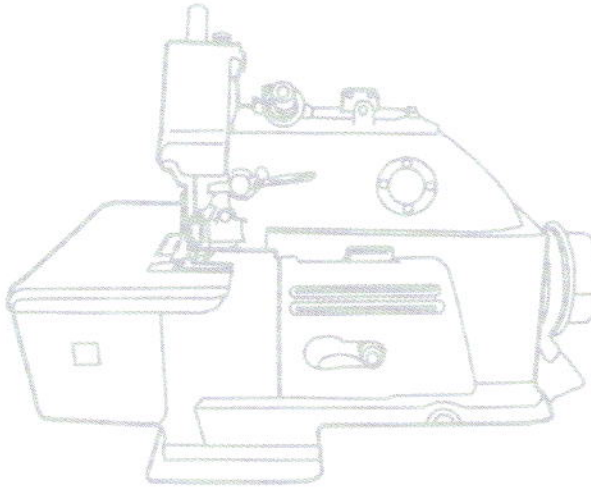

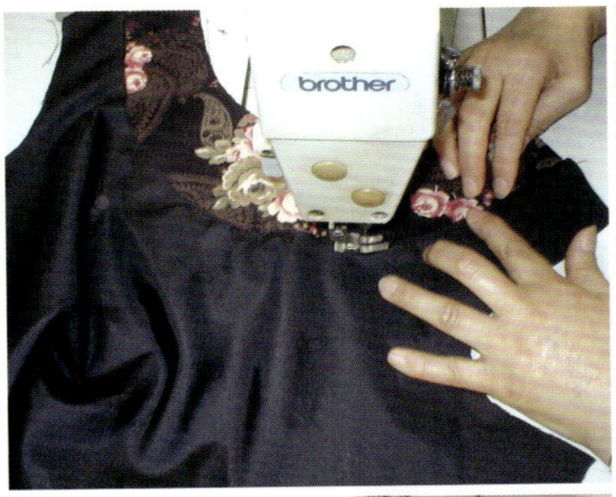

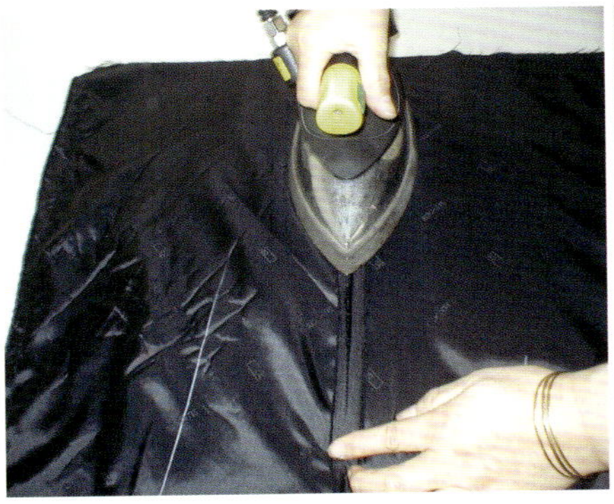

33 안감 다림질

시접을 눕혀 안감을 모두 다린다.

34 안감 소매 달기

겉감 소매달기와 동일하게 달아준다.

02 긴소매 원피스 〈〈〈

35 목선 레이스 달기

옷의 겉면에서 목둘레 레이스를 위에 두고 박음질하여 달아준다.

36 지퍼부분 안감 연결

안감을 아래에 두고 지퍼가 달린 옷의 안을 위에 놓아 지퍼에 안감을 연결하여 박음질한다.

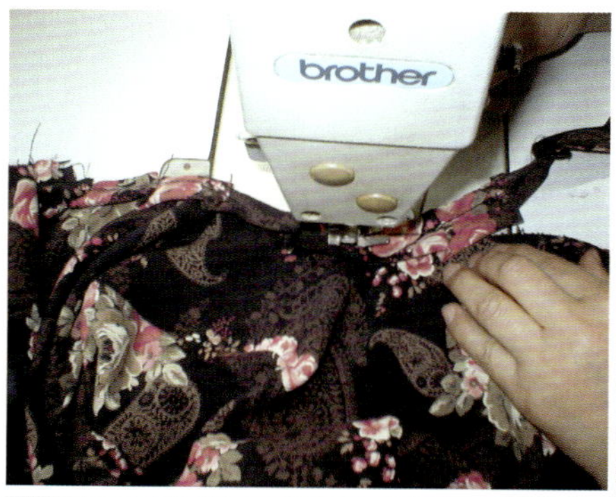

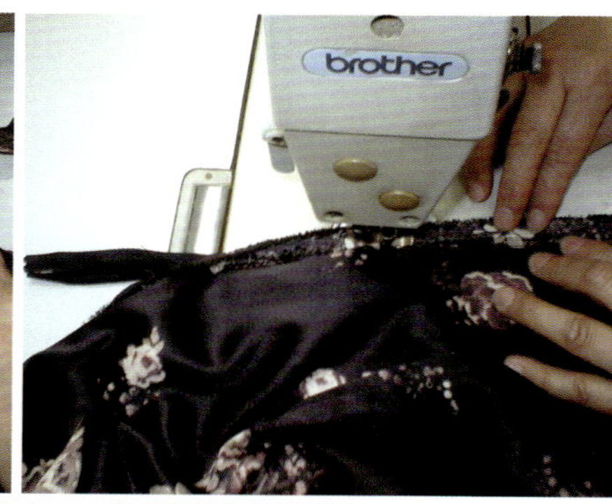

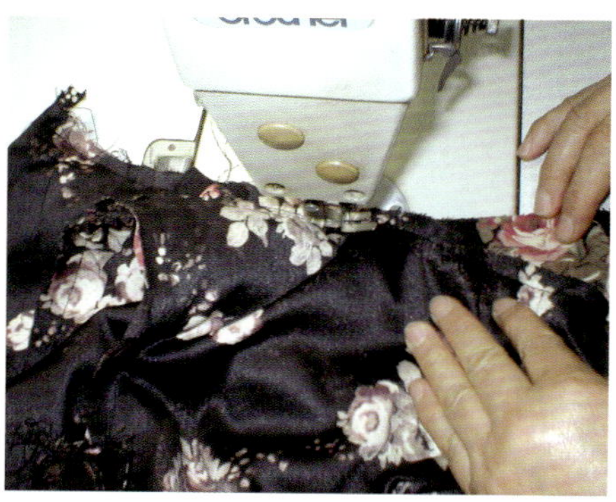

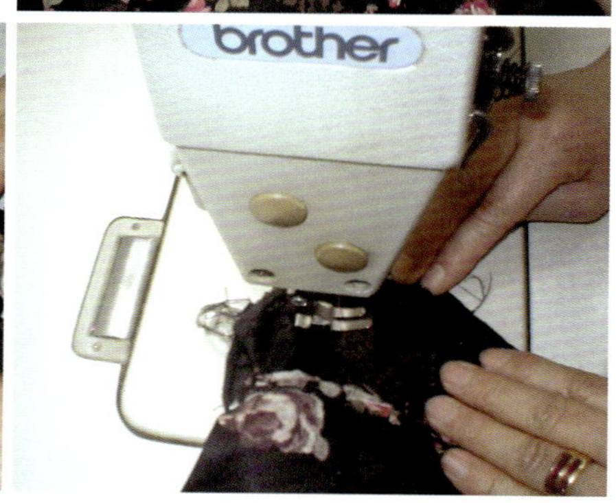

37 목선 안감 달기

안감의 겉과 옷의 겉을 마주보게 하여 안감을 아래에 두고 레이스 박음선 따라 박음질하여 목선에 안감을 연결한다.

38 소매 안감 달기

소매 안단 끝에 안감을 붙여 박음질한다.

39 시접 고정 손바느질

옷의 안에서 소매의 안단 시접을 손바느질하여 고정시킨다.

02 긴 소매 원피스

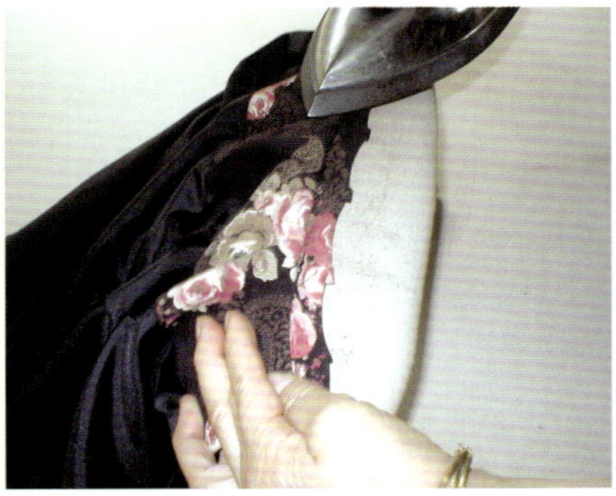

40 목선, 소매끝선 다림질

목선, 소매 끝선의 레이스 박음선 위로 다림질한다.

41 겉 기장 다림질

기장 표시선 따라 다림질한다.

42 안감기장 박음질

한번 접어 다림질하고 한번 더 접어 박음질한다.

43 겉 기장처리

기장 뜨기를 한다.
①스쿠이미싱 뜨기 ②손바느질

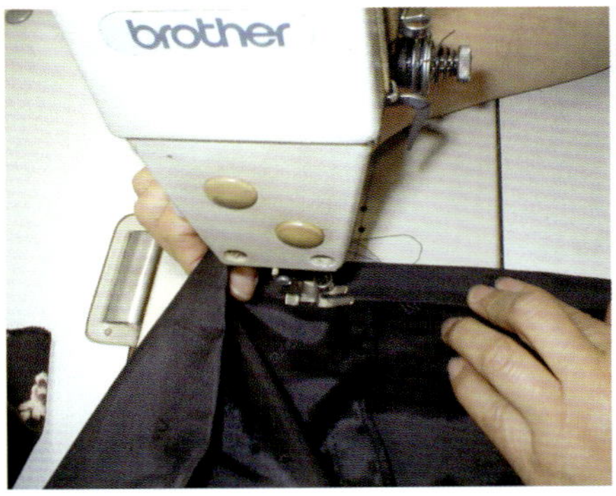

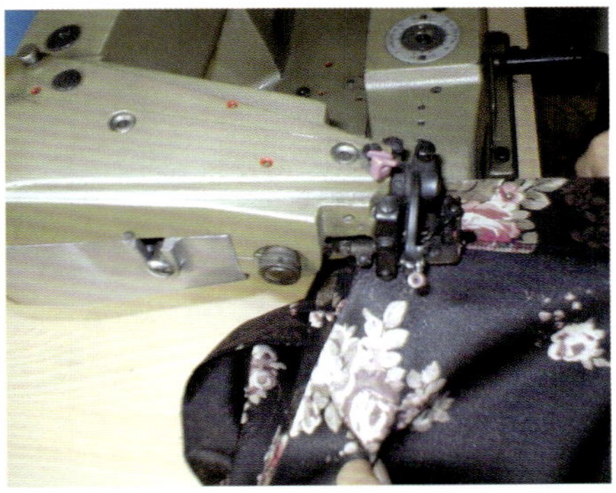

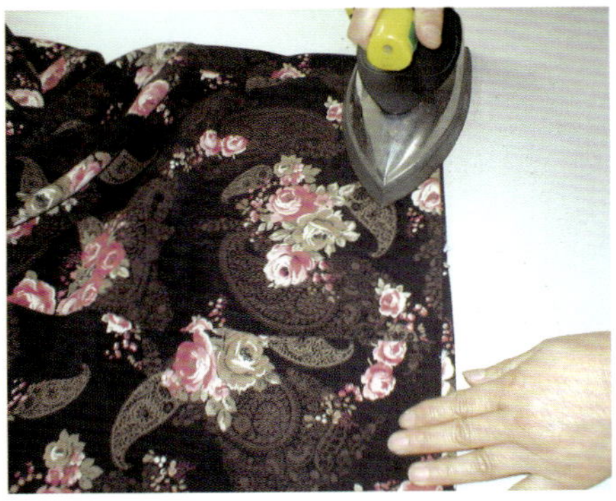

44 마무리 다림질

전체를 마무리 다림질한다.

45 완성

완성

Making Dresses

원피스만들기

* 롱 조끼

03 롱조끼

종이 재단하기

■ 신체치수

- 어깨넓이 – 38cm(15인치)
- 등품 – 35.5cm(14인치)
- 허리선길이 – 40.6cm(16인치)
- 총길이 – 71cm(28인치)
- 앞품 – 33cm(13인치)
- 윗가슴둘레 – 86.4cm(34인치)
- 가슴둘레 – 91.5cm(36인치)

■ 필요옷감

- 44인치(112cm) 폭 – 2마(180cm)
- 60인치(152cm) 폭 – 1마 5치(135cm)

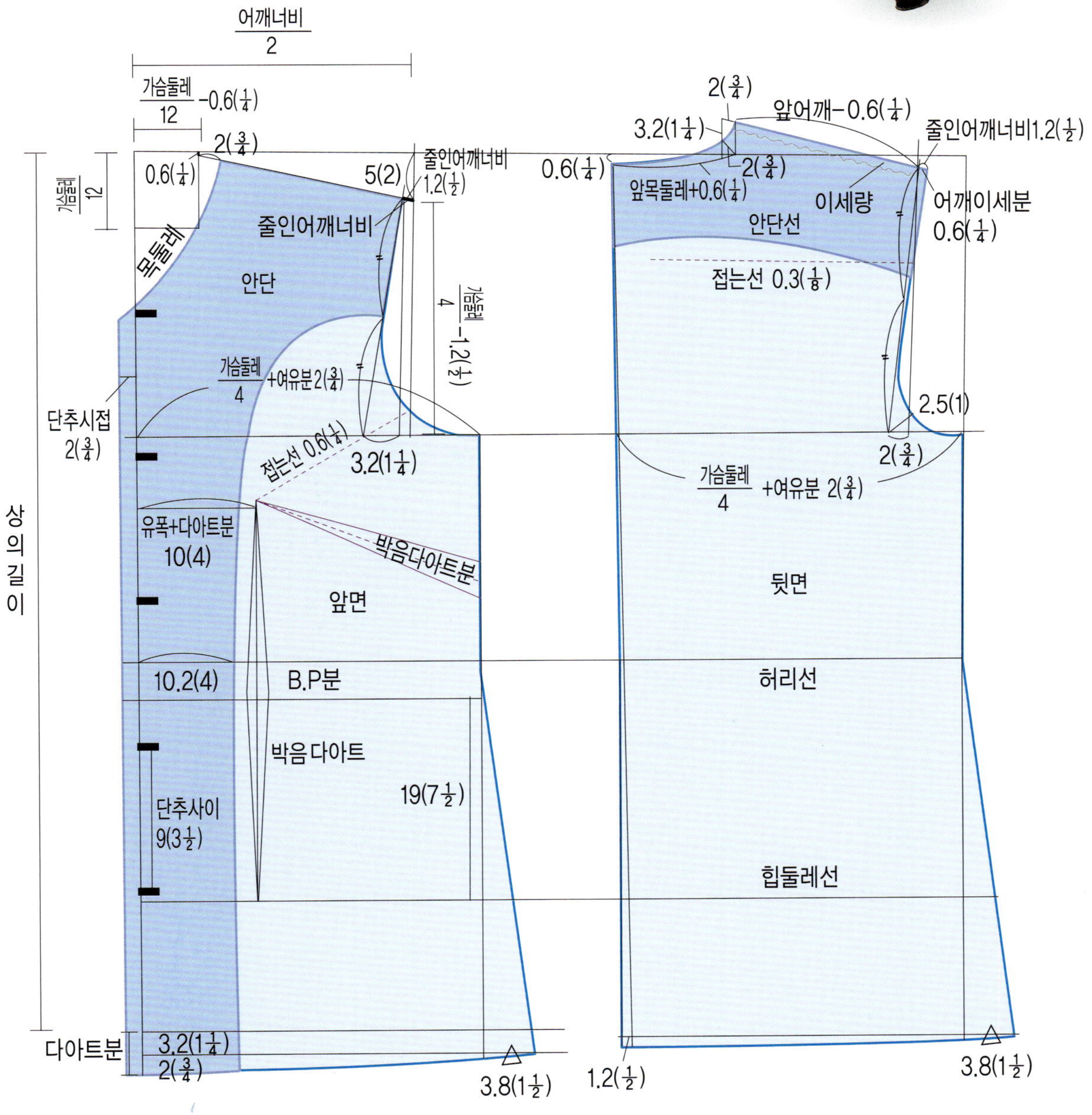

※ 파란색선은 절개선임　　※ 단위 cm, 괄호안 inch임

03 롱조끼 <<<

1 자리배치

절반으로 접은 원단에 앞, 뒷면 재단 종이를 올려 재단 자리를 정해 본다.
➔대략의 천의 쓰임을 보기 위함.

2 천 재단

재단이 될 만큼 접어준 후 아래 위 폭의 간격을 맞추고 종이 재단을 놓아 상동선을 기준으로 직각을 구한 후 천 재단을 한다.

3 시침질

접은 원단의 아래 위에 동일한 표시를 하기위해 시침 뜨기를 한다.

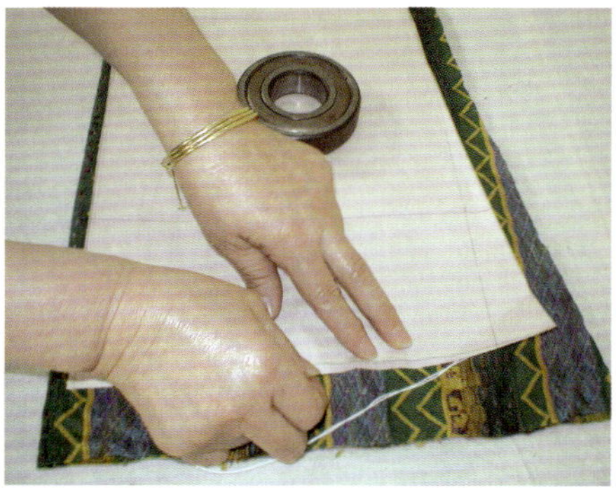

4 시침 가르기

윗면을 살짝 들어 시침 가르기를 한다.

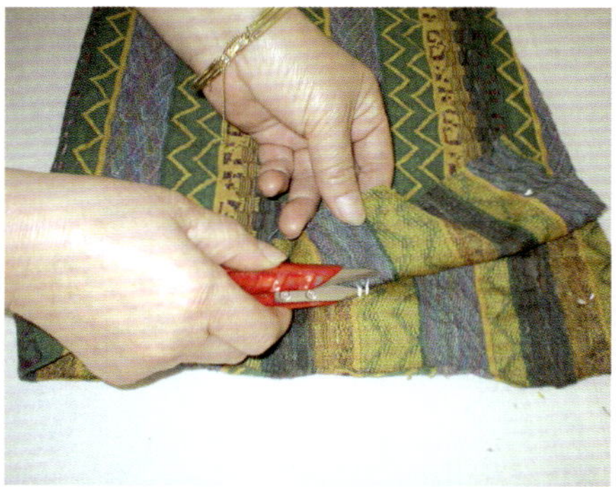

*앞면 시접주기
①, ②, ④는 1cm($\frac{3}{8}$inch)
③은 2cm($\frac{3}{4}$inch)
⑤는 3.2cm(1$\frac{1}{4}$inch)
⑥은 5cm(2inch) 둔다.

*뒷면 시접주기
①중심 접는선(골) 위쪽 1.2cm($\frac{1}{2}$inch), 밑 2.5cm(1inch)
②, ④는 1cm($\frac{3}{8}$inch),
③은 2cm($\frac{3}{4}$inch),
⑤는 3.2cm(1$\frac{1}{4}$inch),
⑥은 5cm(2inch) 둔다.

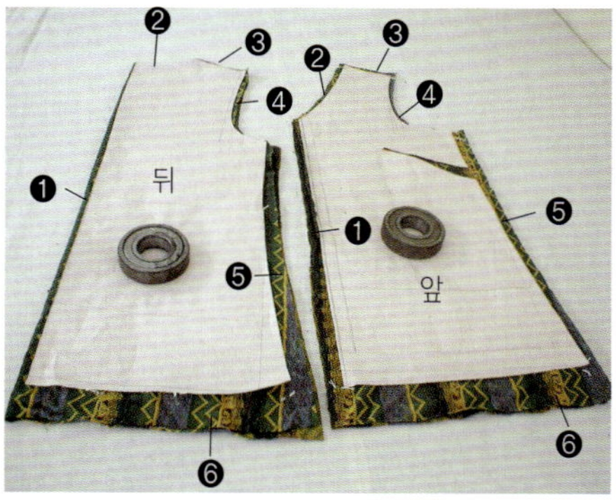

5 앞 뒤 시접주기

앞, 뒷면 재단한 모양이다.

6 안단, 안감준비

안단과 안감을 준비한다.

03 롱조끼

7 접착싱 붙이기

겉감의 앞 안쪽에 안단의 너비보다 약간 넓게 접착싱을 붙인다. 겉감 뒷면 안쪽의 목둘레 부분에도 다림질하여 접착싱을 붙여준다.

8 접착싱 붙인 모양

겉감의 안쪽에 접착싱을 붙인 모양

9 뒤 중심선 다림질

뒤 중심선을 접어 다림질한다.

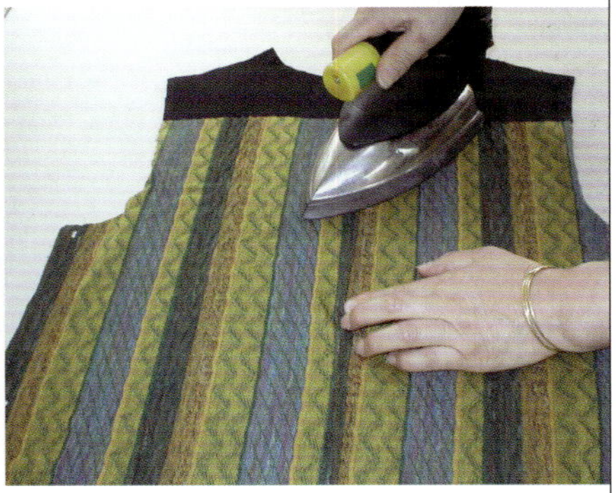

10 뒤 중심선 박음질

뒤 중심 표시선따라 박음질한다.

11 앞 다아트 박음질

앞 다아트를 박음질한다.

12 뒤 중심선 시접 다림질

목둘레선을 작업자의 오른쪽에 둔 상태로 뒤 중심선의 시접을 앞으로 눕혀 다림질한다.

03 롱조끼 <<<

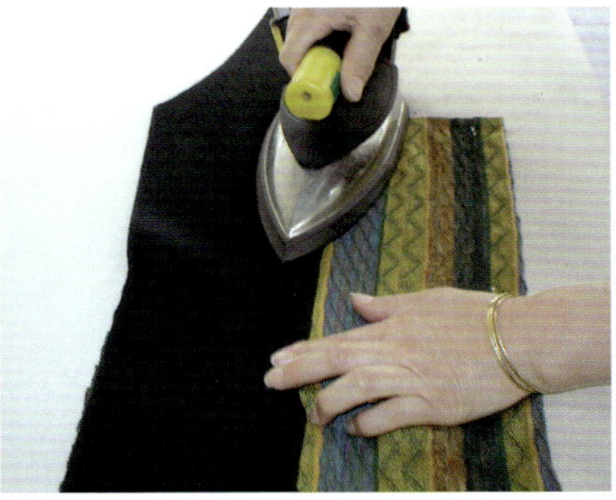

13 앞 다아트 시접 다림질

앞 다아트의 시접을 앞쪽으로 눕혀 다림질한다.

14 뒤 중심선 눌림 박음질

뒤 중심선을 눌림 박음질한다.

15 어깨선 박음질

앞, 뒤 어깨선을 연결 박음질한다.

16 옆선 박음질

옆선을 박음질한다.

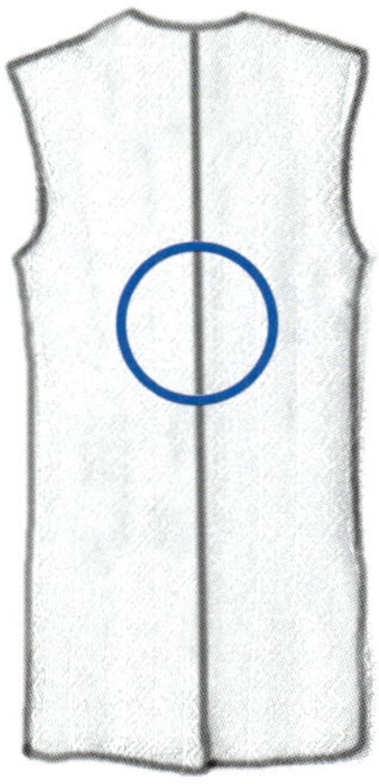

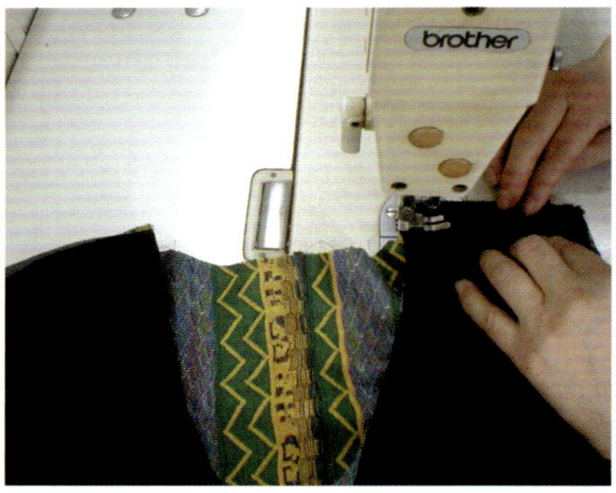

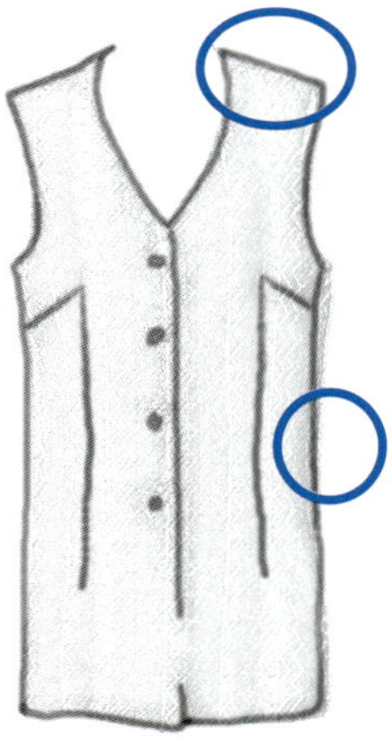

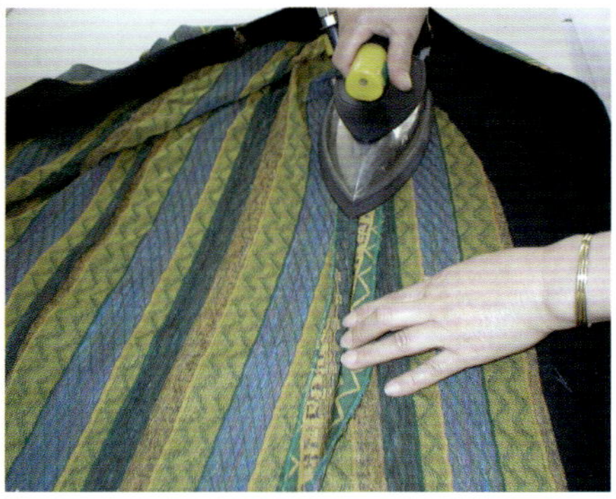

17 옆선 오버룩 처리

시접을 각각 오버룩 처리한다.

18 어깨선, 옆선 다림질

어깨선, 옆선의 시접을 양쪽으로 눕혀 다림질한다.

03 롱조끼 <<<

19 기장 다림질

기장 표시선따라 다림질한다.

20 진동둘레 접착싱 붙이기

소매 진동둘레가 늘어나지 않게 바이어스 방향으로 폭 2.5cm(1inch)의 접착싱을 잘라 접착이 되는 면을 밑쪽으로 하여 당겨가며 돌려 박음질한다.

21 진동둘레 접착싱 다림질

돌려 박음질한 접착싱을 다림질하여 붙여준다.

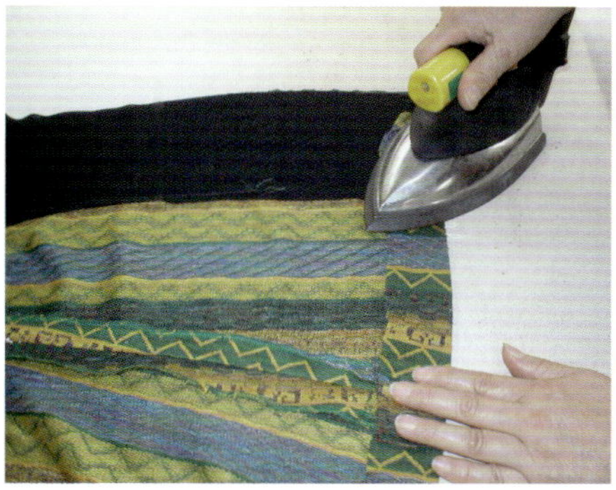

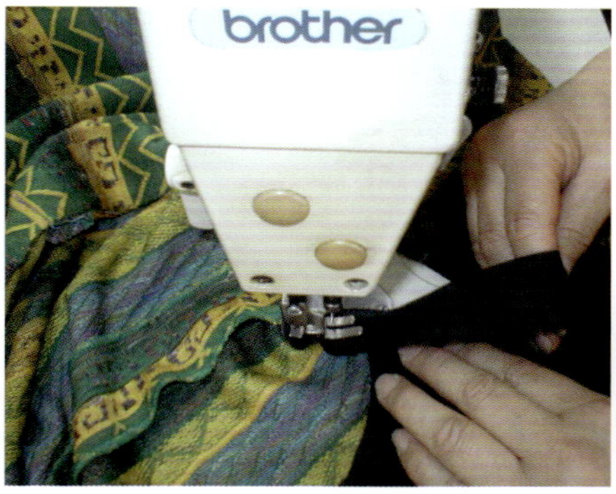

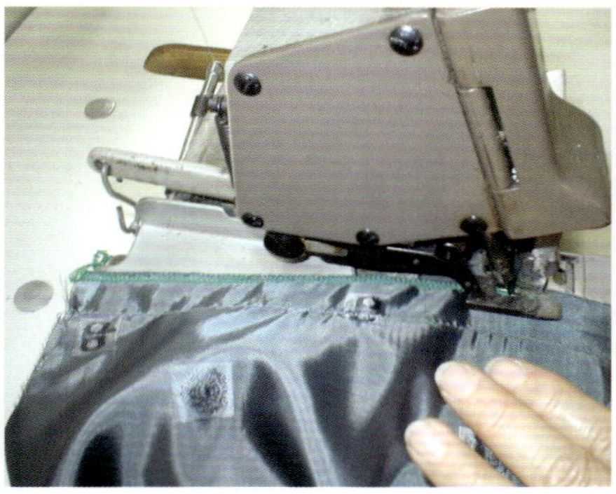

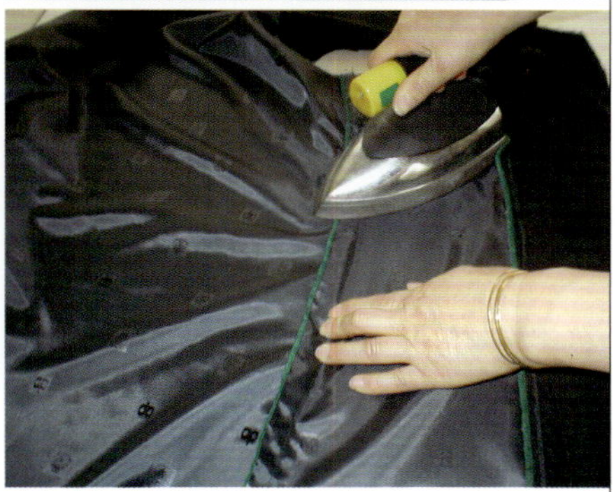

22 안감 만들기

안단과 안감을 붙여 박음질하고 옆선, 어깨선을 모두 박음질한다.

23 안감 오버룩 처리

안감을 오버룩 처리한다.

24 안감 다림질

안감을 다림질한다.

03 롱조끼

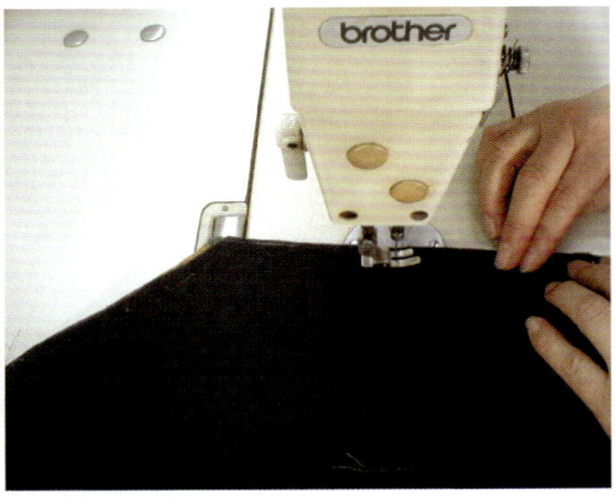

25 안의 모양

안이 만들어진 모양이다.

26 앞섶 붙이기

안섶을 아래에 놓고 접착심을 붙인 옷의 겉면을 위에 올려 위의 겉면을 살짝 당겨 아래의 안섶에 약간의 여유가 생길정도로 박음질한다.

27 앞섶 시접 다림질

박음질된 앞섶 시접을 양쪽으로 눕혀 다림질한다.

28 앞섶 다림질

안쪽으로 박음선이 약간 넘어오게 다림질한다.

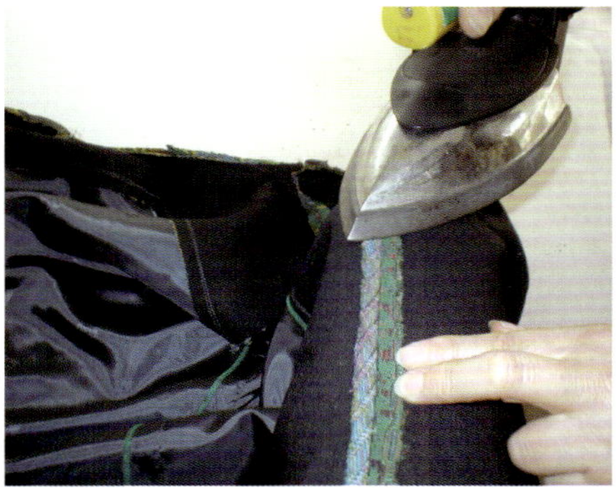

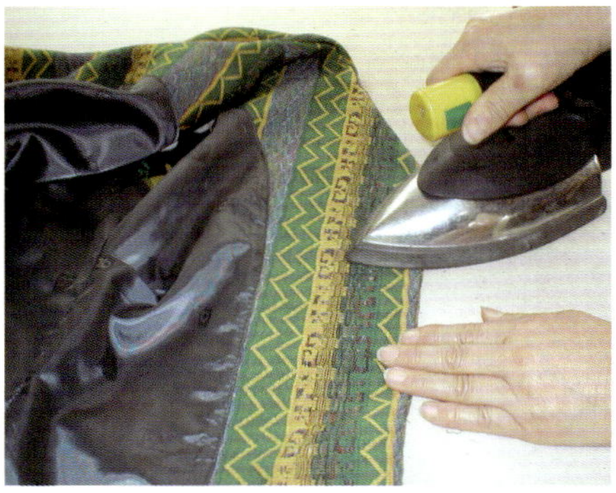

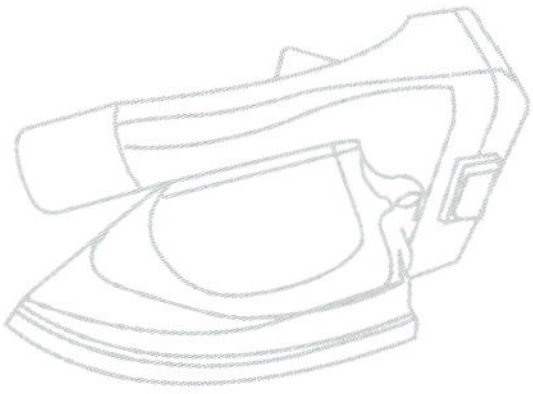

29 안, 겉 진동 둘레 고정

옷을 편안하게 놓아서 진동둘레의 안감과 겉감을 같이하여 시침핀을 꽂아 고정시킨다.

30 진동 둘레 고르기

진동 둘레의 겉감과 안감의 시접을 고르고 핀을 뽑아 준다.

03 롱조끼 <<<

31 어깨선 맞추기 ①

옷을 뒤집어 안감의 겉과 겉감의 겉을 꼬이게 돌려 마주보게 하여 안감의 어깨선과 겉감의 어깨선을 맞추어 준다.

32 어깨선 맞추기 ②

안감의 어깨선과 겉감의 어깨선을 마주잡아 어깨점을 기준으로 미싱 위에 올려 준다.

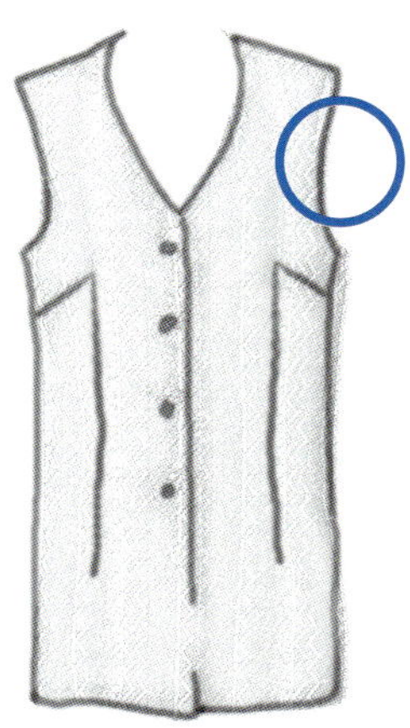

33 소매 둘레 연결박음질

겉을 위에 두고 안을 0.3cm ($\frac{1}{8}$inch) 보이게 아래에 둔 후 어깨점부터 박음질하여 안과 겉의 소매둘레를 연결한다.

34 소매연결 박음선 다림질

옷의 안쪽으로 소매둘레 박음선이 약간 넘어오게 다림질한다.

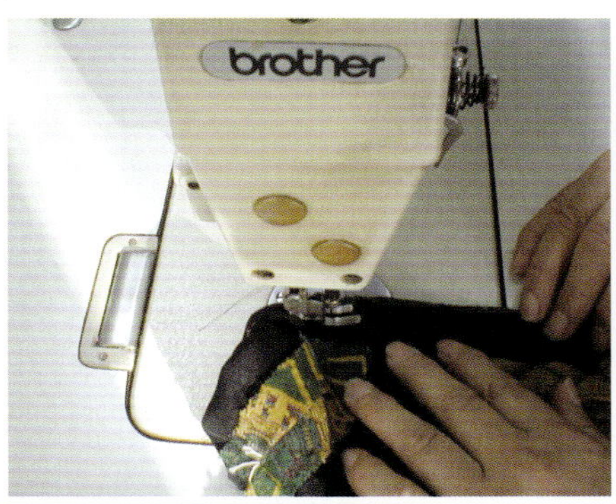

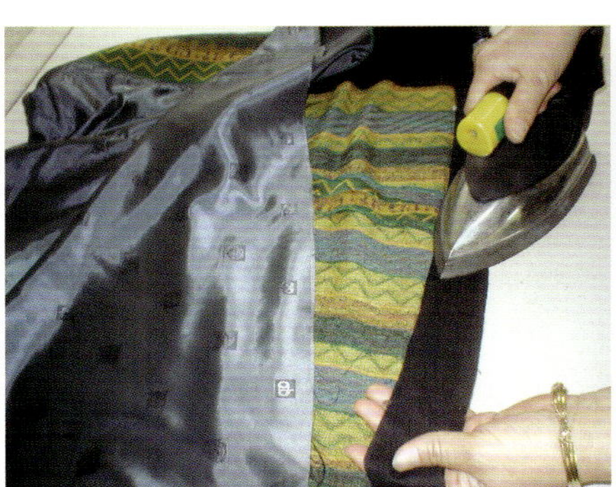

35 기장 시접 접착심 붙이기

기장 시접에 접착심을 붙여준다.

36 기장 다림질

접착심이 붙은 기장선을 한번 더 다림질한다.

03 롱조끼 <<<

37 앞섶 박음질

기장 다림선 따라 앞섶 안단까지 가로 박음질한다.

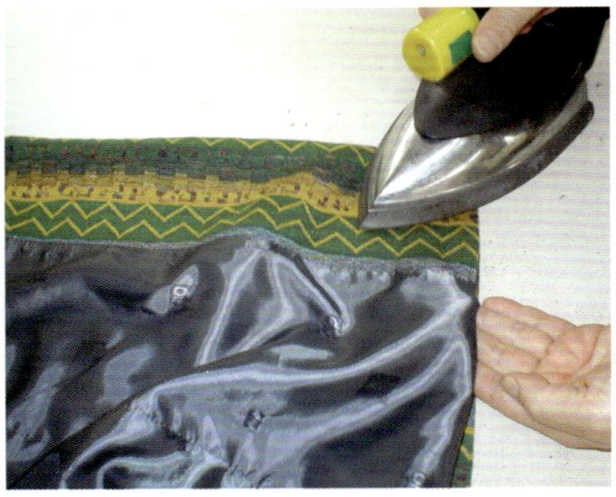

38 앞섶 다림질

박음질이 잘 되었는지 확인하면서 다림질한다.

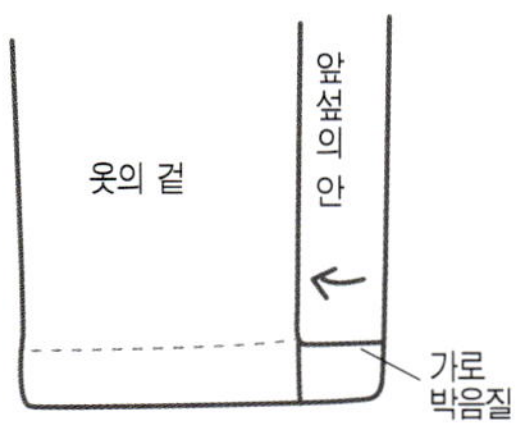

39 앞섶 고정시키기

앞섶을 고정시키기 위해 양쪽 안단선 따라 시침핀을 꽂아준다.

40 앞섶 고정 바느질

핀을 꽂은 상태에서 안을 살짝 들어 안단선 위로 겉감과 안단의 안을 맞물리게 시침 바느질을 한다.

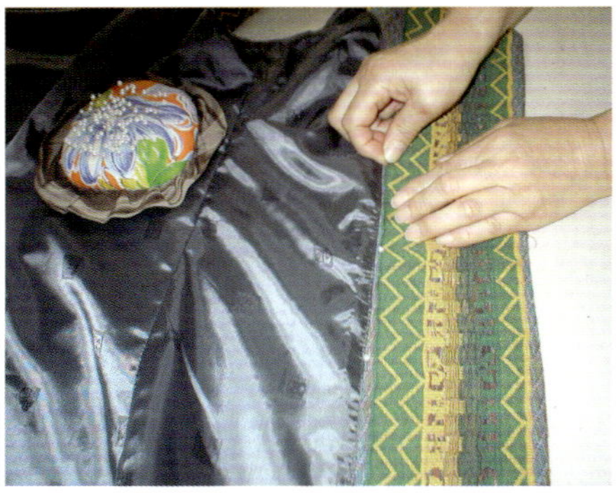

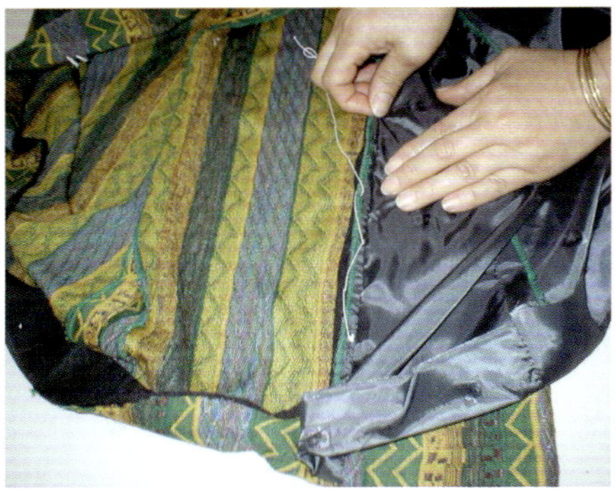

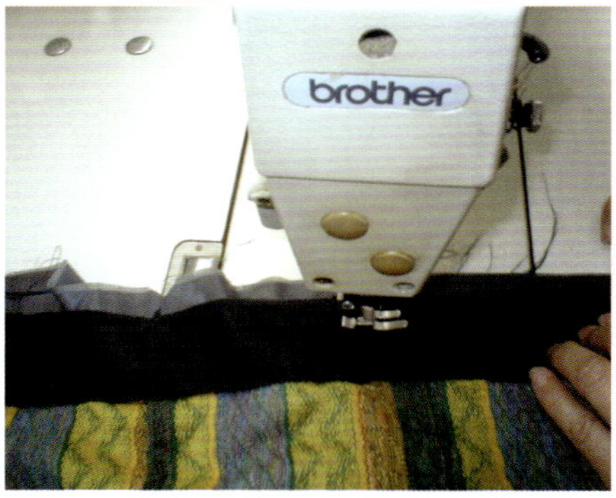

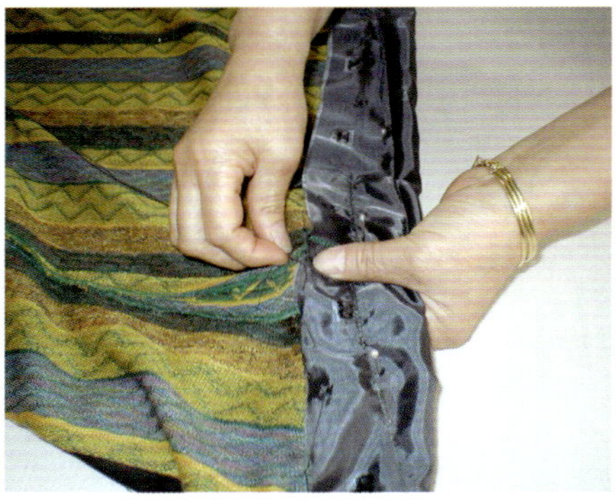

41 겉, 안 기장 붙이기

37의 앞섶 가로 박음선과 연결하여 기장의 안과 겉을 붙여 박음질한다. 뒤집기 위한 숨구멍은 기장 뒷부분에 띄워 둔다.

42 기장 고정 바느질

옷의 안에서 손바느질하여 고정시킨다.

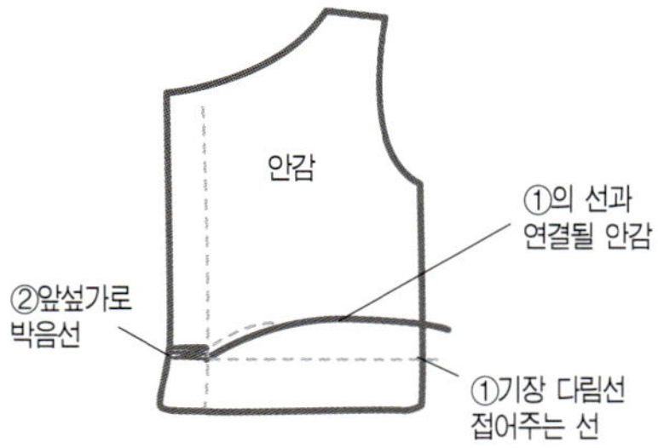

03 롱조끼

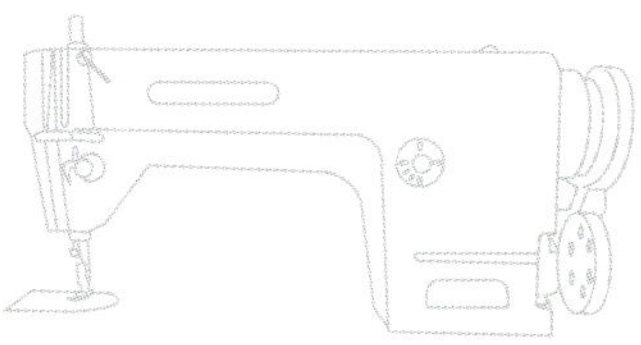

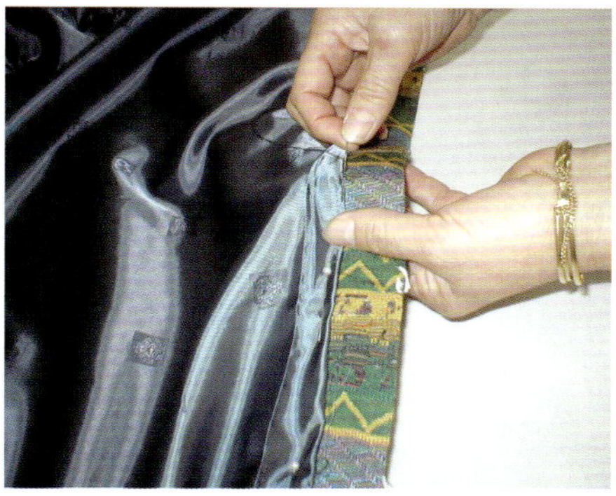

43 숨구멍 막기

기장 뒷부분에 뒤집기위해 터 둔 숨구멍을 손뜨기하여 마무리한다.

44 앞섶 눌림 박음질

옷의 겉에서 앞섶 끝으로 눌림 박음질한다.

45 단추 구멍 표시

옷의 오른쪽 안면의 시접 다림선에서 가로 2cm($\frac{3}{4}$inch) 띄우고 세로 9cm($3\frac{1}{2}$inch) 간격으로 단추 구멍 4개를 표시한 후 단추 구멍을 만든다.
(여자상의 단추구멍 만들기)

46 단추 달 위치 표시

앞섶을 나란히 하여 단추 구멍을 기준으로 단추 달 자리를 표시한다.

47 단추달기

옷의 안에 속단추를 받쳐 실을 헐렁하게 하여 단추를 달고 단추 아래로 실을 몇 번 감아 마무리한다.

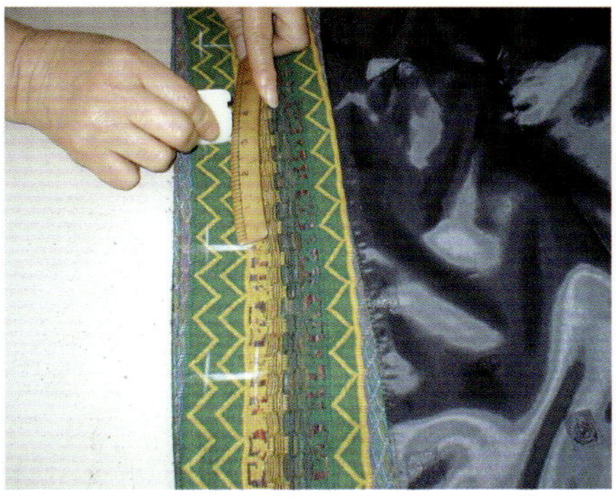

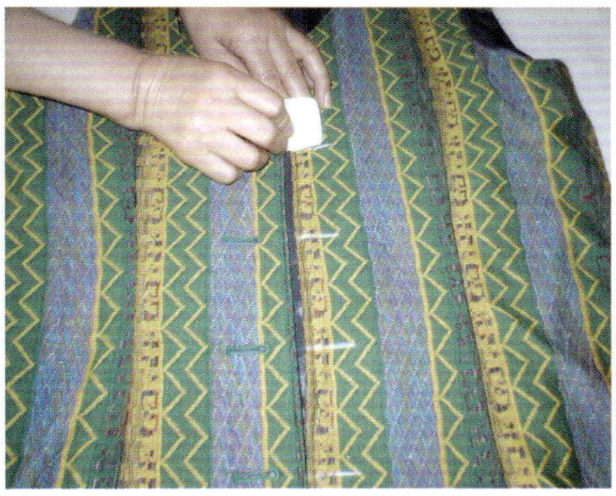

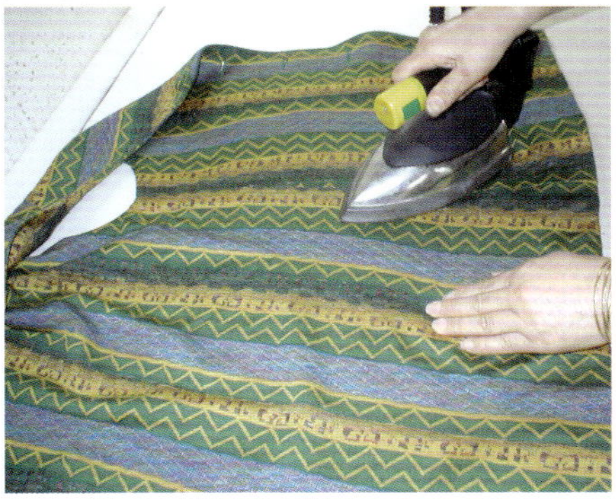

48 마무리 다림질

전체 다림질한다.

49 완성

완성

Making Jackets

자켓만들기

차이나 칼라 자켓

Making Skirts
Making Pants
Making Blouses
Making Dresses
Making Jackets
Making Coats

01 차이나칼라 자켓

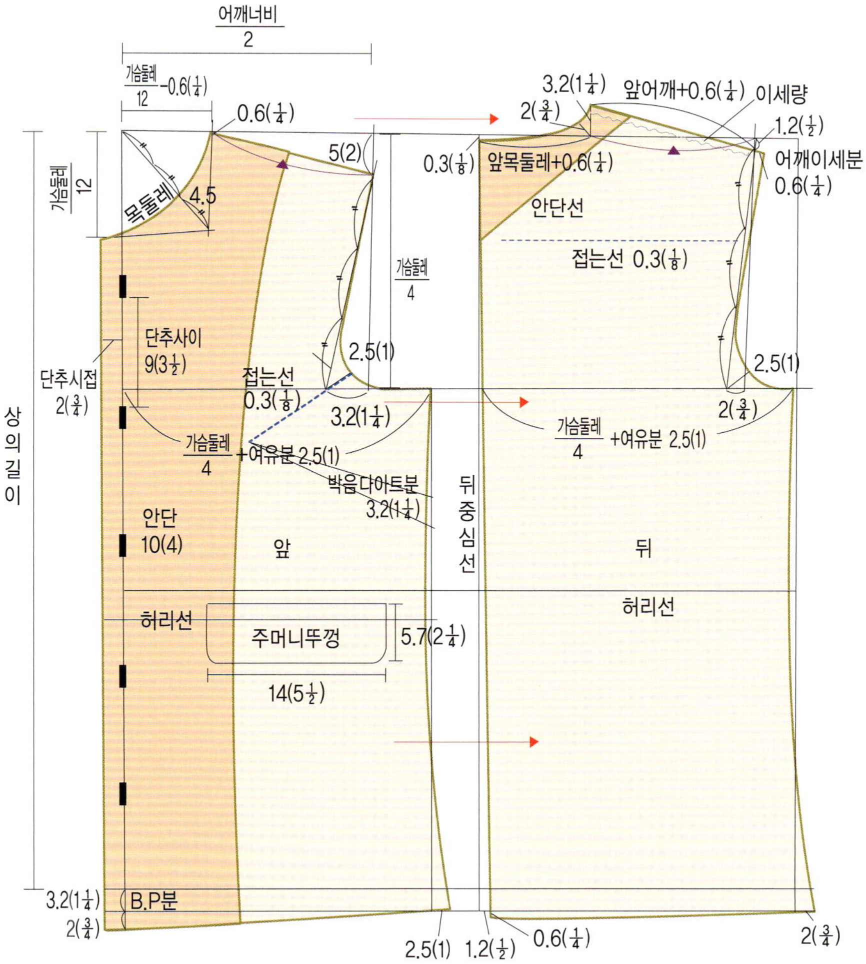

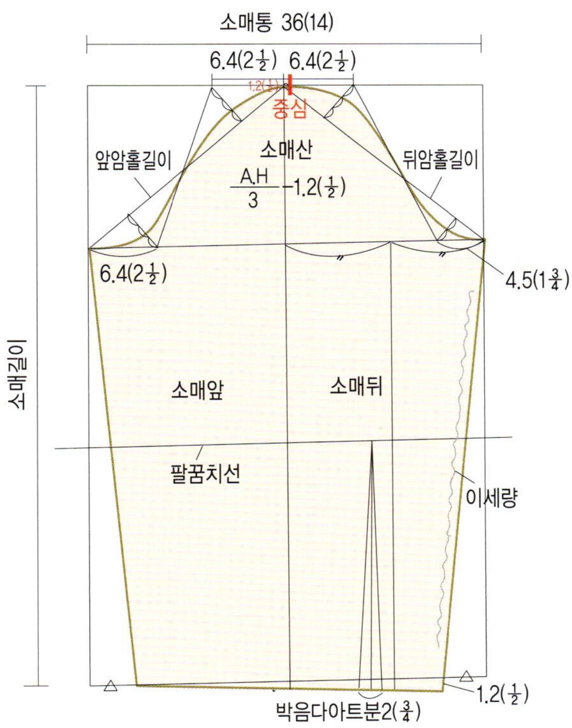

※ 황색선은 절개선임 ※ 단위 cm, 괄호안 inch임

종이 재단하기

■ 신체치수

- 어깨넓이 – 38cm(15인치)
- 팔꿈치길이 – 34.3cm(13½인치)
- 소매길이 – 57.2cm(22½인치)
- 등품 – 35.5cm(14인치)
- 허리선길이 – 40.6cm(16인치)
- 상의총길이 – 61cm(24인치)
- 앞품 – 33cm(13인치)
- 윗가슴둘레 – 86.4cm(34인치)
- 가슴둘레 – 91.5cm(36인치)

■ 필요옷감

- 44인치(112cm) 폭 – 2마 5치(225cm)
- 60인치(152cm) 폭 – 1마 8치(162cm)

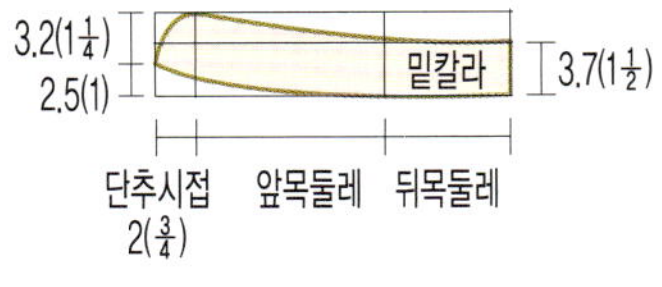

01 차이나칼라 자켓

1 자리배치

절반으로 접은 원단에 앞, 뒷면, 소매의 재단 종이를 올려 재단 자리를 정해 본다.
➔대략의 천의 쓰임을 보기 위함.

2 천 재단

재단이 될 만큼 접어 준 후 아래 위 폭의 간격을 맞추고 종이 재단을 놓아 상동선을 기준으로 직각을 구한 후 천 재단을 한다.

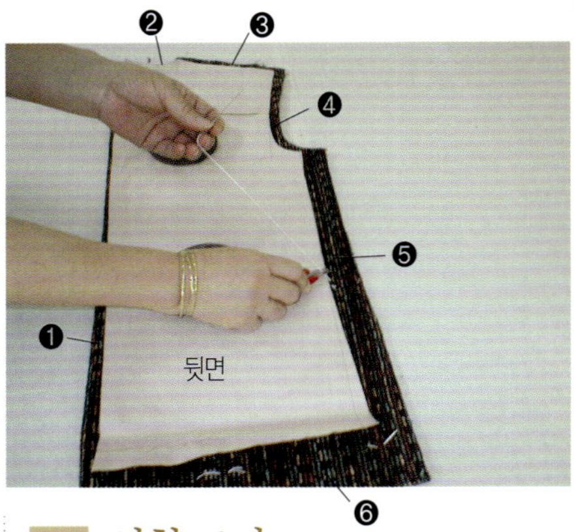

3 시침 뜨기

접어서 천 재단을 한 후 천의 아래, 위로 시침 뜨기를 하여 동일한 표시를 한다.

*뒷면 시접주기
①은 2.5cm(1inch)
②, ④는 1cm($\frac{3}{8}$inch)
③은 2cm($\frac{3}{4}$inch), ⑤는 3.2(1$\frac{1}{4}$inch)
⑥은 5cm(2inch) 준다.

4 시침 가르기

접은 천의 윗면을 살짝 들어 시침 가르기를 한다.

5 앞면 시접주기

①, ②, ④는 1cm($\frac{3}{8}$inch)
③은 2cm($\frac{3}{4}$inch)
⑤는 3.2cm(1$\frac{1}{4}$inch)
⑥은 5cm(2inch) 준다.

You Tip

절개를 두지 않는 뒤 중심선의 시접은 위쪽을 1.2cm($\frac{1}{2}$inch), 아래쪽은 2.5cm(1inch)를 주어 재단한다.

01 차이나칼라 자켓

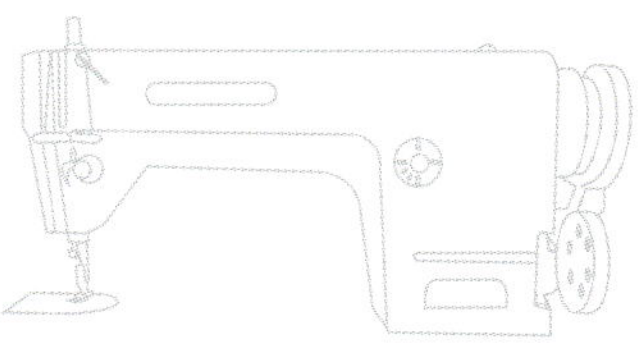

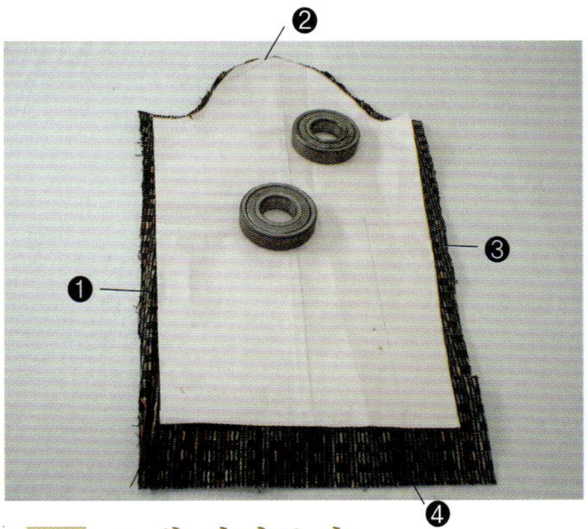

6 소매 시접주기

①, ③은 3.2cm($1\frac{1}{4}$inch)
②는 1cm($\frac{3}{8}$inch)
④는 5cm(2inch)

7 안단 종이 재단

종이 재단에 표시된 안단선을 따라 자른다. 안단선은 옷의 형태에 따라 너비의 차이가 있을 수 있고 위, 아래의 모양도 다르다. 따라서 옷의 디자인을 고려하여 안단선의 너비를 정하는데 이 옷은 허리선에서 10cm(4inch)폭을 주어 이를 기준으로 안단선을 그었다.

8 앞쪽 안단 재단

겉감으로 앞쪽 안단을 재단한 모양이다.

9 뒷목 안단, 겉 칼라 재단

① – 뒷목안단, ② – 칼라 2장

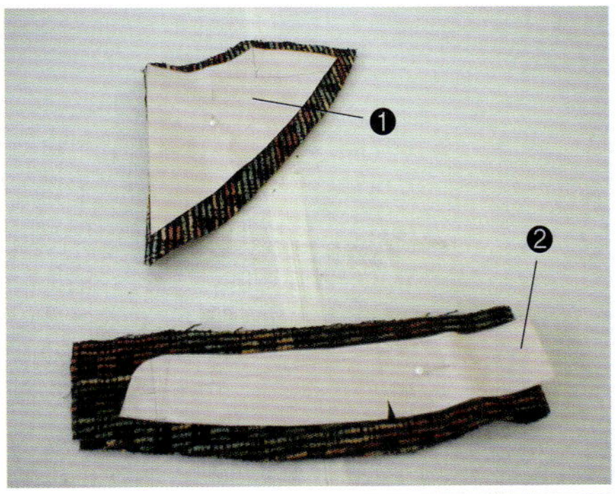

10 안감 재단

겉감 재단과 동일하게 안감 재단을 한다.

11 안단 접착심 붙이기

접착심을 아래에 놓고 안단을 위에 놓아 안단의 겉이 보이게 다림질하여 붙인다.

01 차이나칼라 자켓

12 뒤 중심선 박음질

뒷면의 윗부분에 접착심을 붙이고 뒤 중심선을 표시선따라 박음질한다. 무늬가 있는 옷감은 무늬 맞추기를 생각해 두어야 한다.

13 겉감 접착심 붙이기

겉감의 안쪽에는 안감 앞섶의 너비보다 1.2cm($\frac{1}{2}$inch) 더 넓게 접착심을 붙인다.

14 뒤 중심선 다림질

목둘레선이 있는 방향을 작업자의 오른쪽에 둔 상태로 뒤 중심선의 시접을 앞으로 눕혀 다림질한다.

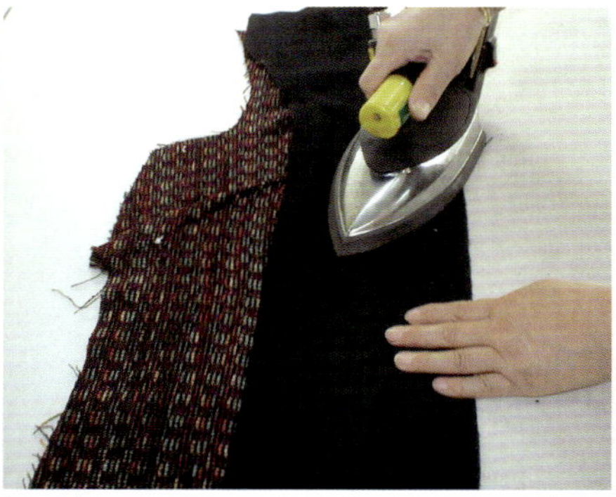

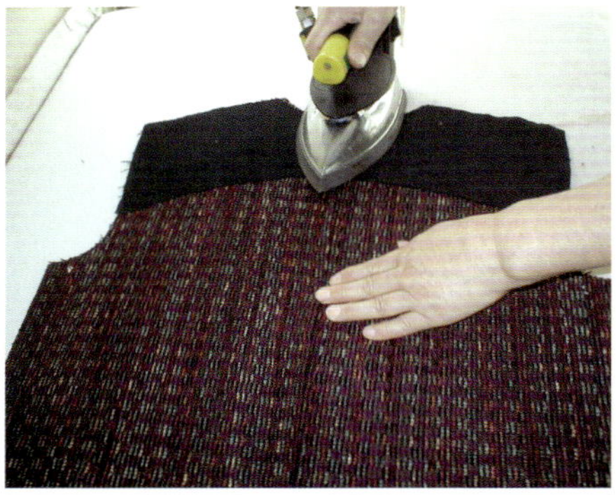

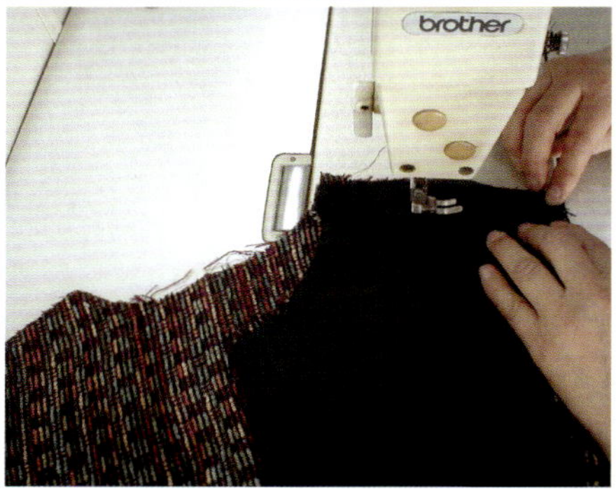

15 뒤중심선 눌림박음질

겉면의 뒤중심 박음선 위로 고운 땀수로 눌림 박음질한다.

16 옆선 무늬 맞춰 박음질

체크 무늬를 맞추는 요령 : 위쪽에 올릴 면을 표시된 시침따라 접어 다림질 한 후 아래, 윗면의 무늬를 맞추며 박음질 한다.

17 어깨선 박음질

어깨선, 옆선을 모두 연결 박음질한다.

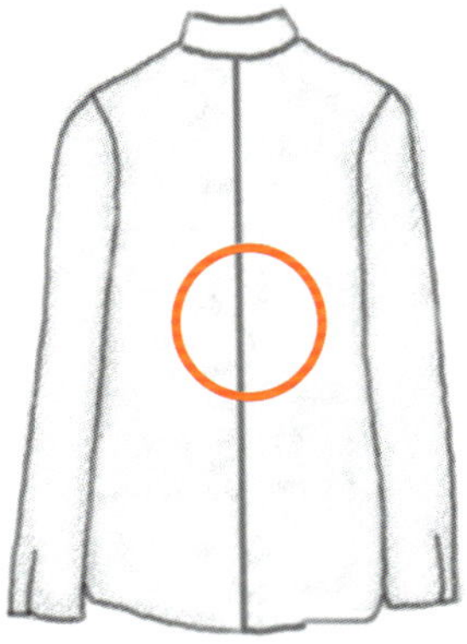

01 차이나칼라 자켓

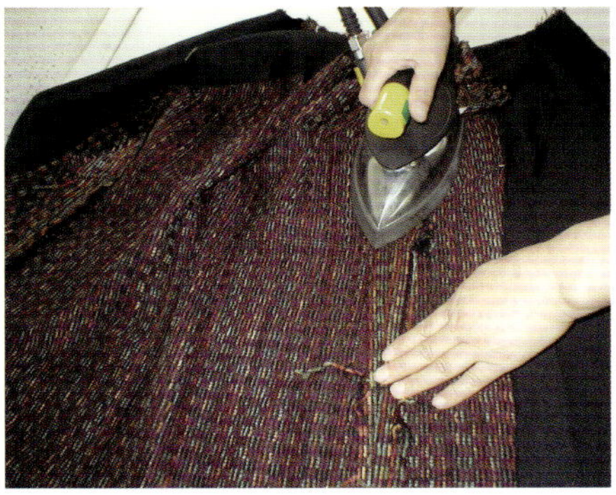

18 어깨선, 옆선 다림질

어깨선, 옆선의 시접을 양쪽으로 눕혀 다림질한다.

19 소매 다아트 처리

소매 뒷면 다아트인 오른쪽 그림에 표시된 Ⓐ를 먼저 접어 다림질하여 박음질하면 다아트의 박음선이 고르다.

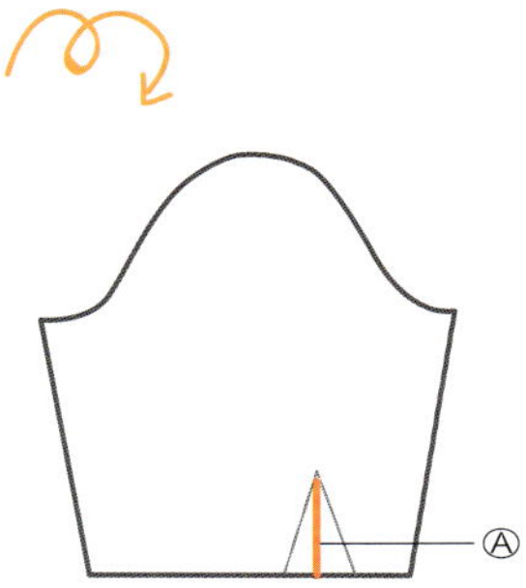

20 소매 기장 접착심 붙이기

소매 다아트는 넓은 소매쪽으로 눕혀 다림질하고 소매 부리에 안단이 밀려 나오지 않게 접착심을 붙인다.

21 소매 기장 다림질

소매 기장 표시선 따라 다림질 한다.

22 소매 옆선 박음질

소매 밑선 무늬를 맞추며 박음질 한다.

23 소매 시접 다림질

소매 시접을 양쪽으로 눕혀 다림질한다.

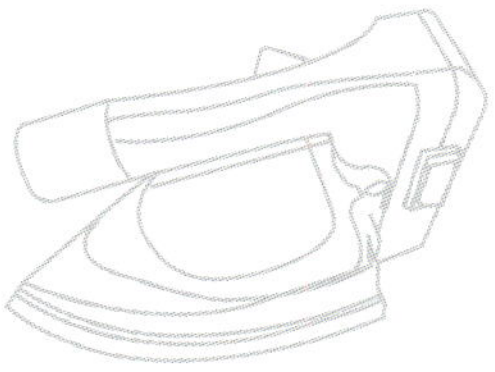

01 차이나칼라 자켓

24 시접 오버룩 처리

시접을 모두 오버룩 처리한다.

25 앞 주머니 뚜껑 접착싱

앞 주머니 뚜껑 모양으로 접착싱을 2개 준비한다.
시접은 위쪽으로 0.6cm($\frac{1}{4}$inch), 둘레시접은 0.3cm($\frac{1}{8}$inch) 둔다.

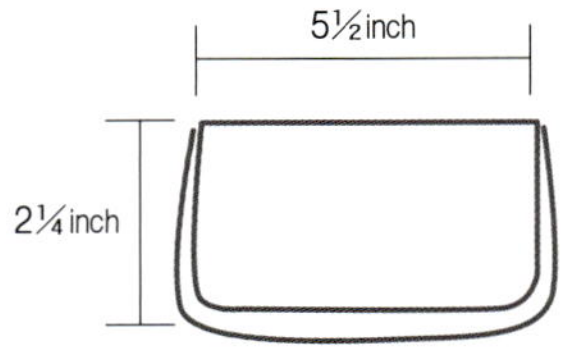

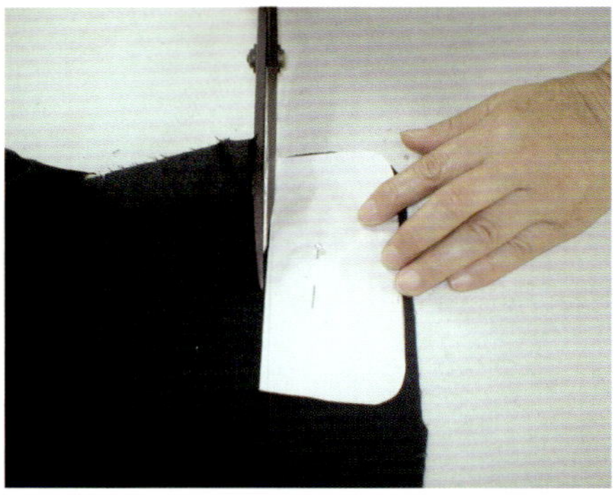

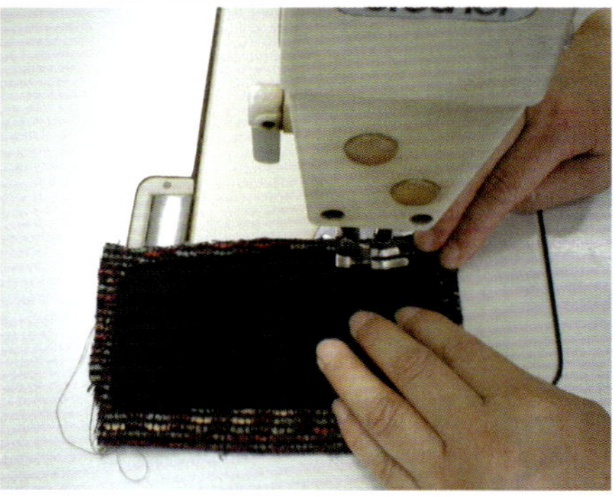

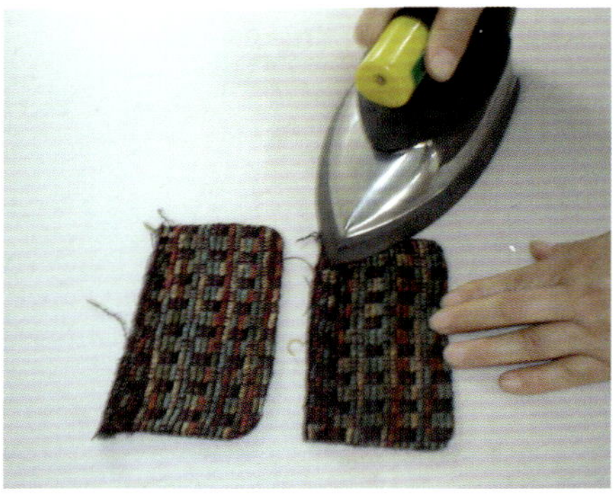

26 접착싱 붙이기

접착싱은 겉 천의 무늬를 고려하여 붙인 후 접착싱이 붙은 모양대로 자른다.(앞 주머니 뚜껑)

27 앞주머니 뚜껑 만들기

접착싱을 붙이지 않은 천을 아래에 깔고 접착싱을 붙인 면은 위에 놓아 아랫면을 약간 당기며 윗면에 여유를 주어 박음질하고 주머니 윗쪽은 박음질을 하지 않는다.

28 주머니 뚜껑 다림질

박음질이 안 된 면으로 뒤집는다. 접착싱이 붙은 면이 주머니의 겉면이 되며 겉면의 박음선이 약간 안으로 넘어오게 다림질한다.

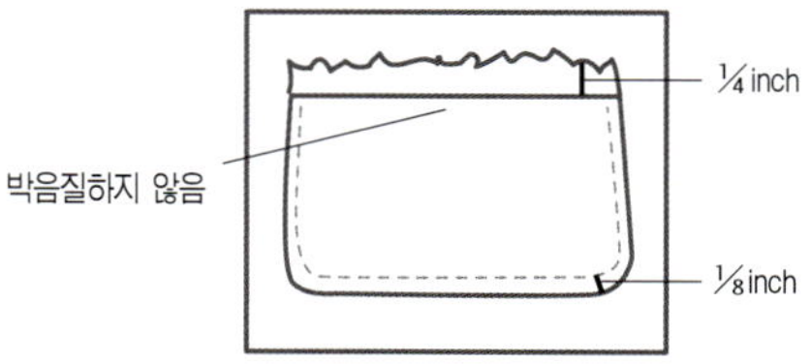

01 차이나 칼라 자켓

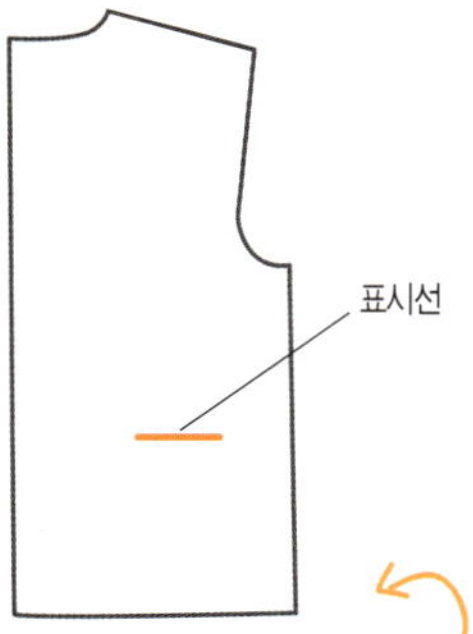

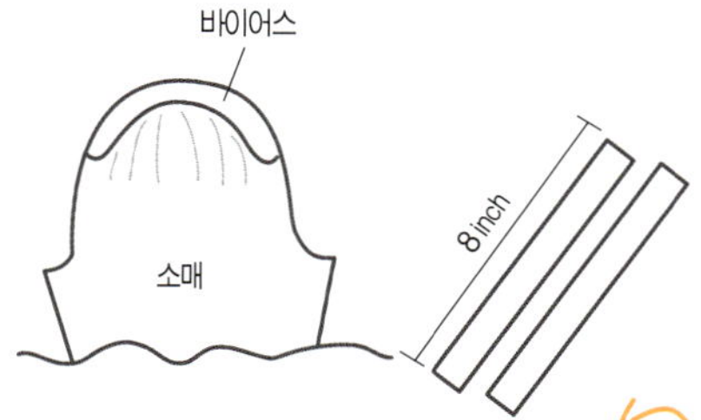

29 주머니 뚜껑 달기

준비된 주머니 뚜껑 겉면이 옷의 겉과 마주보게 하여 주머니 표시선 위로 놓아 0.6cm($\frac{1}{4}$inch) 시접선 따라 박음질한다. 이를 다시 아래로 눕혀 겉에서 눌림 박음질한다.

30 소매산 바이어스 테이프 돌리기

겉감과 동일한 천으로 그림과 같이 세로 2.5cm(1inch), 가로 20cm(8inch)의 바이어스 천을 2개 준비한다. 준비된 바이어스 천의 $\frac{1}{2}$점을 소매산 꼭지점에 맞추어 소매의 안쪽에서 바이어스 천을 당기며 박음질하여 소매산을 오목하게 만들어 준다.

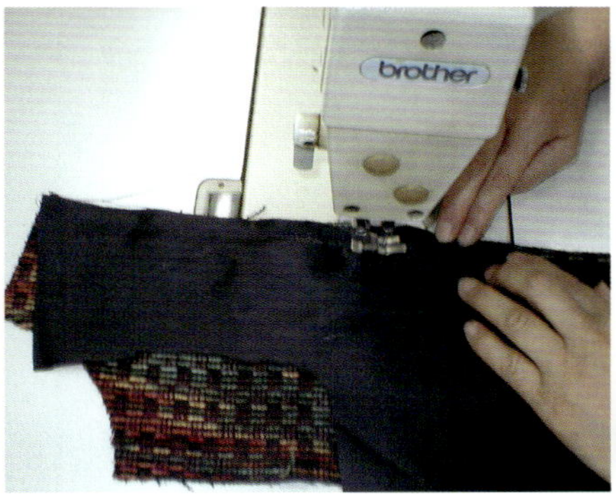

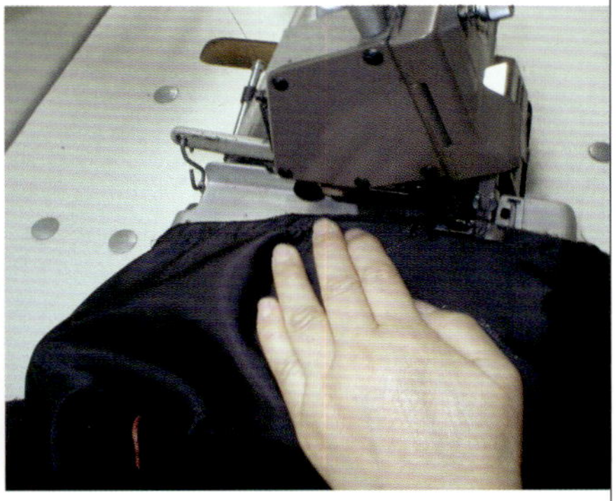

31 소매 달기

소매산 꼭지점과 어깨점을 맞추어 옷의 진동둘레보다 소매둘레에 여유를 주어가며 달아준다.

32 안 만들기

① 안단과 안감을 붙여 박음질한다. ② 안감의 어깨, 옆선을 붙여준다. ③ 안감 소매를 붙인다.

33 안감 오버룩 처리

박음질한 안감을 오버룩 처리한다.

01 차이나칼라 자켓

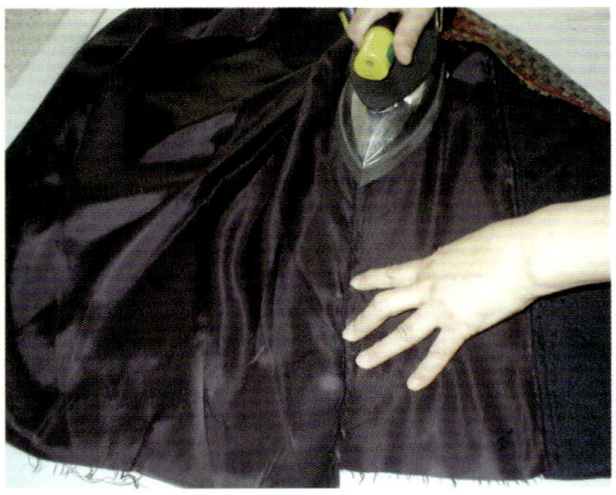

34 안감 다림질

안감을 다림질한다.

35 안섶, 겉섶 붙이기

안섶을 아래에 놓고 접착싱을 붙인 옷의 겉면을 위에 올려 위의 겉면을 살짝 당겨 아래의 안섶에 약간의 여유가 생길 정도로 박음질한다.

36 앞섶 다림질 ①

박음질된 앞선을 옷의 안에서 시접을 양쪽으로 눕혀 다림질한다.

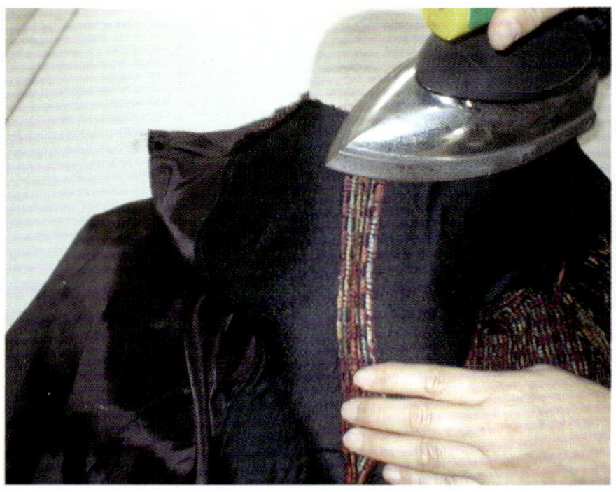

37 앞섶 다림질 ②

앞선 끝을 안으로 박음선이 약간 넘어오게 다림질한다.

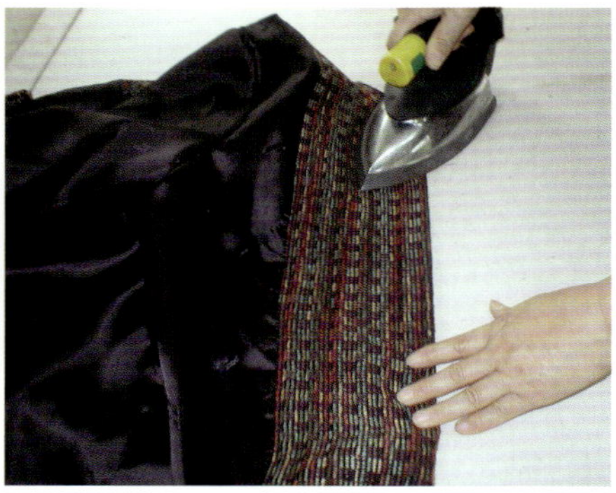

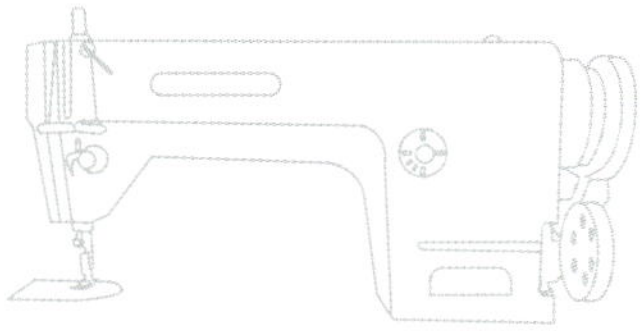

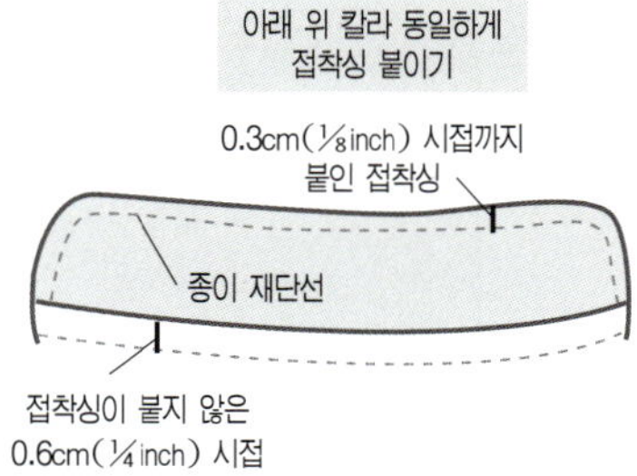

38 칼라 만들기

겉칼라가 될 면을 위에다 놓고 밑칼라를 살짝 당겨 겉칼라에 여유를 주어 목둘레선을 제외한 나머지를 박음질한다.

39 칼라 시접 다림질

우마 위에 올려 박음질한 칼라의 시접을 양쪽으로 눕혀 다림질한다.

01 차이나칼라자켓 <<<

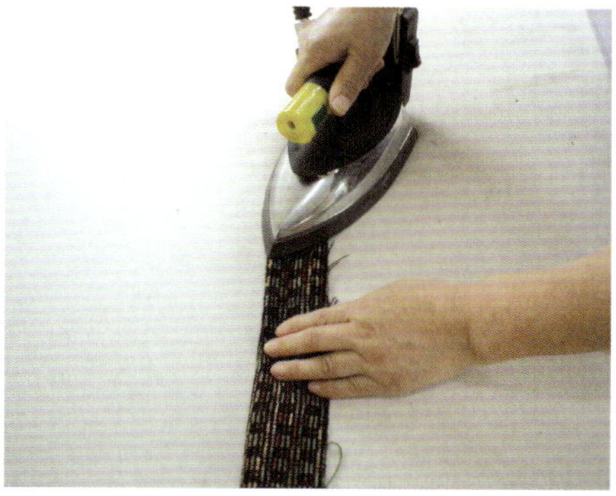

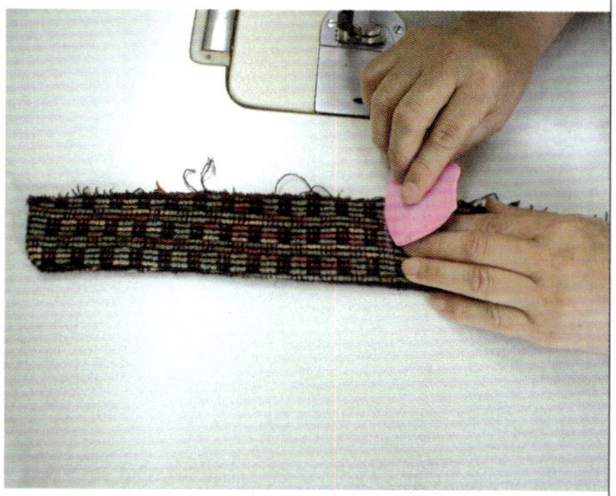

40 칼라 다림질

뒤집어서 안 칼라 쪽으로 박음선이 약간 넘어오게 다림질한다.

41 칼라 중심선 표시

몸판의 뒤 중심선과 칼라의 중앙을 맞추어 박음질해야 되므로 칼라의 $\frac{1}{2}$점을 표시한다.

42 겉 칼라 달기

옷을 뒤집어 칼라의 겉면과 옷의 겉면을 보게 하여 칼라의 안을 살짝 들어 겉면끼리 먼저 박음질한다.

43 안 칼라 달기

목선의 안단 겉면과 안 칼라의 겉면을 마주보게 하여 박음질한다.

44 칼라 다림질

뒤집은 채로 칼라의 시접을 양쪽으로 각각 눕혀 우마위에 올려 다림질한 후 겉으로 다시 뒤집어 한번 더 다림질한다.

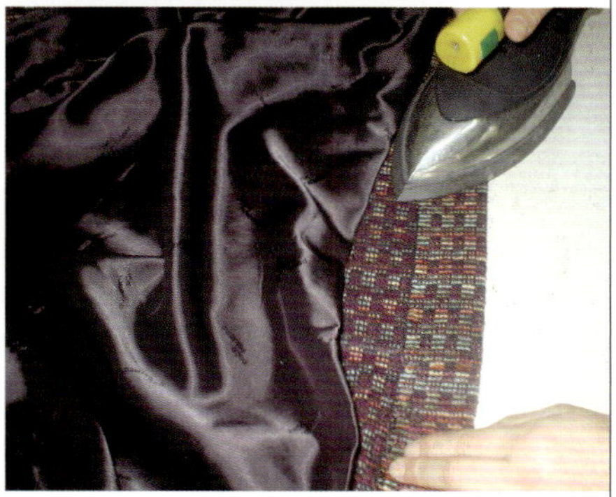

45 기장 접착심 붙이기

접착심을 5cm(2inch) 너비로 기장 시접에 붙여 준다.

46 기장 다림질

기장 표시선 따라 다림질한다.

01 차이나칼라 자켓

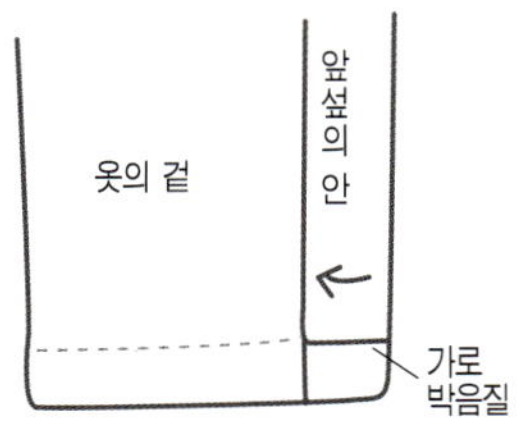

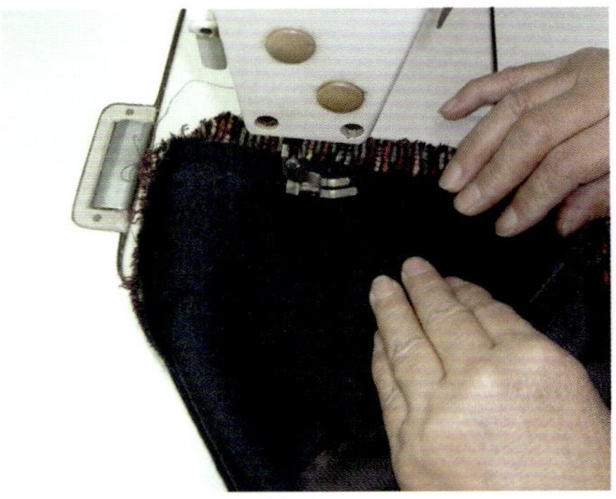

47 앞섶 박음질

앞섶기장 다림선따라 앞섶 안단까지 가로 박음질한다.

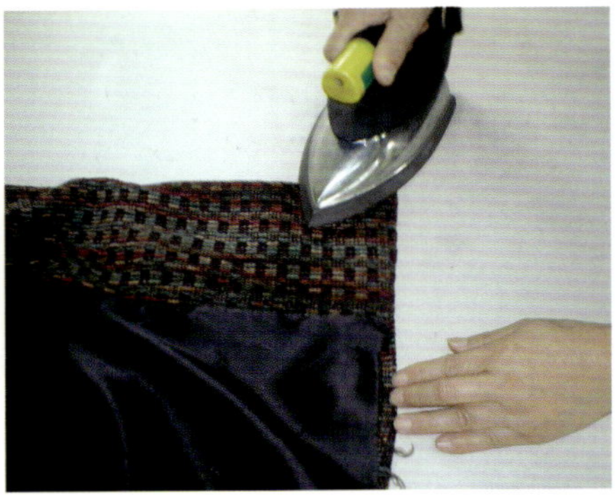

48 앞섶 다림질

박음질이 잘 되었는지 확인하면서 다림질한다.

49 안단 고정시키기

안단을 고정시키기 위해 양쪽 안단선 위에 핀을 꽂는다.

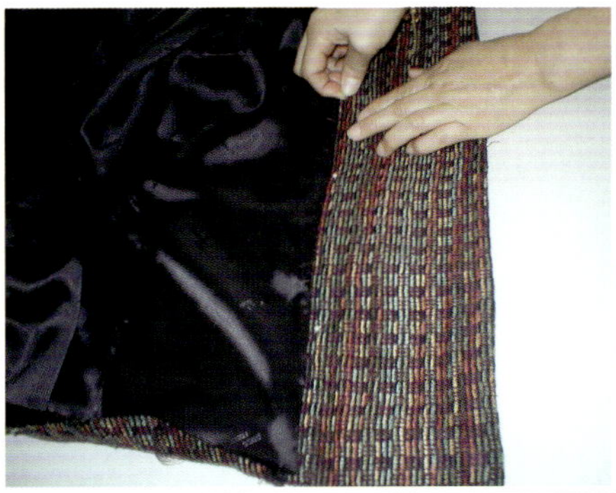

50 안단 고정 바느질

핀을 꽂은 상태에서 안을 살짝 들어 안단선 끝으로 겉감에 살짝 손바느질을 한다.

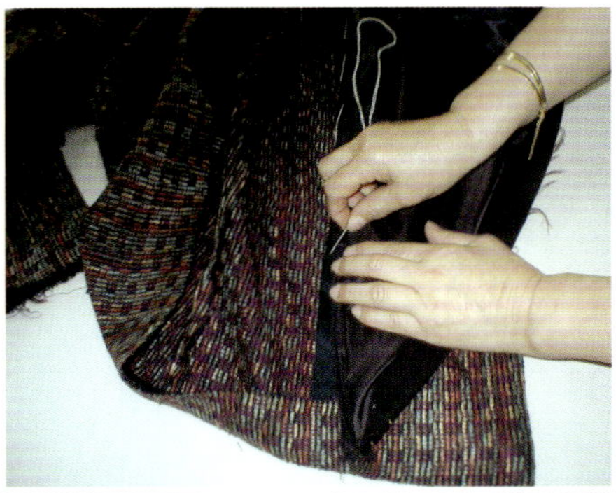

51 소매 기장 안과 겉 연결

뒤집어 소매 기장 끝의 안과 겉을 연결 박음질한다.

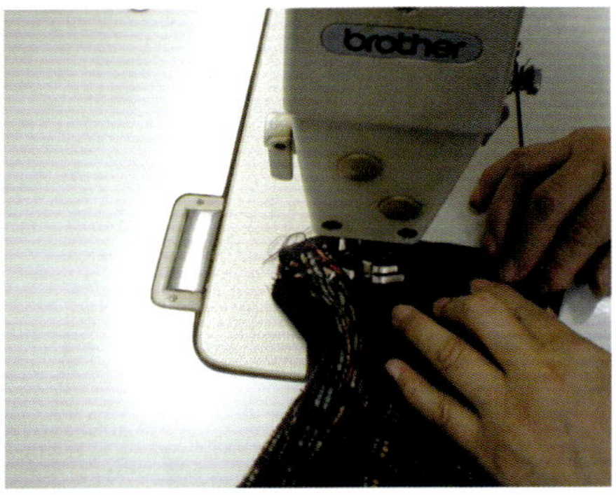

52 소매 기장 고정 바느질

옷의 안에서 소매안과 소매기장 연결 박음선 위로 고정 바느질해 준다.

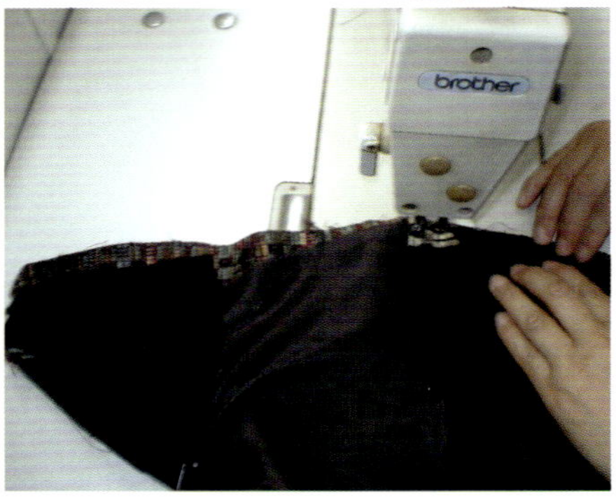

53 기장 안과 겉 연결

옷의 안에서 기장 끝의 안과 겉을 붙여 박음질한다.

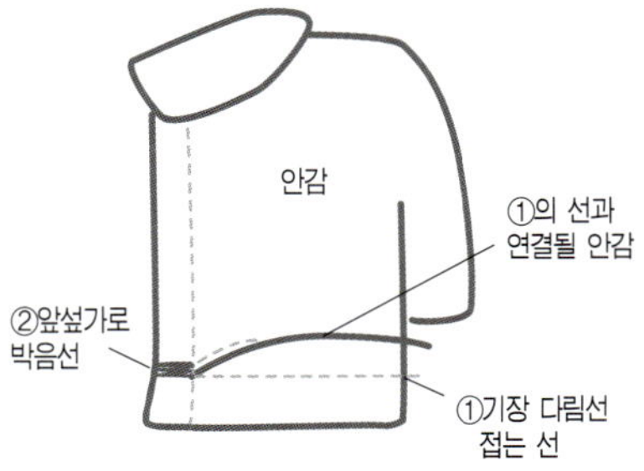

01 차이나칼라 자켓 <<<<

54 기장 고정 바느질

옷의 안쪽에서 기장 연결선 위로 고정 바느질해 준다.

55 소매 트임 숨구멍 막기

상의 기장이 마무리 되면 안소매 트임 부분으로 뒤집어 겉에서 박음질하여 마무리한다.

56 단추 구멍 표시

옷의 오른쪽 안에서 시접 다림선에서 가로 2cm($\frac{3}{4}$inch) 뛰우고 세로 7.6cm(3inch) 간격으로 단추 구멍 5개를 표시한 후 단추 구멍을 만든다.
(여자 상의 단추구멍 만들기)

57 단추 달 위치 표시

앞섶을 나란히 하여 단추 구멍 표시된 곳을 기준으로 단추 달 곳을 표시한다.

58 단추달기

옷의 안쪽에 작은 단추를 받쳐 단추를 헐렁하게 달아 단추 아래로 실을 몇 번 돌려 감아 단추를 단다.

59 마무리 다림질

전체를 마무리 다림질한다.

60 완성

완성

Making Jackets

* 기본 정장 자켓

자켓만들기

기본 정장 자켓

Making Skirts
Making Pants
Making Blouses
Making Dresses
Making Jackets
Making Coats

02 기본 정장 자켓

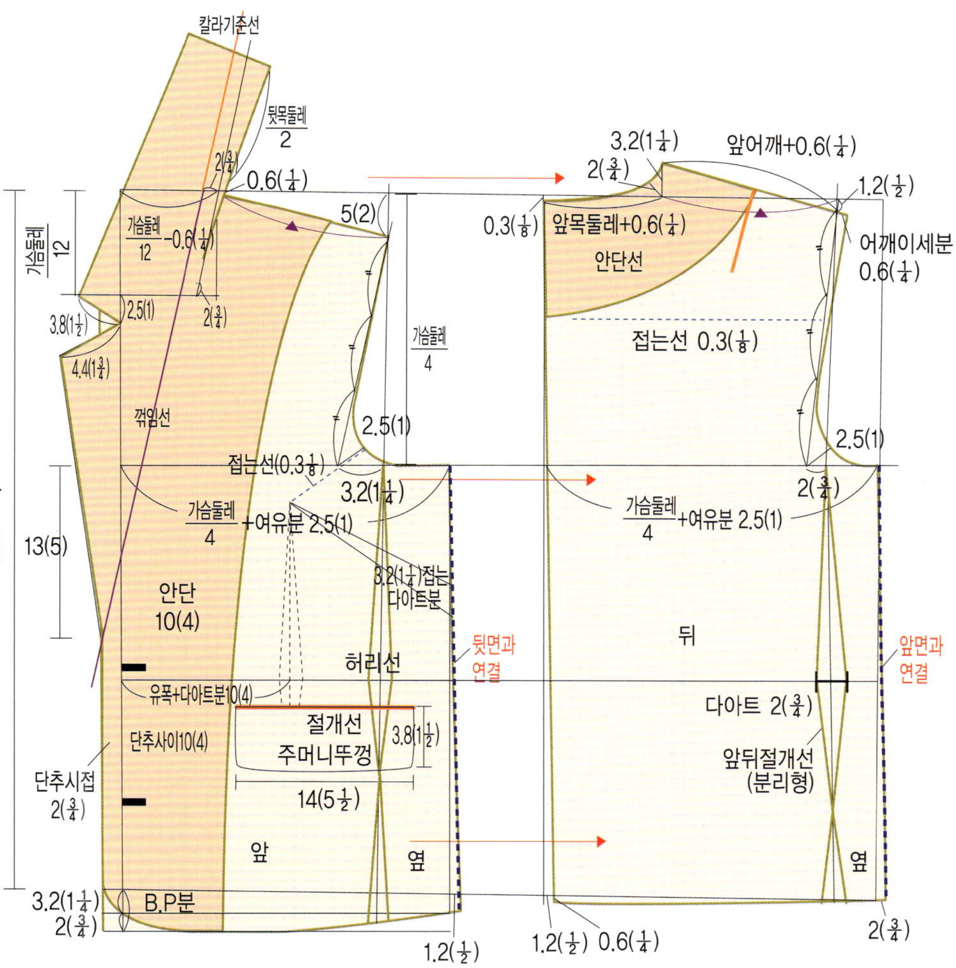

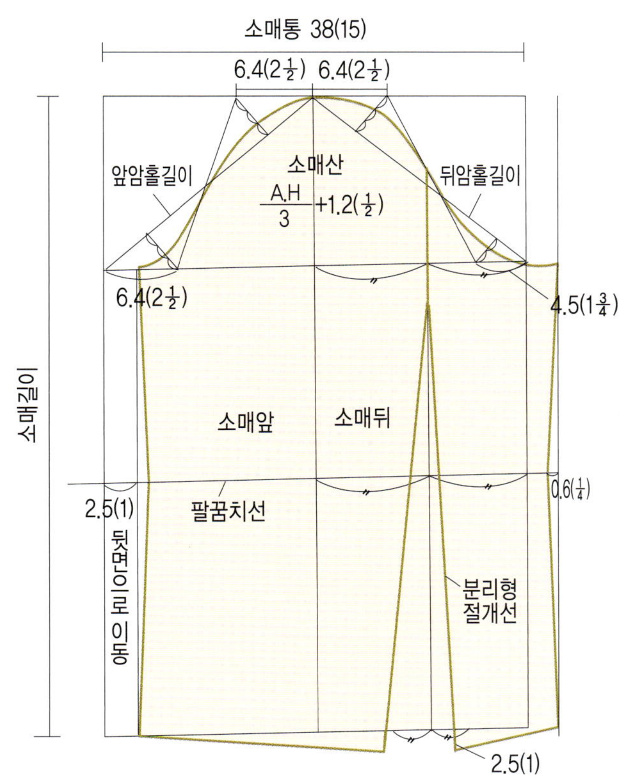

종이 재단하기

- **신체치수**
  - 어깨넓이 – 38cm(15인치)
  - 팔꿈치길이 – 34.3cm(13½인치)
  - 소매길이 – 57.2cm(22½인치)
  - 등품 – 35.5cm(14인치)
  - 허리선길이 – 40.6cm(16인치)
  - 상의총길이 – 61cm(24인치)
  - 앞품 – 33cm(13인치)
  - 윗가슴둘레 – 86.4cm(34인치)
  - 가슴둘레 – 91.5cm(36인치)
- **필요옷감**
  - 44인치(112cm) 폭 – 2마 5치(225cm)
  - 60인치(152cm) 폭 – 2마(180cm)

※ 황색선은 절개선임
※ 단위 cm, 괄호안 inch임

02 기본 정장 자켓 <<<

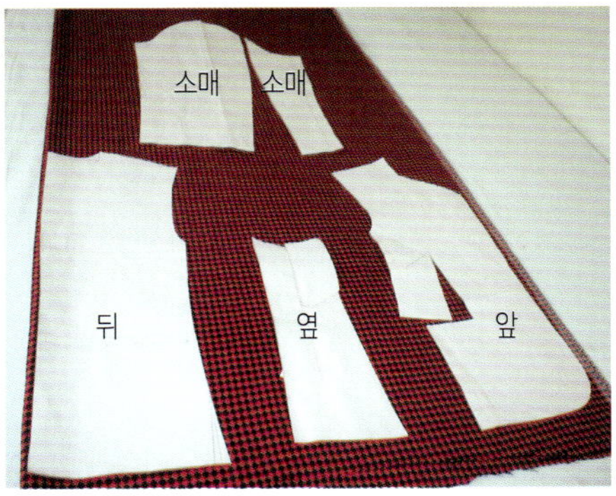

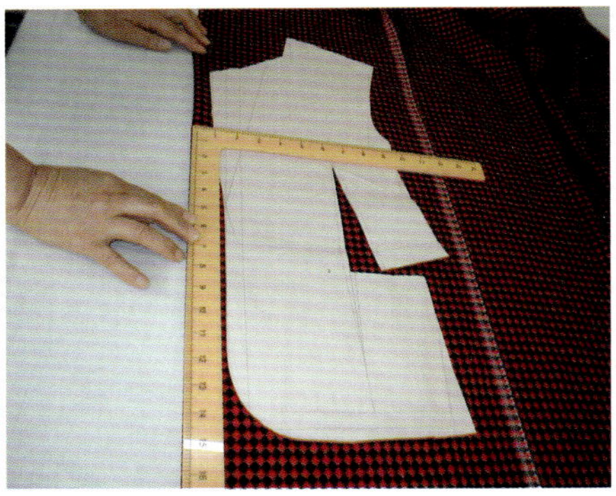

1 자리배치

절반으로 접은 원단에 앞, 뒷면, 옆면 소매 재단 종이를 올려 재단 자리를 정해 본다. ➔대략의 천의 쓰임을 보기 위함.

2 천 재단

재단이 될 만큼 접어 준 후 아래 위 폭의 간격을 맞추고 종이 재단을 놓아 상동선을 기준으로 직각을 구한 후 천 재단을 한다.

3 시침 뜨기

접어서 천 재단을 한 후 천의 아래 위로 동일한 표시를 하기위해 시침 뜨기를 한다.

4 시침 가르기

접은 천의 윗면을 살짝 들어 시침 가르기를 한다.

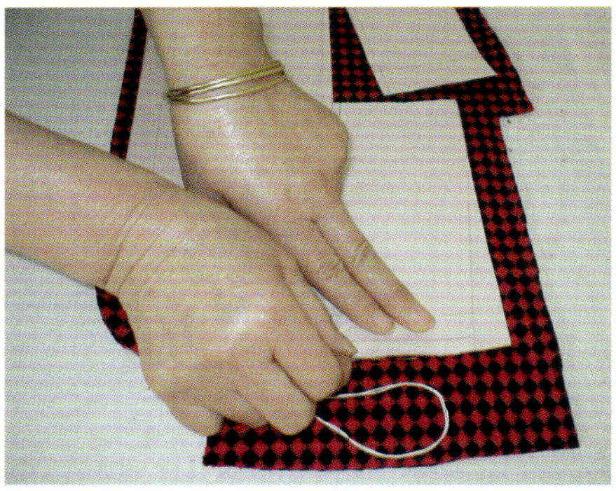

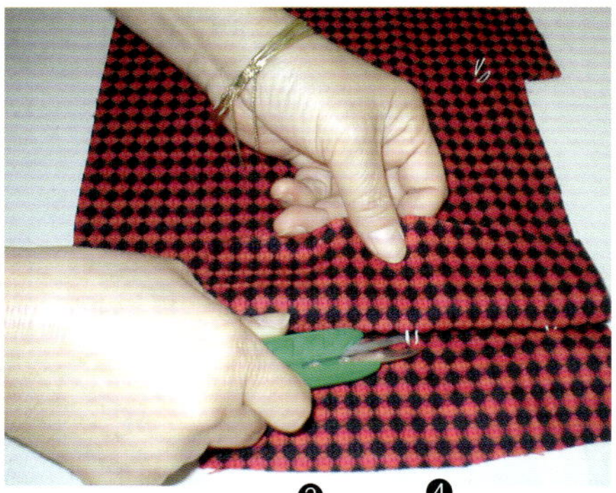

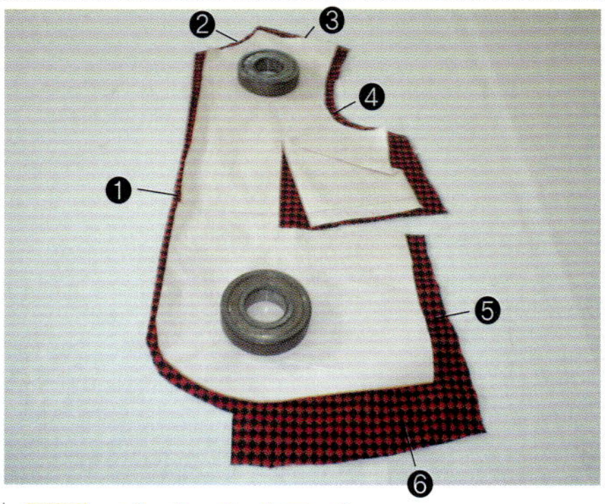

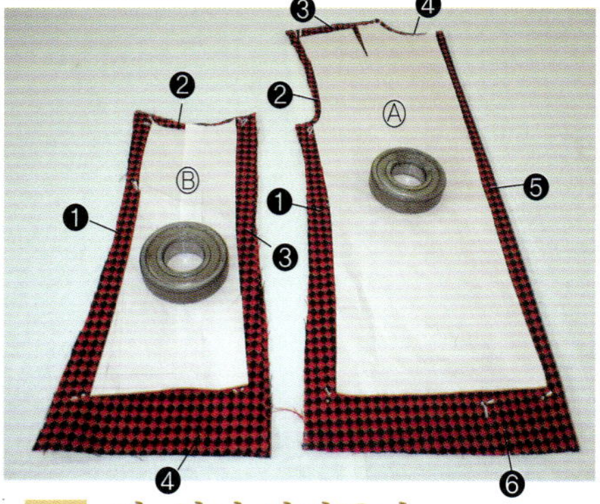

5 앞면 시접주기

앞면 천 재단 시접주기
①, ②, ④는 1cm($\frac{3}{8}$inch)
③은 2cm($\frac{3}{4}$inch)
⑤는 2.5cm(1inch)
⑥은 5cm(2inch) 둔다.

6 뒤, 옆면 시접주기

*뒷면 천 재단 시접주기(A면)
①은 2.5cm(1inch)
②, ④는 1cm($\frac{3}{8}$inch)
③은 2cm($\frac{3}{4}$inch)
⑤는 중심 골 2cm($\frac{3}{4}$inch)
⑥은 5cm(2inch) 둔다.

*옆면 천 재단 시접주기(B면)
(앞 옆면과 뒤 옆면의 종이재단을 붙인 후 천 재단한다.)
①, ③은 2.5cm(1inch)
②는 1cm($\frac{3}{8}$inch)
④는 5cm(2inch) 둔다.

02 기본 정장 자켓 <<<

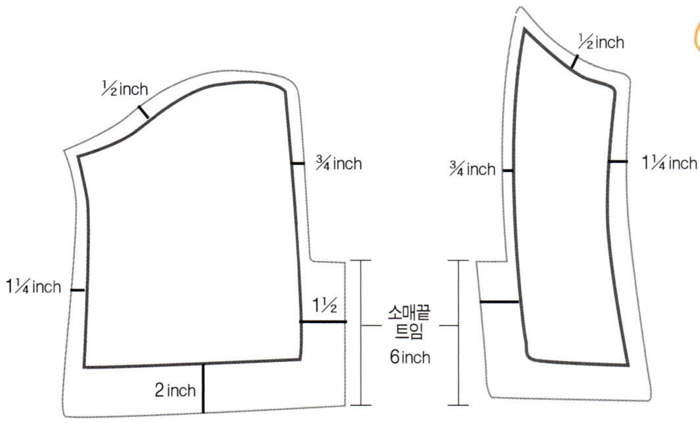

[그림 1]

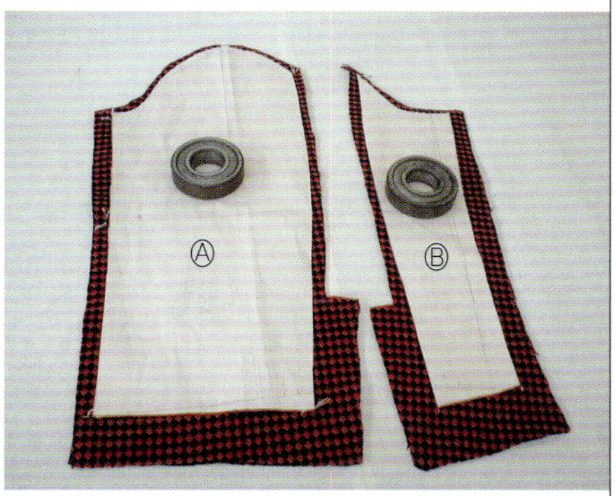

7 소매시접주기

2장 소매의 소매 끝 트임은 종이 재단에는 없으나 천 재단을 할 때 [그림 1] 같이 시접을 주어 처리한다.

8 안단, 안감뜨기

겉감 재단 후 안감 재단을 하기 위해 [그림 2]의 앞면 안단 절개선을 잘라 ①은 안단, ②는 안감을 재단한다.

9 안단 천 재단

①-앞 안단, ②-접은 칼라면 2장 준비, ③-접은 뒷목 안단

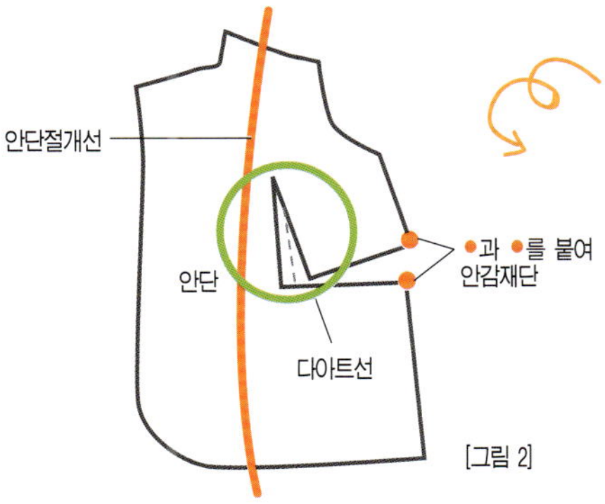

[그림 2]

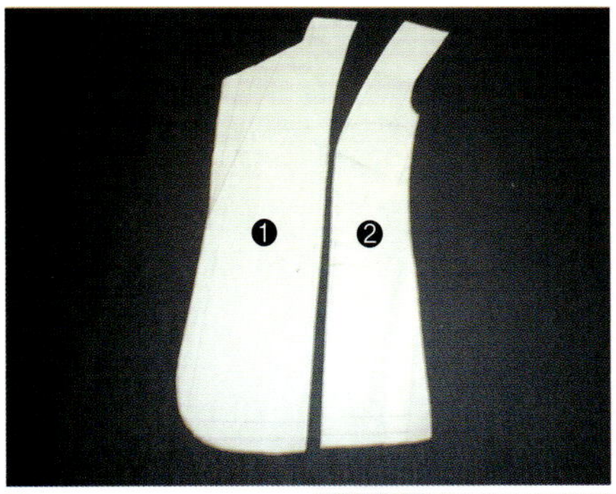

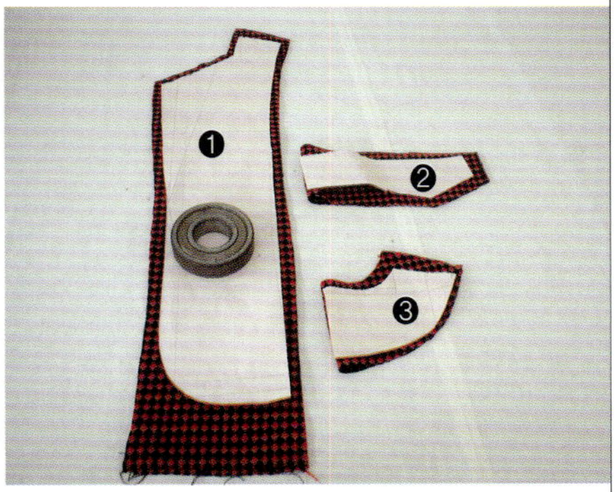

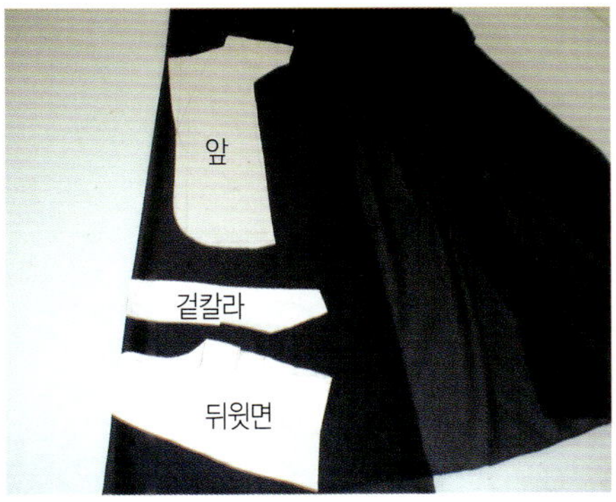

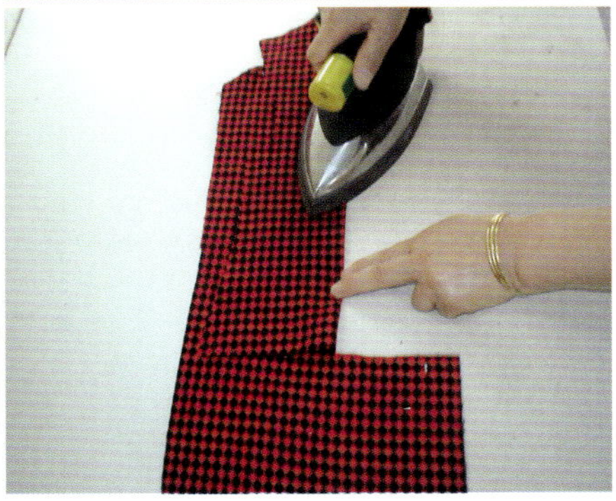

10 접착심 준비

①-앞면의 접착심:
시접 0.6cm($\frac{1}{4}$inch)
②-겉칼라의 접착심:
시접 0.3cm($\frac{1}{8}$inch),
목선에는 시접 0.6cm($\frac{1}{4}$inch)
③-뒷면 위쪽 접착심을 준비하고 주머니 뚜껑 접착심 2장도 함께 준비한다.
-시접 0.6cm($\frac{1}{4}$inch)

11 앞 다아트 다림질

앞 다아트의 중심을 접어 다림질 한다.

12 앞 다아트 박음질

앞 다아트를 박음질한다.

02 기본 정장 자켓

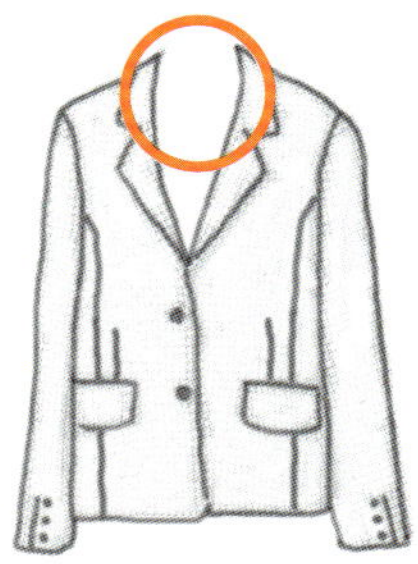

13 뒤 중심선 박음질

뒤 중심선을 위에서 아래로 박음질한다.

14 뒤 중심선 다림질

목둘레선이 있는 쪽을 작업자의 오른쪽에 둔 상태로 뒤 중심선의 시접을 앞으로 눕혀 다림질한다.

15 뒷면 접착심 붙이기

뒷면 상단부에 준비된 접착심을 붙여 준다.

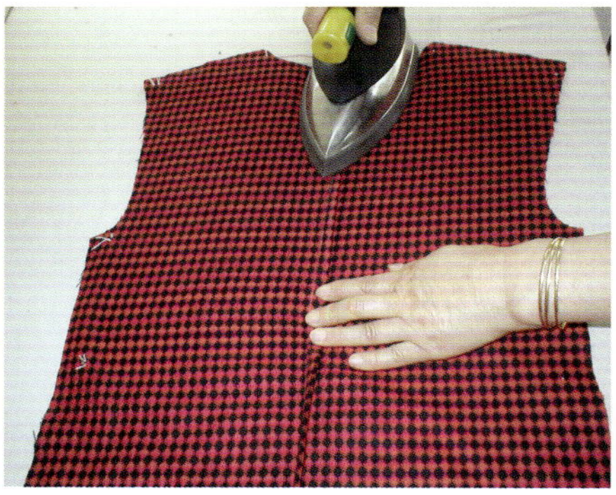

16 앞 다아트 다림질

박음질한 앞 다아트를 옷의 앞으로 눕혀 다림질한다.

17 앞면, 칼라 접착심 붙이기

안단보다 약간 넓게 준비된 접착심을 다림질하여 앞면에 붙여준다. 칼라에도 접착심을 붙인다.

18 뒤 중심선 눌림 박음질

겉면의 뒤 중심선 박음선 위로 고운 땀수로 눌림 박음질한다.

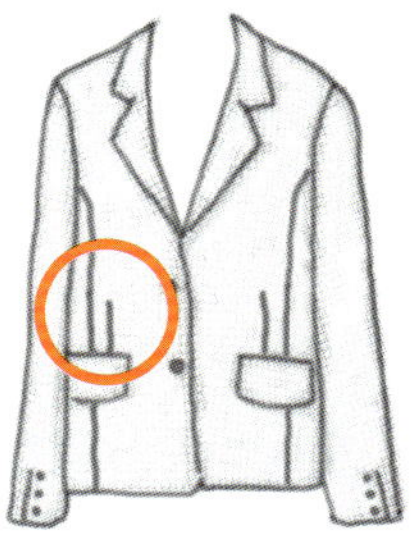

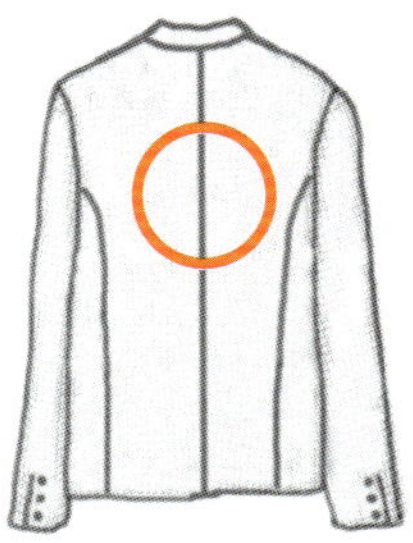

02 기본 정장 자켓

19 몸판 시접선 다림질

체크무늬를 맞추기 쉽게 시접 표시선 따라 다림질한다.

20 몸판 연결 박음질

다림질 된 면을 위에 놓고 다림질 되지 않은 면을 아래에 두고 체크무늬를 맞춰 가며 옆선, 어깨선을 박음질한다.

21 주머니입구 접착심 붙이기

옆선을 다림질하고 앞주머니 입구가 될 절개선에 왼쪽 그림과 같이 접착심을 덮어 붙인다.

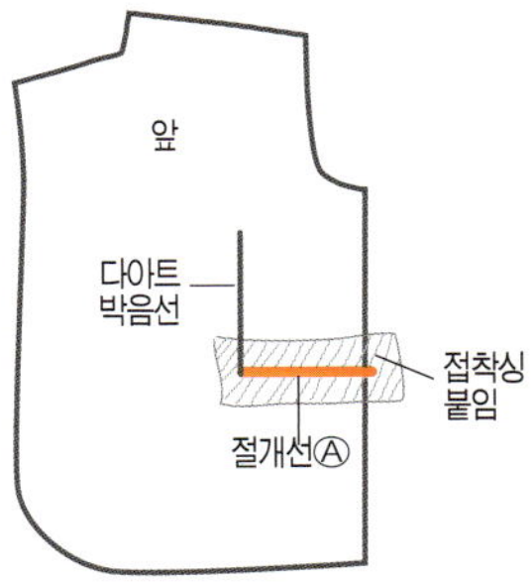

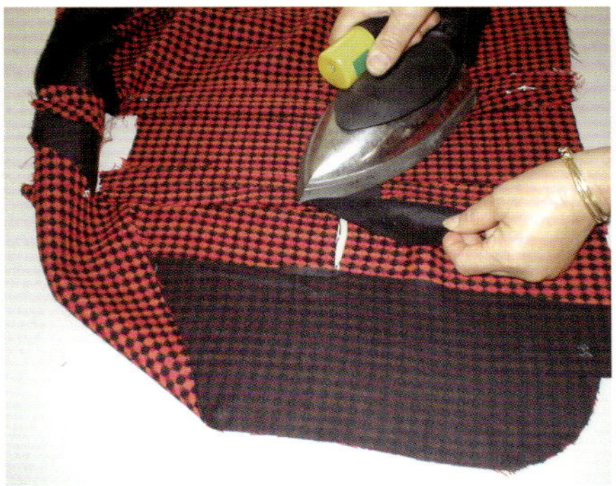

22 주머니 감 준비

주머니 달기에 필요한 주머니 뚜껑, 주머니감을 준비한다.

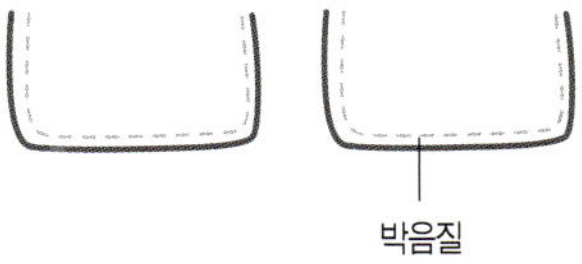

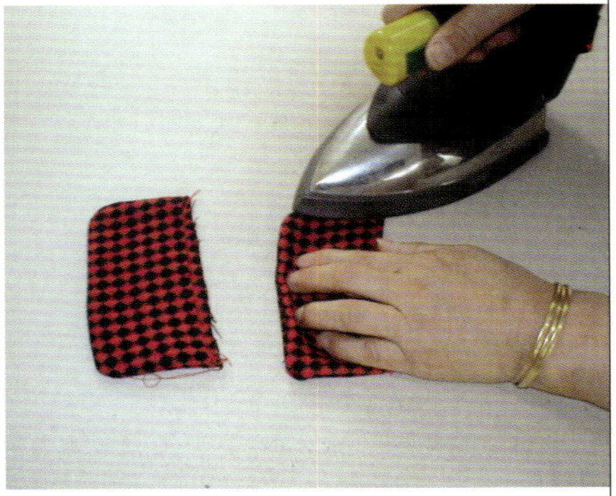

23 주머니 뚜껑 만들기

접착심이 붙지 않은 면은 밑에 두고 접착심이 붙은 겉면을 위에 놓아 0.3cm($\frac{1}{8}$inch) 접착심을 물리게 하여 윗면을 약간씩 밀어 박음질하고 위쪽은 박음질하지 않는다.

24 주머니 뚜껑 다림질

박음질이 된 주머니 뚜껑을 뒤집어 겉면이 약간 안으로 넘어오게 다림질한다.

02 기본 정장 자켓

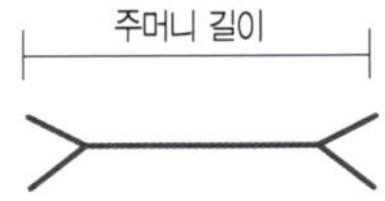

25 주머니 만들기 ①

옷의 겉면에서 앞면 절개선을 기준으로 주머니 감의 접착싱이 붙은 면이 보이게 아래, 위로 주머니 감을 박음질하여 붙인다.

26 주머니 만들기 ②

아래, 위로 주머니 감을 붙인 박음선 가운데의 절개선을 따라서 가위 끝으로 갈라주고 양끝을 >——<모양으로 집어준다.

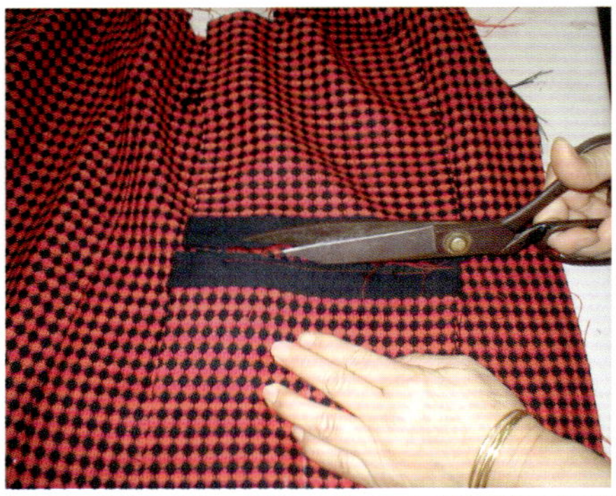

27 주머니 만들기 ③

25에서 박음질 된 겉쪽 2면의 주머니 감을 옷의 안으로 밀어 넣는다. 밀어 넣을 때 옷의 겉에서 아래, 위 주머니 감이 0.6cm($\frac{1}{4}$inch)보이게 하여 다림질한다.(주머니 입술 만들기)

28 주머니 만들기 ④

다림질 한 후 박음선 위로 눌림 박음질하여 주머니의 입술선을 만든다.

29 주머니 만들기 ⑤

옷의 안에서 주머니 양끝을 지그재그 모양으로 고정 박음질한다.

02 기본 정장 자켓

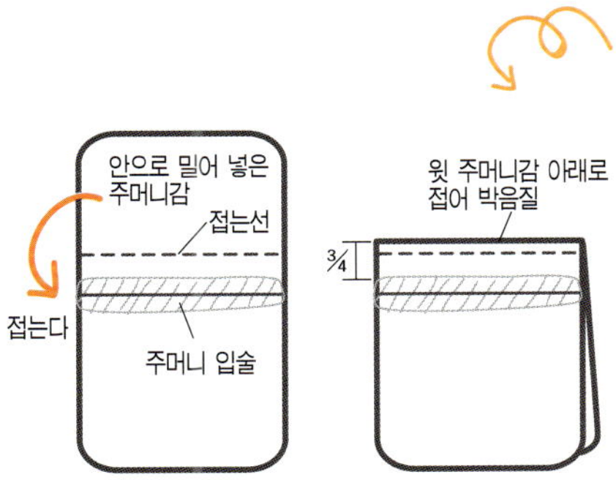

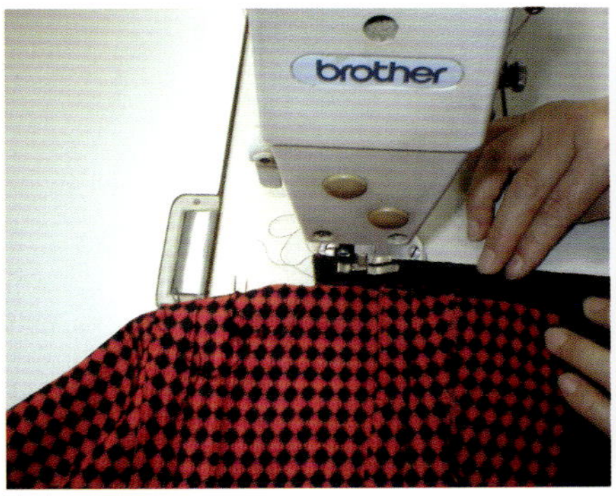

30 주머니 만들기 ⑥

안으로 밀어 넣은 위쪽 주머니감을 입술선에서 2cm($\frac{3}{4}$inch)너비를 주어 아래로 접은 후 위쪽에서 가로 눌림 박음질한다.

31 주머니 만들기 ⑦

옷의 겉에서 주머니 입술사이로 주머니 뚜껑을 위로 집어넣어 윗입술선의 박음선 따라 고정 박음질한다.

32 주머니 만들기 ⑧

옷의 안에서 2겹의 주머니 감을 맞잡고 박음질한다.

33 소매 접착심 붙이기

소매 기장, 소매 트임에 접착심을 붙인다.

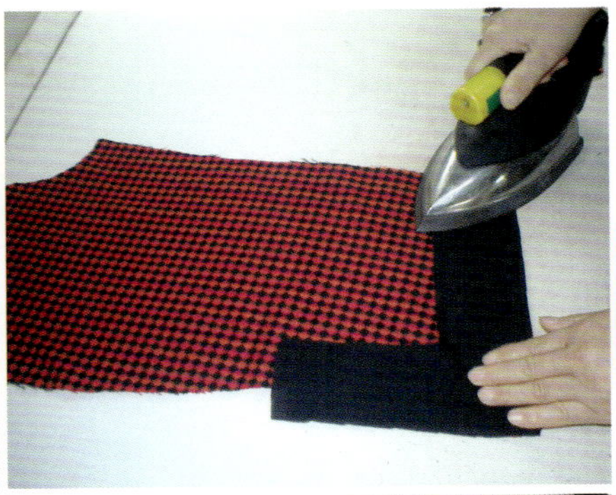

34 소매 기장 다림질

소매 기장 표시선따라 다림질 한다.

35 소매 시접 다림질

소매의 체크무늬를 맞추기 위해 한 면을 표시선 따라 다림질한다.

36 소매 박음질 ①

다림질 된 한 면을 위에 놓고 작은 소매와 큰 소매의 무늬를 맞춰 박음질한다.

02 기본 정장 자켓

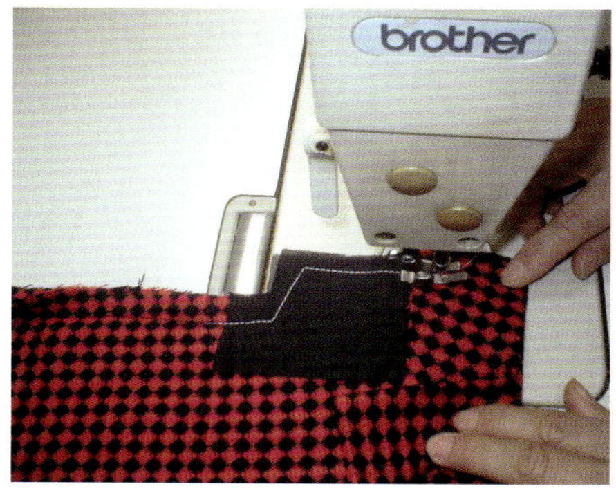

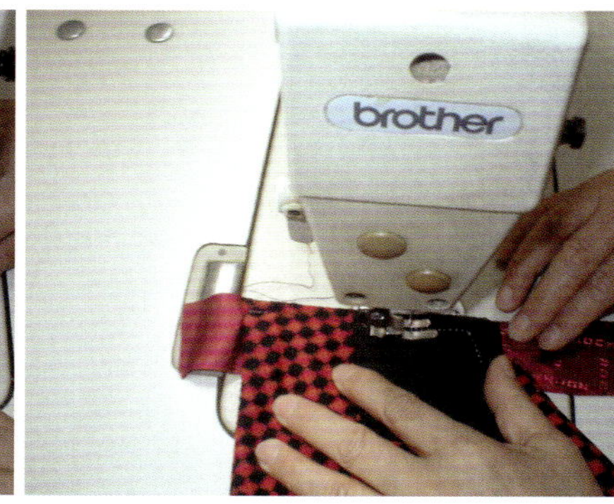

37 소매 박음질 ②

기장을 접은 상태로 소매 트임 끝까지 박음질하여 소매를 연결한다.

38 소매 트임 솔기처리 ①

소매 트임 부위의 옆 솔기를 바이어스 천으로 처리하기위해 작은 소매쪽 밑면에 바이어스 천을 대고 큰 소매를 보며 박음질한다.

39 소매 트임 솔기처리 ②

박음선 시접을 바짝 자른다.

40 소매 트임 솔기처리 ③

바이어스 천을 말아 큰 소매 면으로 넘겨 작은 소매를 보며 박음질 한다.

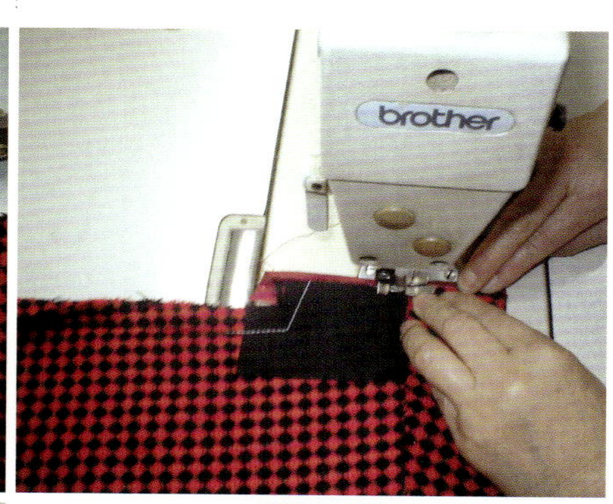

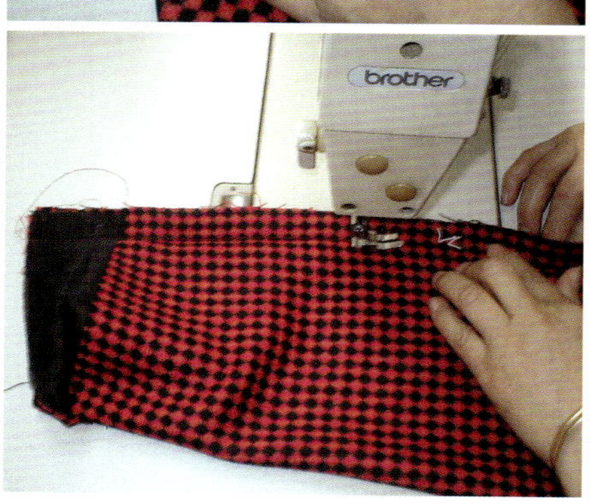

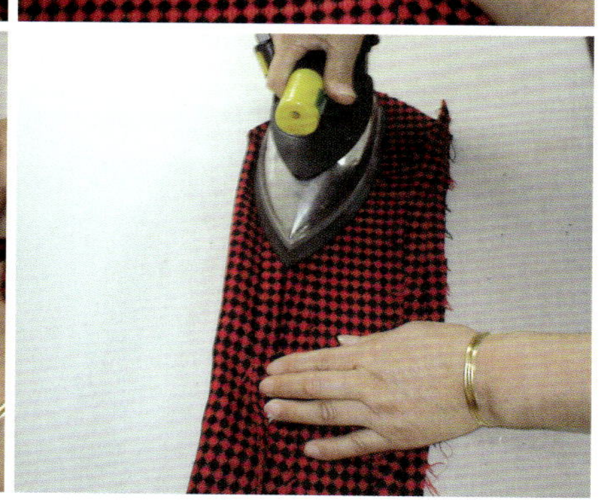

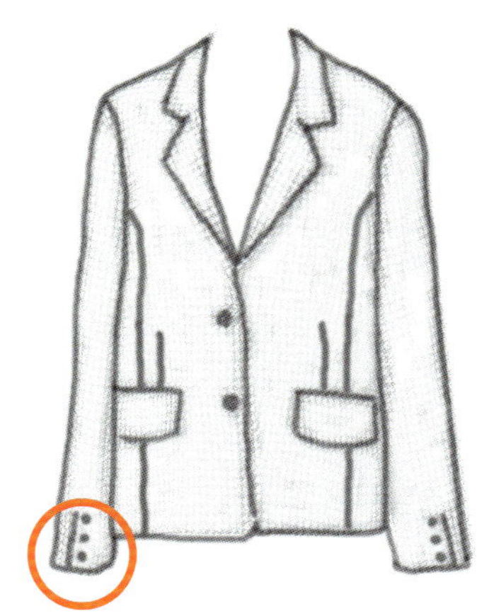

41 소매 밑선 박음질

소매 기장 시접을 펴서 소매 밑선을 박음질한다.

42 소매 다림질

소매 트임이 있는 시접은 큰소매 쪽으로 시접을 한쪽으로 눕혀 주고 소매 밑선쪽의 시접은 양쪽으로 눕혀 다림질 한다.

02 기본 정장 자켓

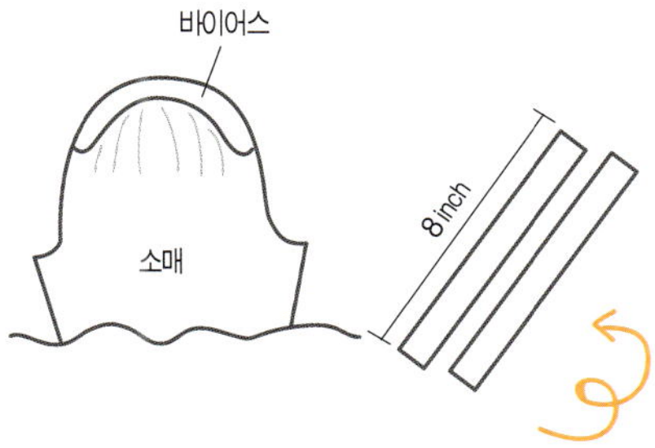

43 소매산 바이어스 돌리기

겉감과 동일한 천으로 세로 2.5cm(1inch), 가로 20cm(8inch)의 바이어스 천을 2개 준비한다. 준비된 바이어스 천의 $\frac{1}{2}$점을 소매산 꼭지점에 맞추어 소매의 안쪽에서 바이어스 천을 당기며 박음질하여 소매산을 오목하게 하여 준다.

44 몸판 다림질

몸판의 시접을 양쪽으로 눕혀 다림질한다.

45 진동둘레 접착싱 붙이기

소매 진동 둘레가 늘어나지 않게 바이어스 방향으로 폭 2.5cm(1inch)의 접착싱을 잘라 접착이 되는 면을 밑쪽으로 하여 당겨 가며 몸판 소매둘레 전체로 돌려 박음질한다.

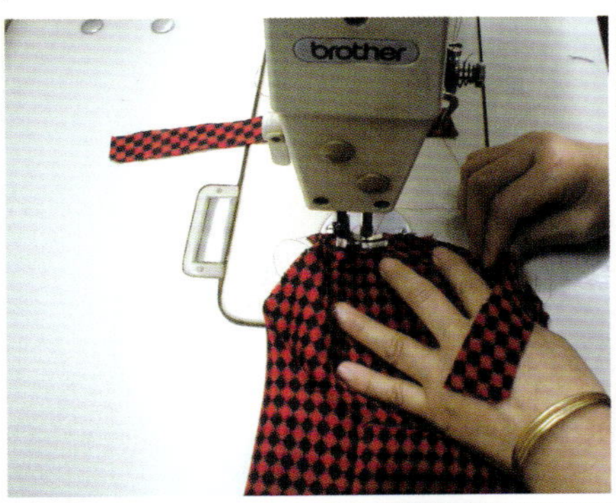

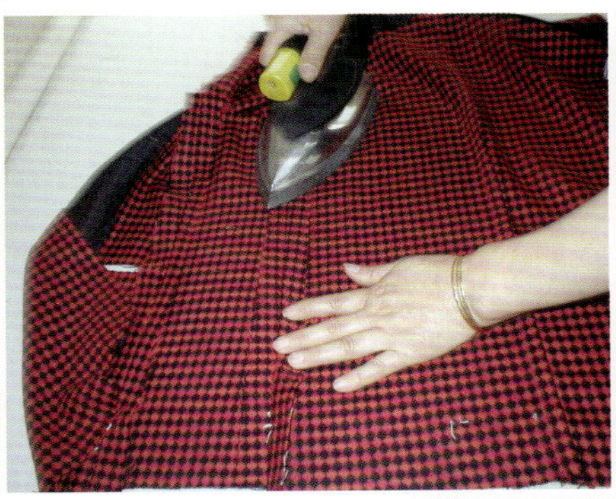

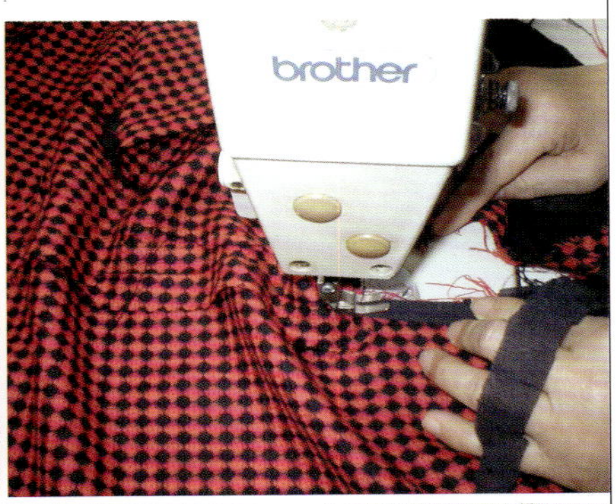

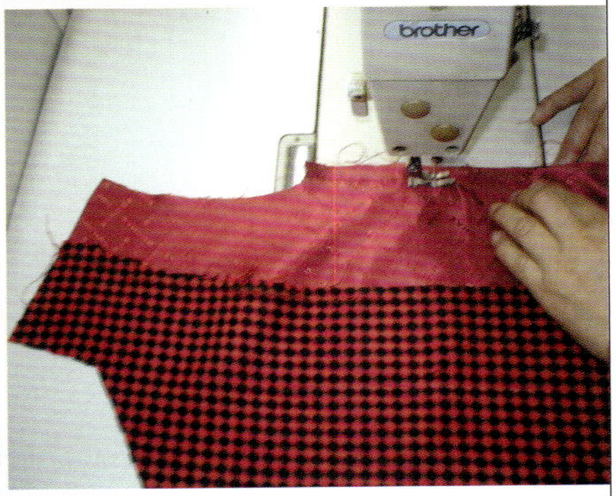

46 진동둘레 접착싱 다림질

돌려 박음질한 접착싱을 살짝 눌러 다림질하여 붙여준다.

47 소매 달기

소매 꼭지점과 어깨점을 맞추어 옷의 진동둘레보다 소매둘레에 여유(이세량)를 주어가며 달아준다.

48 안 만들기

안단과 안감을 붙여 박음질한다. 안감의 어깨선, 옆선을 붙여준다.

02 기본 정장 자켓

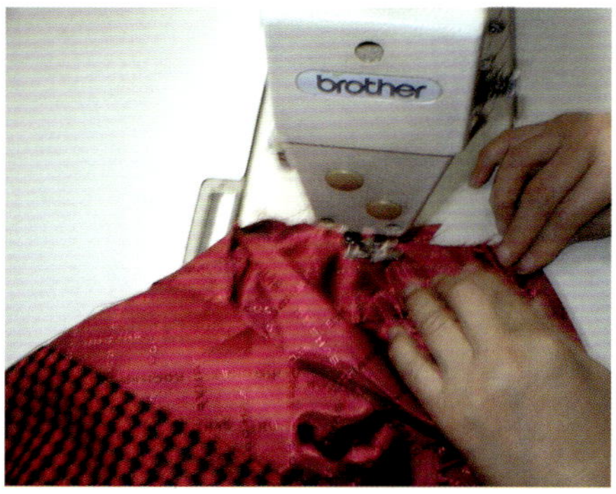

49 안감 소매 달기

겉과 동일한 방법으로 안감 소매를 달아준다. 박음질한 안감을 오버룩 처리한다.

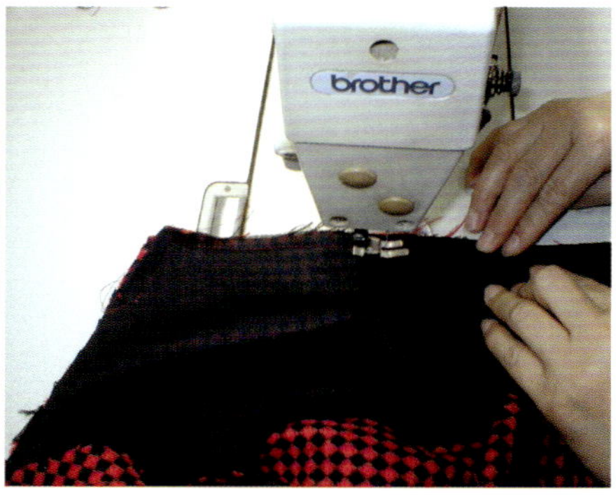

50 앞섶 붙이기

안섶을 아래에 놓고 접착싱이 붙은 옷의 겉면을 위에 올려 위의 겉면을 살짝 당겨 아래의 안섶에 약간의 여유가 생길정도로 박음질한다.

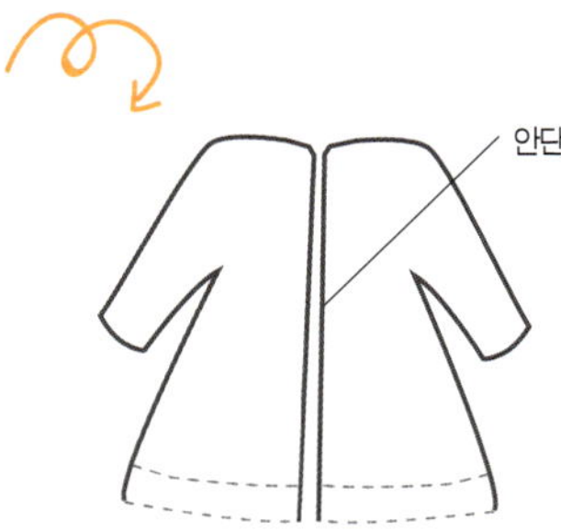

51 앞섶 시접 다림질

옷의 안에서 박음질한 시접을 우마 위에 올려 양쪽으로 눕혀 다림질 한다.

52 앞섶 다림질

위에서 첫단추 표시선까지는 박음선이 겉쪽으로, 단추 표시선 아래는 박음선이 안쪽으로 약간 넘어가게 다림질한다.

53 칼라 만들기 ①

싱이 붙은 면이 겉면이되게 아랫면을 살짝 당기고 겉면이 될 윗면은 약간 밀어 여유를 주어가며 박음질한다.

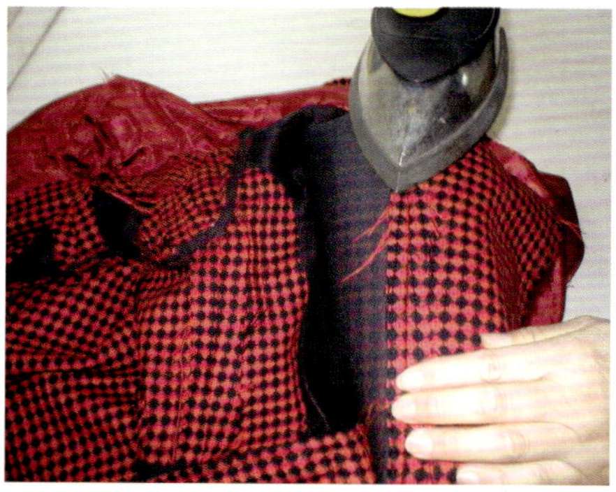

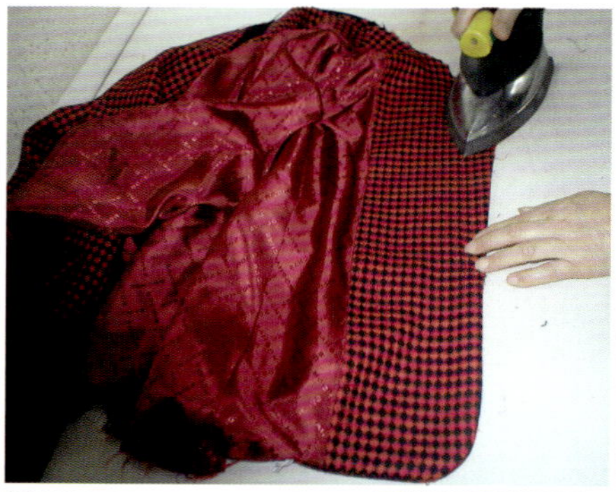

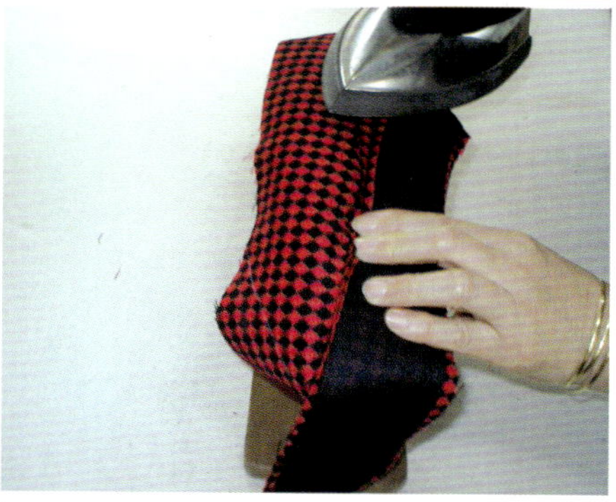

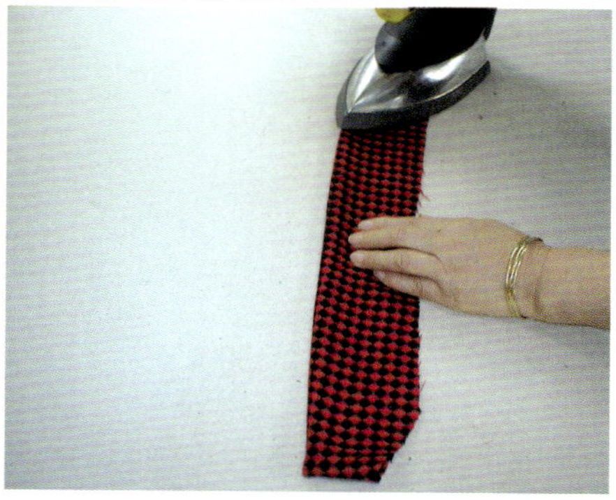

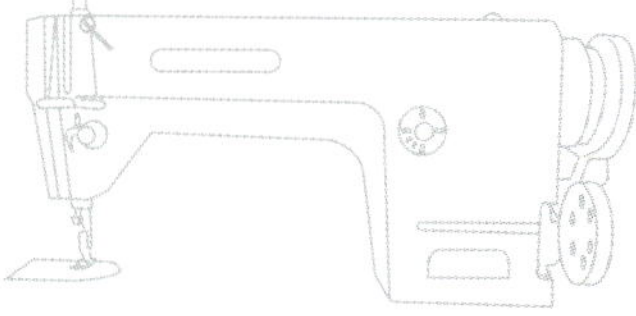

54 칼라 만들기 ②

우마위에 놓고 칼라의 안쪽에서 시접을 양쪽으로 눕혀 다림질한다.

55 칼라 만들기 ③

안쪽 칼라로 박음선이 약간 넘어오게 다림질한다.

02 기본 정장 자켓

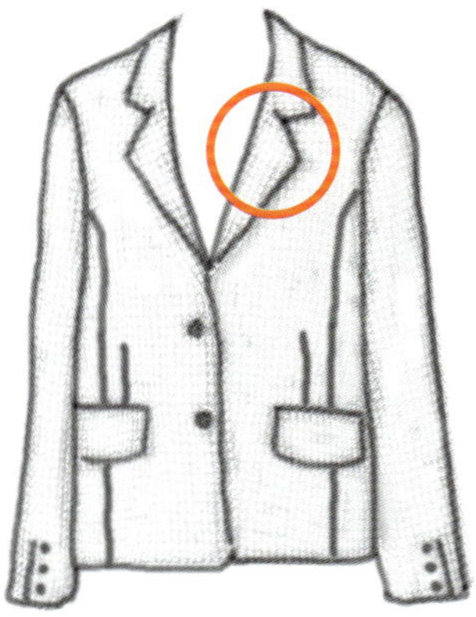

56 칼라달기 ①

옷을 뒤집어 칼라의 겉면과 옷의 안을 먼저 박음질한 후 옷의 겉면과 칼라의 안을 연결한다.

57 칼라달기 ②

우마 위에 올려 칼라 시접을 양쪽으로 눕혀 다림질한다.

58 칼라 고정 바느질

옷의 안에서 겉 칼라의 시접과 안 칼라의 시접을 맞대어 손바느질로 고정시킨다.

59 기장 시접 처리

기장 표시선 아래의 시접에 접착싱을 붙인다.

60 기장 다림질

기장 표시선 따라 다림질한다.

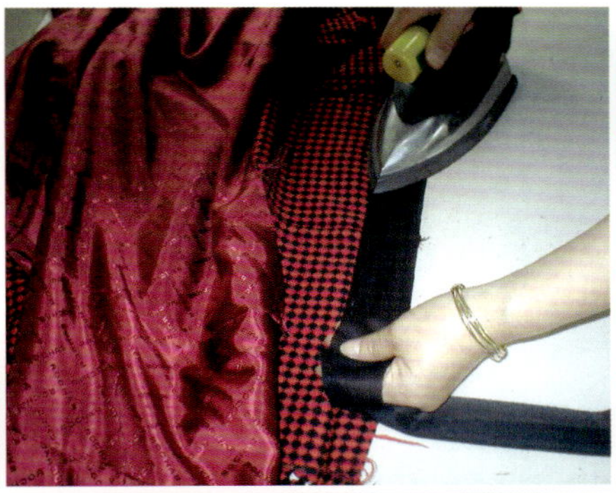

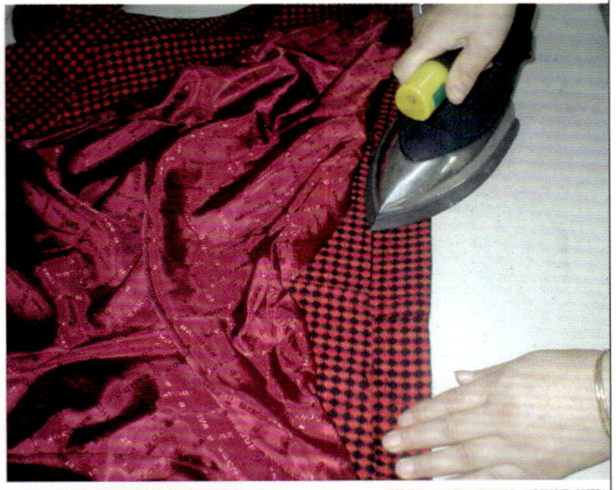

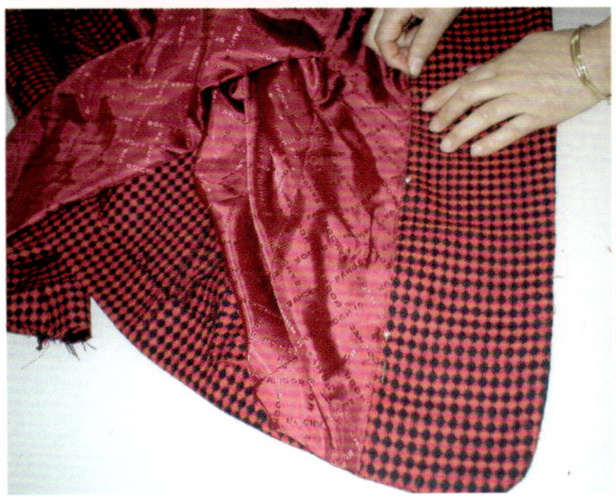

61 앞섶 고정시키기 ①

앞섶을 고정시키기 위해 옷의 앞섶과 안감의 경계에 시침핀을 꽂는다.

62 앞섶 고정시키기 ②

안을 뒤집어 안단선을 따라 손바느질하여 고정시킨 후 시침핀을 뽑는다.

02 기본 정장 자켓

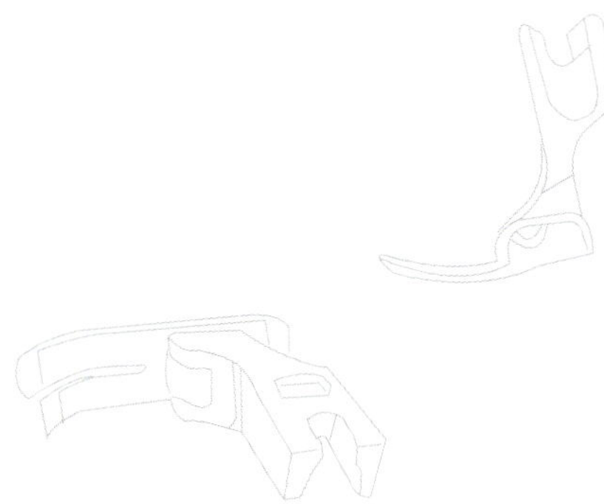

63 소매 트임 마무리

바이어스 천으로 마무리 된 소매 트임 쪽을 손바느질하여 고정시킨다.

64 소매 기장 안과 겉 연결

뒤집어 옷의 안에서 소매 기장 시접 끝선으로 안과 겉을 연결 박음질 한다.

65 소매 기장 고정 바느질

소매의 안 기장이 밀려 나오지 않게 시접 끝에서 손바느질하여 고정시킨다.

66 기장 안과 겉 연결

옷을 뒤집어 앞 안섶부터 안과 겉의 기장을 맞잡고 가로 박음질하여 처리한다.

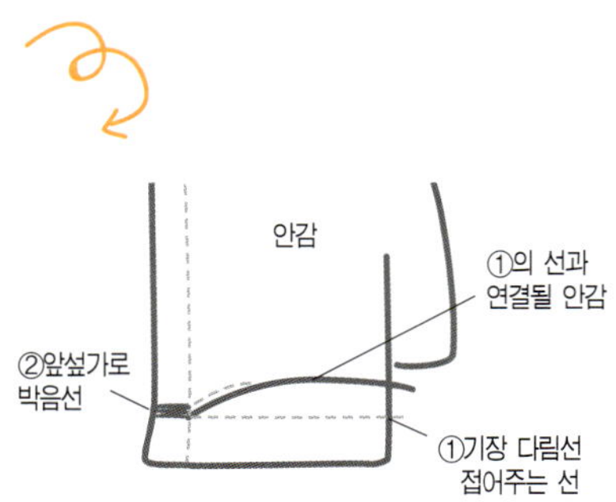

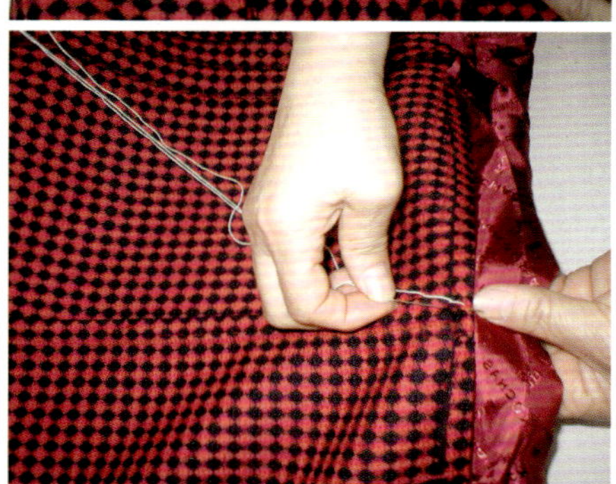

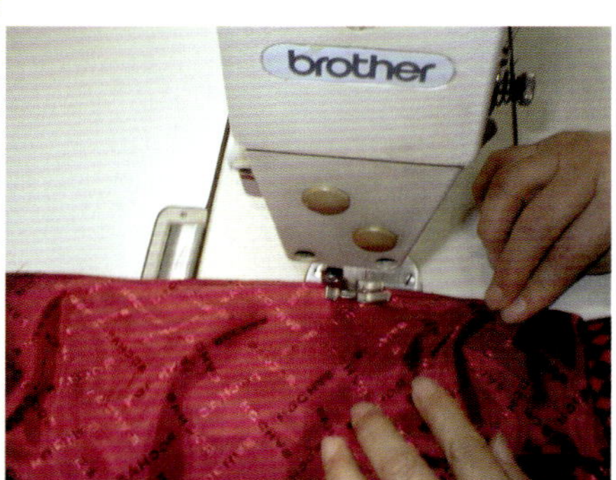

67 기장 다림질

박음질이 잘 되었는지 확인하며 안과 겉 기장을 다림질한다.

68 기장 고정 바느질

옷의 기장 안쪽 절개선 마다 손바느질하여 고정 시킨다.

69 소매 트임 숨구멍 막기

상의 기장이 마무리 되면 안소매 숨구멍 밑쪽으로 뒤집어 숨구멍을 박음질하여 막는다.

02 기본 정장 자켓

70 눌림 박음질

겉의 앞섶 아래에서부터 칼라를 지나 반대편 앞섶까지 눌림 박음질한다.

71 상의 단추 구멍 표시

옷의 오른쪽 안면의 시접 다림선에서 가로 2cm($\frac{3}{4}$inch) 뛰우고 세로 9cm($3\frac{1}{2}$inch) 간격으로 단추 구멍 2개를 표시한 후 단추 구멍을 만든다. (여자상의 단추구멍 만들기)

72 단추 달 위치 표시

앞섶을 나란히 하여 단추 구멍 표시된 곳을 기준으로 단추 달 곳을 표시한다.

73 단추달기

옷의 안쪽에 작은 단추를 받쳐 단추를 헐렁하게 달아 단추 사이로 실을 몇 번 돌려 감아 단추를 단다.

74 소매 단추달기

소매 트임 기장선에서 2.5cm(1inch) 띄워 3개의 단추를 달아준다.

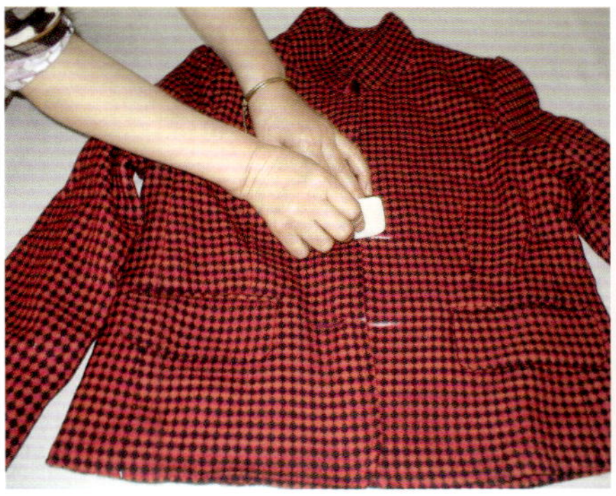

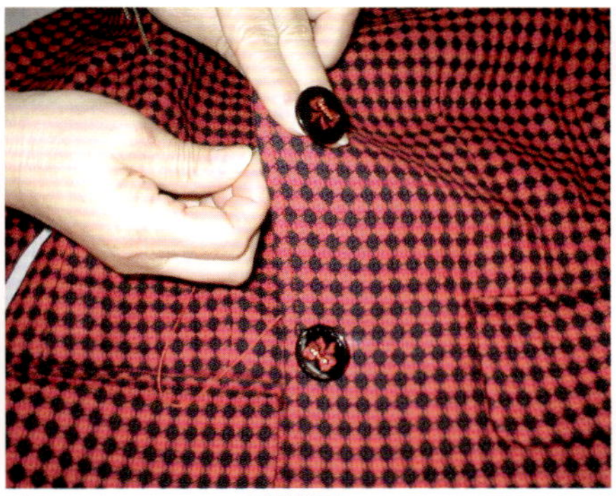

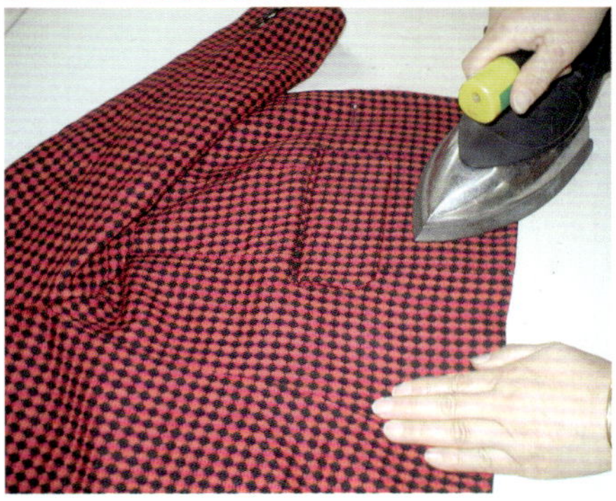

75 마무리 다림질

전체를 마무리 다림질한다.

76 완성

완성

Making Jackets

자켓만들기

* 숄 칼라 자켓

03 숄칼라 자켓

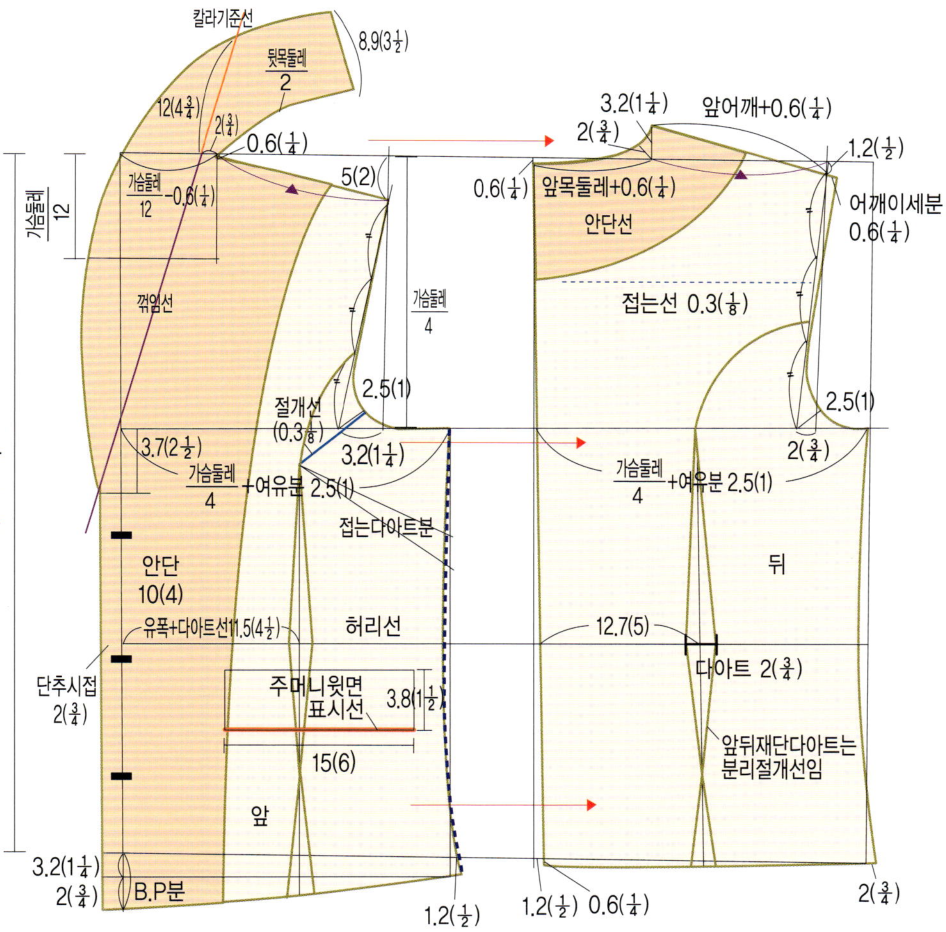

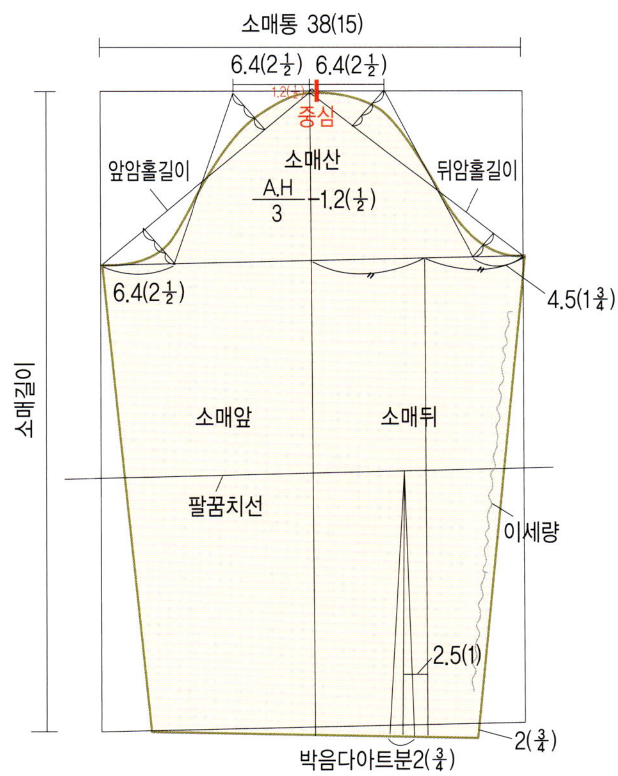

종이 재단하기

■ 신체치수

- 어깨넓이 – 38cm(15인치)
- 팔꿈치길이 – 34.3cm(13$\frac{1}{2}$인치)
- 소매길이 – 57.2cm(22$\frac{1}{2}$인치)
- 등품 – 35.5cm(14인치)
- 허리선길이 – 40.6cm(16인치)
- 상의총길이 – 63.5cm(25인치)
- 앞품 – 33cm(13인치)
- 윗가슴둘레 – 86.4cm(34인치)
- 가슴둘레 – 91.5cm(36인치)

■ 필요옷감

- 44인치 (112cm) 폭 – 2마 5치 (225cm)
- 60인치 (152cm) 폭 – 2마 (180cm)

※ 단위 cm, 괄호안 inch임

03 숄칼라 자켓

1 자리배치

절반으로 접은 원단에 재단 종이를 올려 재단 자리를 정해 본다.
➔대략의 천의 쓰임을 보기 위함.

2 천 재단

재단이 될 만큼 접어 준 후 아래 위 폭의 간격을 맞추고 종이 재단을 놓아 상동선을 기준으로 직각을 구한 후 천 재단을 한다.

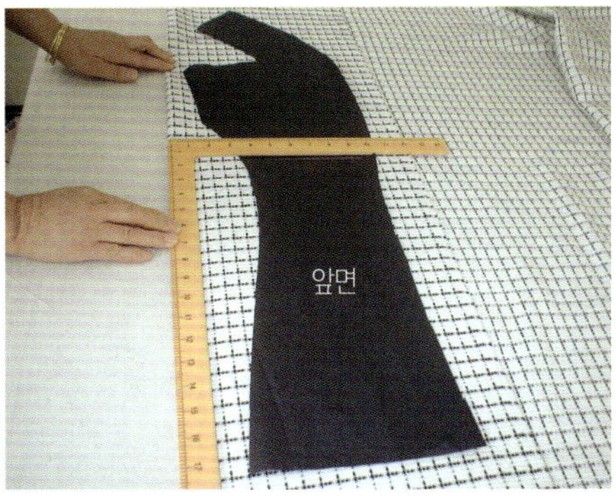

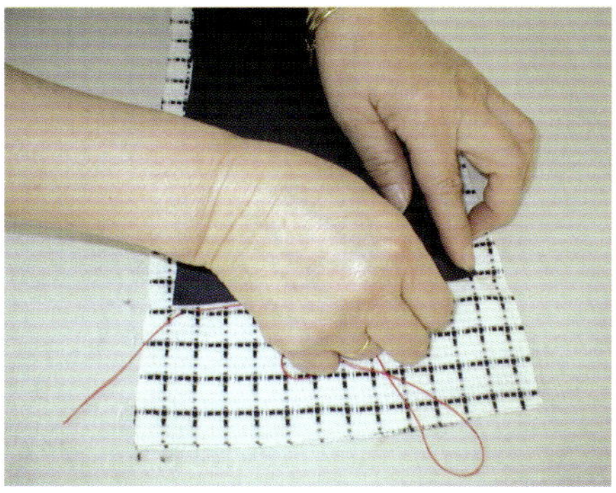

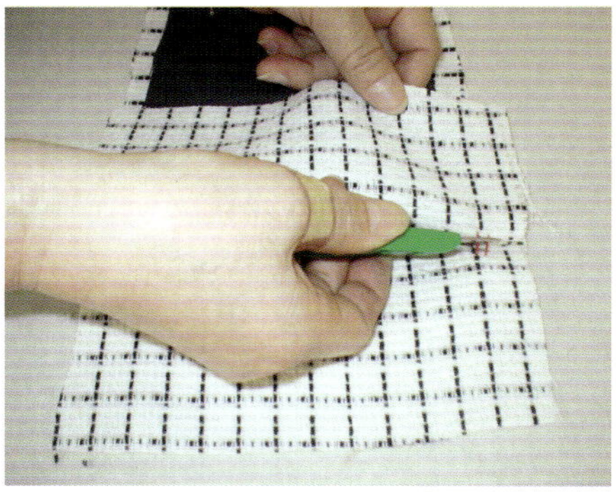

3 시침 뜨기

접어서 천 재단을 한 후 천의 아래, 위로 동일한 표시를 하기 위해 시침 뜨기를 한다.

4 시침 가르기

접은 천의 윗면을 살짝 들어 시침 가르기를 한다.

5 뒷면 시접주기

뒷면 Ⓐ의 시접
①, ②는 2cm($\frac{3}{4}$inch)
③은 1cm($\frac{3}{8}$inch)
④는 중심 골 2cm($\frac{3}{4}$inch)
⑤는 5cm(2inch) 둔다.

뒤 옆면 Ⓑ의 ①은 3.2cm(1$\frac{1}{4}$inch)
②는 1cm($\frac{3}{8}$inch)
③은 2cm($\frac{3}{4}$inch)
④는 5cm(2inch) 둔다.

03 숄칼라 자켓 <<<

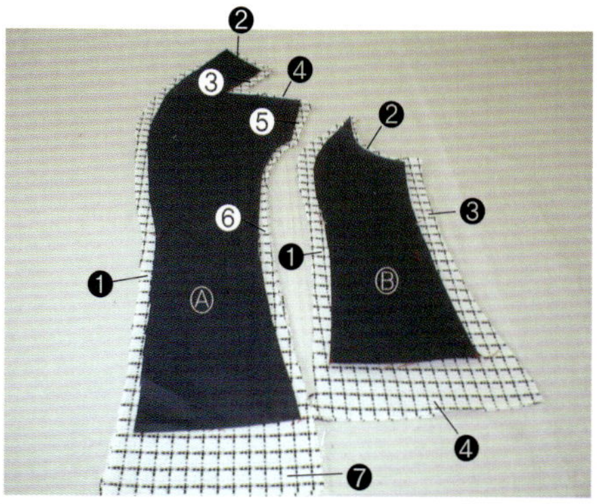

6 앞면 시접주기

앞면 재단 시접주기
앞면 Ⓐ의 시접
①은 2cm($\frac{3}{4}$inch)
②는 2.5cm(1inch)
③, ④, ⑤는 1cm($\frac{3}{8}$inch)
⑥은 2cm($\frac{3}{4}$inch)
⑦은 5cm(2inch) 둔다.

앞 옆면 Ⓑ의 시접
①은 2cm($\frac{3}{4}$inch)
②는 1cm($\frac{3}{8}$inch)
③은 3.2cm($1\frac{1}{4}$inch)
④는 5cm(2inch) 둔다.

7 소매 시접주기

①, ③는 3.2cm($1\frac{1}{4}$inch)
②, ④는 1cm($\frac{3}{8}$inch)

8 안단 천 재단

검은색 천으로 안단, 겉면의 포인트 단을 준비한다. ①-앞 안단, ②-뒷목 안단, ③-소매 포인트 단, ④-주머니 포인트 단

9 안감 자리 배치

사진과 같이 종이 재단을 놓아 겉감과 동일한 시접을 주어 안감을 재단한다.

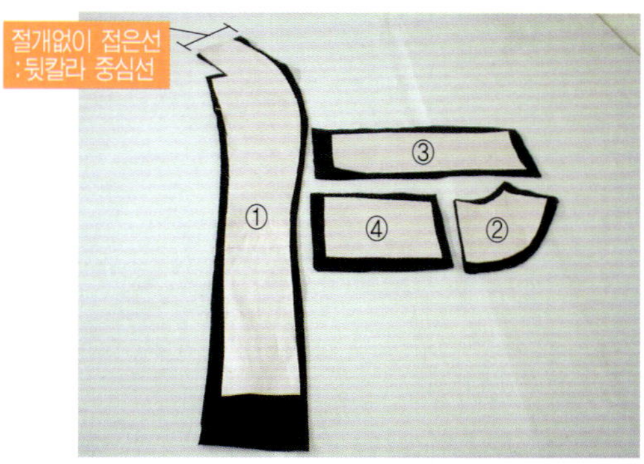

10 접착싱 준비

하얀색 접착싱을 준비하여 각각의 모양대로 자른다.

11 접착싱 붙이기

겉 앞면, 앞 안단, 뒷목, 주머니, 소매에 접착싱을 다림질하여 붙인다.

03 숄칼라 자켓

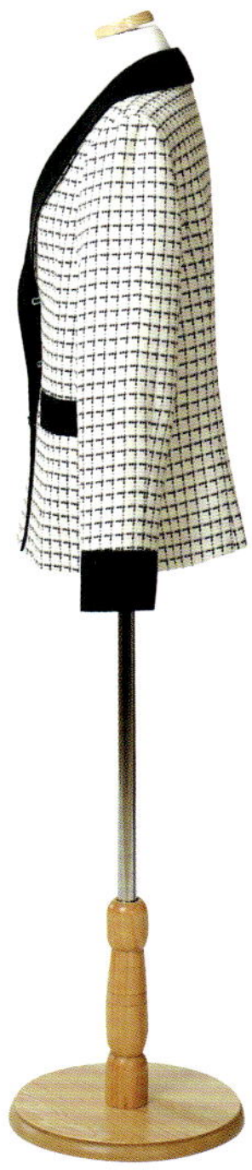

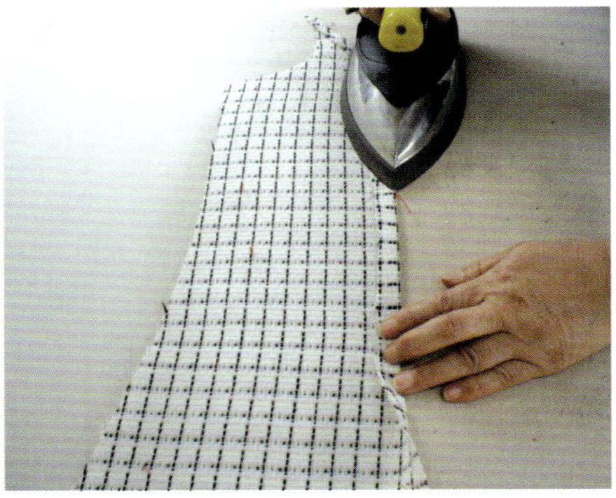

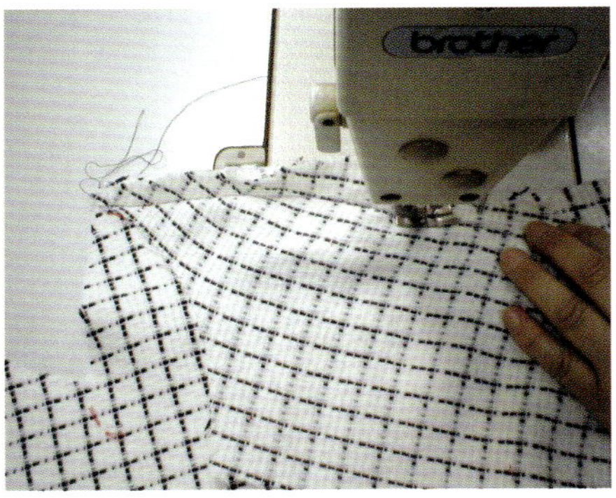

12 시접 다림질

체크무늬를 맞추기 편리하게 시접 표시선 따라 다림질한다.

13 앞, 뒷면 박음질

다림질한 면을 위에 놓고 무늬를 맞추며 앞, 뒷면 연결 박음질을 한다.

14 소매 다아트 다림질

소매 다아트 표시선 가운데로 다림질을 한다.

15 소매 다아트 박음질

소매 다아트의 무늬를 맞추며 박음질한다.

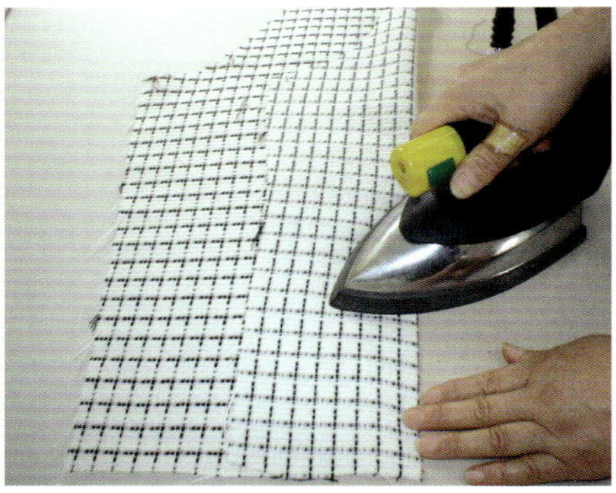

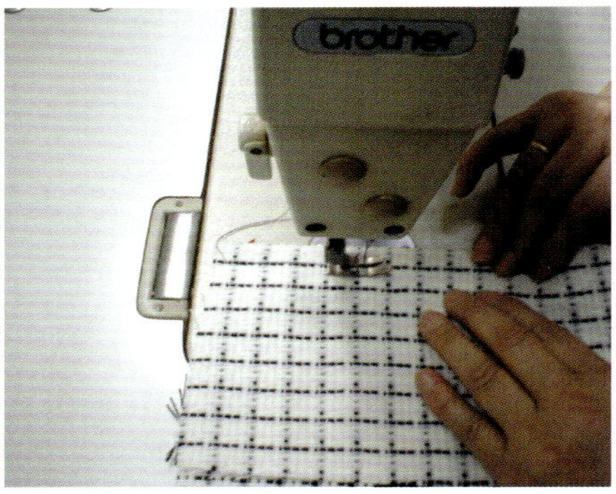

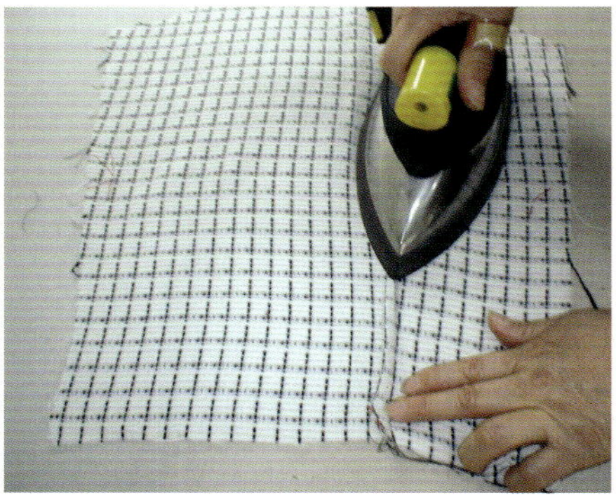

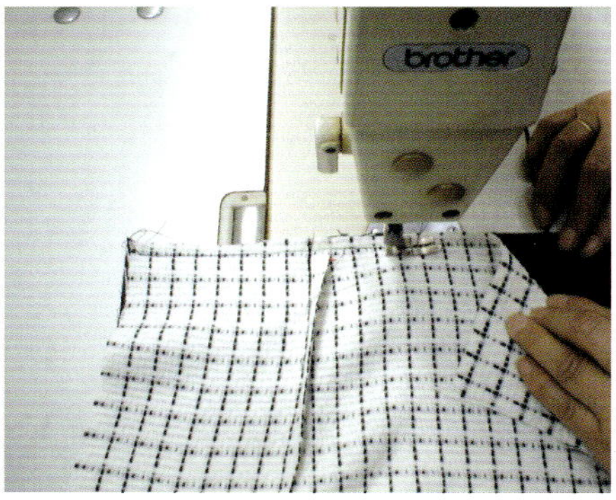

16 소매 다아트 시접 눕히기

소매 다아트의 시접을 넓은 소매 쪽으로 눕혀 다림질한다.

17 소매 포인트 단 붙이기

준비해 둔 검은색 포인트 단을 아래에 두고 소매 끝에 붙여 박음질한다.

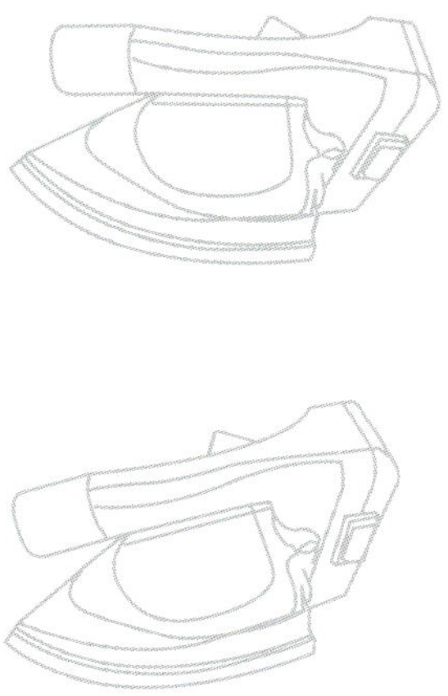

03 숄칼라 자켓

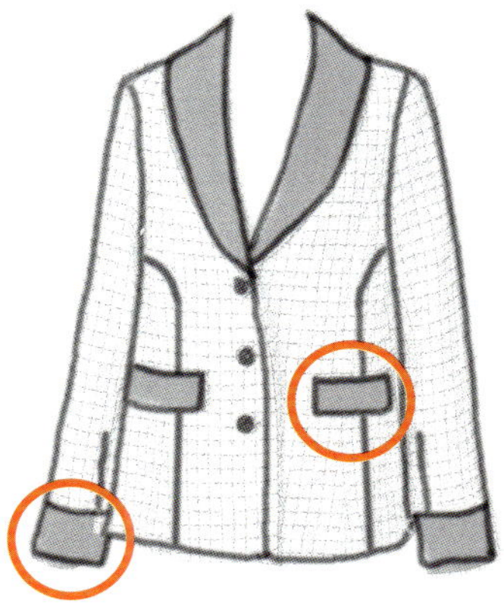

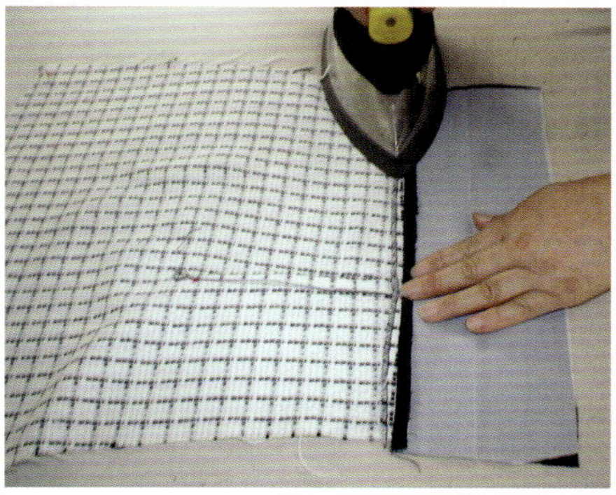

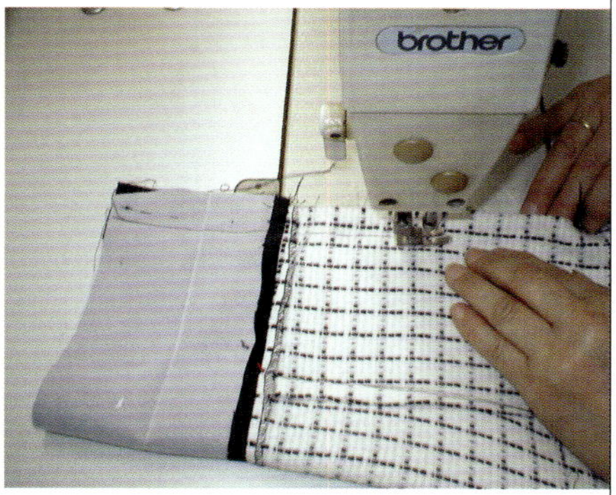

18 소매 포인트단 시접 다림질

연결한 소매 단의 시접을 양쪽으로 눕혀 다림질한다.

19 소매 밑선 박음질

소매 밑선을 박음질한다.

20 주머니 포인트 단(주머니뚜껑) 만들기 ①

주머니 포인트 단을 절반으로 접어 양쪽 끝을 박음질한다.

21 주머니 포인트 단 만들기 ②

뒤집어 안쪽으로 박음선이 살짝 넘어오게 다림질한다.

22 주머니 포인트 단 만들기 ③

주머니 포인트 단의 박음질 안 된 시접선으로 흐트러지지 않게 고정 박음질 해준다.

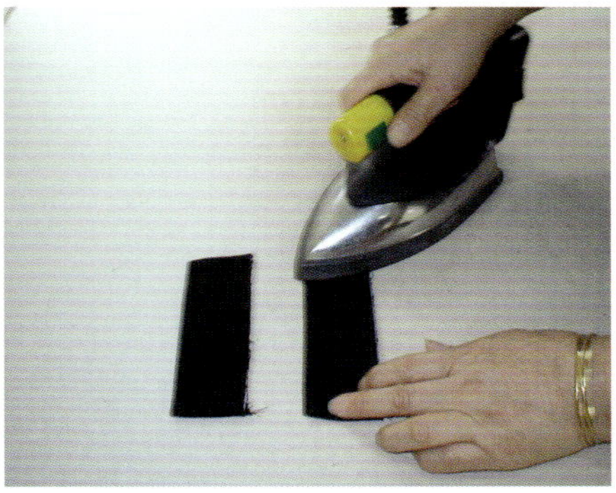

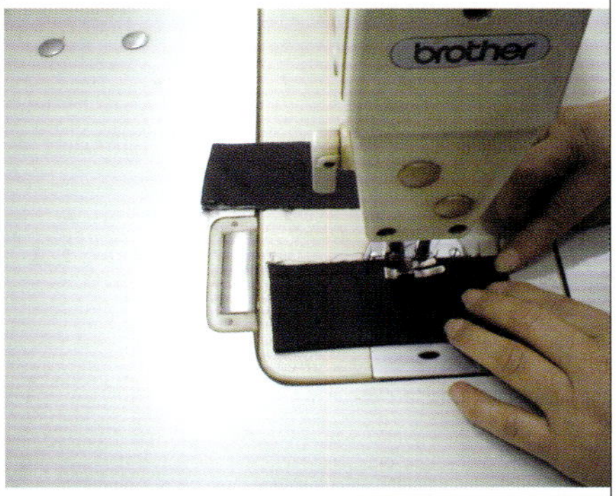

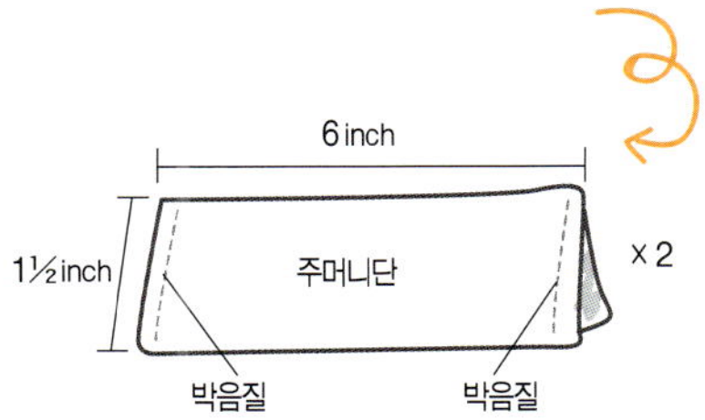

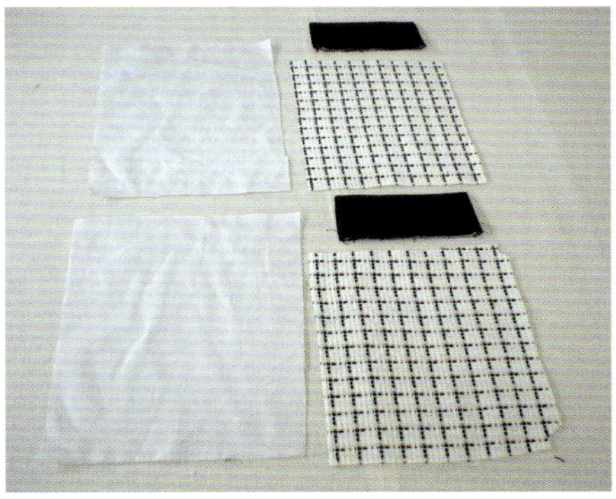

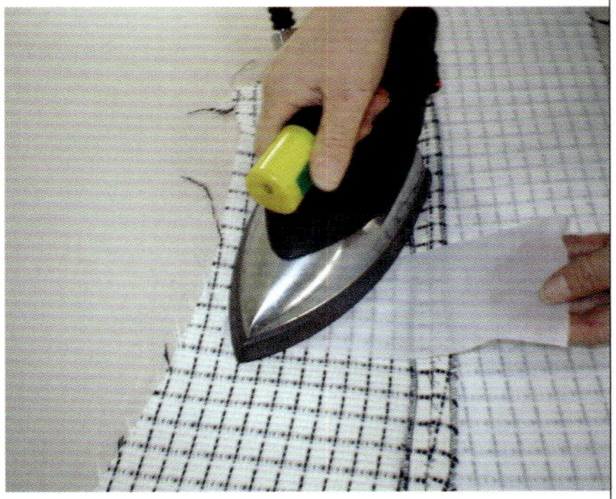

23 주머니 감 준비

주머니 달기에 필요한 천을 준비한다.

24 주머니 표시선에 접착심 붙이기

옷 안의 주머니 표시선 위에 접착심을 붙인다.

03 숄칼라 자켓

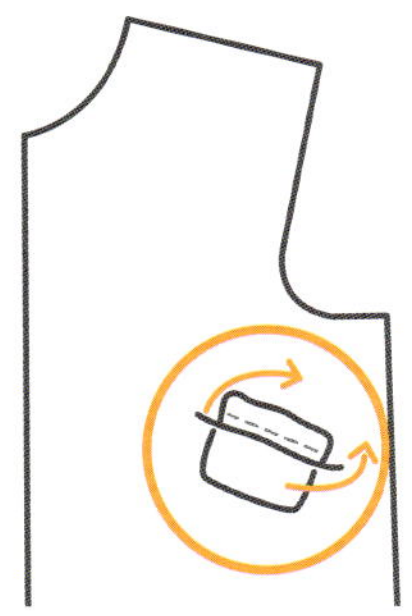

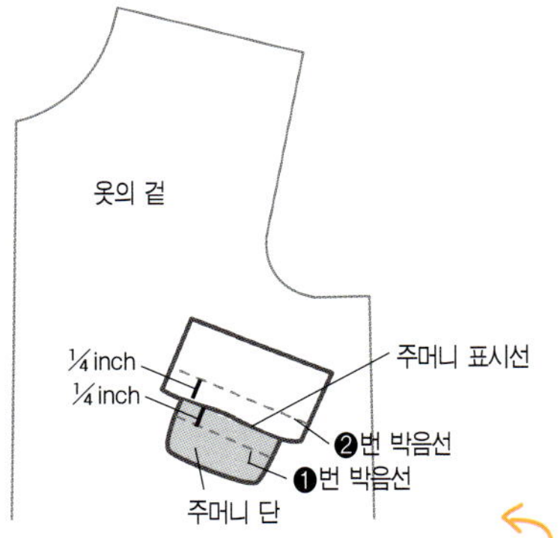

25 주머니 포인트 단 달기

옷의 겉에서 주머니 포인트 단을 아래로 향하게, 포인트 단의 안을 보며 박음질한다.

26 주머니 감 접착싱 붙이기

위쪽으로 붙일 주머니 감의 상단에 접착싱을 붙여준다.

27 주머니 만들기 ①

접착싱이 붙은 면을 위로하여 포인트 단 위쪽에 박음질한다.

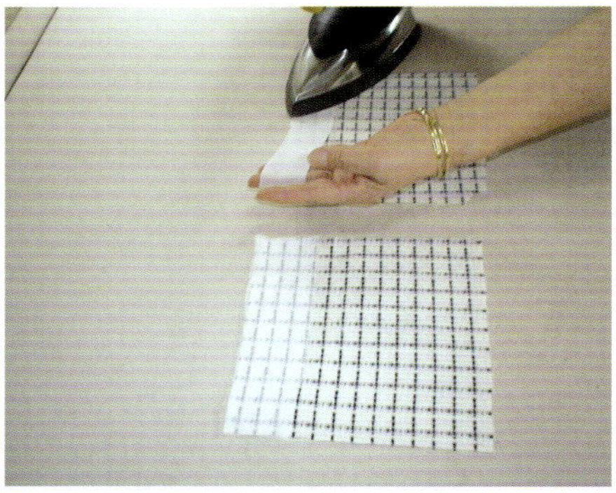

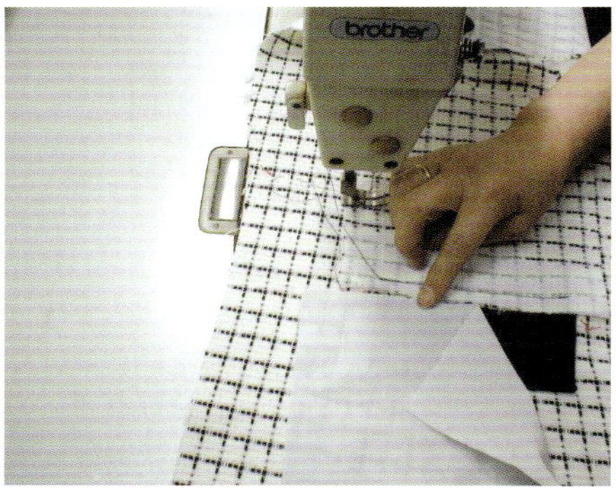

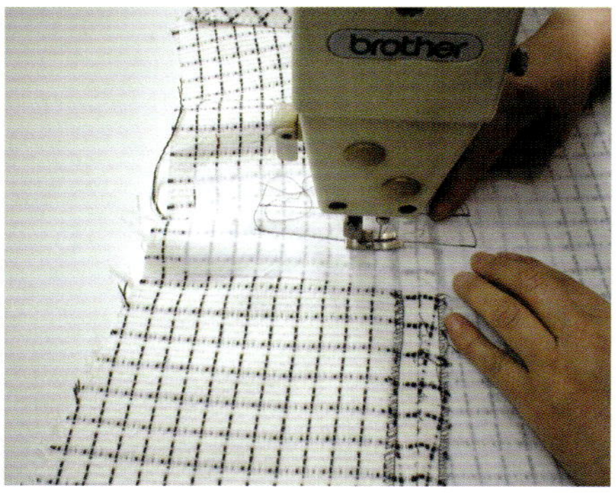

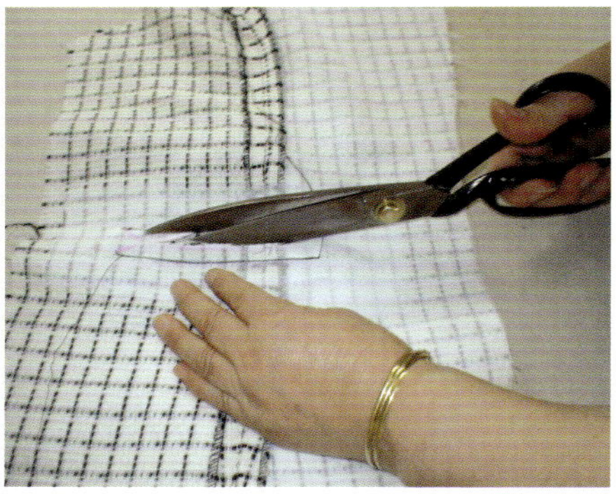

28 주머니 만들기 ②

검정 포인트 단을 주머니감으로 덮어 흐트러지지 않게 시침핀으로 고정시킨다.

29 주머니 만들기 ③

주머니감에 핀을 꽂은채 옷의 안에서 처음 주머니 포인트 단 박음선 위로 한번 더 박음질하여 아래 주머니 감을 달아준다.

30 주머니 만들기 ④

아래, 위 주머니 감의 박음질선의 가운데로 >——< 모양이 되게 가위로 집어준다.

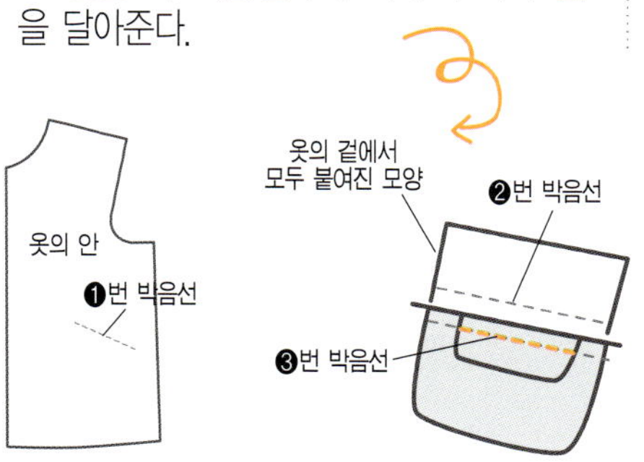

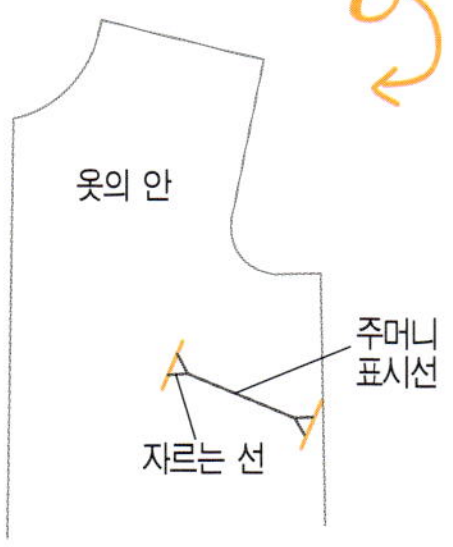

03 숄칼라 자켓

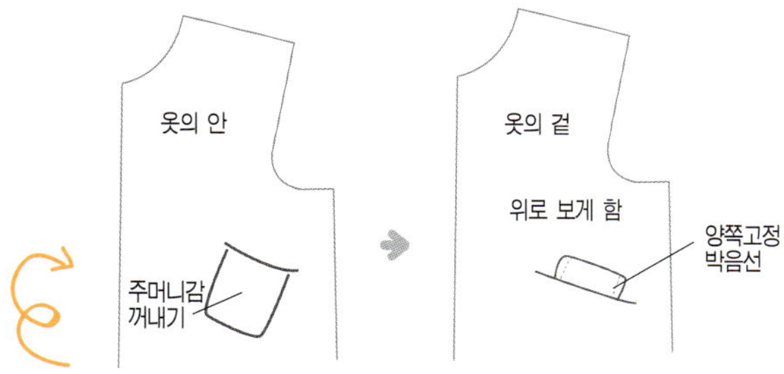

31 주머니 만들기 ⑤

겉쪽 2면의 주머니 감을 옷의 안으로 밀어 넣어 안쪽 위로 주머니 시접이 향하게 다림질하고 검정 포인트 단의 시접은 아래로 향하게 다림질한다.

32 주머니 만들기 ⑥

옷의 겉에서 주머니 포인트 단의 양쪽 끝을 고정 박음질한다.

33 주머니 만들기 ⑦

옷의 안에서 2겹의 주머니 감을 맞잡고 박음질하여 주머니를 마무리한다.

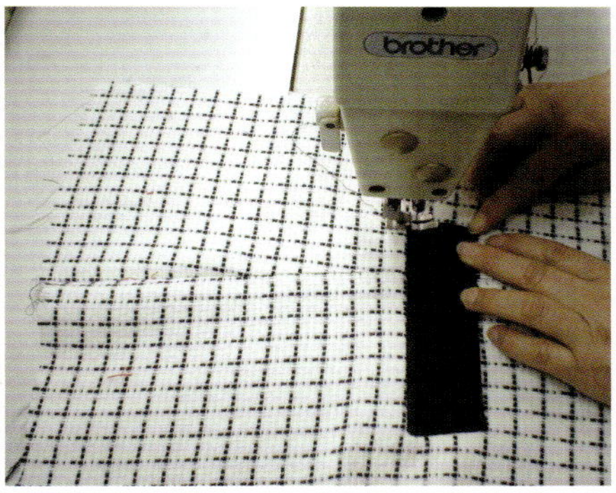

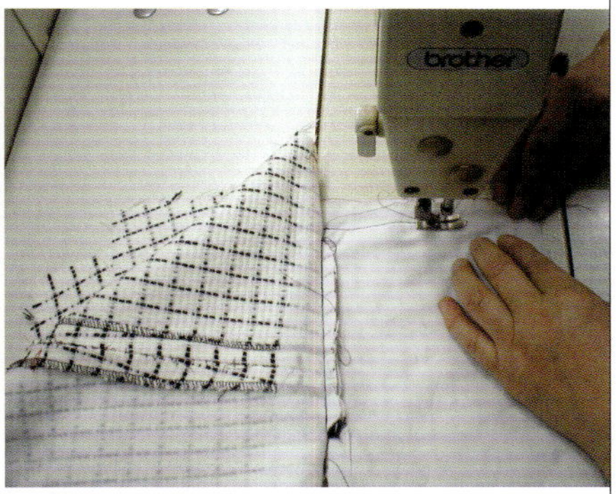

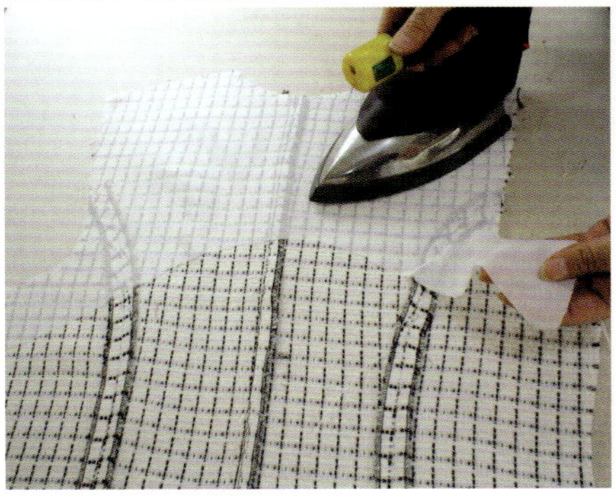

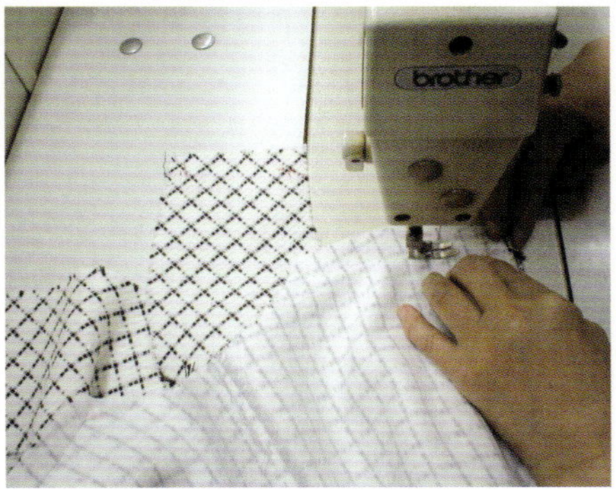

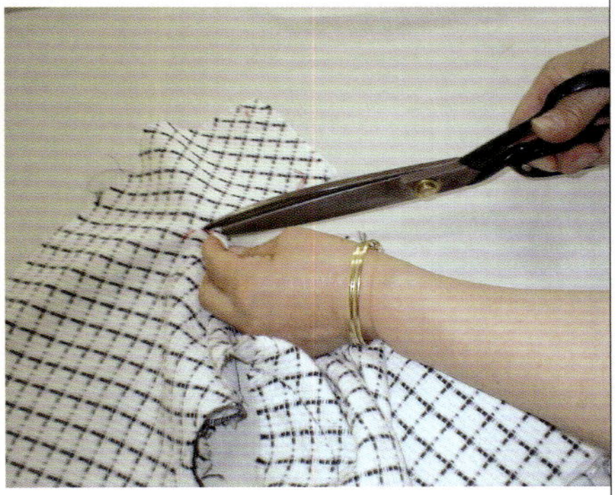

34 뒤 목둘레 접착싱 붙이기

연결하여 박음질 해 둔 뒷면의 목둘레에 접착싱을 붙여준다.

35 어깨선 박음질

어깨선을 박음질한다.

36 칼라, 어깨선 가르기

[그림 1]의 Ⓐ점의 시접 1cm($\frac{3}{8}$ inch)를 가위 끝으로 집어 준다.

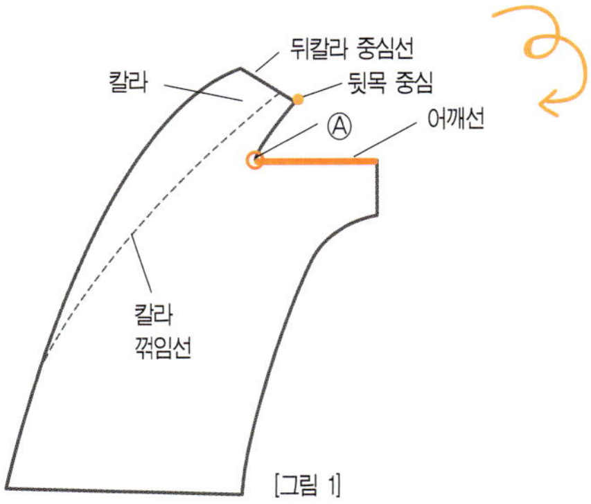

[그림 1]

03 숄칼라 자켓

37 뒤 칼라 중심 박음질

뒤 칼라 중심선을 박음질한다.

38 칼라 시접 다림질

박음질한 중심선 시접을 양쪽으로 눕혀 다림질한다.

39 칼라달기

[그림 1]의 Ⓐ점에서 뒷목 중심점을 지나 다른쪽 Ⓐ점까지 몸판과 칼라를 연결하여 박음질한다.

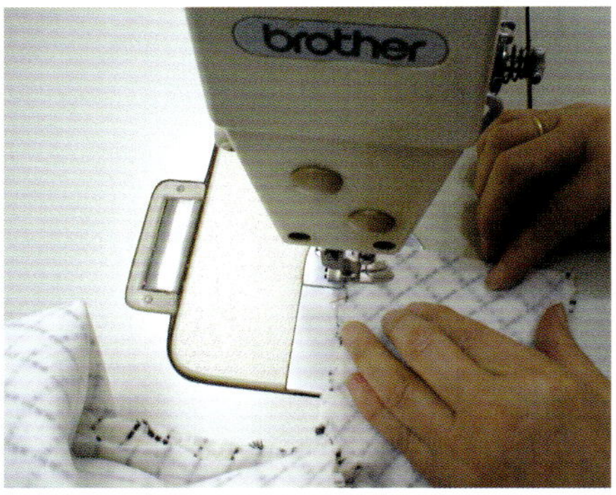

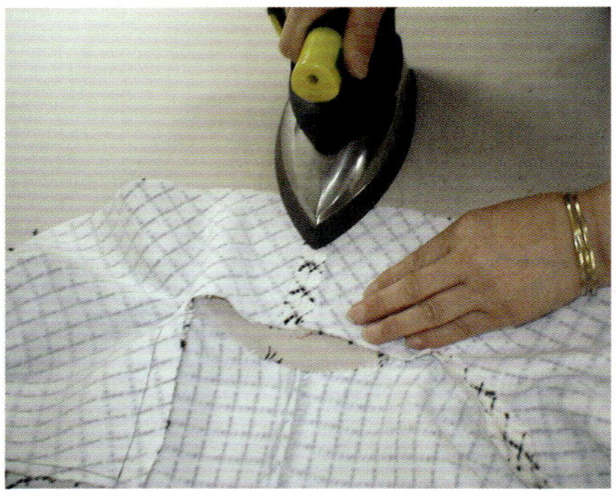

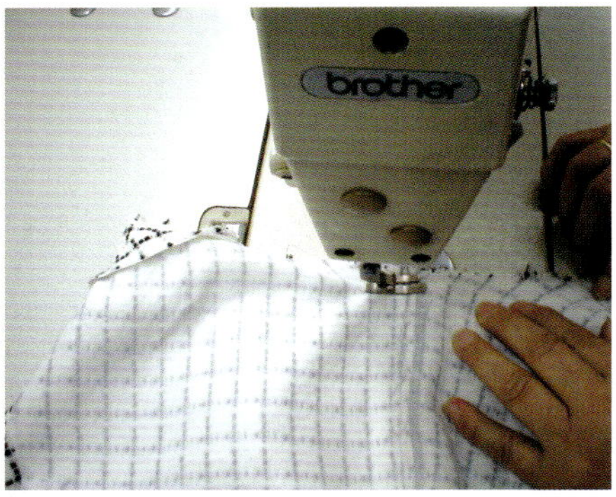

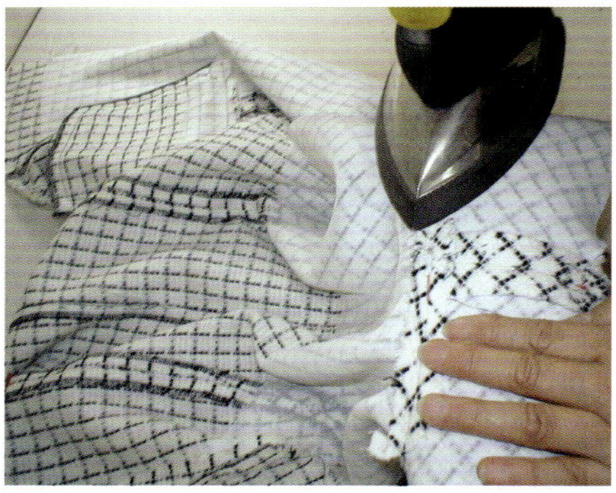

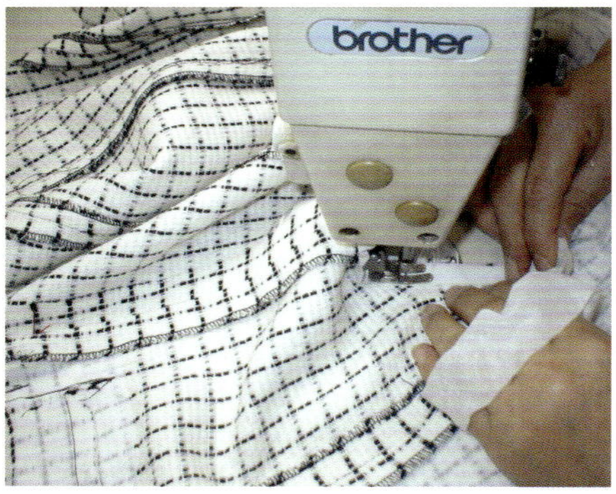

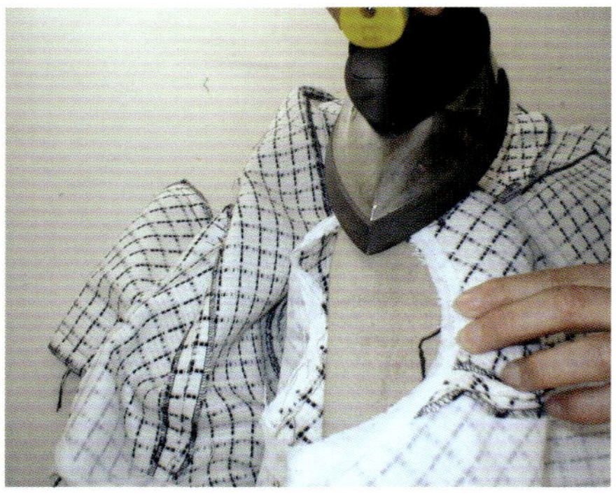

40 칼라 시접 다림질

몸판에 칼라를 단 후 시접을 우마 위에 올려 양쪽으로 눕혀 다림질한다.

41 진동둘레 접착싱 붙이기

소매 진동 둘레가 늘어나지 않게 바이어스 방향으로 폭 2.5cm(1inch)의 접착싱을 잘라 접착이 되는 면을 밑쪽으로 하여 당겨 가며 돌려 박음질한다.

42 소매진동 접착싱 다림질

진동 둘레로 돌려 박은 접착싱을 다림질하여 붙여준다.

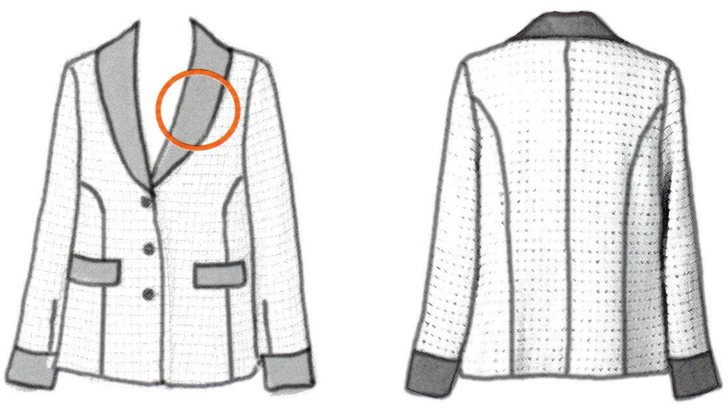

03 숄칼라 자켓

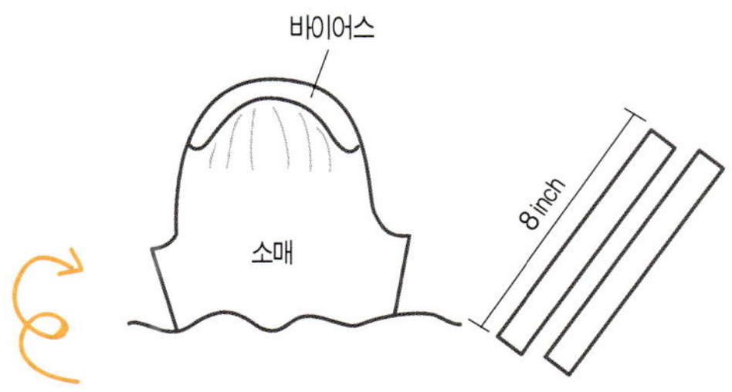

43 소매산 바이어스 테이프 돌리기

겉감과 동일한 천으로 세로 2.5cm(1 inch), 가로 20cm(8 inch)의 바이어스 천을 2개 준비한다. 준비된 바이어스 천의 $\frac{1}{2}$점을 소매산 꼭지점에 맞추어 소매의 안쪽에서 바이어스 천을 당기며 박음질하여 소매산을 오목하게 하여 준다.

44 소매 달기

소매산 꼭지점과 어깨점을 맞추어 옷의 진동 둘레보다 소매 둘레에 여유(이세량)를 주어가며 달아준다.

45 앞 안단, 안감 연결

안단과 안감을 연결하고 옷의 겉에서 눌림 박음질한다.

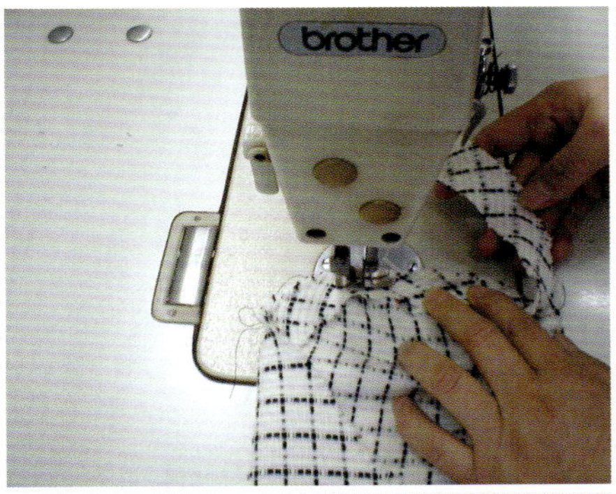

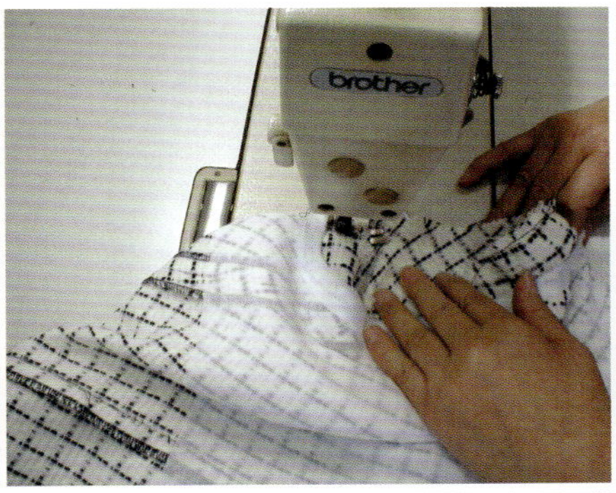

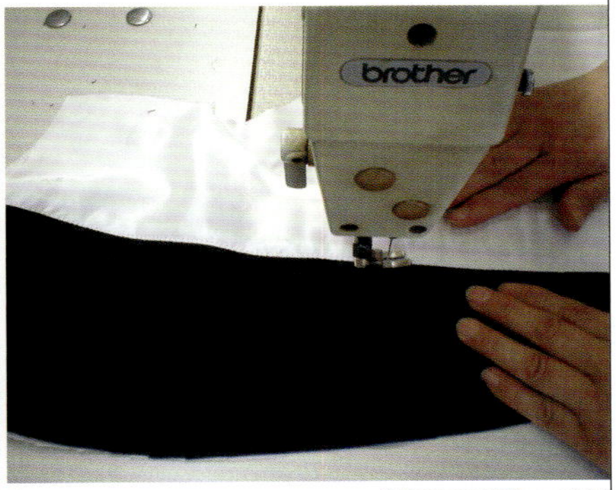

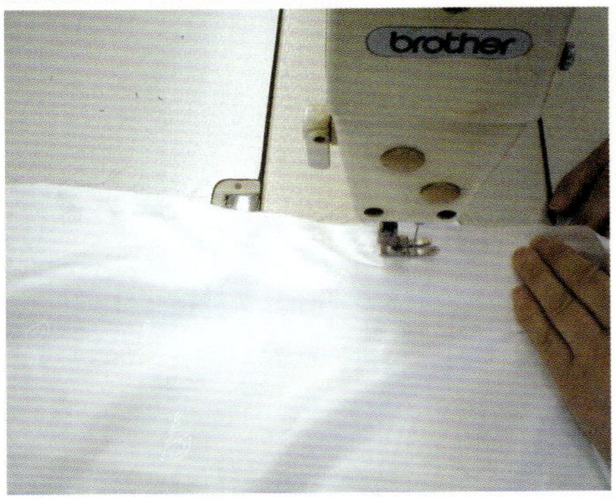

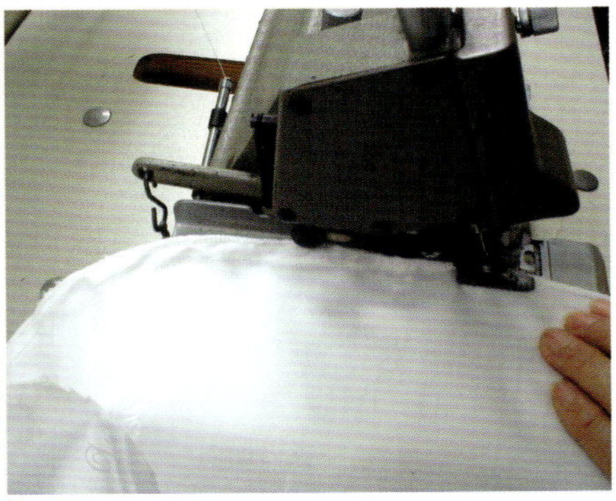

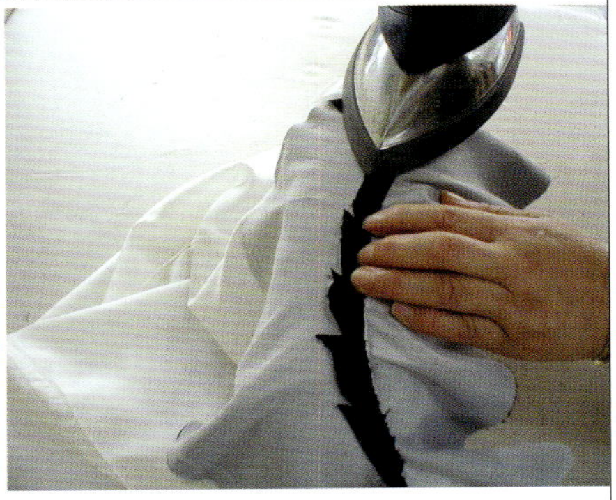

46 안감 연결 박음질

안의 앞, 뒷면, 어깨선을 연결 박음질한다.

47 안감 오버룩 처리

붙여진 안감의 시접을 오버룩 처리한다.

48 안감 다림질

안감의 목둘레선에 칼라를 붙여 박음질한다. 둥근 목둘레 시접을 가위 끝으로 일정한 간격을 두어 집어주고 목둘레 시접을 양쪽으로 눕혀 다림질한 후 안감의 모든 시접도 다림질한다.

03 숄칼라 자켓

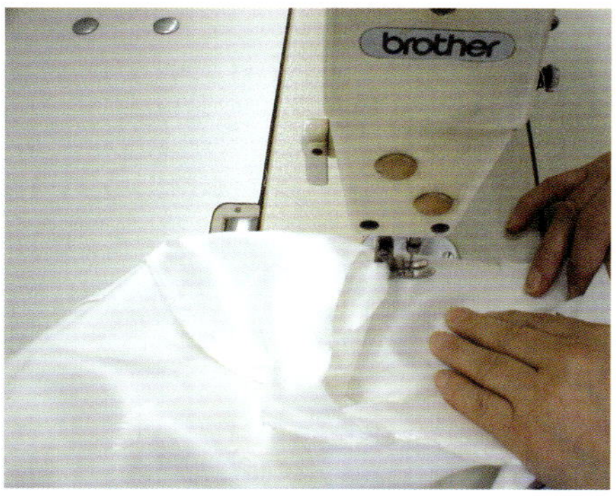

49 안감 소매 달기

겉과 동일한 방법으로 안감 소매를 달아준다.

50 안 모양

만들어진 안의 모양이다.

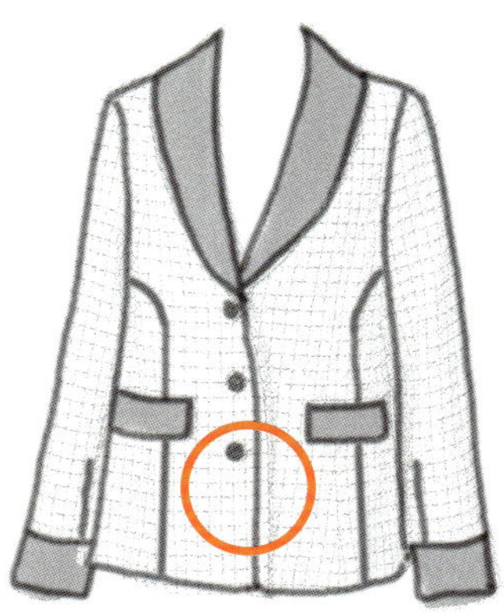

51 앞섶 붙이기

검정 안섶을 아래에 놓고 접착 심을 붙인 옷의 겉면을 위에 올려 위의 겉면을 살짝 당겨 아래의 안섶에 약간의 여유가 생길정도로 앞섶, 목 칼라 전체를 박음질한다.

52 앞섶 시접 다림질

옷의 안에서 박음질된 앞섶 시접을 우마 위에 올려 양쪽으로 눕혀 다림질한다.

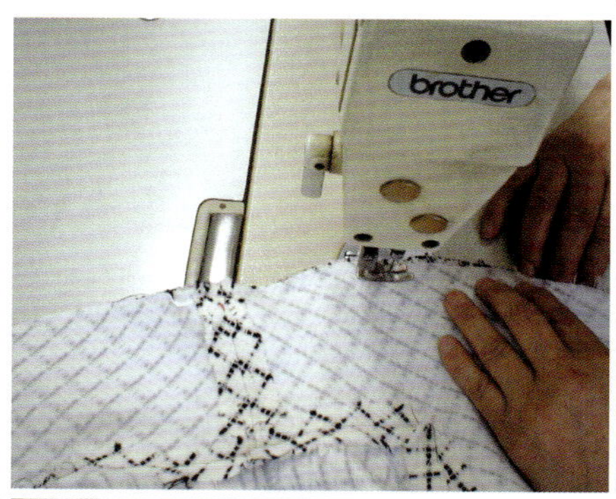

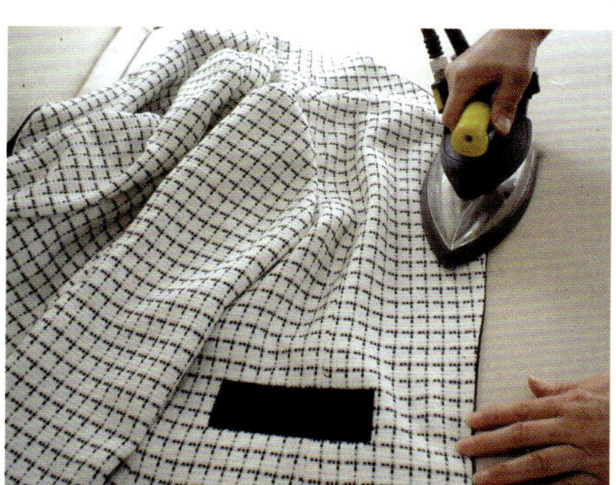

53 앞섶 다림질

옷의 겉면에서 안단의 검정선이 0.3cm($\frac{1}{8}$inch)보이게 다림질하여 준다. (파이핑 효과)

54 소매기장 안과 겉 연결

소매를 뒤집어 소매 포인트 단과 시접 끝선으로 안과 연결 박음질한다.

03 숄칼라 자켓

55 소매 기장 고정 바느질

소매의 안 기장이 밀려 나오지 않게 시접 끝으로 손바느질하여 고정시킨다.

56 칼라 고정 바느질

목둘레의 겉 칼라 시접과 안칼라 시접을 마주잡고 손바느질로 고정시킨다.

57 기장 시접처리

기장 표시선 아래의 시접에 접착심을 붙인다.

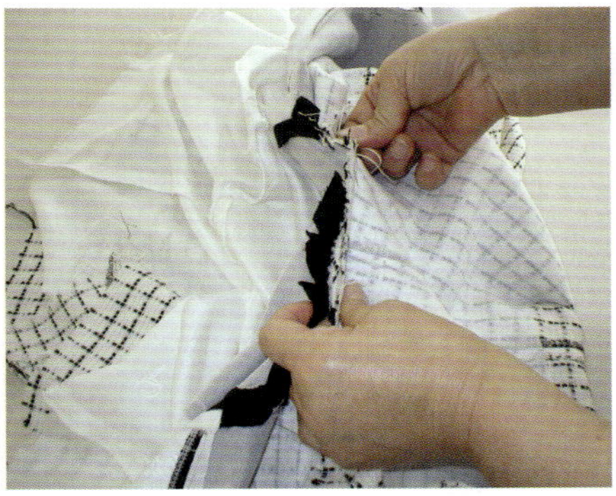

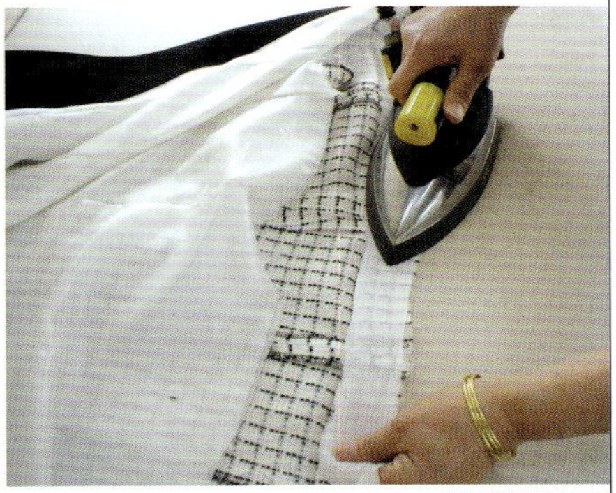

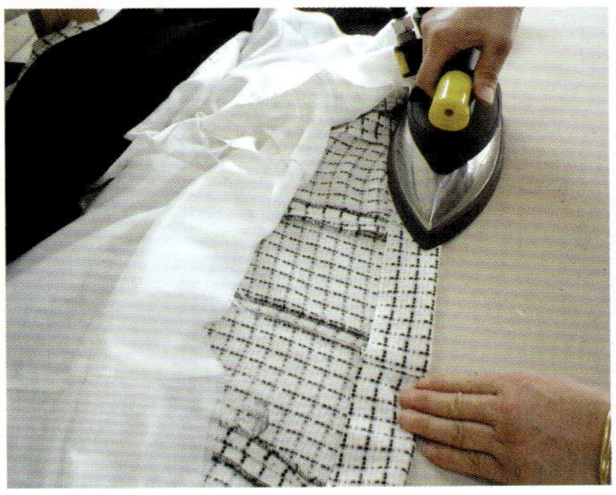

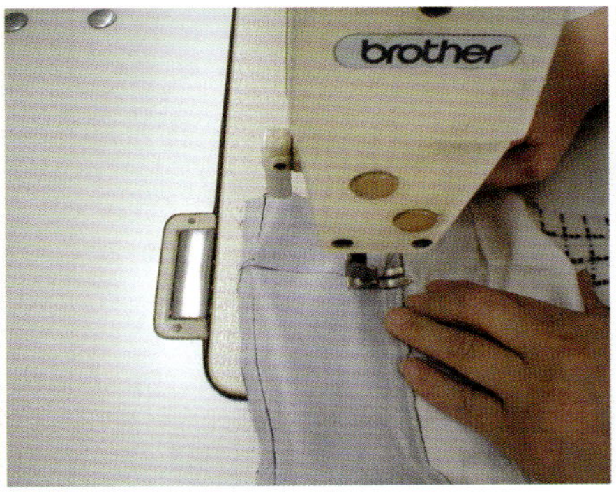

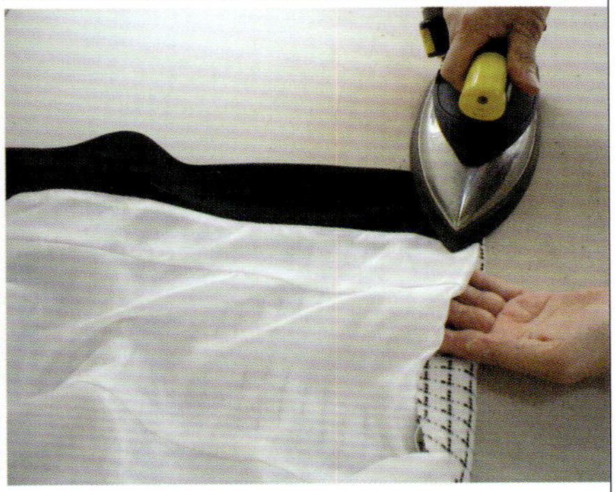

58 기장 다림질

기장 표시선 따라 다림질한다.

59 앞섶 박음질

앞섶 기장 다림선 따라 앞섶 안단까지 가로 박음질한다.

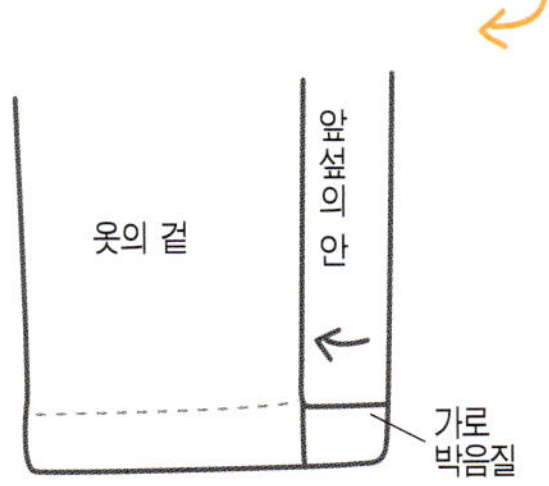

60 앞섶 다림질

앞섶 기장 박음질이 잘 되었는지 확인하여 다림질한다.

03 숄칼라 자켓

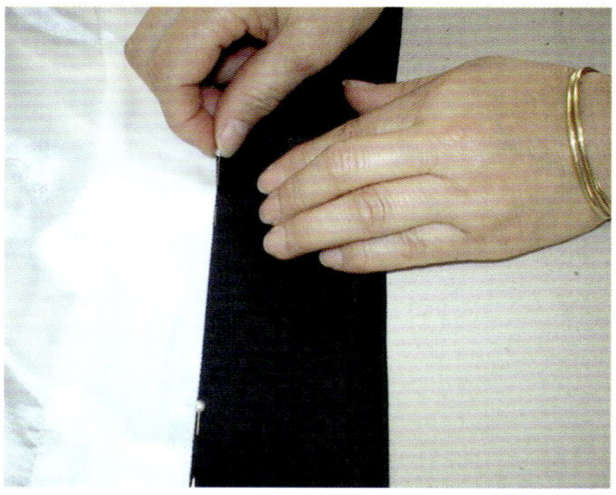

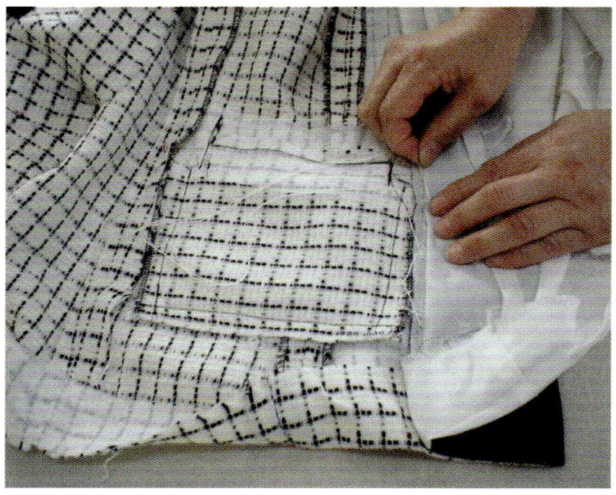

61 앞섶 고정 ①

옷의 안에서 앞섶과 안감의 경계에 핀을 꽂아 준다.

62 앞섶 고정 ②

안을 뒤집어 안단선을 따라 손바느질하여 고정시킨 후 시침핀을 뽑는다.

63 기장 마무리

안의 시접 끝과 겉 기장 시접 끝을 연결 박음질하여 기장을 마무리한다.

64 기장 고정바느질

옷의 안쪽 절개선 마다 손바느질하여 기장선을 고정 바느질한다.

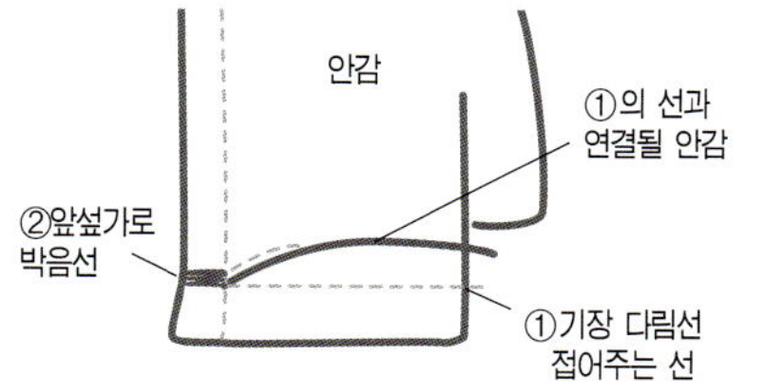

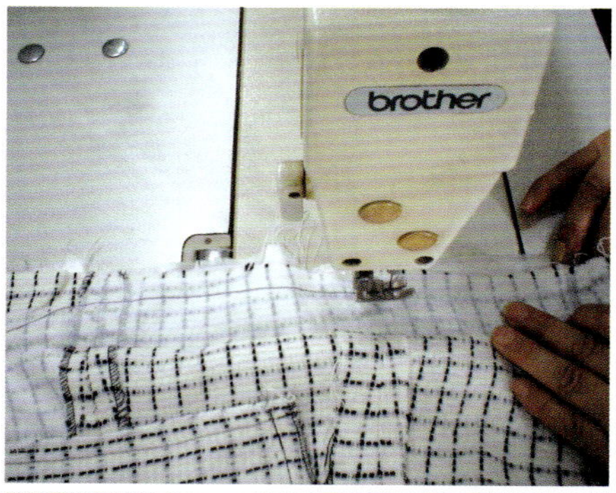

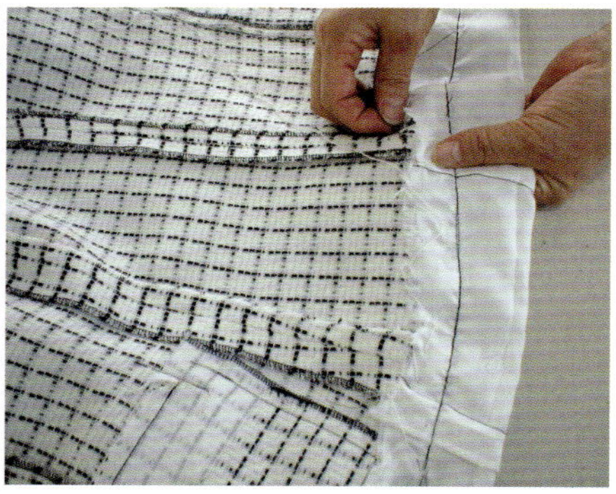

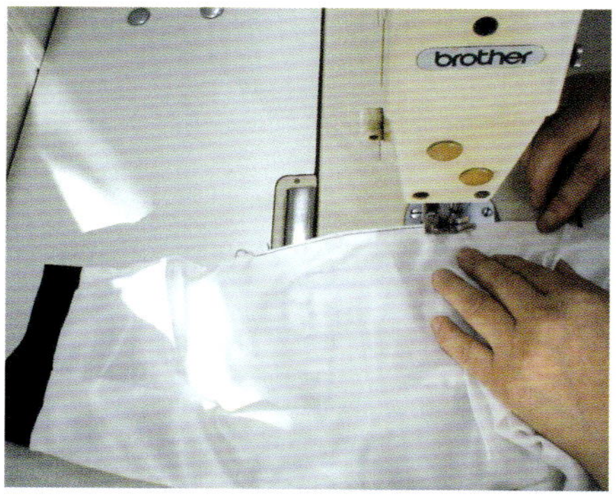

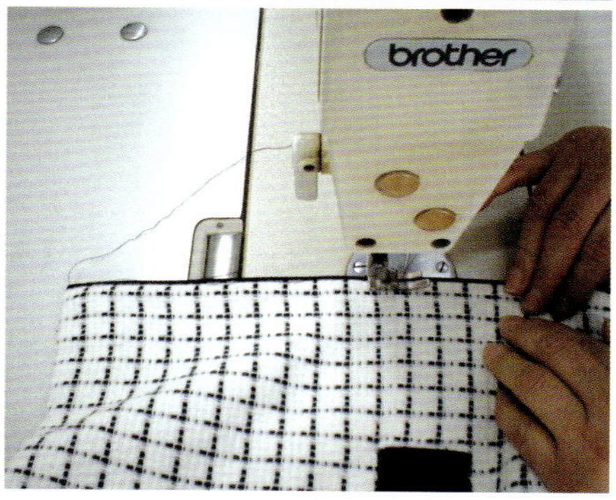

65 소매 트임 숨구멍 막기

기장이 마무리 되면 안소매 트임 부분으로 뒤집어 안소매 밑쪽 겉에서 숨구멍을 박음질하여 마무리한다.

66 앞섶 눌림 박음질

아래에서부터 단추선까지 검정 파이핑 위로 눌림 박음질한다.

03 숄칼라 자켓

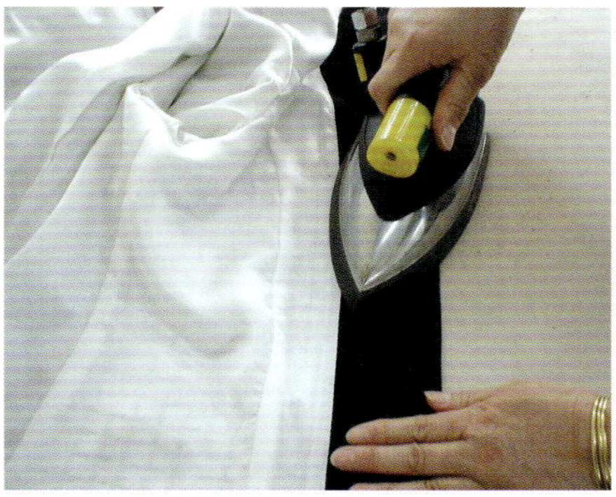

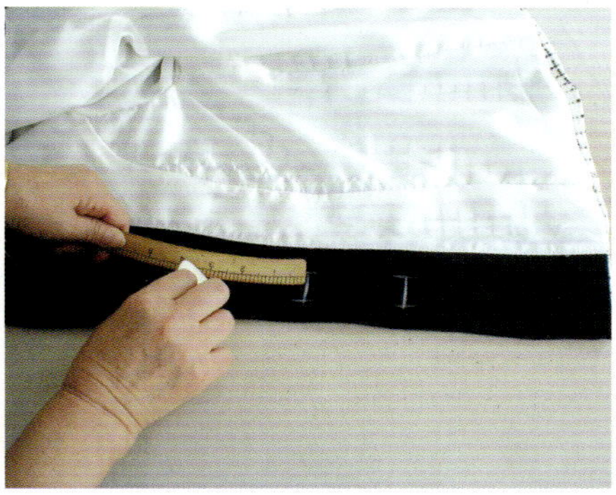

67 앞섶 다림

앞섶 눌림 박음질한 곳을 다림질 한다.

68 여자 상의 단추 구멍 표시

옷의 오른쪽 안면의 시접 다림선에서 가로 2cm($\frac{3}{4}$inch) 뛰우고 세로 7.6cm(3inch) 간격으로 단추 구멍 표시 3개를 한 후 단추 구멍을 만든다.

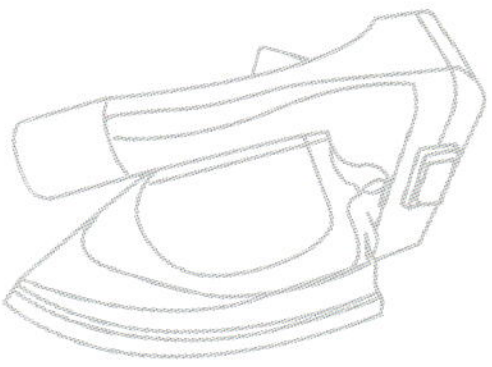

69 단추 달 위치 표시

앞섶을 나란히 하여 단추 구멍 표시된 곳을 기준으로 반대쪽에 단추 달 곳을 표시한다.

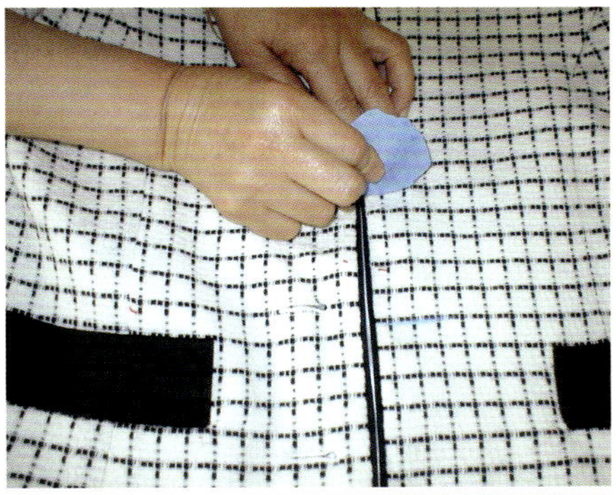

70 단추 달기

옷의 안쪽에 속단추를 받쳐 단추를 헐렁하게 달아 위의 단추 사이로 실을 몇 번 돌려 감아 단추를 단다.

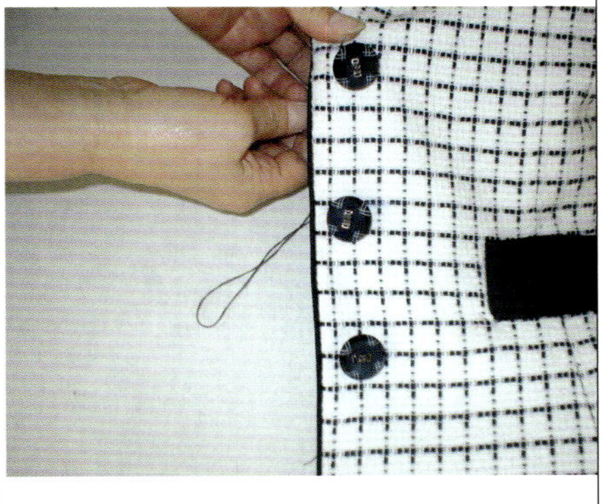

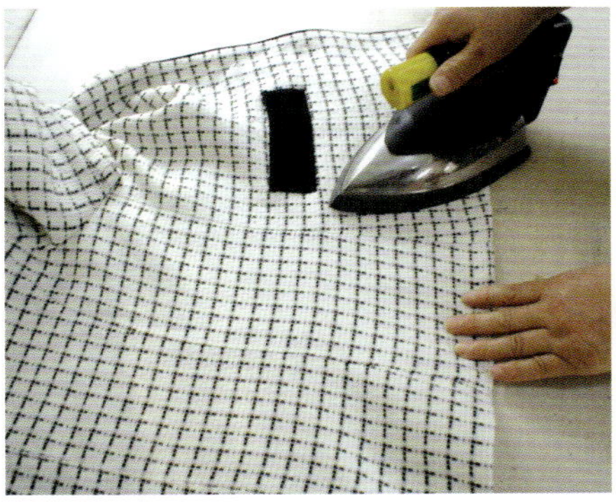

71 마무리 다림질

전체를 마무리 다림질한다.

72 완성

완성

Making Coats

코트만들기

* A라인 코트

A라인 코트

01 A라인 코트

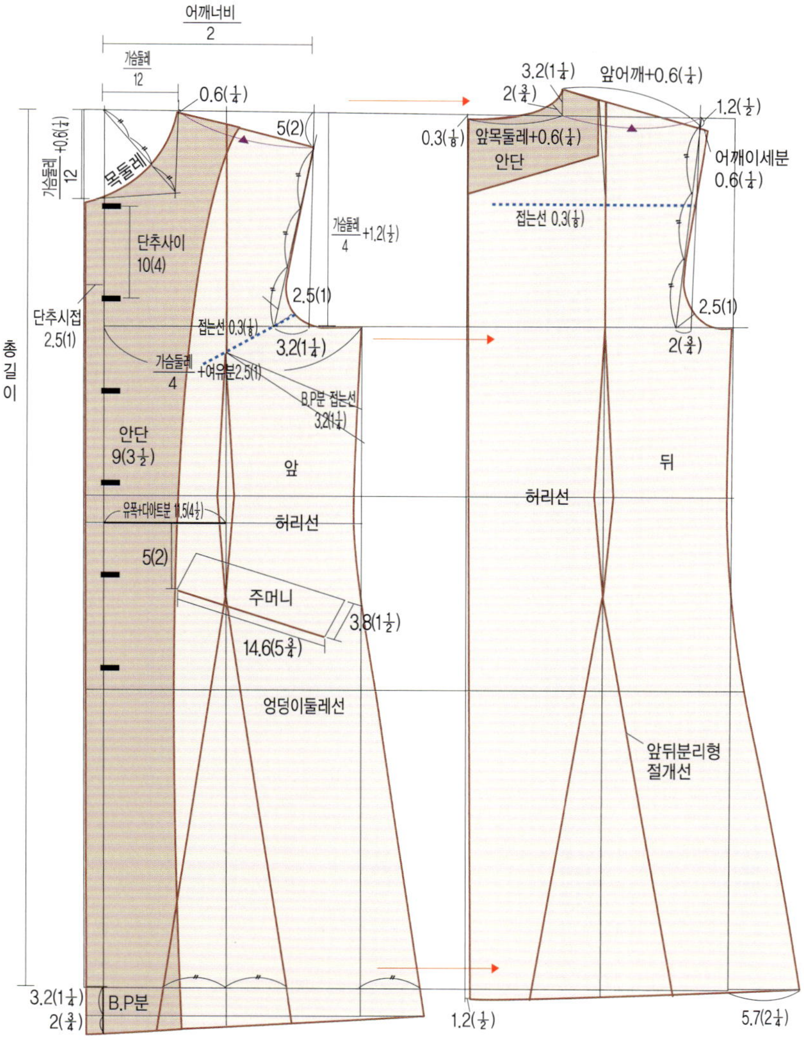

※ 갈색선은 절개선임
※ 단위 cm, 괄호안 inch임

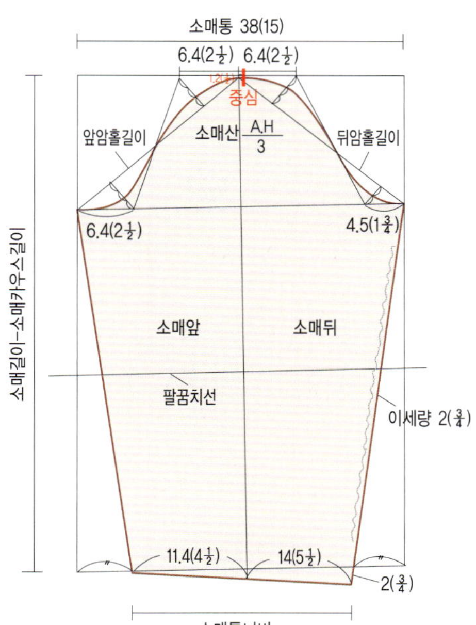

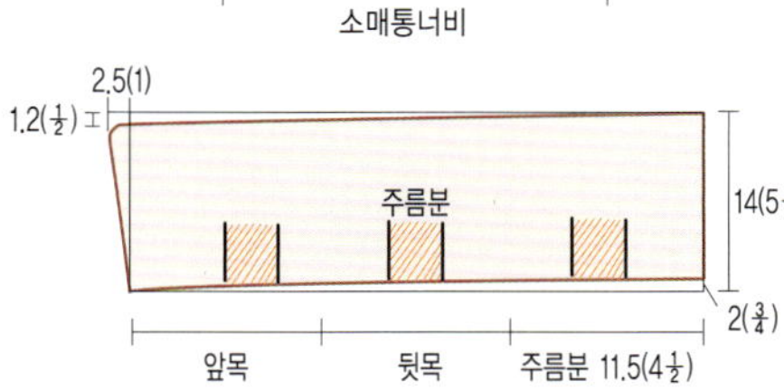

종이 재단하기

■ 신체치수

- 어깨넓이 – 38cm(15인치)
- 팔꿈치길이 – 34.3cm(13 1/2 인치)
- 소매길이 – 58.4cm(23인치)
- 등품 – 35.5cm(14인치)
- 허리선길이 – 40.6cm(16인치)
- 상의총길이 – 106.7cm(42인치)
- 앞품 – 33cm(13인치)
- 윗가슴둘레 – 86.4cm(34인치)
- 가슴둘레 – 91.5cm(36인치)

■ 필요옷감

- 44인치 (112cm) 폭 – 3마 (270cm)
- 60인치 (152cm) 폭 – 2마 5치 (225cm)

01 A라인 코트

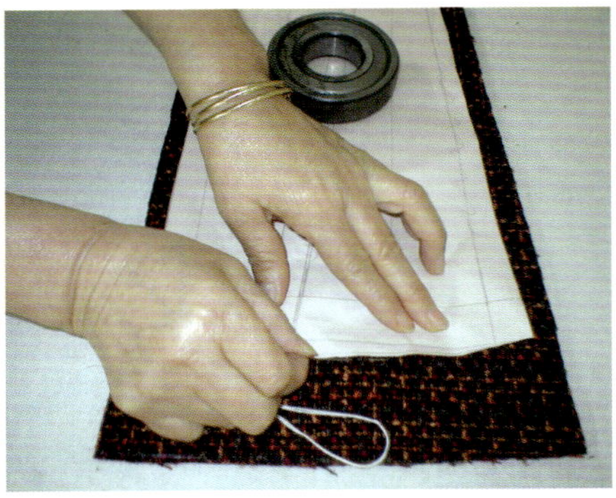

1 자리배치

절반으로 접은 원단에 재단 종이를 올려 재단 자리를 정해 본다. 재단이 될 만큼 접어준 후 아래, 위폭의 간격을 맞추고 종이 재단을 놓아 상동선을 기준으로 직각을 구한 후 천 재단을 한다.

2 시침 뜨기

천 재단을 한 후 천의 윗면, 아랫면에 동일한 시침표시를 한다.

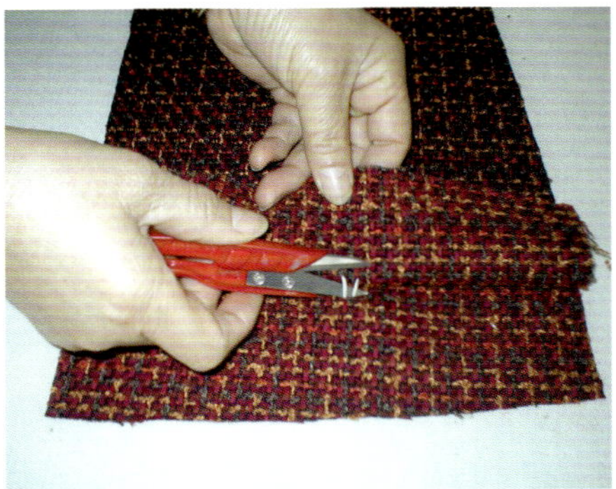

3 시침 가르기

접은 천의 윗면을 살짝 들어 시침 가르기를 한다.

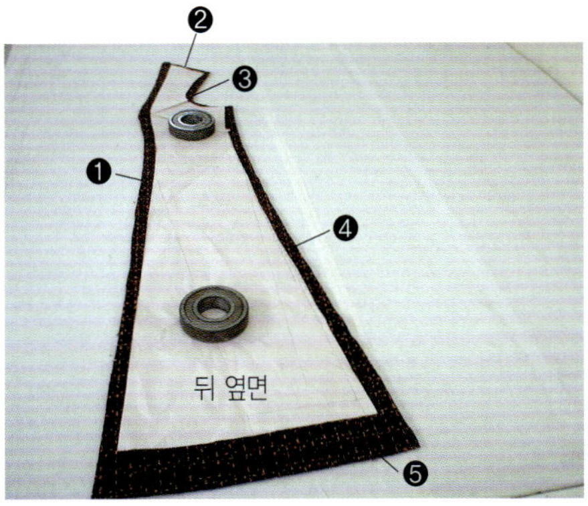

4 앞 옆면 시접주기

*앞면 시접과 뒤 옆면 시접은 동일

①, ②는 2cm($\frac{3}{4}$inch)
③은 1cm($\frac{3}{8}$inch)
④는 3.2cm($1\frac{1}{4}$inch)
⑤는 5cm(2inch) 준다.

*뒷면 시접주기

뒤 중심선 시접은 절개하는 선이 아니므로 위쪽 1.2cm($\frac{1}{2}$inch), 아래쪽 2.5cm(1inch)시접만 주고 천 재단한다.

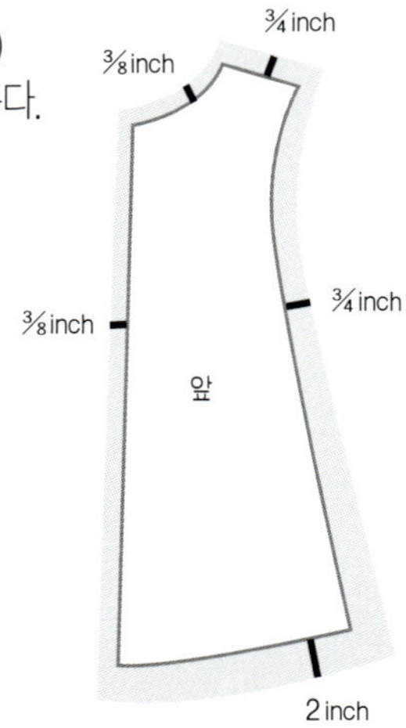

[그림 1]

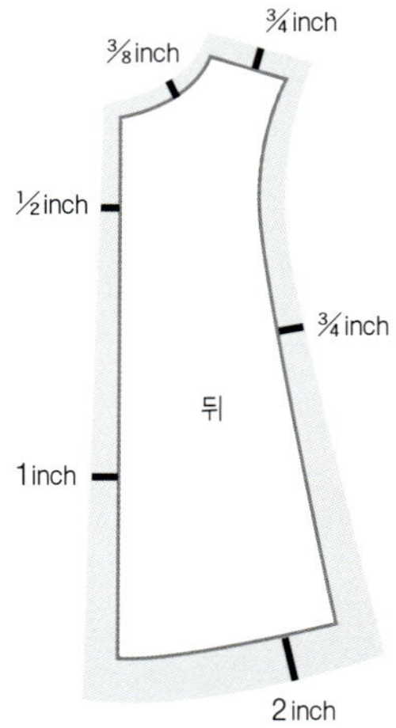

[그림 2]

01 A라인 코트

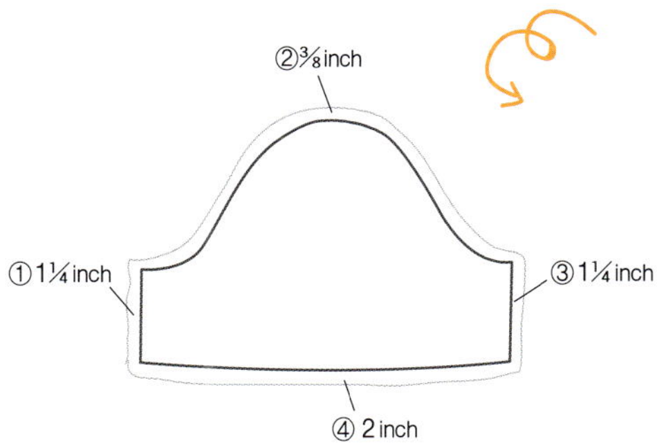

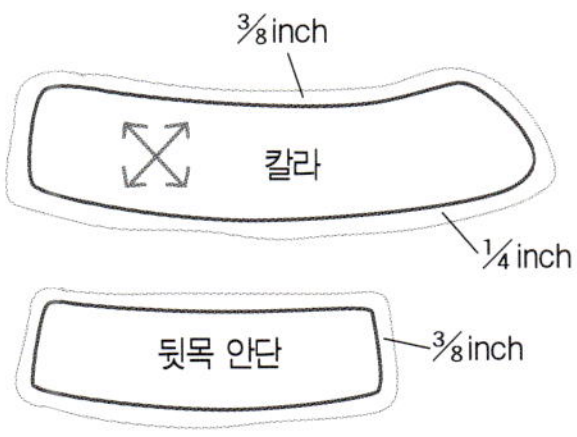

[그림 1]

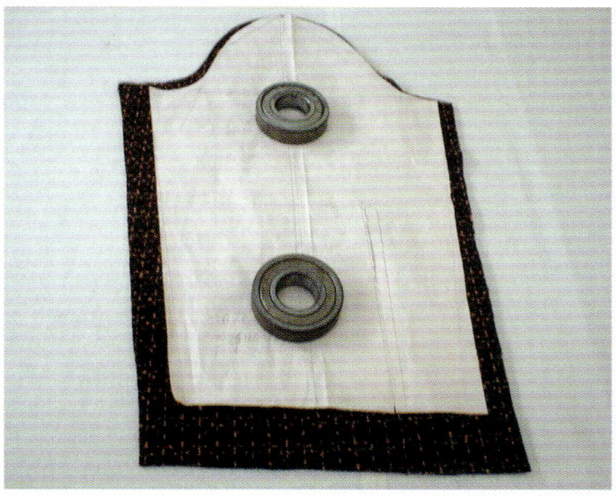

5 소매, 칼라 시접주기

[그림 1]과 같다.

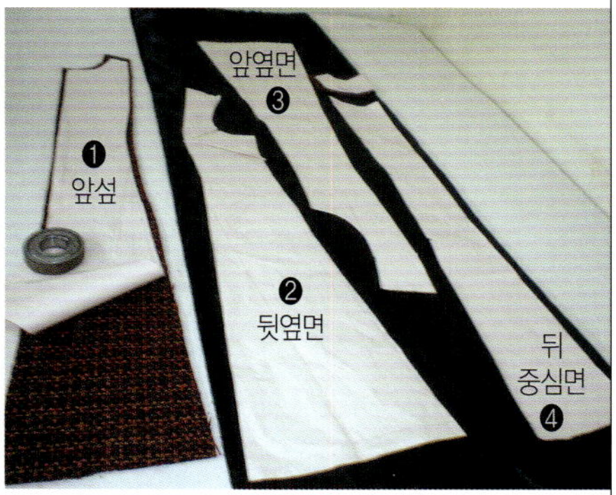

6 안단 천 재단

①-앞섶은 안감 천이 아닌 본 천으로 준비한다.
②, ③, ④-안감 천으로 준비하고 시접은 겉감의 시접과 동일하게 주어 재단한다.

7 소매 안감 재단

소매 안감의 시접은 소매 겉감의 시접과 동일하게 주는데, 기장 시접만 1.2cm($\frac{1}{2}$inch) 준다.

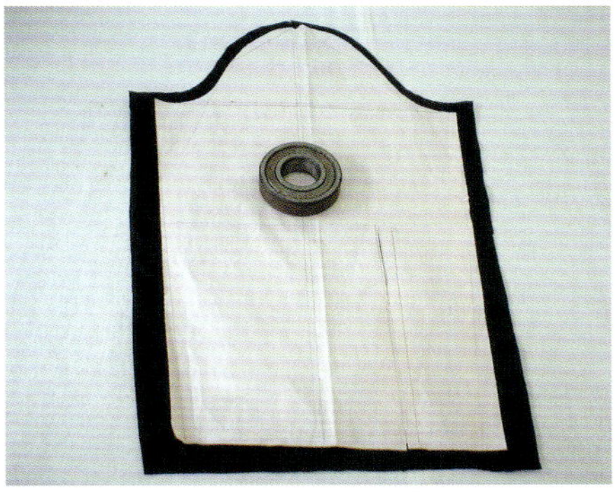

8 접착심 준비

2겹의 접은 접착심에 칼라, 앞 안단, 뒷목 안단을 놓고 자른다.

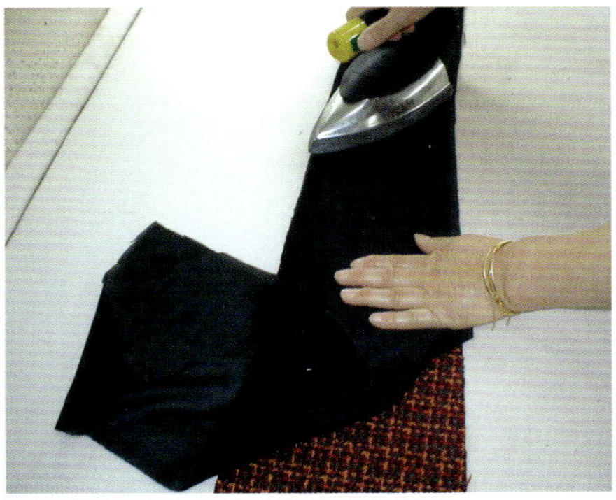

9 접착심 붙이기

다림질하여 접착심을 붙여준다.

10 접착심 붙인 모양

앞 안단 2면, 겉칼라면, 뒷목안단 1면에 접착심을 붙인 모양이다.

01 A라인 코트

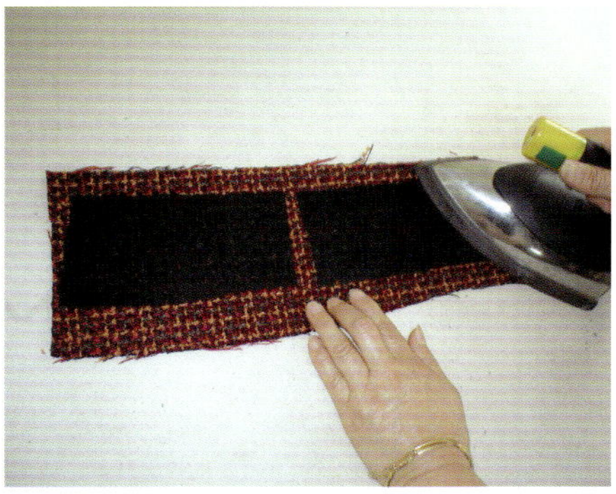

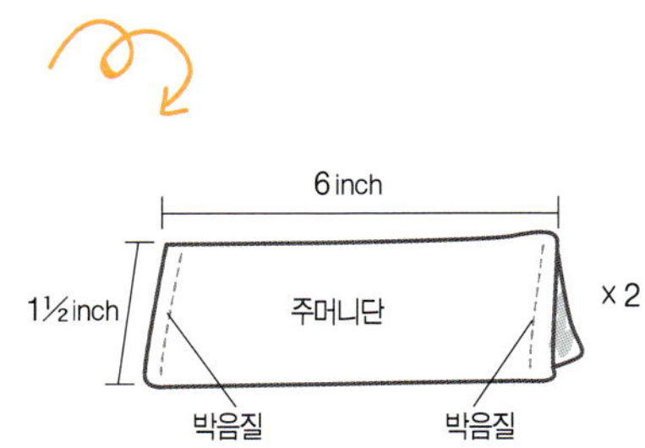

11 주머니단 접착싱 붙이기

주머니단을 준비하여 접착싱을 붙여준다.

12 주머니 만들기 ①

접착싱이 붙여진 주머니단을 절반으로 접어 양끝을 박음질한다.

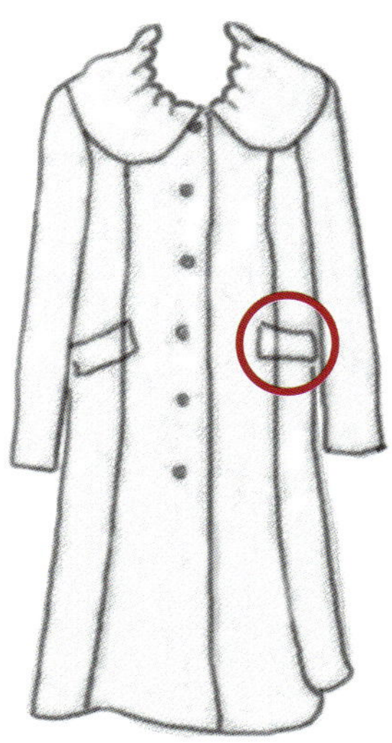

13 주머니 만들기 ②

뒤집어 박음선이 겉에서 보이지 않게 안으로 살짝 밀어 다림질한다.

14 시접 다림질

(원단의 무늬를 맞추어야 할 때)

시접표시선 따라 다림질을 먼저 해 준 다음 그 위로 박음질하면 무늬 맞추기가 쉽다.

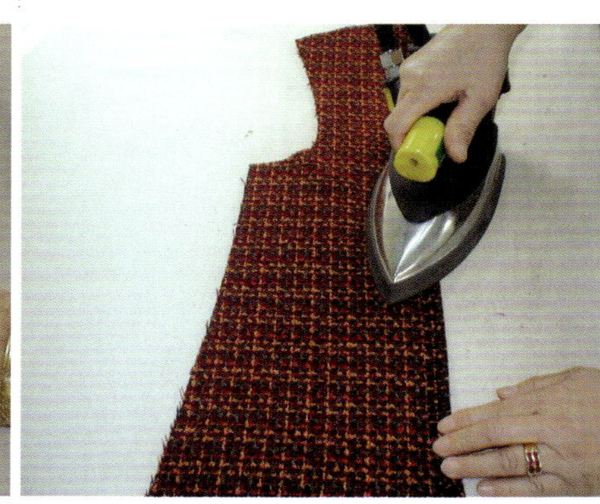

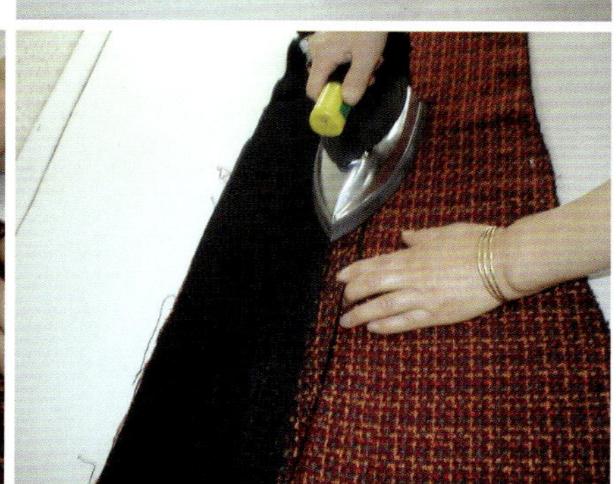

15 절개선 박음질

14에서 다림질한 면을 위에 놓고 붙일 면을 아래에 두어 윗면을 살짝 들어 무늬를 맞추며 시접 다림선 위로 박음질한다.

16 시접 다림질

무늬를 맞춰 박음질한 시접은 양쪽으로 눕혀 다림질한다.

01 A라인 코트 <<<

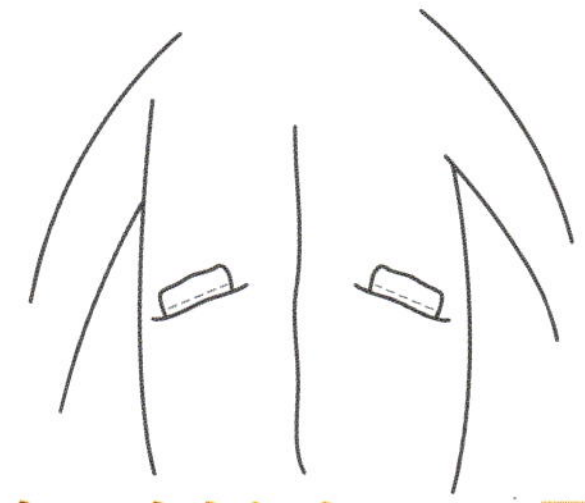

17 주머니자리 접착싱 붙이기

옷의 안쪽에서 주머니 표시선 따라 주머니 입구보다 넓게 접착싱을 붙인다.

18 주머니단 고정박음질

박음질이 안 된 주머니 단 밑부분을 0.6cm($\frac{1}{4}$inch) 시접 간격을 두고 박음질하여 고정시킨다.

19 주머니감 준비

①은 주머니단을 먼저 붙인 후 겹쳐 붙여줄 면
②는 옷의 위쪽에 붙일 면

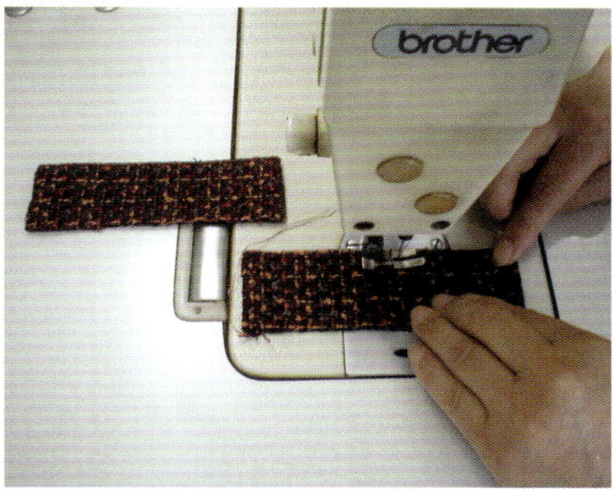

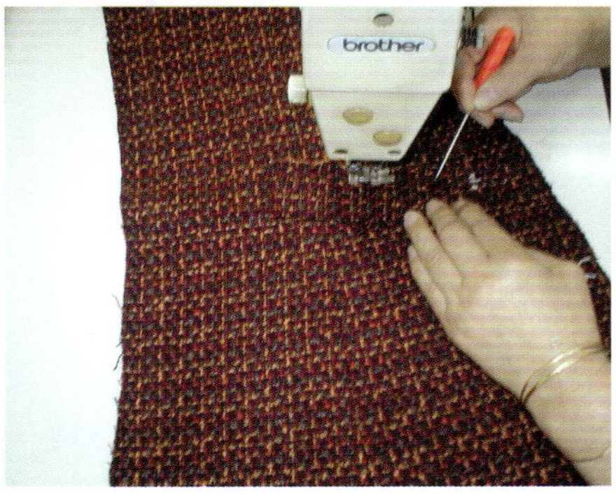

20 주머니단 붙이기

옷의 겉면에서 주머니단의 겉을 마주 보게하고 주머니 표시선에 맞춰 박음질한다.

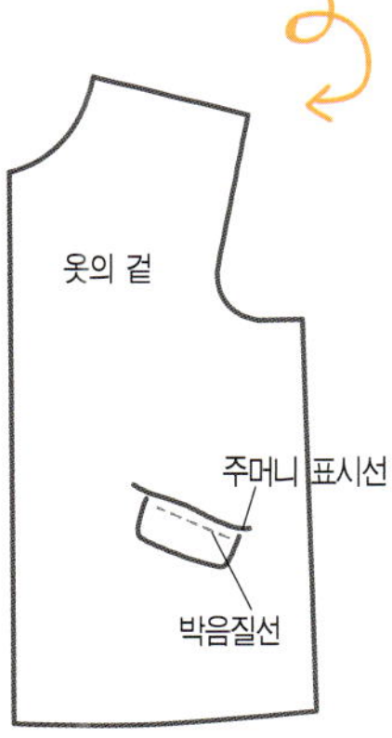

21 주머니 만들기 ①

옷의 겉에서 먼저 붙여둔 주머니단 시접 끝을 맞추어 준비된 주머니감 ②를 위쪽에 놓아 옷의 겉과 주머니감 겉을 맞대어 시접 0.6cm($\frac{1}{4}$inch) 선으로 박음질한다.

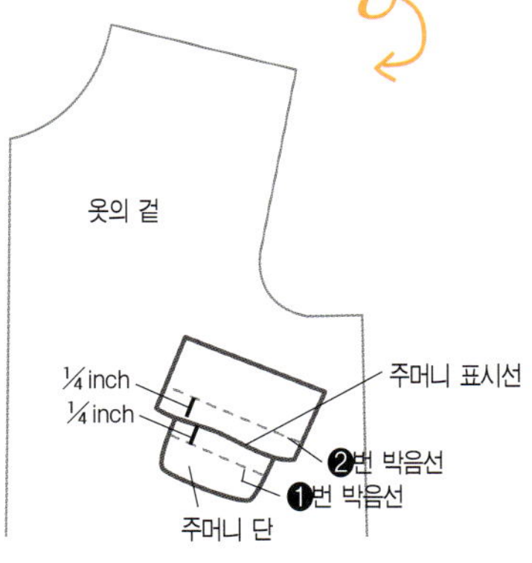

22 주머니 만들기 ②

옷의 겉에서 주머니 단 위로 주머니감 ①을 올려 시침핀으로 고정시킨 후 안으로 뒤집는다.

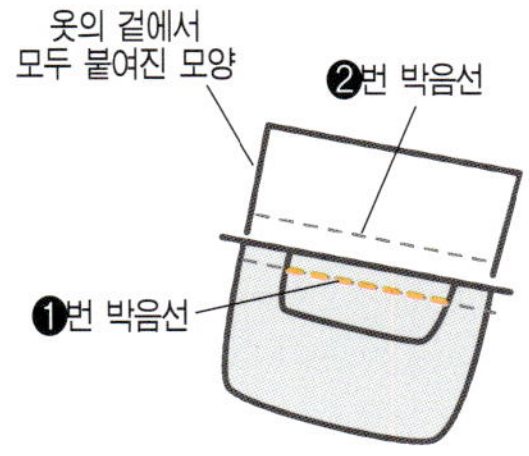

01 A라인 코트

23 주머니 만들기 ③

핀을 꽂은 주머니 감을 옷의 밑에 두고 옷의 안에서 ③번 박음선 위로 박음질하며 고정시킨다.

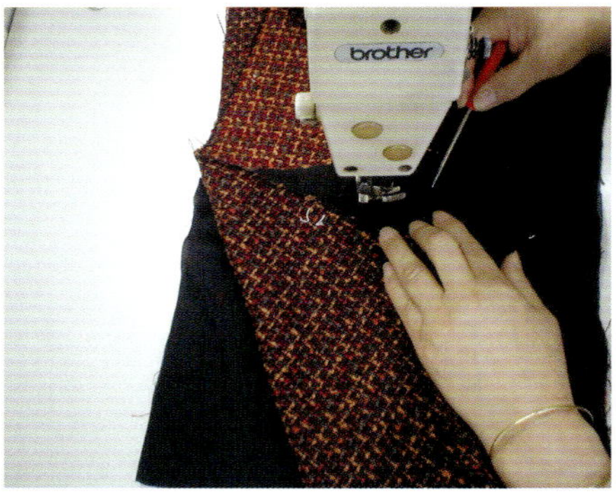

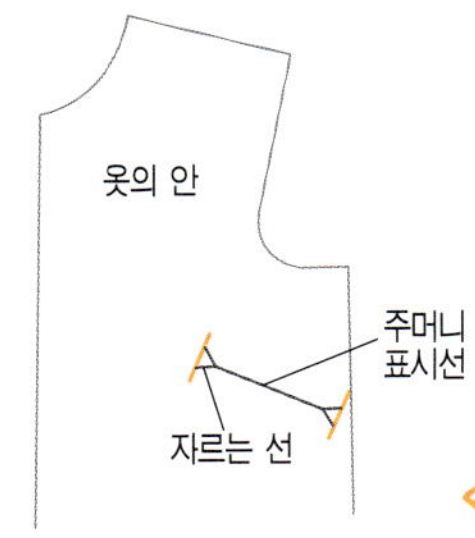

24 주머니 만들기 ④

옷의 안에서 주머니 표시선따라 >—< 모양으로 가위질하여 갈라준다.

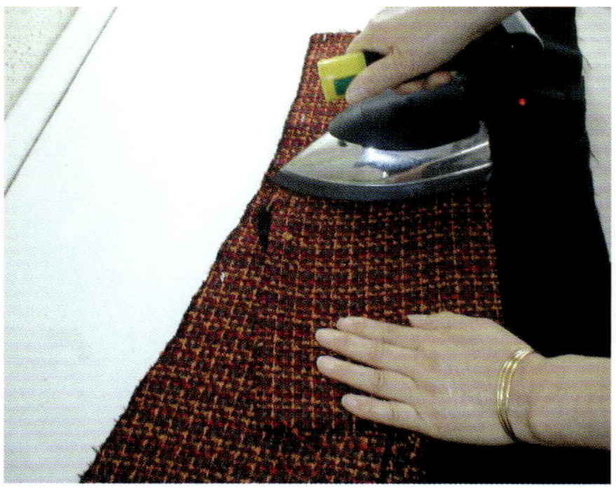

25 주머니 만들기 ⑤

절개된 주머니 입구로 옷의 겉쪽에 붙은 주머니감 ①, ②를 옷의 안쪽으로 꺼내어 주머니의 시접을 위로 보게 다림질한다.

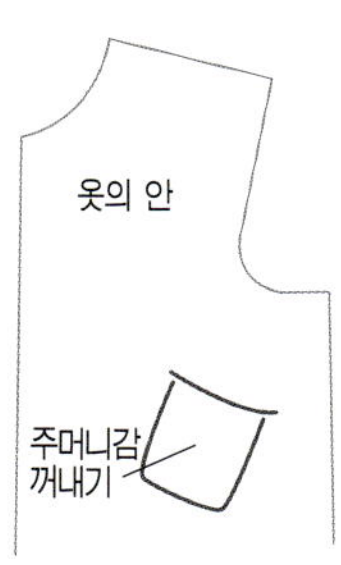

26 주머니 만들기 ⑥

옷의 겉에서 주머니단을 위로하여 양쪽 끝에 고정 박음질한다.

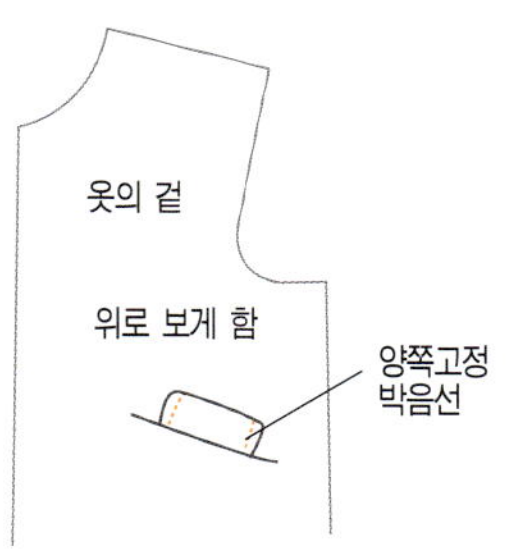

27 주머니 만들기 ⑦

옷의 안에서 주머니감 ①, ②를 마주잡고 박음질한다.

01 A라인 코트

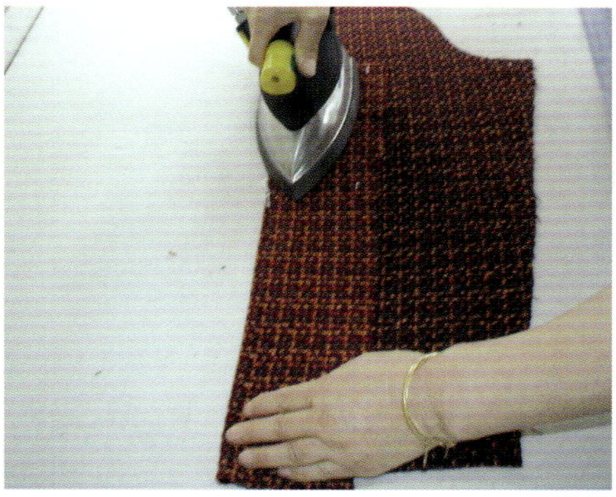

28 소매 다아트 다림질

소매 다아트 중심선을 먼저 다려서 박음질하면 무늬 맞추기에 도움이 된다.

29 뒤 중심선 박음질

절개하지 않은 뒤 중심선을 표시선 따라 박음질한다.

30 뒤 중심선 시접 다림질

뒷목 안쪽에 접착심을 붙이고 뒷목선을 작업자의 오른쪽에 두어 뒤 중심선의 시접을 앞쪽으로 눕혀 다림질한다.

31 뒤 중심선 눌림 박음질

겉면의 뒤 중심선 박음선 위를 고운 땀수로 눌림 박음질한다.

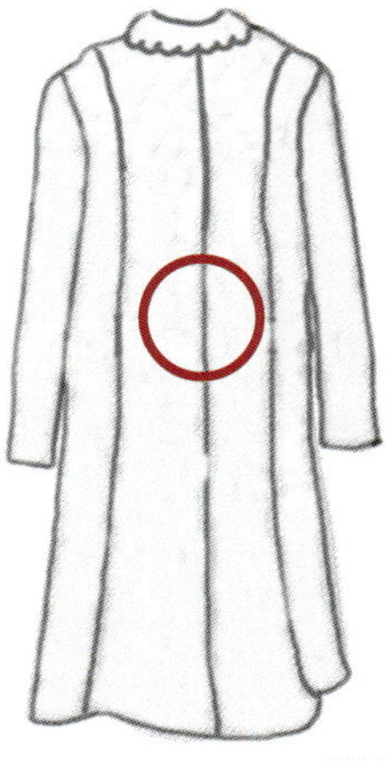

32 어깨선 박음질

어깨선을 박음질한다.

33 옆선 박음질

모든 옆선을 박음질한다.

01 A라인 코트

34 소매 다아트 박음질

소매 다아트를 먼저 박음질한다.

35 소매 다아트 다림질

다아트 시접은 넓은 소매 면으로 눕혀 다림질한다.

36 소매 기장 접착심 붙이기

소매 기장 시접분 5cm(2inch) 보다 넓게 7.6cm(3inch)너비로 접착심을 붙여준다.

37 소매 기장 다림질

소매 기장 표시선따라 다림질 한다.

38 소매 밑선 박음질

소매 밑선을 박음질한다.

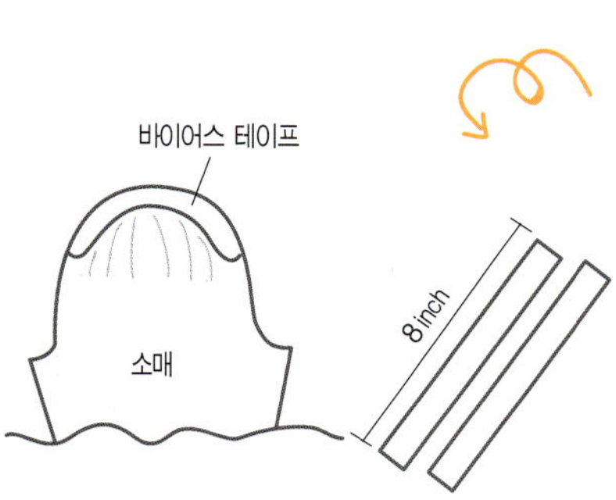

39 소매산 바이어스 테이프 돌리기

겉감과 동일한 천으로 세로 2.5cm(1inch), 가로 20cm(8inch)의 바이어스 천을 2개 준비한다. 준비된 바이어스 천의 $\frac{1}{2}$점을 소매산 꼭지점에 맞추어 소매의 안쪽에서 바이어스 천을 살짝 당기며 박음질하여 소매산을 오목하게 해준다.

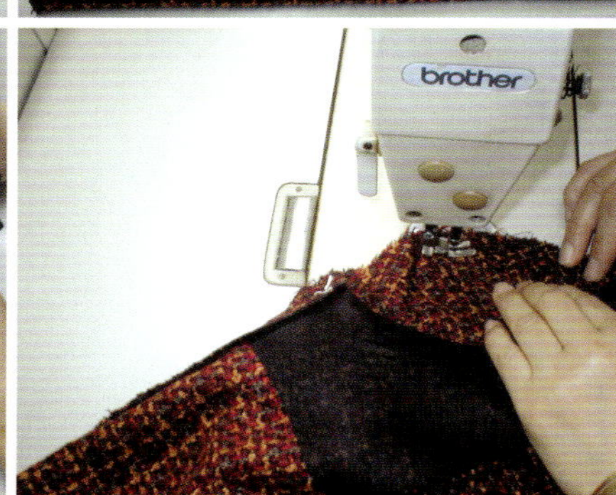

40 소매 달기

소매 꼭지점과 어깨점을 맞추어 옷의 진동둘레보다 소매 둘레에 여유(이세량)를 주어가며 달아준다.

01 A라인 코트 <<<

41 안 만들기 ①

안단과 안감을 붙여 박음질한다.

42 안 만들기 ②

앞 안단과 안감 연결 부분의 겉에서 눌림 박음질한다.

43 안 만들기 ③

안감의 어깨, 옆선 모두를 박음질하여 안을 만든다.

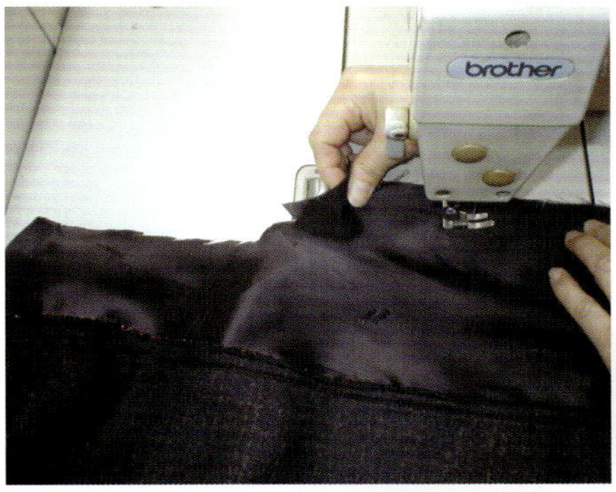

44 오버룩 처리

박음질한 안감을 오버룩 처리한다.

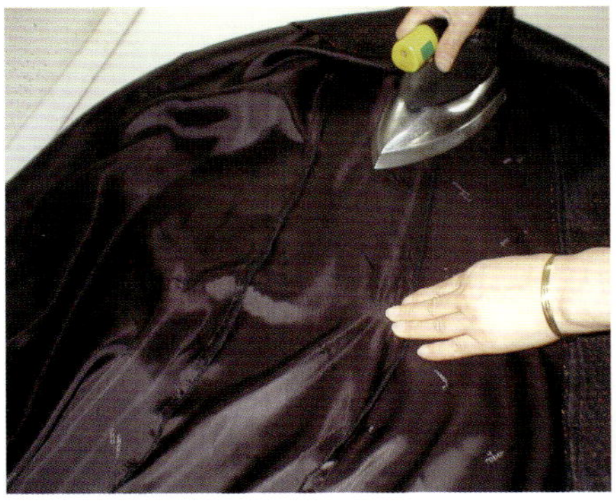

45 다림질

안감을 다림질한다.

46 안감 소매 달기

겉과 동일한 방법으로 안감 소매를 달아주고 박음질한 안감을 오버룩 처리한다.

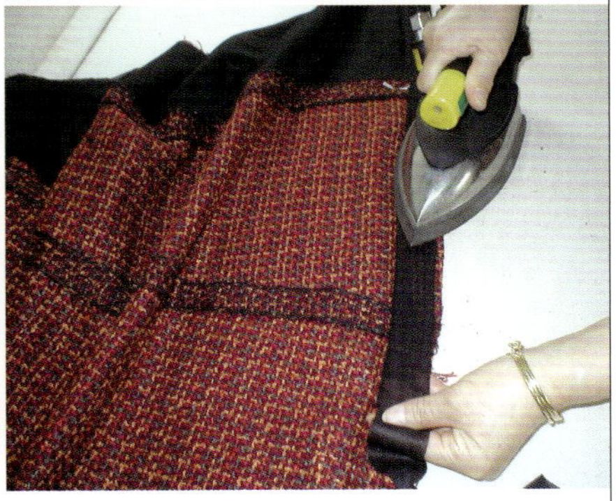

47 기장 접착싱 붙이기

기장 시접분 너비대로 접착싱을 붙여준다.

01 A라인 코트

48 기장선 다림질

기장 표시선따라 다림질한다.

49 앞섶 붙이기

안섶을 아래에 놓고 접착싱을 붙인 옷의 겉면을 위에 올려 위의 겉면을 살짝 당겨 아래의 안섶에 약간의 여유가 생길정도로 박음질한다.

50 앞섶 시접 다림질

옷의 안에서 박음질한 시접을 양쪽으로 눕혀 다림질한다.

51 앞섶 다림질

박음선이 옷의 안으로 약간 넘어오게 다림질한다.

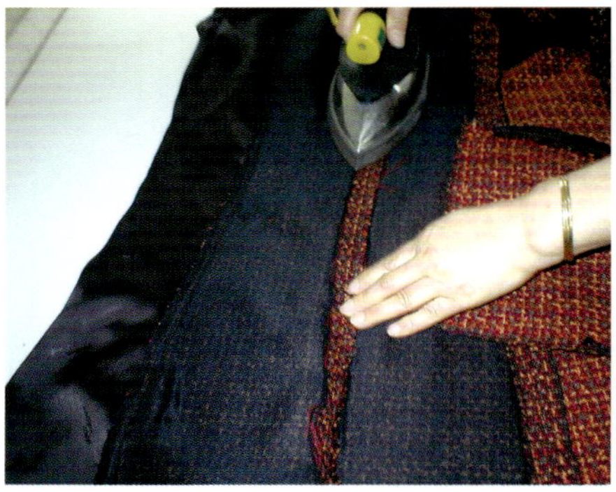

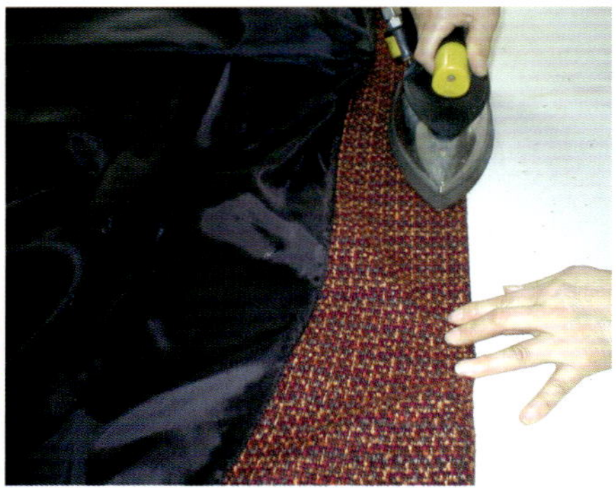

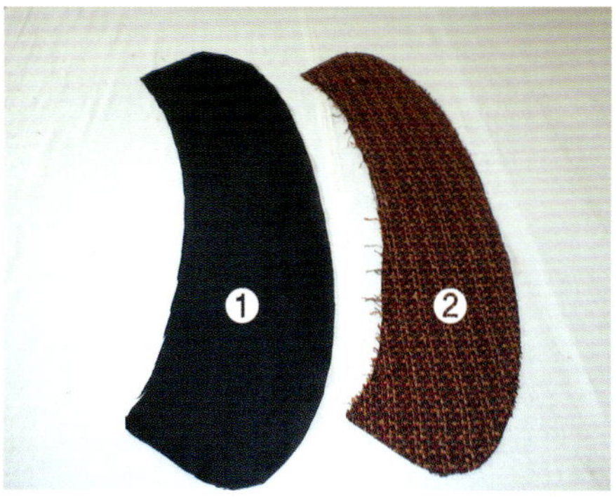

52 칼라 만들기 ①

2겹 라운드 칼라

①검정색 밑 칼라는 접착싱을 붙이지 않고, ②겉 칼라는 접착싱을 붙여 준비한다.

53 칼라 만들기 ②

2겹 칼라 붙이기

접착싱이 붙은 겉 칼라를 위에 두고 겉 칼라를 조금씩 밀어주며 2겹의 칼라를 맞잡고 박음질한다. 겉 칼라에 여유를 준다.

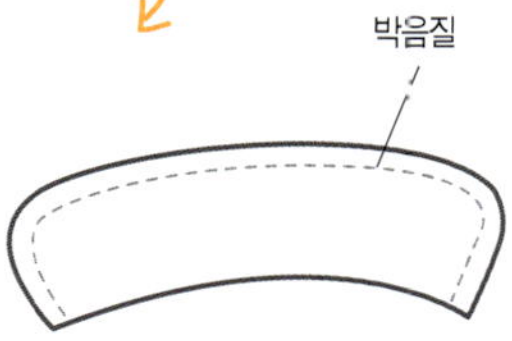

01 A라인 코트 <<<

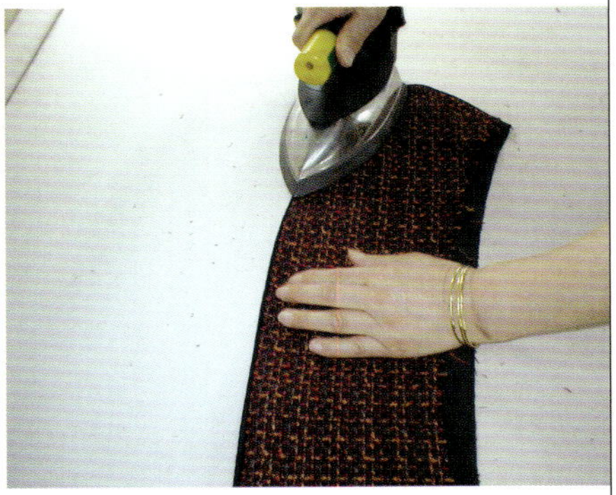

54 칼라 만들기 ③

칼라 시접 다림질

박음질한 칼라의 안을 우마 위에 놓고 칼라의 안쪽에서 시접을 양쪽으로 눕혀 다림질한다.

55 칼라선 다림질

겉칼라쪽으로 검정라인이 0.3cm($\frac{1}{8}$inch) 가량 보이게 다림질 한다. (파이핑 효과)

56 칼라 겉 눌림 박음질

검정 라인이 들어나게 겉 칼라 가장자리를 눌림 박음질한다.

57 칼라 다림질

칼라를 다림질한다.

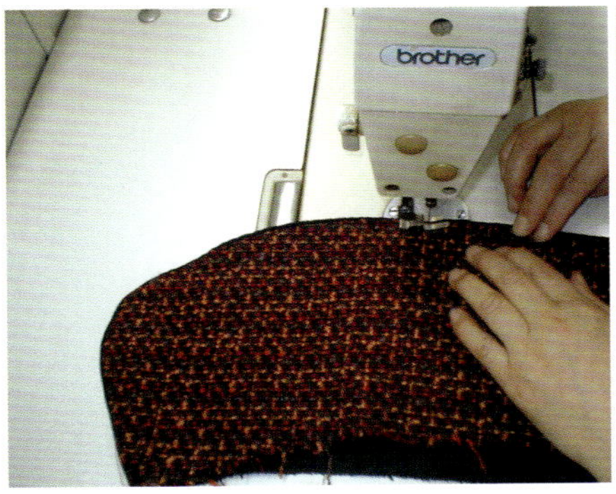

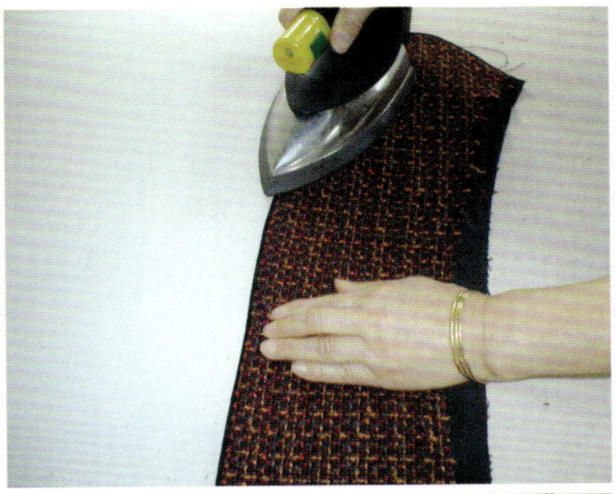

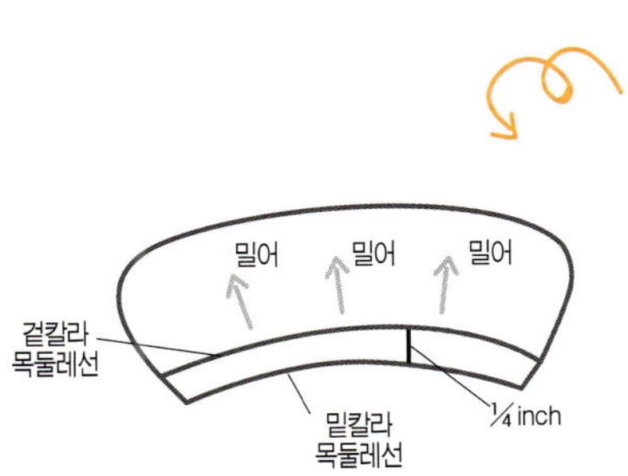

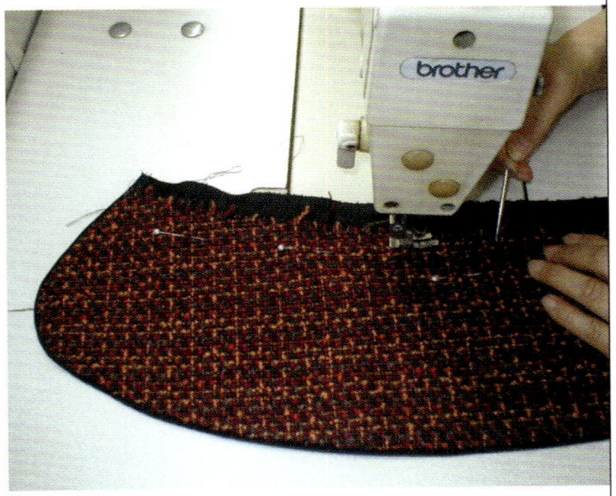

58 겉 칼라 여유분 주기

목둘레선에서 겉칼라를 조금씩 밀어 겉칼라에 여유를 주어 0.6cm($\frac{1}{4}$ inch) 밀려나오게 하여 시침핀을 꽂아준다. (칼라를 달아서 자연스럽게 넘어가게 하기 위함.)

59 칼라목선 고정박음질

흐트러지지 않게 밑쪽에서 고정 박음질한다.

01 A라인 코트 <<<

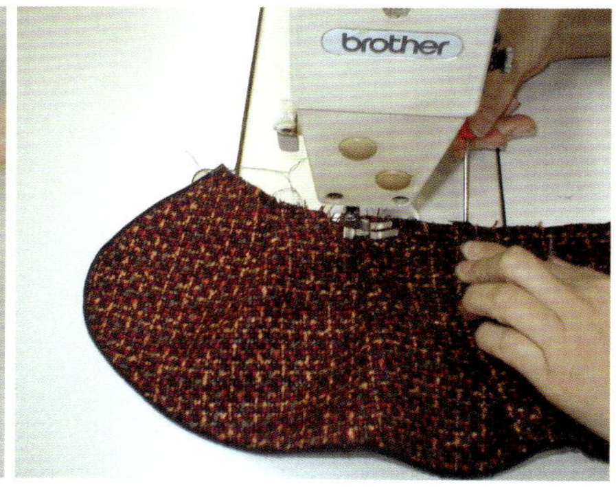

60 칼라 목선 고르기

밑 칼라의 남은 부분을 겉 칼라에 맞추어 잘라내어 고른다.

61 칼라 주름잡기

칼라의 뒤 중심을 제외하고 양쪽 면으로 2.5cm(2inch)간격을 주어 6개의 주름을 잡아준다.

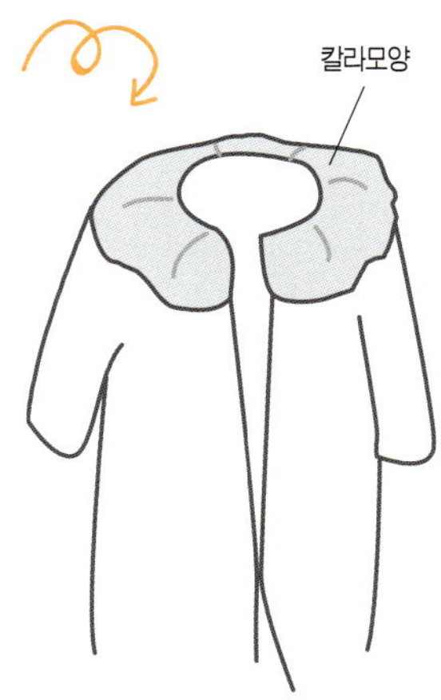

62 칼라 달기 ①

옷의 겉면의 겉에 밑칼라를 붙여 칼라 달기 박음질한다.

63 칼라 달기 ②

먼저 박음질한 칼라를 겉면과 안감사이에 넣어 박음질한 선따라 안감을 밑쪽에 깔아 박음질하여 칼라달기를 한다.

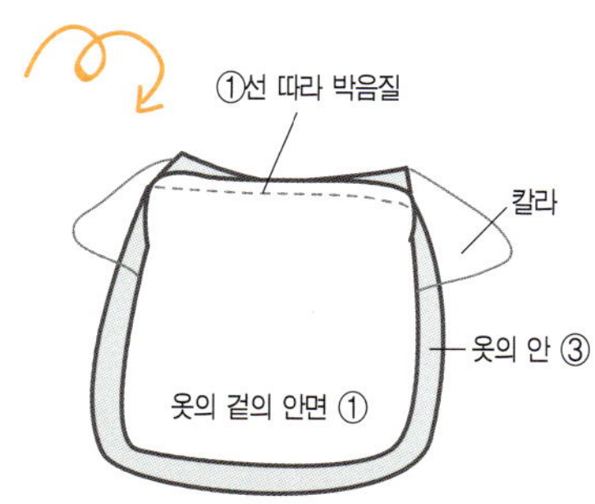

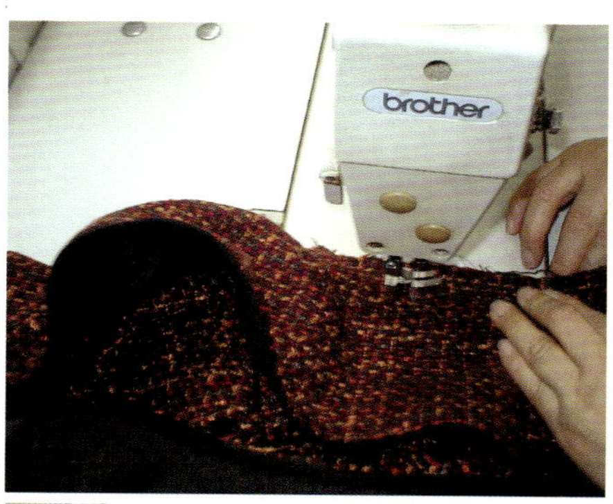

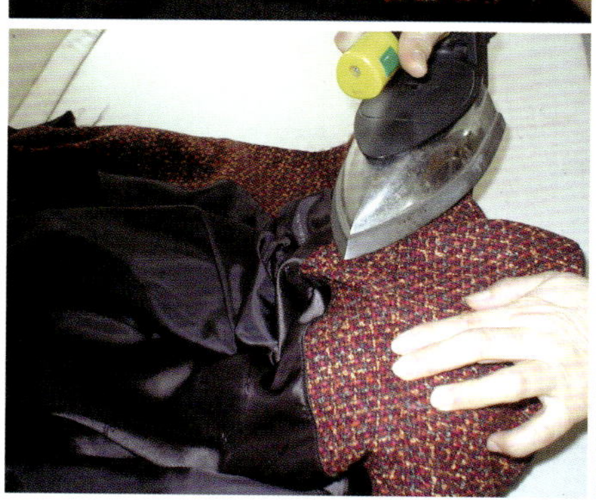

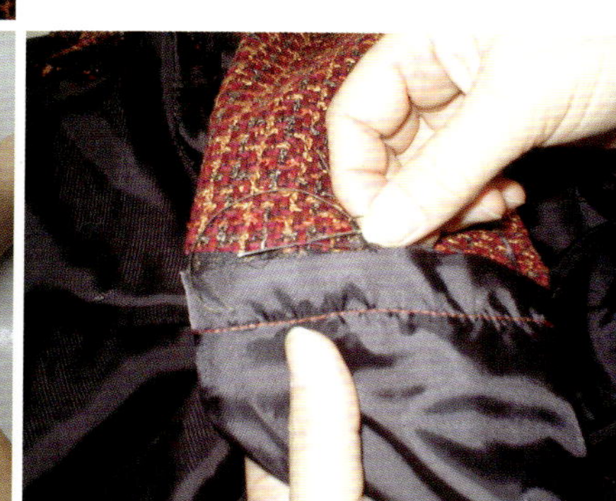

64 칼라 다림질

칼라가 잘 달렸는지 확인하며 우마 위에 놓고 다림질한다.

65 소매기장 안과 겉 연결

뒤집어 소매 기장 시접 끝선으로 안과 겉을 연결 박음질한다.

66 소매 기장 고정 바느질

소매의 안 기장이 밀려 나오지 않게 시접 끝으로 손바느질하여 고정시킨다.

01 A라인 코트

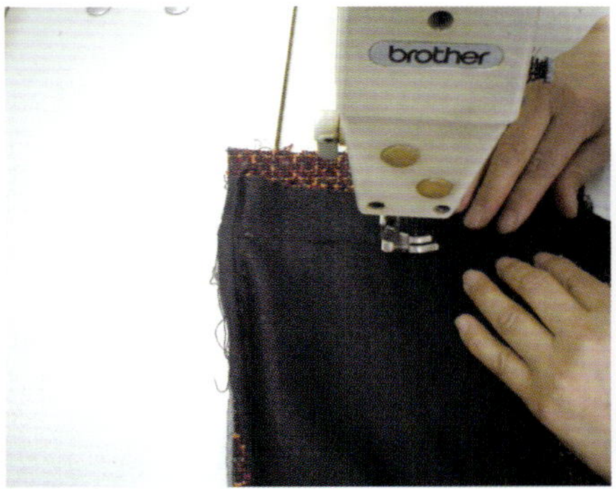

67 앞섶 기장하기

앞섶 기장 다림선 따라 앞섶 안단까지 가로 박음질하여 처리한다.

68 앞섶 다림질

박음질이 잘되었는지 확인하여 다림질하고 안 기장선도 다림질한다.

69 안단선 고정시키기

양쪽 안단선에 시침핀을 꽂아 고정시킨다.

70 앞섶 고정바느질

핀을 꽂은 상태로 안을 살짝 뒤집어 핀이 꽂혀있는 안단선을 따라 손바느질하여 고정시킨 후 시침핀을 뽑는다.

71 안감길이 확인

뒤 중심선을 기준하여 안감의 길이를 확인해 본다.

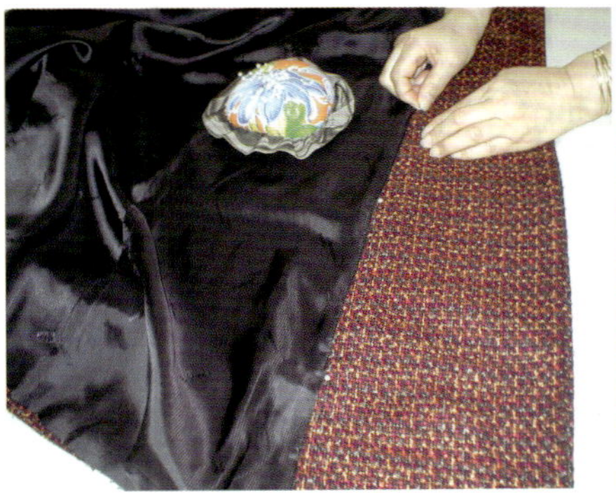

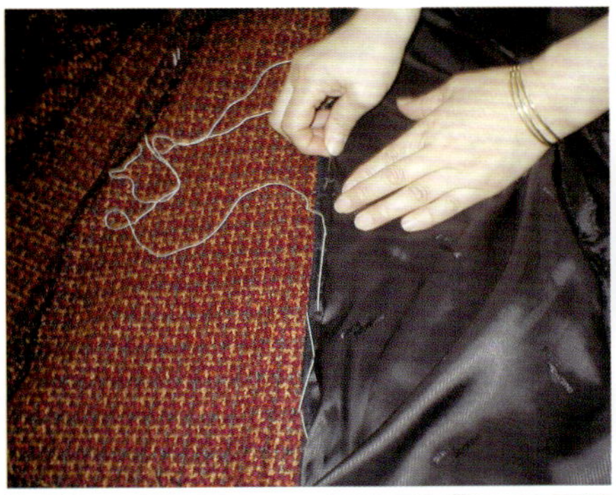

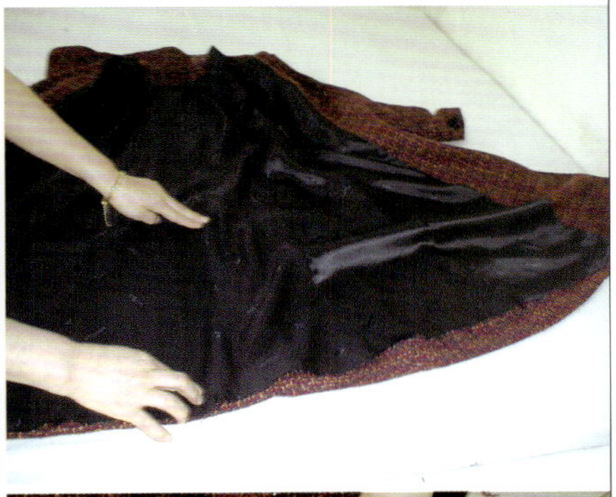

72 기장 안, 겉 연결 박음질

안과 겉 기장을 마주잡고 연결 박음질한다.

73 기장 고정 바느질

박음질 된 기장선 안에서 손바느질하여 기장선을 고정시킨다.

01 A라인 코트

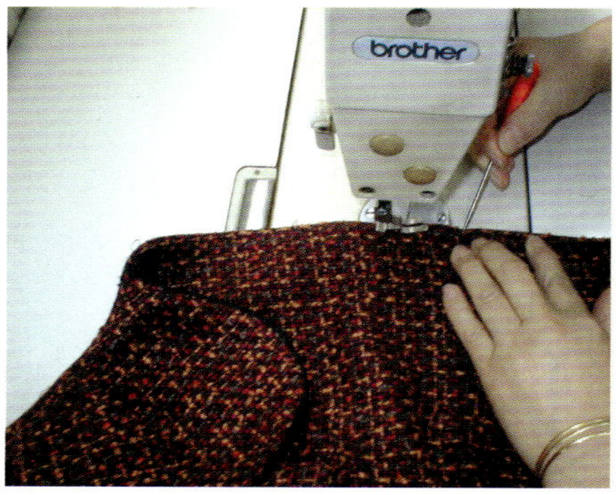

74 겉면 앞섶 눌림 박음질

옷의 겉에서 앞섶을 눌림 박음질한다.

75 소매 숨구멍 막기

기장이 마무리 되면 소매 트임 부분으로 뒤집어 주고 박음질하여 마무리한다.

76 단추 구멍 표시

옷의 오른쪽 안면의 시접 다림선에서 가로 2cm($\frac{3}{4}$inch) 뒤우고 세로 7.6cm(3inch) 간격으로 단추 구멍 표시 5개를 한 후 단추 구멍을 만든다.
(여자 상의 단추구멍)

77 단추 달 위치 표시

앞섶을 나란히 하여 단추 구멍 표시 된 곳을 기준으로 반대쪽에 단추가 달릴 곳을 표시한다.

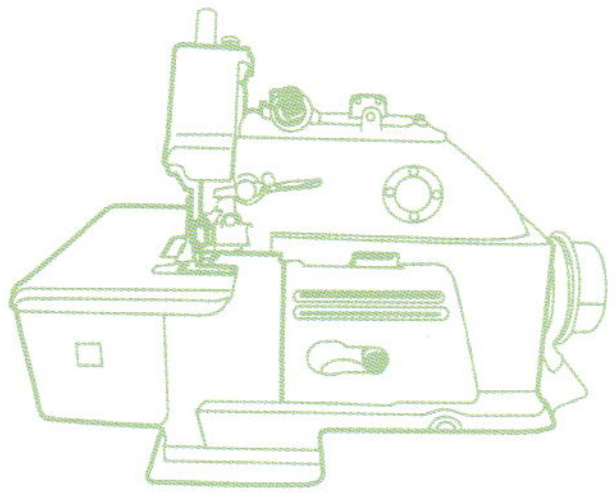
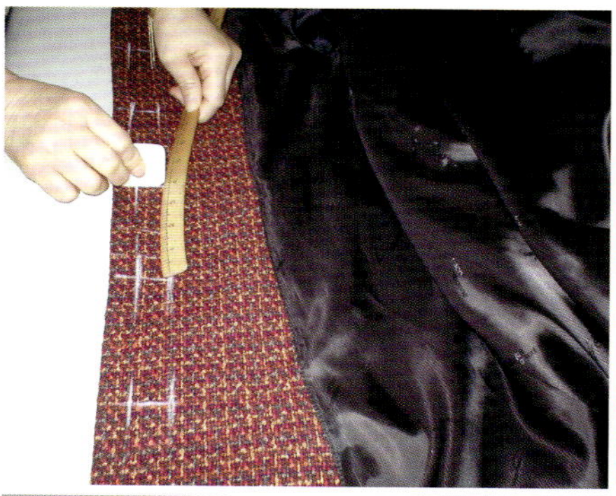
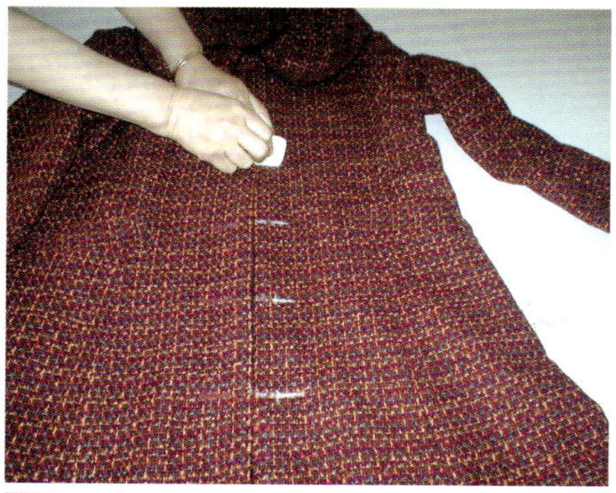

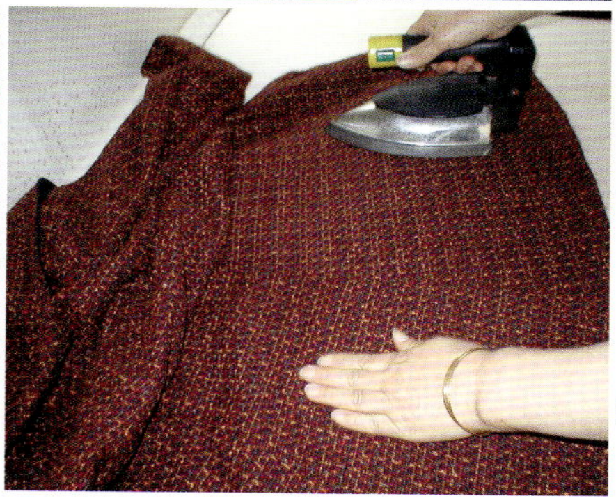

78 단추달기

옷의 안에 속단추를 받쳐 단추를 헐렁하게 달아 단추 사이로 실을 몇 번 돌려 감아 단추를 단다.

79 마무리 다림질

전체를 마무리 다림질한다.

80 완성

완성

How to Make

A라인 코트 만들기

견장 달린 바바리 만들기

Making Coats

코트만들기

* 견장 달린 바바리

How to Make

견장 달린 바바리

02 견장 달린 바바리

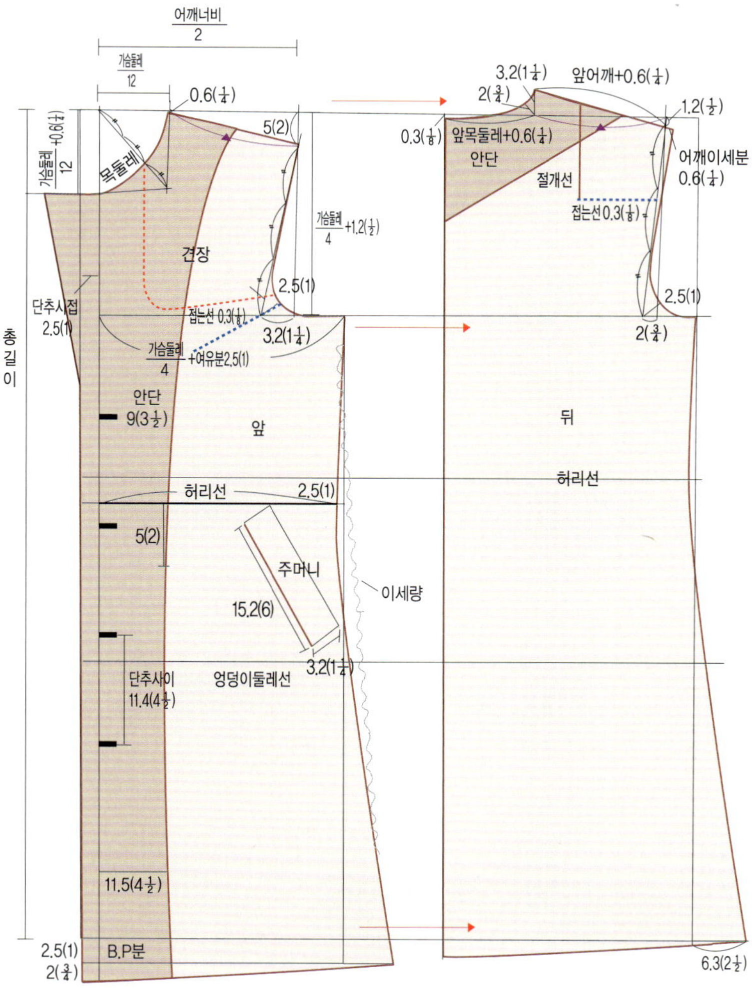

※ 갈색선은 절개선임

※ 단위 cm, 괄호안 inch임

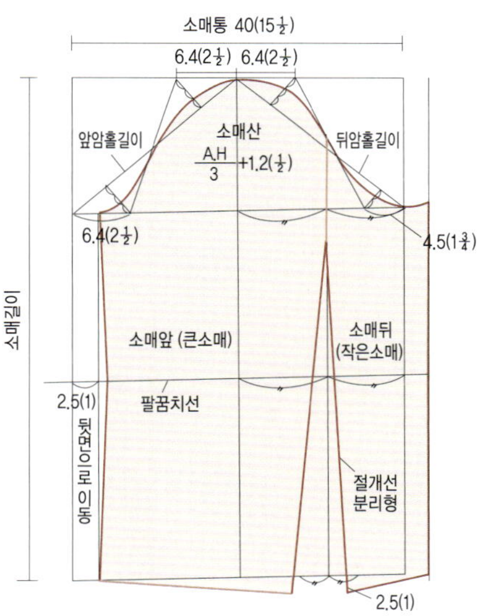

종이 재단하기

■ 신체치수

- 어깨넓이 – 38cm(15인치)
- 팔꿈치길이 – 34.3cm(13½인치)
- 소매길이 – 58.4cm(23인치)
- 등품 – 35.5cm(14인치)
- 허리선길이 – 40.6cm(16인치)
- 상의총길이 – 104cm(41인치)
- 앞품 – 33cm(13인치)
- 윗가슴둘레 – 86.4cm(34인치)
- 가슴둘레 – 91.5cm(36인치)

■ 필요옷감

- 44인치(112cm) 폭 – 4마 5치(405cm)
- 60인치(152cm) 폭 – 3마 5치(315cm)

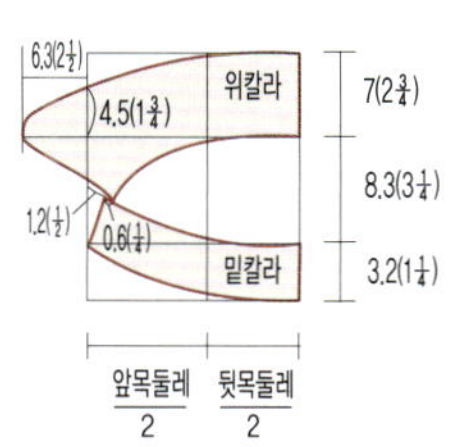

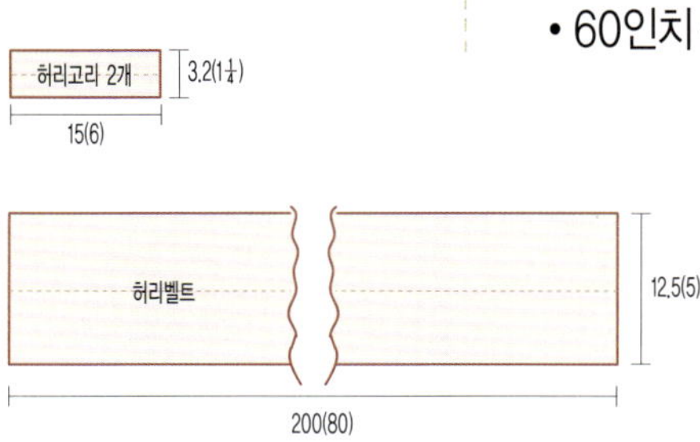

02 견장 달린 바바리

1 천 재단

재단이 될 만큼 접어 준 후 아래, 위폭의 간격을 맞추고 종이 재단을 놓아 상동선을 기준으로 직각을 구한 후 천 재단을 한다.

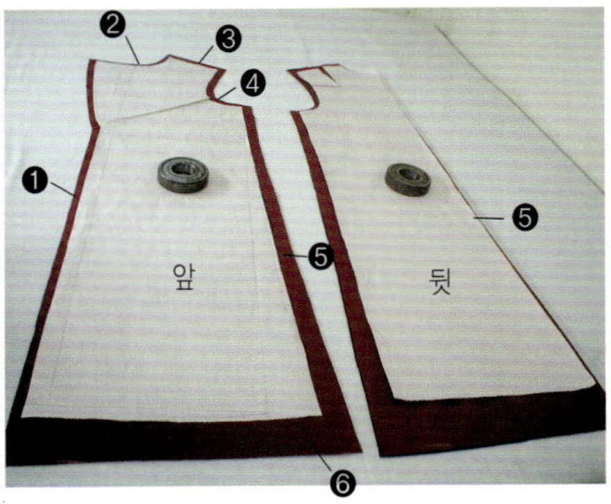

2 시접주기

접은 원단의 앞, 뒷면 시접주기

∗앞면 시접주기

①, ②, ④는 1cm($\frac{3}{8}$inch)
③은 2cm($\frac{3}{4}$inch)
⑤는 2.5cm(1inch)
⑥은 4.5cm(1$\frac{3}{4}$inch)둔다.

∗뒷면 시접은 앞면 시접과 동일하게 주고 ⑤는 뒤 중심선(골선)이다.

3 시침뜨기

접어서 천 재단을 한 후 천의 아래 위로 동일한 시침표시를 한다.

4 시침 가르기

접은 천의 윗면을 살짝 들어 시침 가르기를 한다.

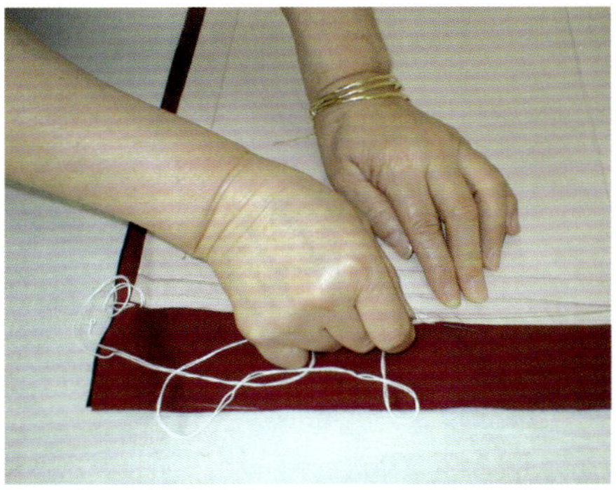

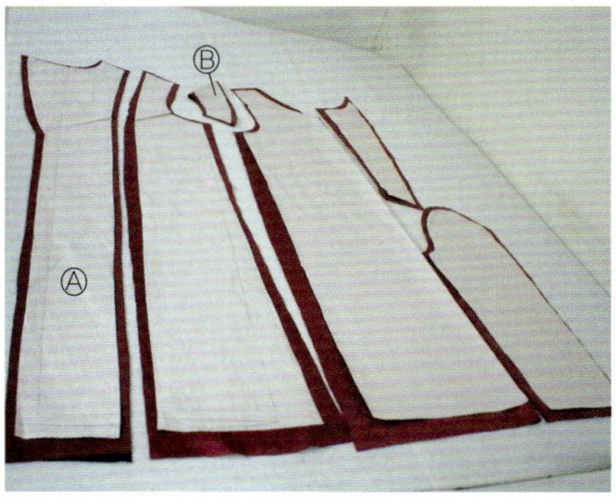

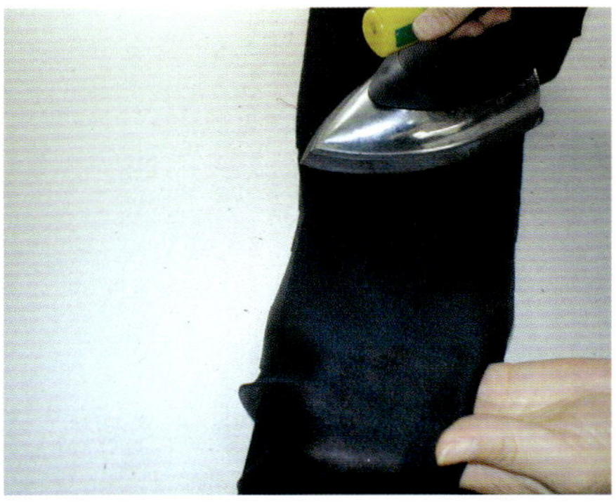

5 겉감재단

겉감으로 쓰일 천을 모두 재단한다.

6 안단, 안감재단

Ⓐ앞 안단, Ⓑ는 목둘레 안단, 나머지 모든 안감을 준비한다.

7 안단 접착싱 붙이기

안단에 접착싱을 붙인다.

02 견장 달린 바바리

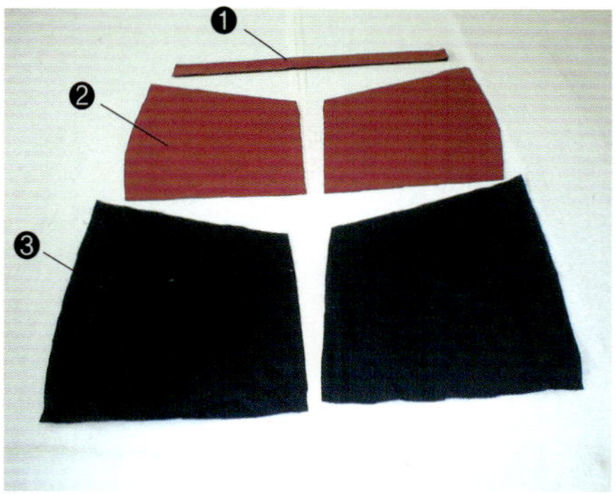

8 주머니감 준비

①길이 36cm(14inch)주머니 입구의 단
②, ③ 가로 18cm(7inch), 세로15cm(6inch) 주머니 감

9 앞면 접착싱 붙이기

앞섶보다 약간 넓게 준비된 접착싱을 다림질하여 앞면에 붙여 주고 겉칼라에도 접착싱을 붙여준다.

10 주머니단 만들기 ①

싱을 붙인 주머니 단을 절반으로 접어 아래, 위 눌림 박음질한다.

11 주머니단 만들기 ②

길이 18cm(7inch)가량 되게 주머니단을 2개로 나눈다.

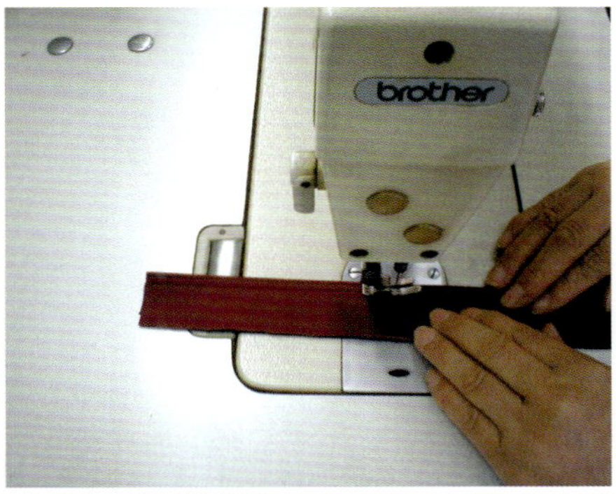

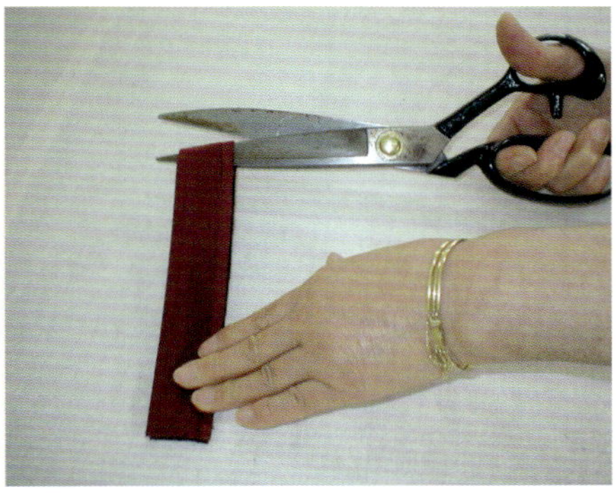

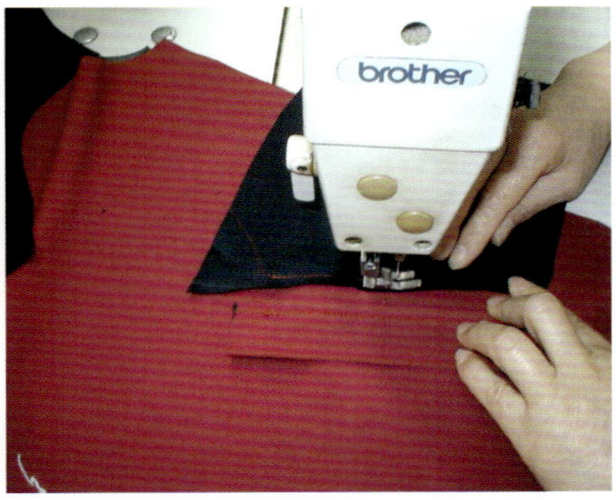

12 주머니단 달기

옷의 겉면에서 주머니단의 겉을 마주 보게하고 주머니 표시선의 아래에 주머니단을 놓아 표시선에 시접을 맞춰 박음질한다.

13 주머니 만들기 ①

옷의 겉면 주머니단 박음선에서 위쪽으로 2cm($\frac{3}{4}$inch) 뛰워 준비된 주머니감을 붙여 박음질한다. (주머니감 겉과 옷의 겉을 마주보게 한다.)

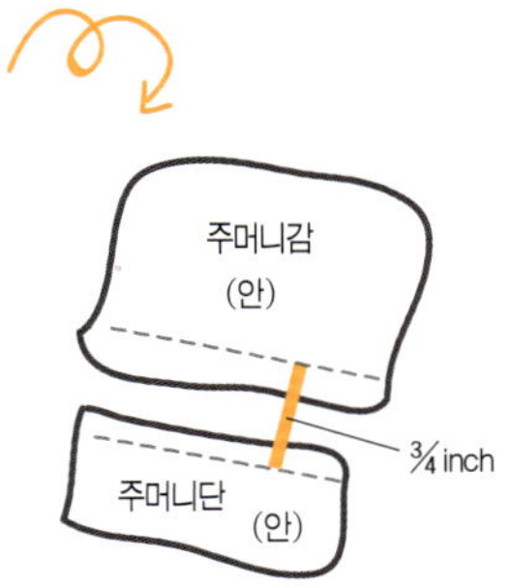

02 견장 달린 바바리

14 주머니 만들기 ②

옷의 겉에서 주머니단 위로 주머니감을 올려 시침핀으로 고정시킨 후 옷을 안쪽으로 뒤집는다.

15 주머니 만들기 ③

시침핀으로 고정시켜 둔 주머니감을 옷의 밑에 두고 옷의 안에서 주머니단 박음선 따라 주머니감을 고정시키기 위해 박음질한다.

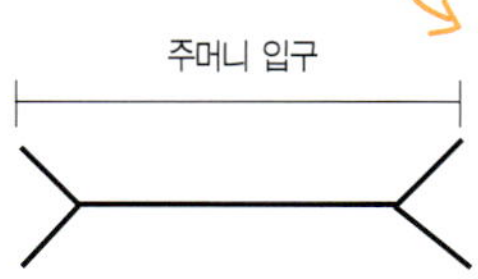

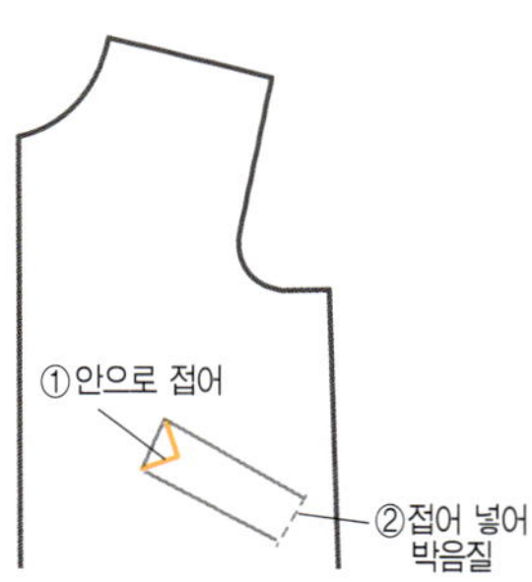

16 주머니 만들기 ④

옷의 안에서 박음선 가운데로 >—< 모양으로 가위질하여 갈라준다.

17 주머니 만들기 ⑤

절개된 주머니 표시선으로 옷의 겉쪽에 붙은 2개의 주머니감을 옷의 안으로 밀어 넣고 주머니의 시접을 위로 보게 다림질한다.

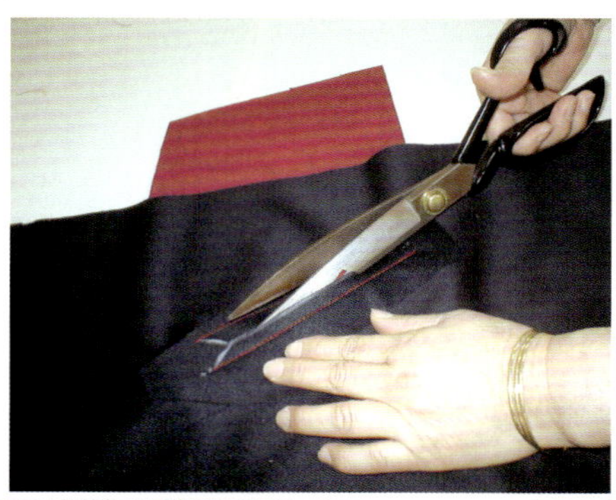

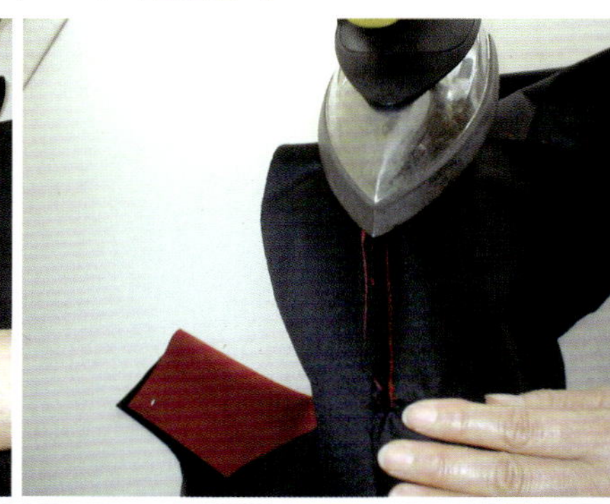

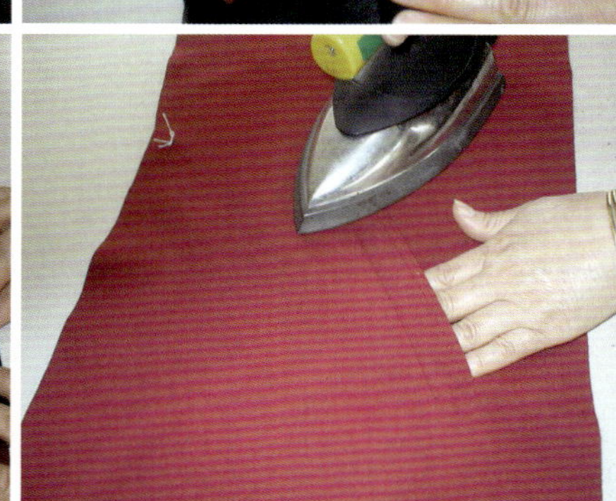

18 주머니 만들기 ⑥

안으로 밀어 넣은 아래 위 주머니감을 주머니단과 양쪽 끝의 >—< 부분을 접어 주머니단 너비로 박음질한다.

19 주머니 만들기 ⑦

2겹의 주머니감을 마주잡고 박음질한다.

20 주머니 다림질

옷의 겉에서 주머니단과 주머니를 다림질한다.

02 견장 달린 바바리

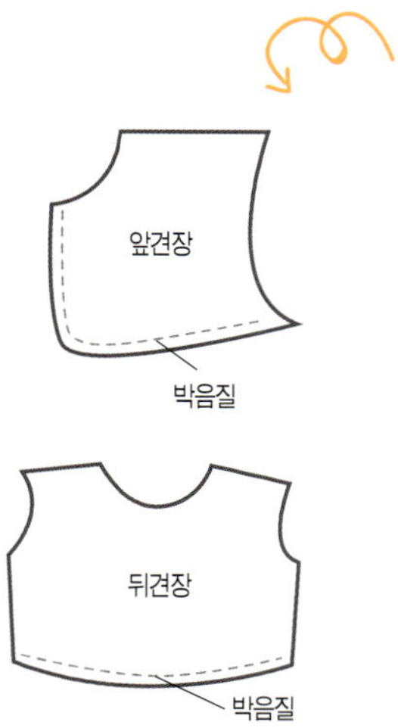

[그림 1]

21 견장 만들기

앞, 뒤 견장에 안감을 붙여 [그림 1]과 같이 박음질한 후 뒤집는다.

22 견장 다림질 ①

박음선이 안감쪽으로 살짝 넘어오게 앞, 뒤 견장을 다림질한다.

23 견장 눌림 박음질

21의 박음질이 된 부분에 앞, 뒤 견장의 끝으로 눌림 박음질한다.

24 견장 다림질 ②

눌림 박음질된 부분을 다림질 한다.

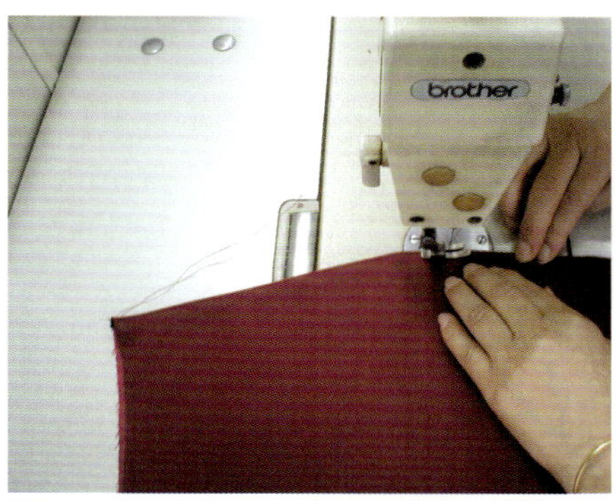

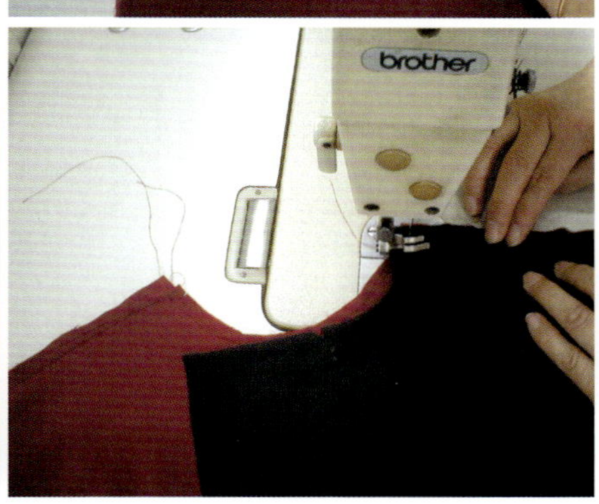

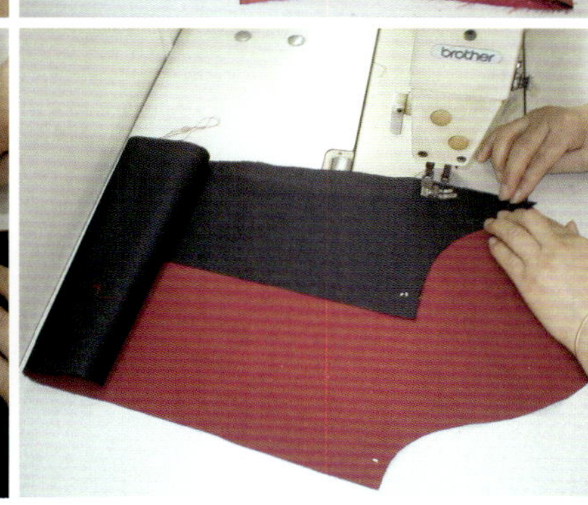

25 견장 붙이기

박음질을 하지 않은 목선, 어깨선, 소매 둘레를 몸판의 각 선에 맞추어 고정 박음질한다.

26 앞, 뒤 연결 박음질

앞, 뒷면의 어깨선, 옆선을 박음질하여 연결한다.

27 소매 박음질

작은 소매와 큰 소매를 박음질 하여 붙여준다.

02 견장 달린 바바리 <<<

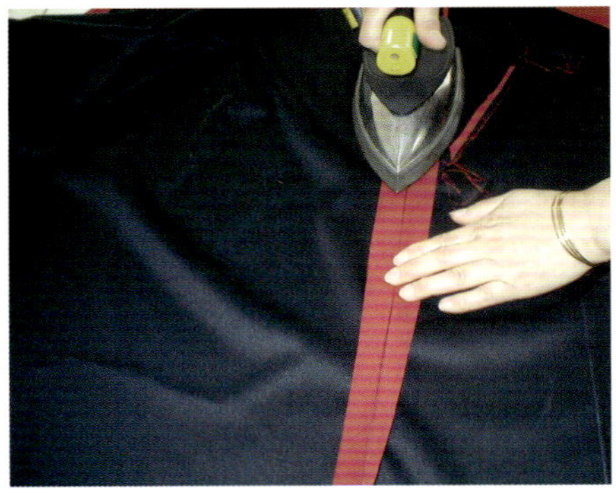

28 시접 다림질

몸판 시접을 양쪽으로 눕혀 다림질하고 작은 소매 시접은 큰 소매 방향으로 눕혀 다림질한다.

29 소매 눌림 박음질

큰소매, 작은 소매의 연결 박음선 위로 소매 겉에서 눌림 박음질한다.

30 소매 기장 접착심 붙이기

소매 기장 시접보다 1.2cm($\frac{1}{2}$ inch)넓게 접착심을 붙인다.

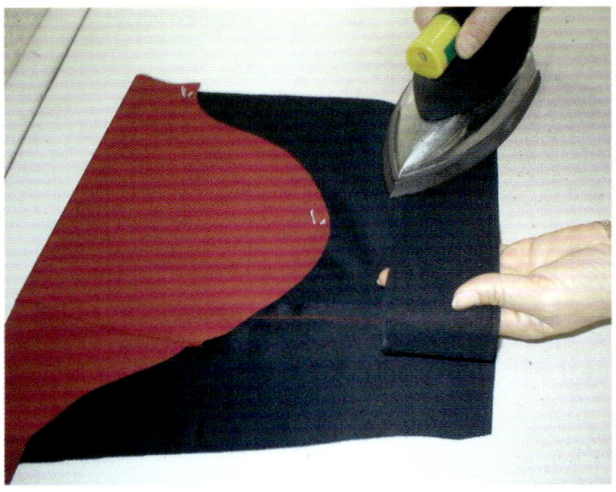

31 소매 기장 다림질

소매 기장 표시선따라 다림질한다.

32 소매 밑선 박음질

소매 밑선을 박음질하고 시접을 양쪽으로 눕혀 다림질한다.

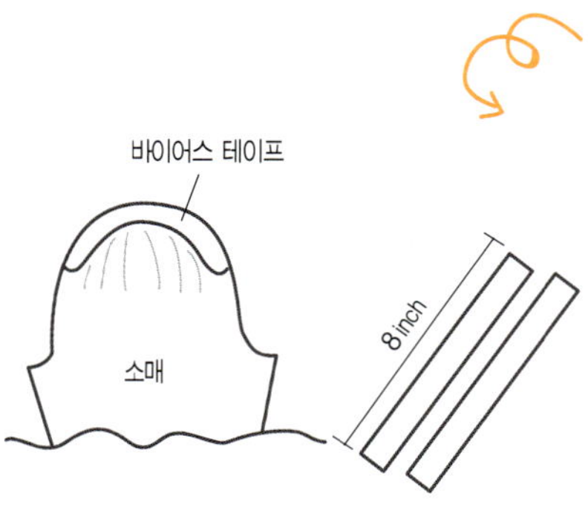

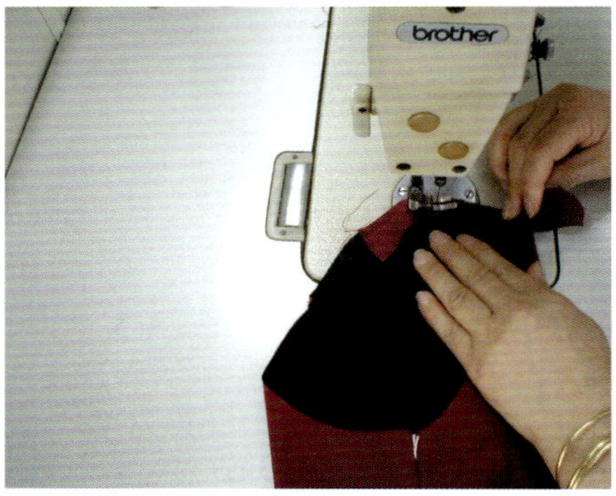

33 소매산 바이어스 테이프 돌리기

겉감과 동일한 천으로 세로 2.5cm(1inch), 가로 20cm(8inch)의 바이어스 천을 2개 준비한다. 준비된 바이어스 천의 $\frac{1}{2}$점을 소매산 꼭지점에 맞추어 소매의 안쪽에서 바이어스 천을 당기며 박음질하면 소매산이 오목하게 된다.

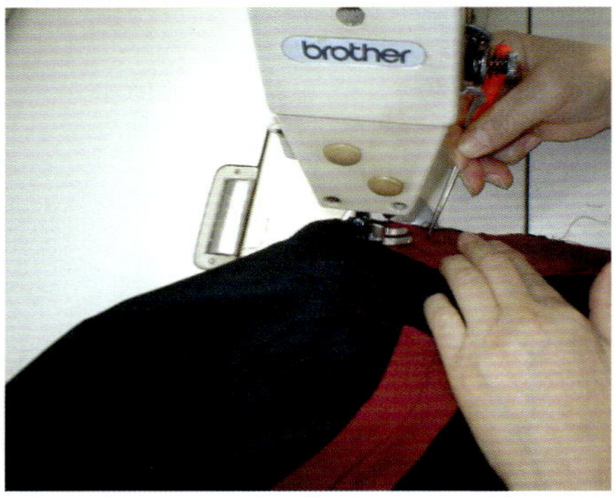

34 소매 달기

소매 꼭지점과 어깨점을 맞추어 옷의 진동 둘레보다 소매 둘레에 여유(이세량)를 주어가며 달아준다.

02 견장 달린 바바리 <<<

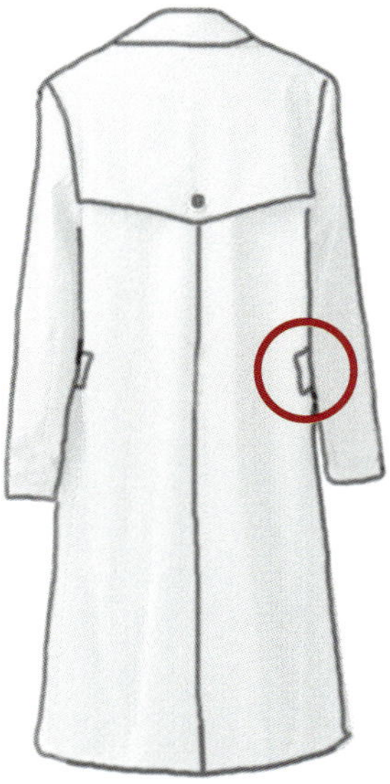

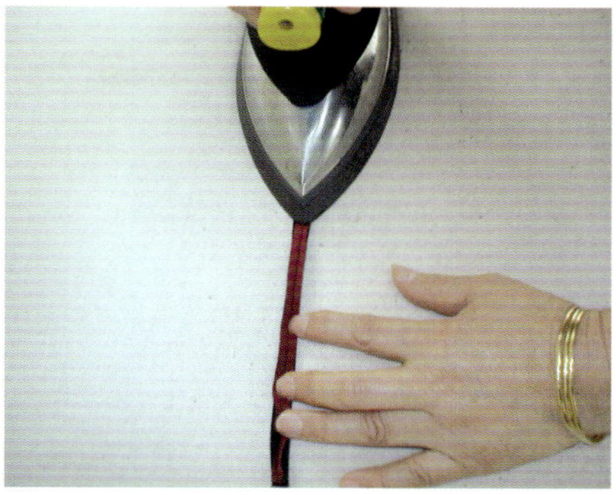

35 벨트 고리 만들기 ①

벨트 고리를 만들기 위해 너비 3.8cm($1\frac{1}{2}$inch), 길이 15cm(6inch)의 천을 절반으로 접어 박음질한 후 시접을 양쪽으로 눕혀 다림질하고 뒤집어 준다.

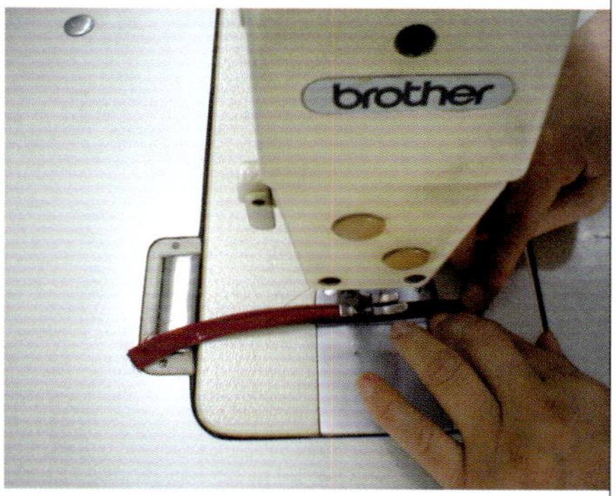

36 벨트 고리 만들기 ②

뒤집은 벨트 고리의 양 옆을 눌림 박음질한다.

37 벨트 고리 달기

36에서 만든 고리를 반으로 잘라 허리선 양 옆 2곳에 고리를 달아준다.

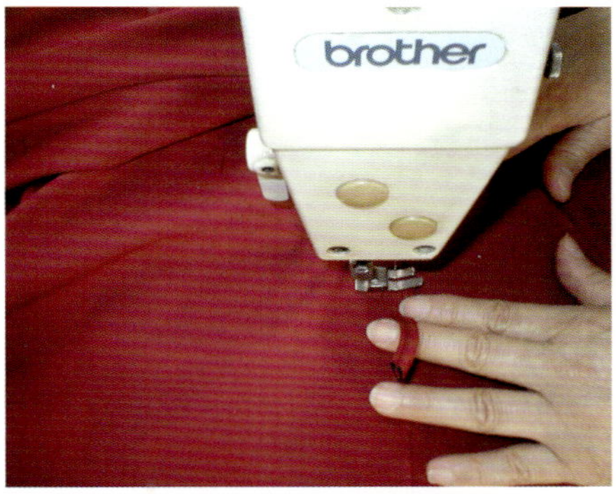

38 안감 만들기

안단과 안감을 붙여 박음질하고 옆선, 어깨선을 모두 박음질한 후 안을 다림질한다.

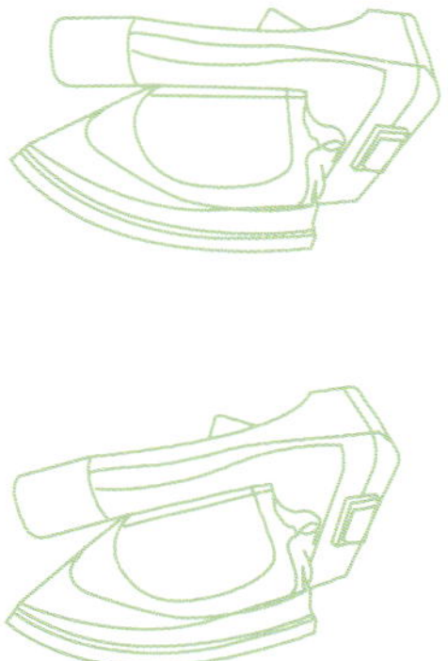

39 안감 오버룩 처리

박음질된 안감 시접을 함께 잡고 오버룩 처리한다.

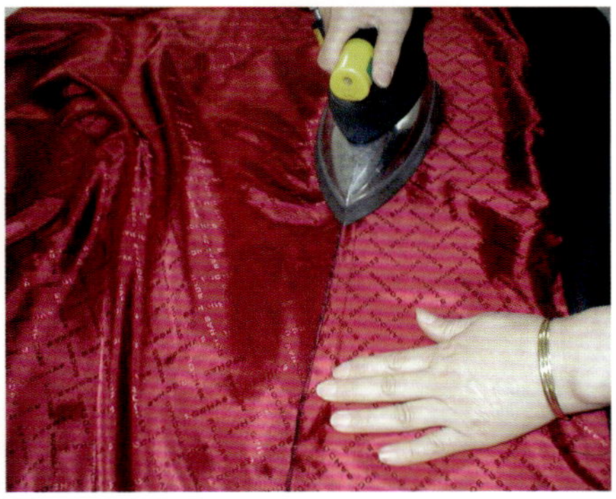

40 안감 다림질

안감 전체를 다림질한다.

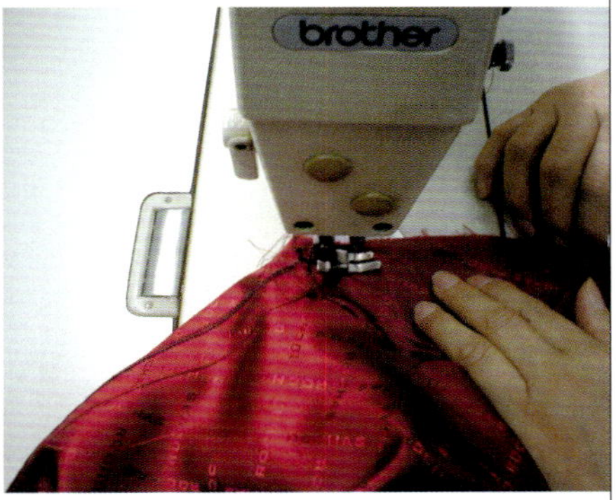

41 안감 소매 달기

겉과 동일한 방법으로 안감 소매를 붙인다. 박음질한 안감을 오버룩 처리한다.

02 견장 달린 바바리

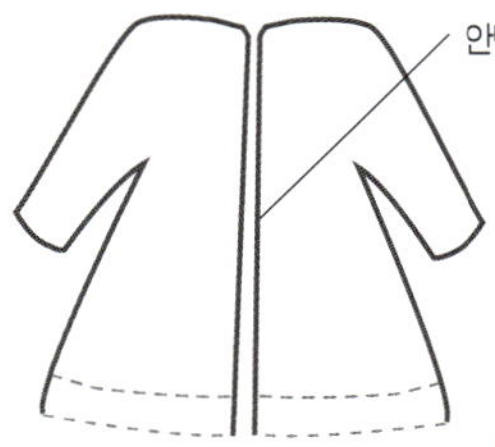

42 앞섶 붙이기

앞섶을 아래에 놓고 접착심을 붙인 옷의 겉면을 위에 올려 위의 겉면을 살짝 당겨 아래의 앞섶에 약간의 여유가 생길정도로 박음질한다.

43 앞섶 시접 다림질

옷의 안에서 박음질한 시접을 우마 위에 올려 양쪽으로 눕혀 다림질한다.

44 앞섶 다림질

박음선이 안쪽으로 살짝 넘어오게 다림질한다.

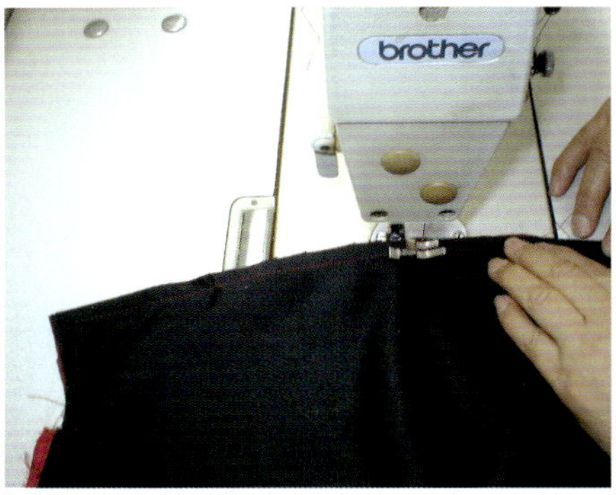

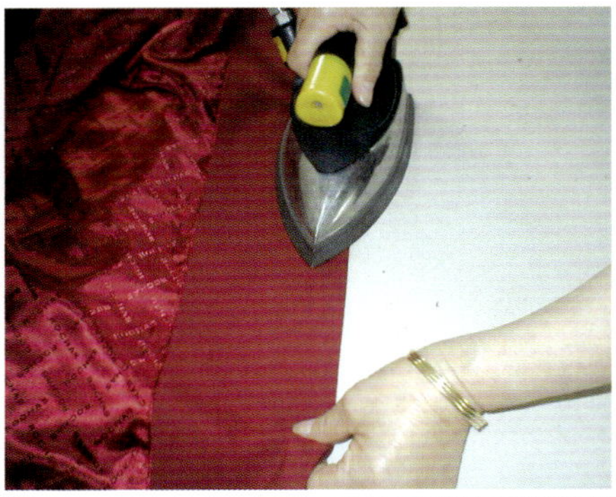

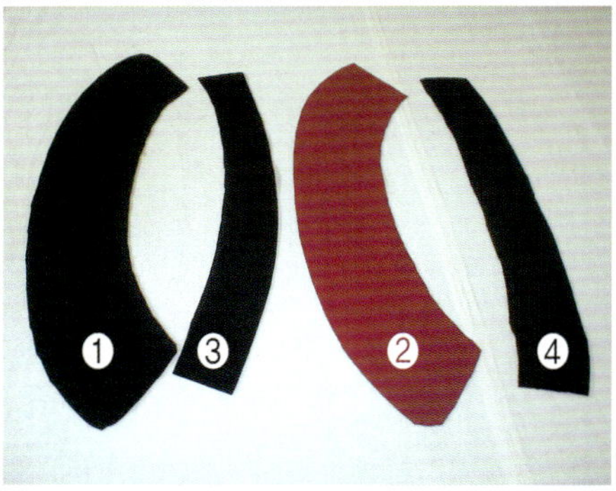

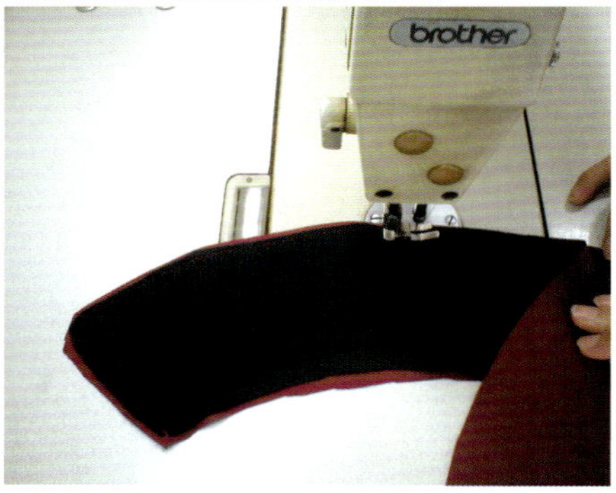

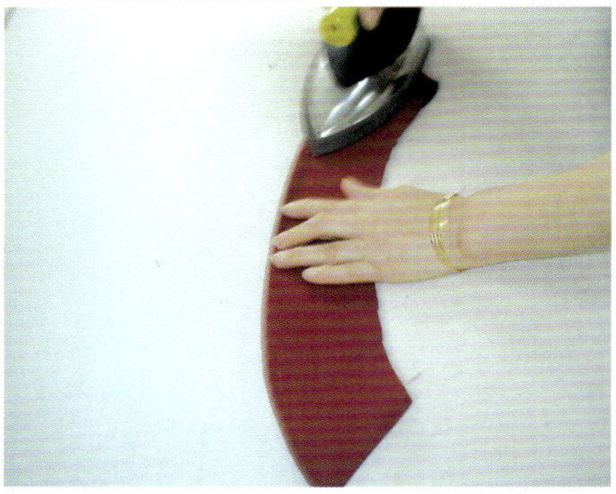

45 칼라 준비

아래 그림의 ②번 안칼라는 바이어스 천으로 준비하고 ①, ③, ④는 안면에 접착심을 붙인다.

46 겉, 안 칼라 붙이기

접착심이 붙은 ①겉칼라를 위에 올려 ①겉칼라를 살짝 밀고 안칼라는 약간 당기며 박음질한다.

47 칼라 다림질

뒤집어 접착심을 붙이지 않은 ②안칼라쪽으로 박음선이 약간 보이게 다림질하여 준다.

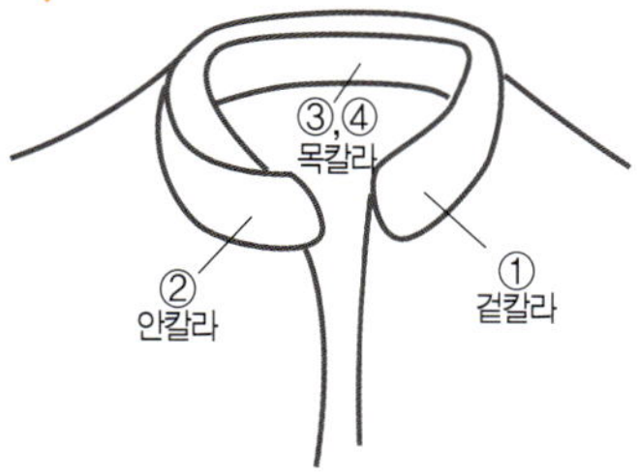

02 견장 달린 바바리 <<<

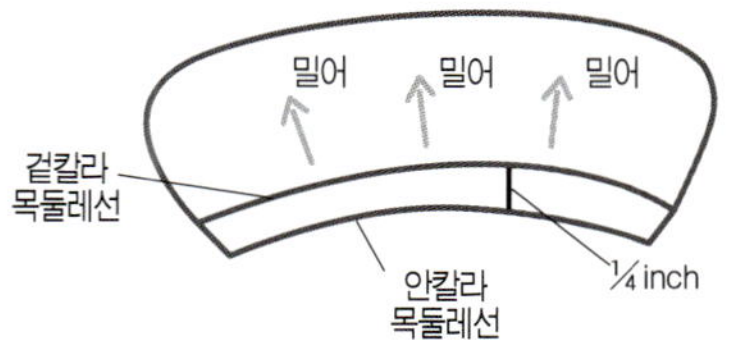

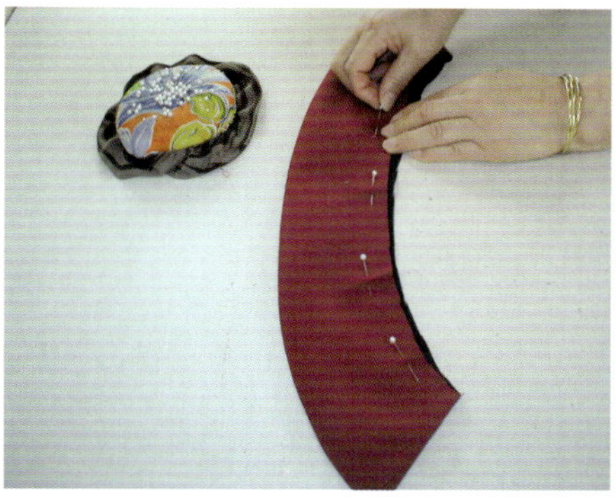

48 겉 칼라 여유주기

①겉칼라를 바깥쪽으로 0.6cm($\frac{1}{4}$ inch) 가량 밀어 겉칼라에 약간의 여유를 주어 안쪽에 시침핀을 꽂아 고정시킨다.

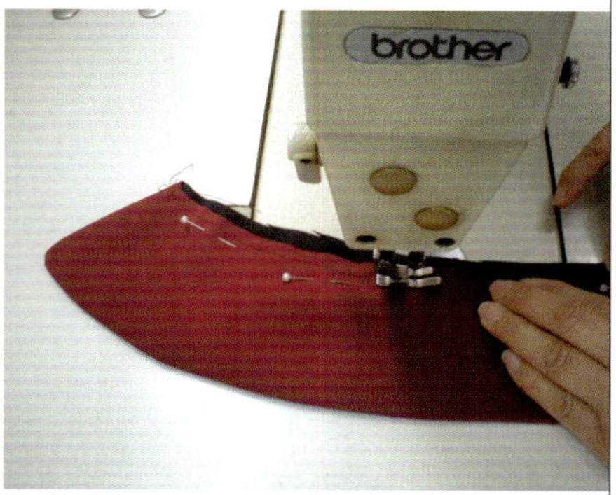

49 칼라 시접 고정박음질

겉칼라의 안쪽 시접선으로 흩어지지 않게 고정 박음질한다.

50 목 칼라 붙이기

목칼라 ③을 밑에 놓고 ①, ②를 붙인 겉칼라를 중간에, ④를 위에 놓아 그림과 같이 박음질한다.

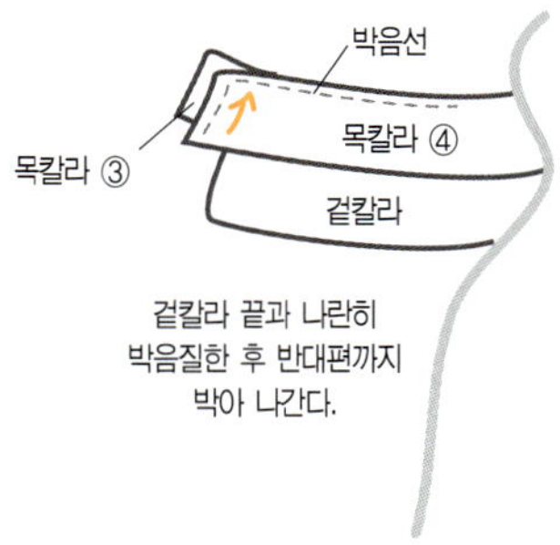

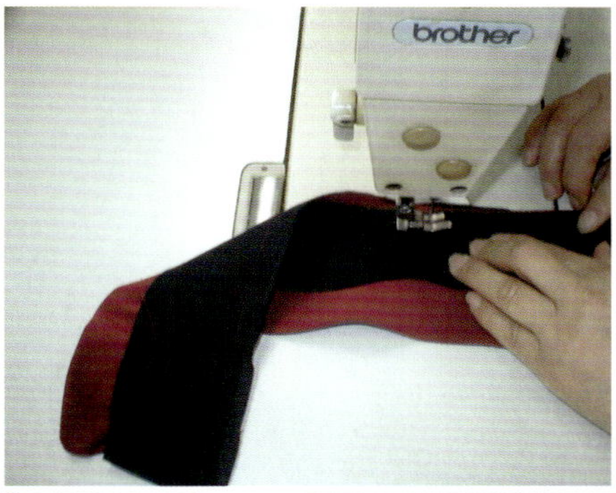

51 칼라 다림질

만들어진 칼라를 다림질한다.

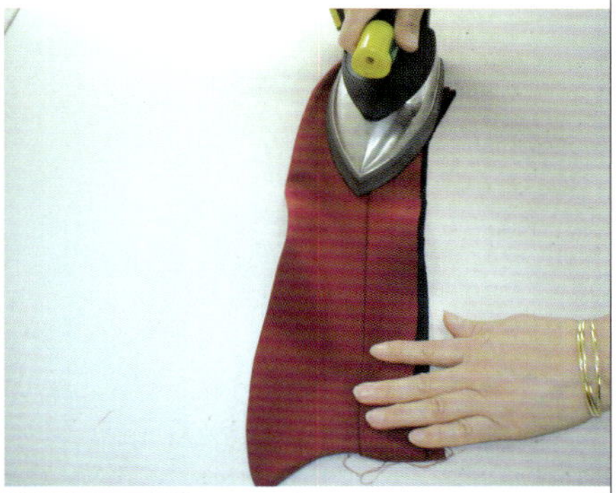

52 목칼라 고정박음질

겉칼라와 목칼라 연결 부위를 모두 눌림 박음질한다.

53 겉감에 칼라달기

옷의 겉과 칼라 안을 마주보게 하여 목둘레선으로 박음질한다.

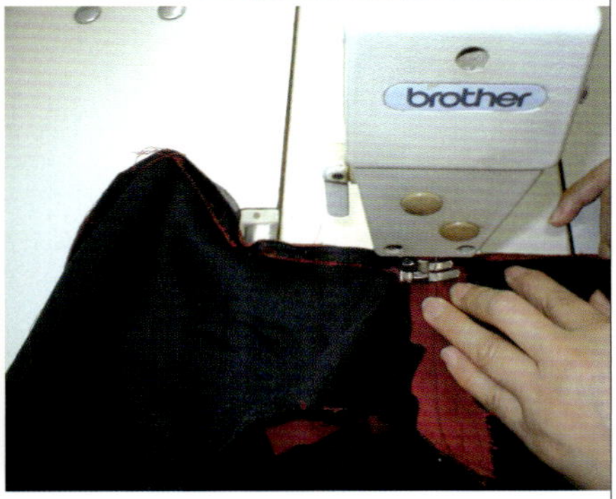

54 안감에 칼라달기

안감을 밑에 놓고 겉감에 달린 칼라를 가운데에 넣어 53의 박음선 위로 박음질하여 안감과 칼라를 붙여 준다.

02 견장 달린 바바리

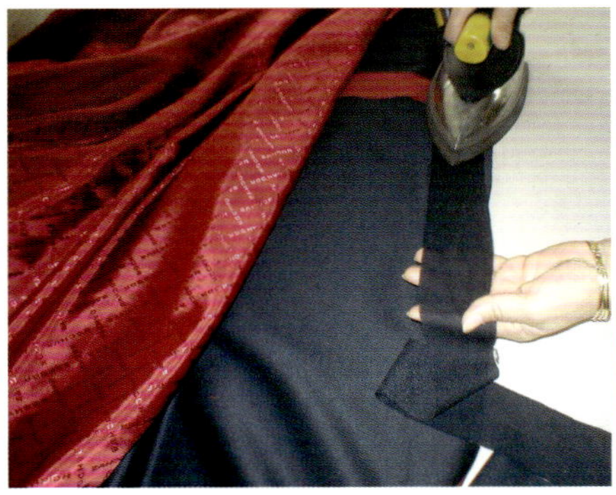

55 기장 시접 접착심 붙이기

기장 시접에 접착심을 붙인다.

56 기장 다림질

기장 표시선따라 다림질한다.

57 앞섶 기장선 박음질

기장 다림선따라 앞섶을 가로 박음질한다.

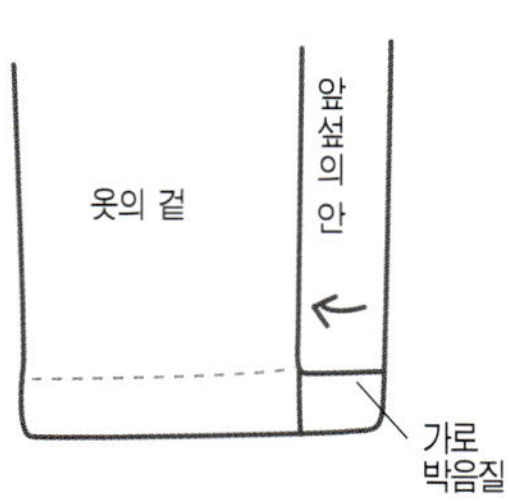

58 앞섶 기장선 다림질

박음질이 잘 되었는지 확인하여 다림질한다.

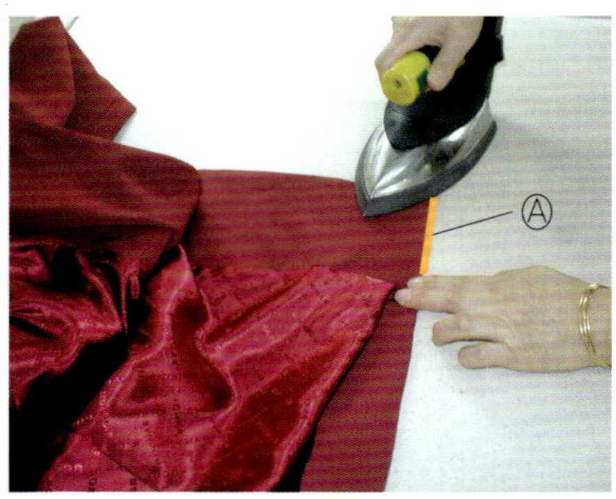

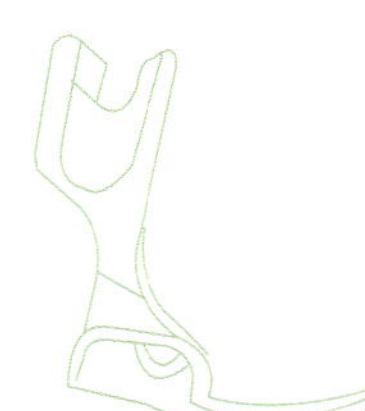

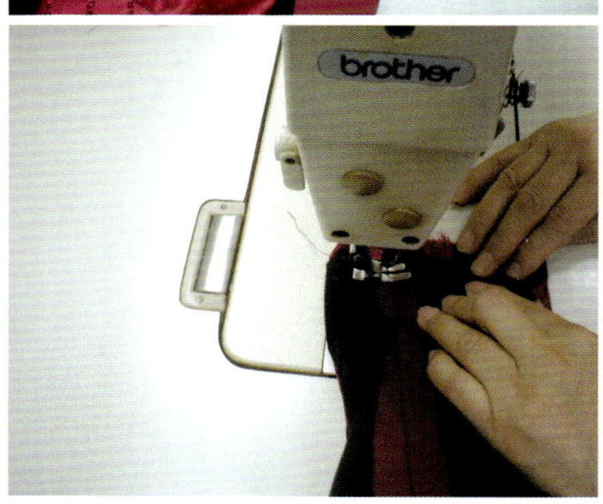

59 소매 기장 안과 겉 연결

뒤집어 소매 기장 시접선으로 안과 겉을 연결 박음질한다.

60 소매 기장 고정 바느질

소매 안 기장이 밀려 나오지 않게 시접 끝에서 손바느질하여 고정시킨다.

02 견장 달린 바바리

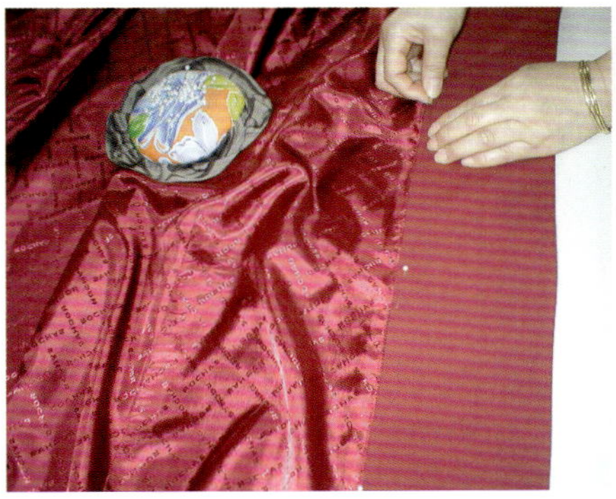

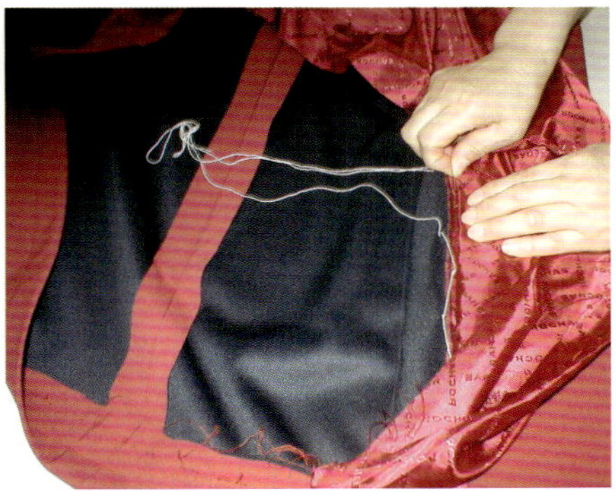

61 안단선 고정시키기
양쪽 안단선 위로 핀을 꽂아준다.

62 앞섶 고정 바느질
핀을 꽂은 상태로 안을 살짝 뒤집어 안단선따라 손뜨기하여 앞섶을 고정시킨다.

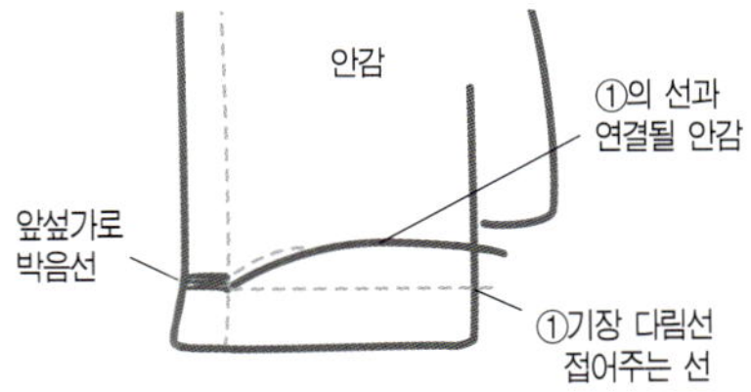

63 기장 안과 겉 연결
옷을 뒤집어 옷의 안에서 안기장과 겉기장을 맞잡아 시접 끝으로 박음질 한다.

64 소매트임 숨구멍 막기
기장이 마무리 되면 안소매 트임 부분으로 뒤집어 안 소매의 트임을 박음질하여 막는다.

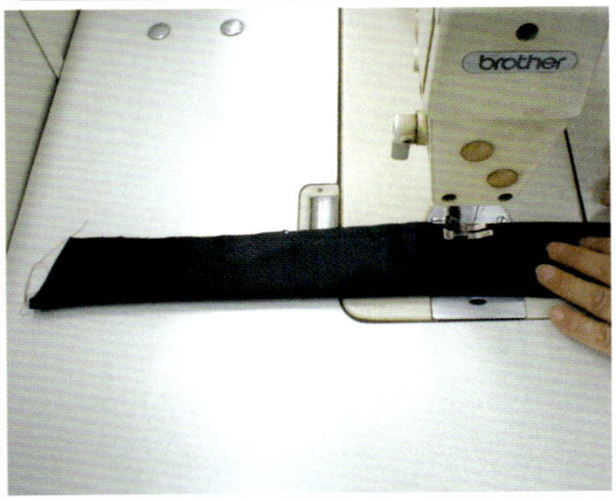

65 기장 눌림 박음질
옷의 안쪽에서 기장 완성선에서 2.5cm(1 inch)올려 눌림 박음질을 한다.

66 허리 벨트 만들기 ①
길이는 200cm(80 inch), 너비는 시접을 포함하여 13cm(5 inch)의 허리 벨트천을 길게 절반으로 접어 박음질한다.

02 견장 달린 바바리

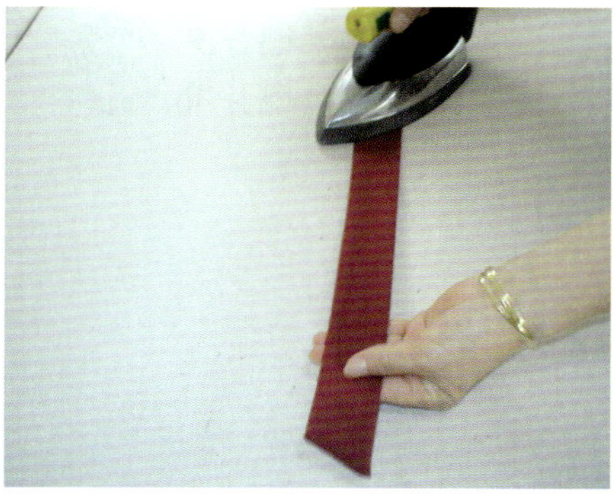

67 허리 벨트 만들기 ②

벨트를 뒤집어 다림질한다.

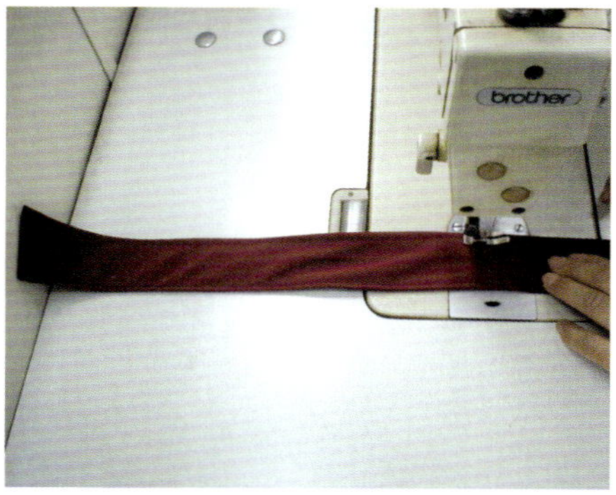

68 허리 벨트 만들기 ③

겉에서 눌림 박음질하면서 뒤집기 위해 둔 숨구멍도 같이 박음질한다.

69 단추 구멍 표시

옷의 오른쪽 안면의 시접 다림선에서 가로 2cm($\frac{3}{4}$inch) 뛰우고 세로 9cm($3\frac{1}{2}$inch) 간격으로 단추 구멍 표시 4개를 한 후 단추 구멍을 만든다.
(여자 상의 단추구멍)

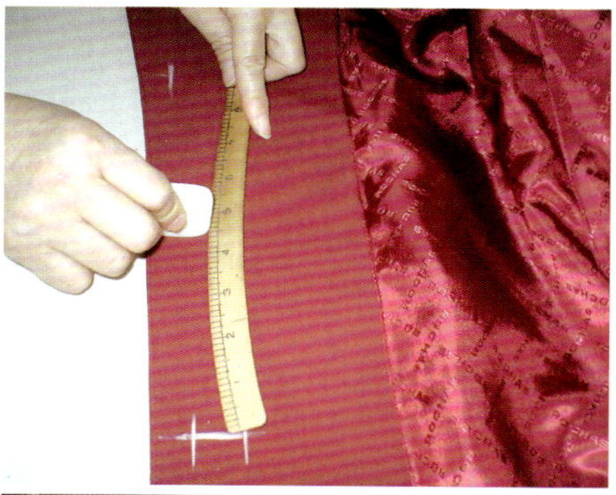

70 단추 달 위치 표시

앞섶을 나란히 하여 단추 구멍 표시된 곳을 기준으로 반대쪽에 단추가 달릴 곳을 표시한다.

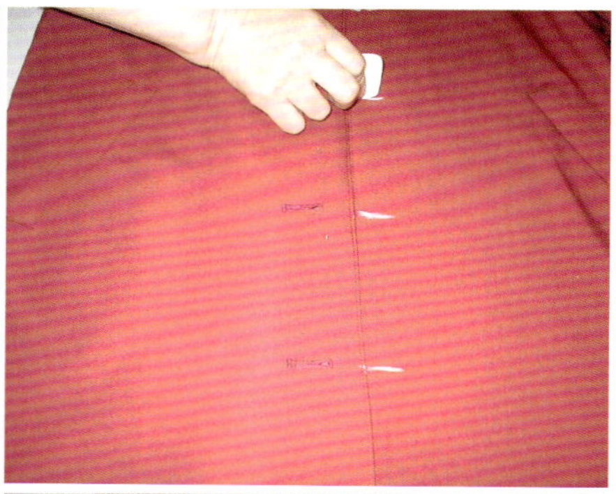

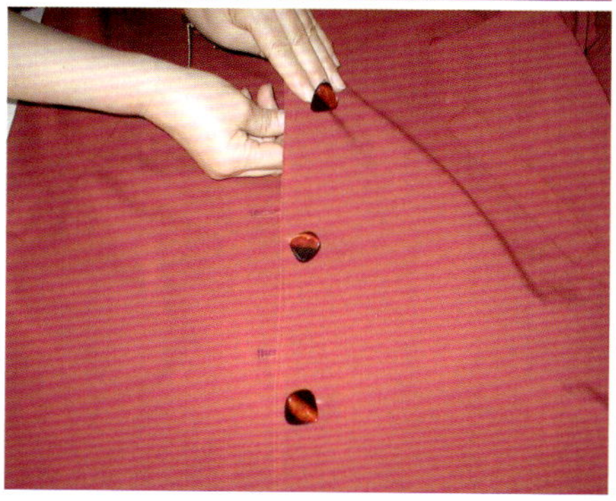

71 단추 달기

안면에 작은 단추를 받쳐 단추를 헐렁하게 달아 단추 사이로 실을 몇 번 돌려 감아 단추를 단다.

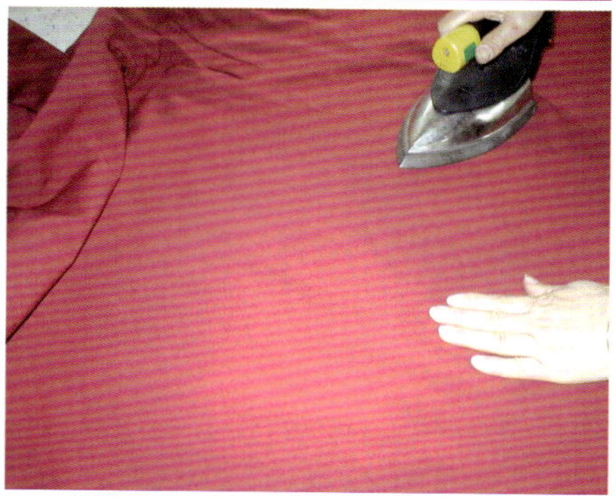

72 마무리 다림질

전체를 마무리 다림질한다.

73 완성

완성

How to Make

A라인 코트 만들기

견장 달린 바바리 만들기

01 치수재기

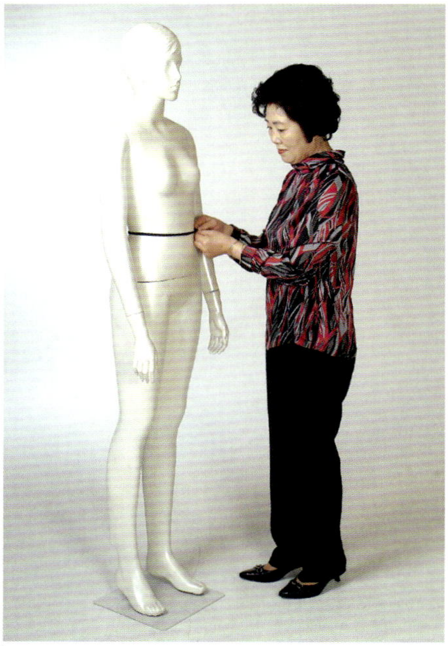

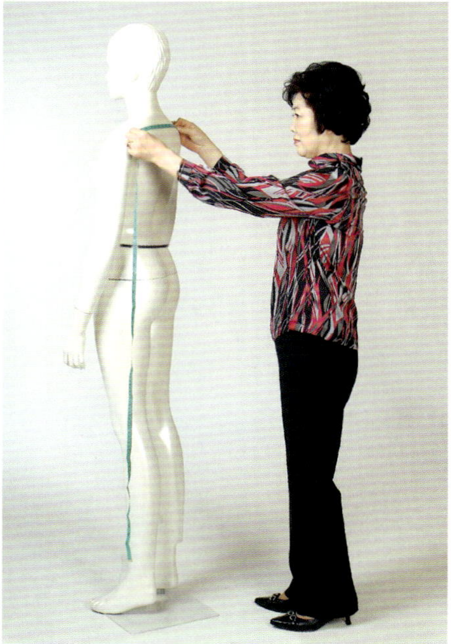

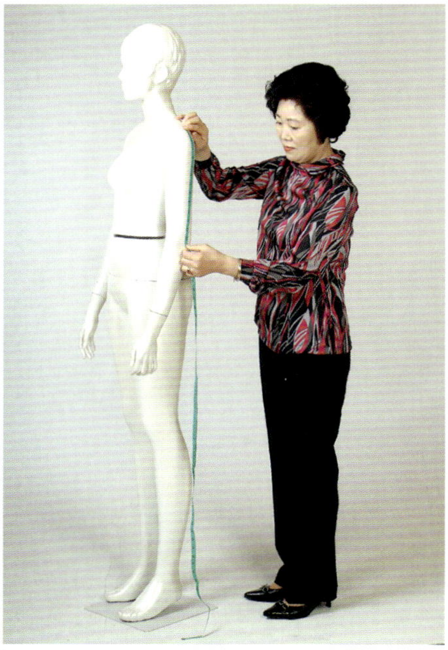

1 준비

고무줄 등을 허리에 묶어 허리선을 표시하고 이를 기준으로 한다.

2 어깨너비 재기

어깨점(어깨끝 부분에 뼈가 튀어나온 점) 기준에서 뒷목점(뒷목 가운데의 튀어나온 뼈) 기준 아래를 지나 반대 어깨점까지 잰다.

3 팔꿈치길이 재기

어깨점에서 팔꿈치까지 잰다.

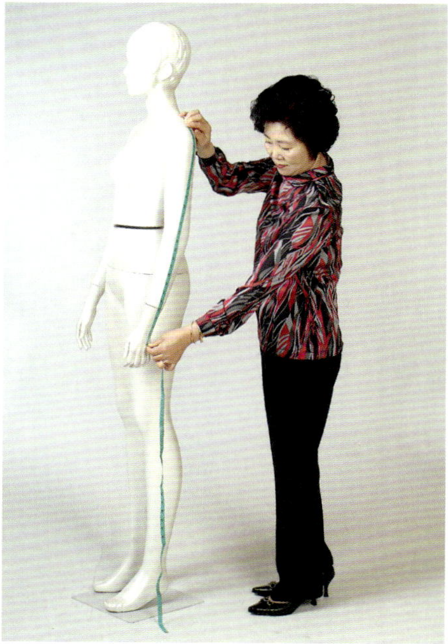

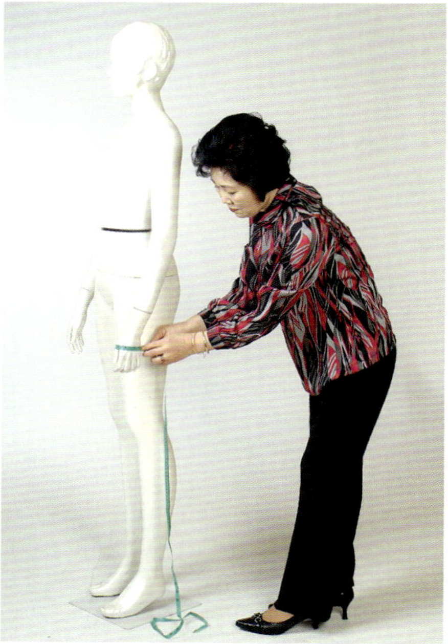

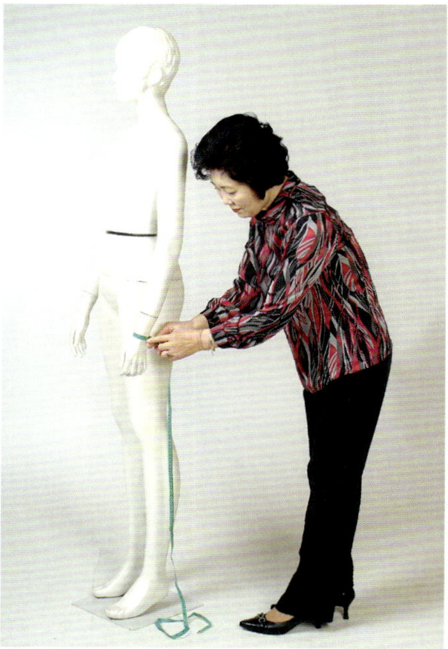

4 팔길이 재기

어깨점에서 손등 1/3지점까지 잰다.

5 손등둘레 재기

엄지손가락 위로 돌려 잰다.

6 손목둘레 재기

손목의 가장 가는 부분을 돌려 잰다.

01 치수재기

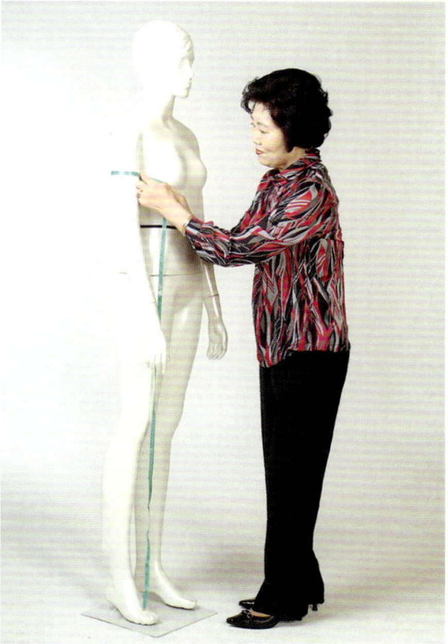

7 팔둘레 재기

겨드랑이 바로 밑으로 돌려 잰다.

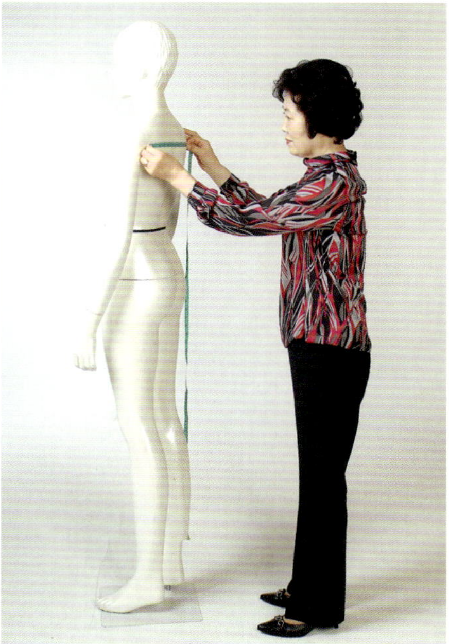

8 등품 재기

팔을 자연스럽게 내려 겨드랑이 윗부분 사이를 잰다.

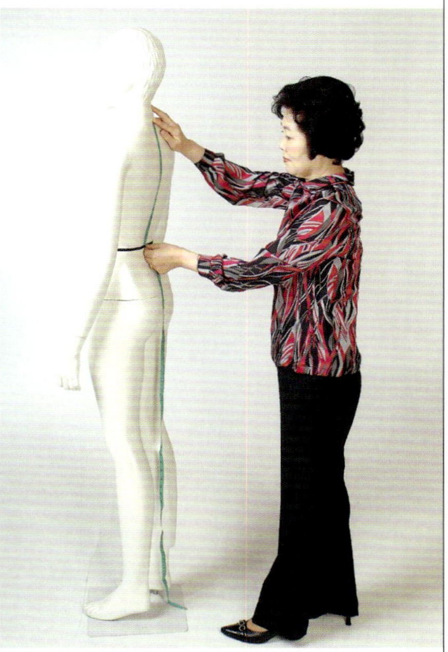

9 등길이 재기

뒷목점에서 허리선까지 잰다.

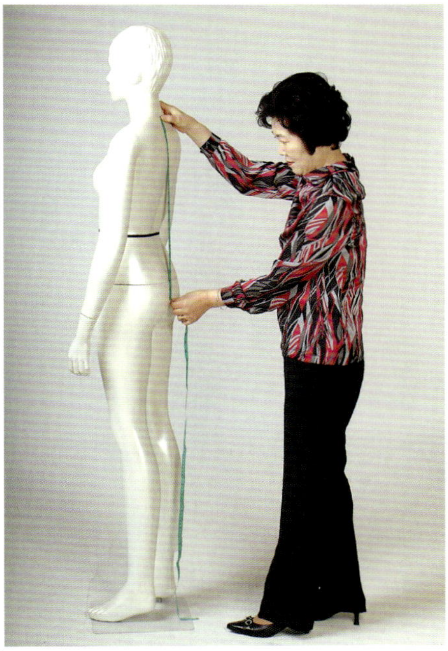

10 상의기장 재기

뒷목점에서 원하는 상의 길이만큼 잰다.

11 총길이 재기

뒷목점에서 발 뒷꿈치 끝까지 잰다.

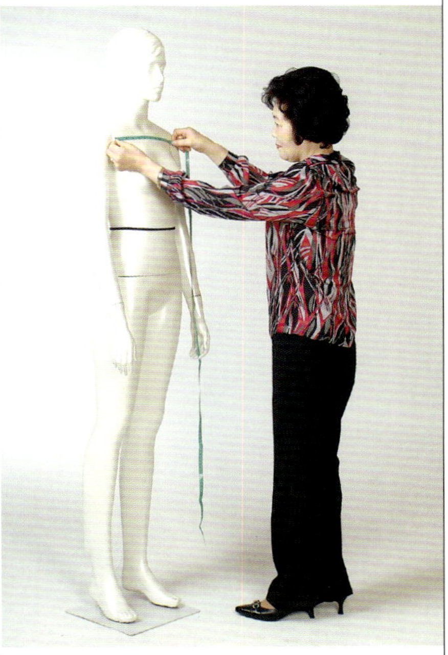

12 앞품 재기

팔을 내려 위쪽 겨드랑이 끝 사이를 잰다.

01 치수재기

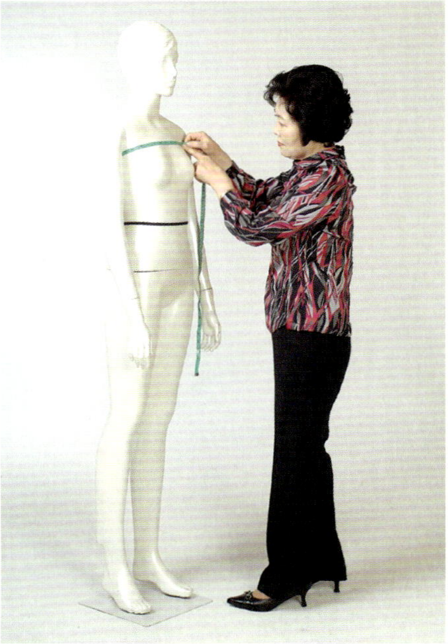

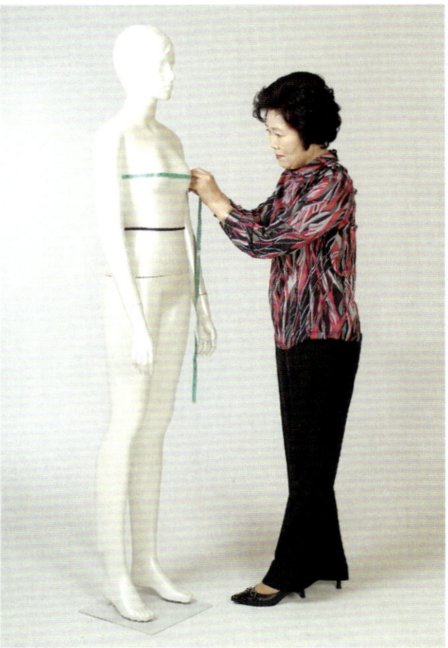

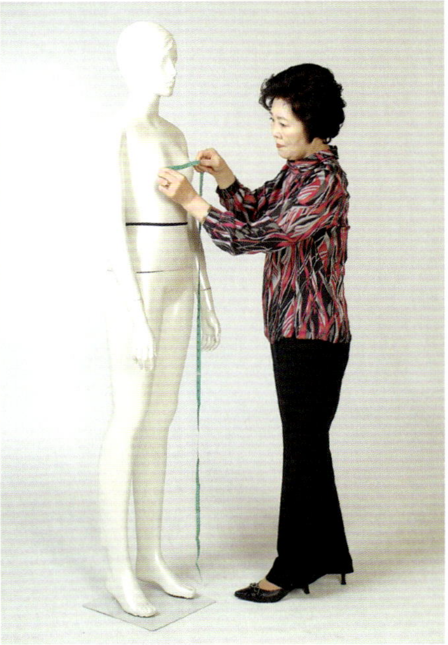

13 윗가슴둘레 재기

겨드랑이 바로 밑으로 돌려 잰다.

14 가슴둘레 재기

유두점을 지나 가슴의 가장 높은 부분을 돌려 잰다.

15 유폭 재기

유두점 사이를 잰다.

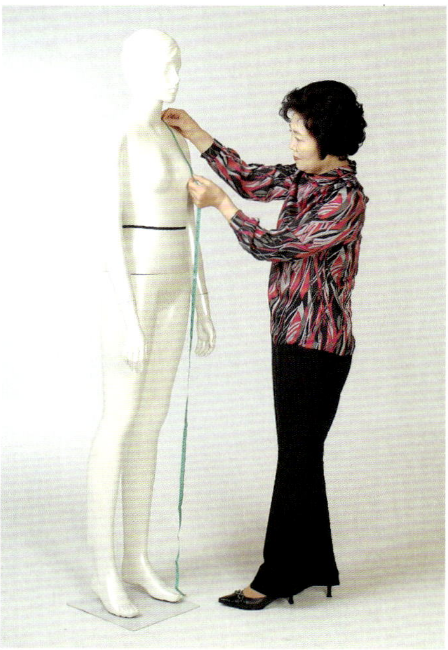

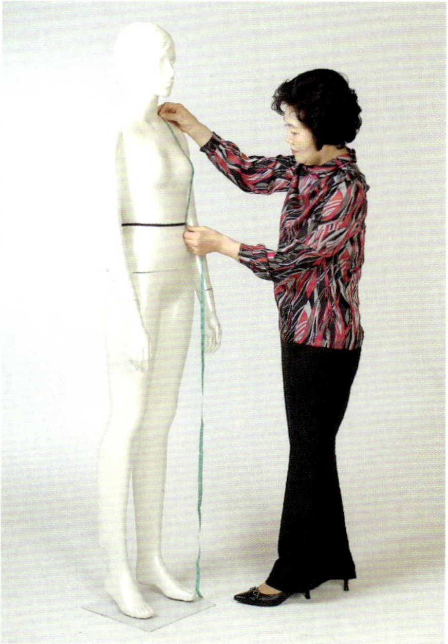

16 유장길이 재기

옆 목점에서 유두점까지의 길이를 잰다.

17 앞길이 재기

옆 목점에서 허리선까지의 길이를 잰다.

01 치수재기

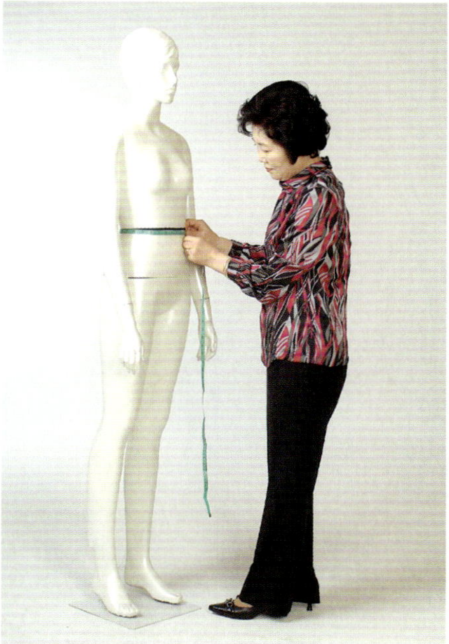

18 허리둘레 재기

배꼽에서 5cm(2inch) 위를 잰다.

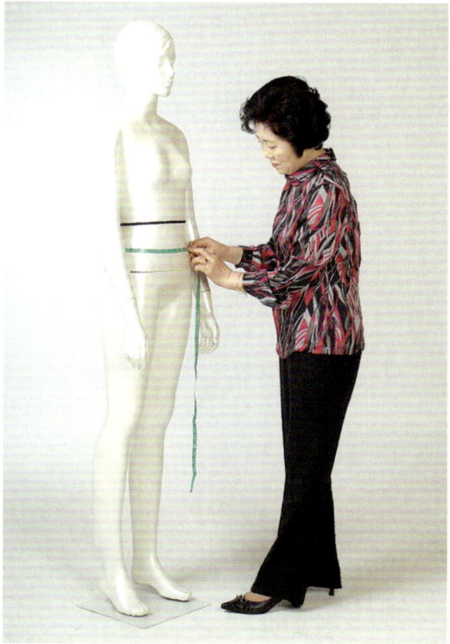

19 윗엉덩이 둘레 재기

허리선과 엉덩이 둘레의 중간을 돌려 잰다.

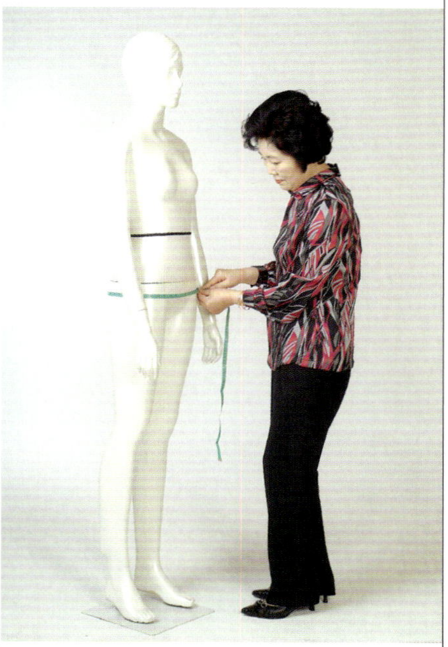

20 엉덩이둘레 재기

엉덩이의 제일 높은 부분을 잰다.

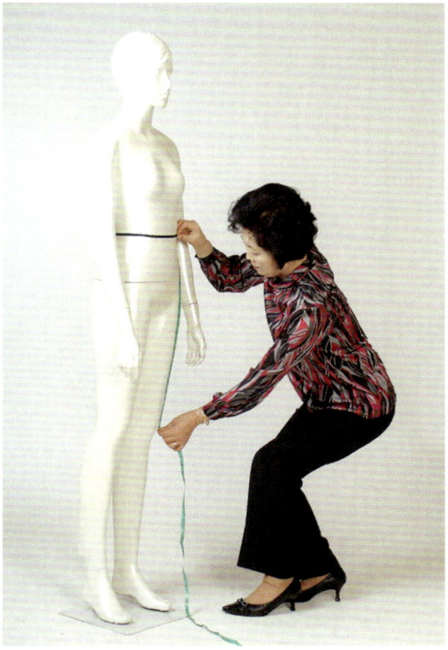

21 치마길이 재기

옆 허리선에서 원하는 치마길이 만큼 잰다.

22 바지길이 재기

옆 허리선에서 신발 높이를 생각하며 원하는 바지길이를 잰다.

01 치수재기

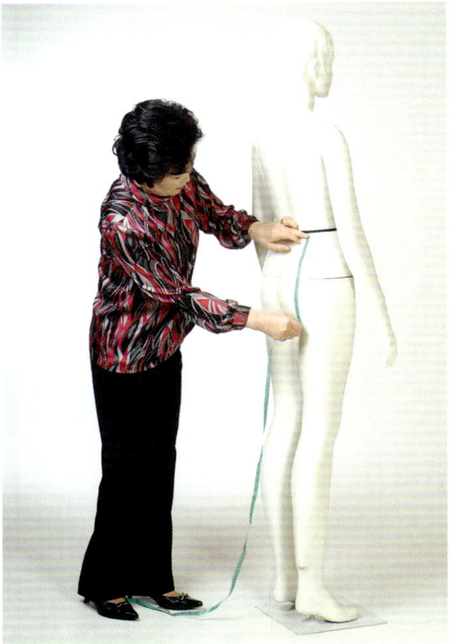

23 밑위길이 재기

허리선에서 엉덩이 제일 높은 부위를 지나 볼록한 부분 밑까지 잰다.

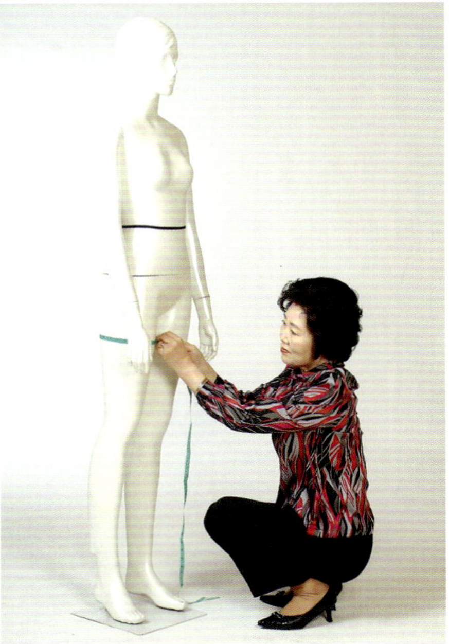

24 허벅지둘레 재기

허벅지의 가장 굵은 부분을 잰다.

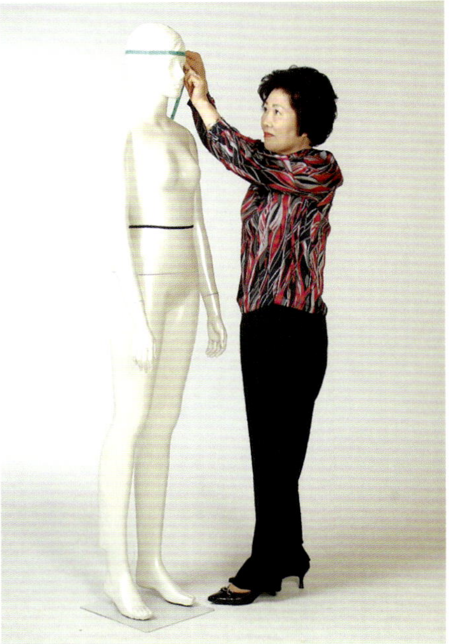

25 머리둘레 재기

가장 굵은 부위의 머리 둘레를 잰다.

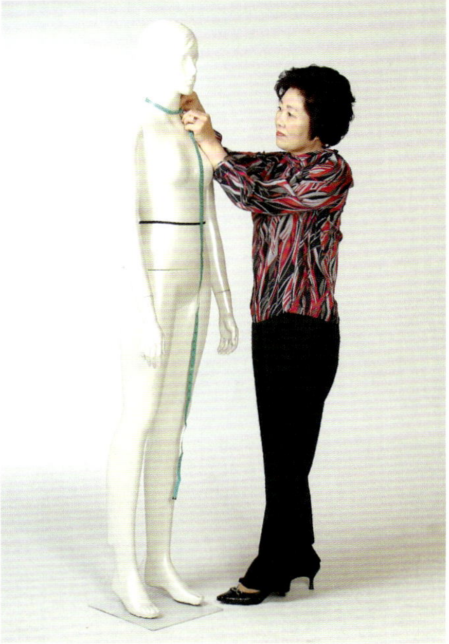

26 목둘레 재기

목의 밑 부분을 잰다.

02 재료준비 <<<

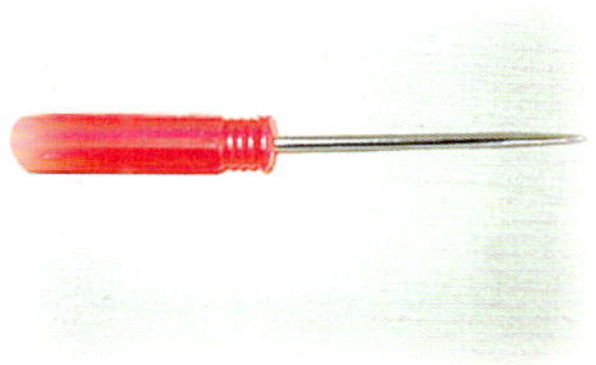
송 곳

재단용 가위

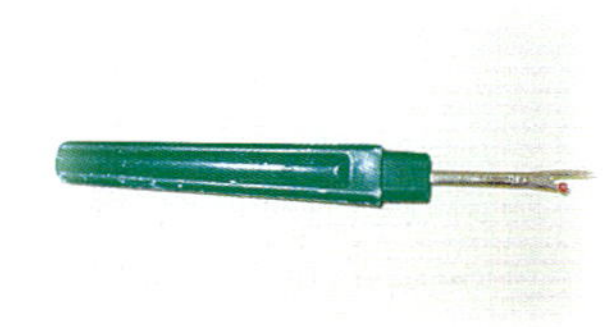
니 퍼

쪽가위

스팀다리미

누름쇠

우 마

실

시침질실·바늘

접착심

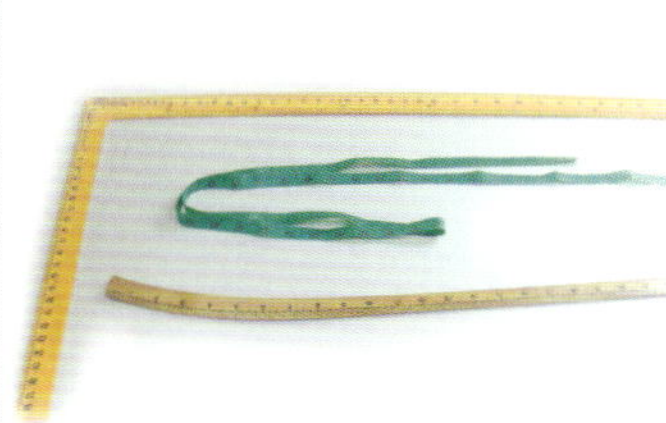
각자·곡자·줄자

쵸 크

03 미싱 실꿰기

***미싱 바느질이 제대로 안될때!**

1. 바늘이 제대로 끼워졌는지, 바늘이 휘였는지, 바늘 끝이 부러졌는지 확인한다.
2. 조절 나사에 실이 바로 끼워졌는지, 먼지가 끼였는지, 조절 나사가 많이 풀렸는지, 조여졌는지 확인한다.
3. 북집이나 북에 이물질이 끼었는지, 북집 나사가 많이 풀렸거나 조여졌는지 확인한다.
4. 바늘판 밑에 먼지가 끼였으면 바늘판 옆의 나사 2개를 풀어 청소한다.

1 미싱위쪽 구멍에 실을 끼운다.

2 기억자 모양의 실걸이의 구멍 3개 중 한 곳에만 실을 끼운다.

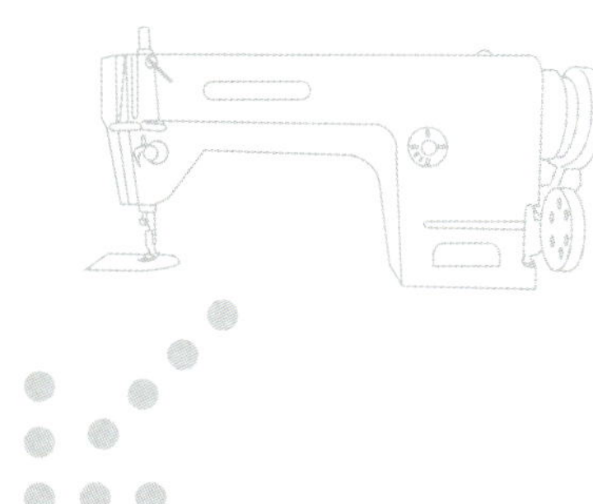

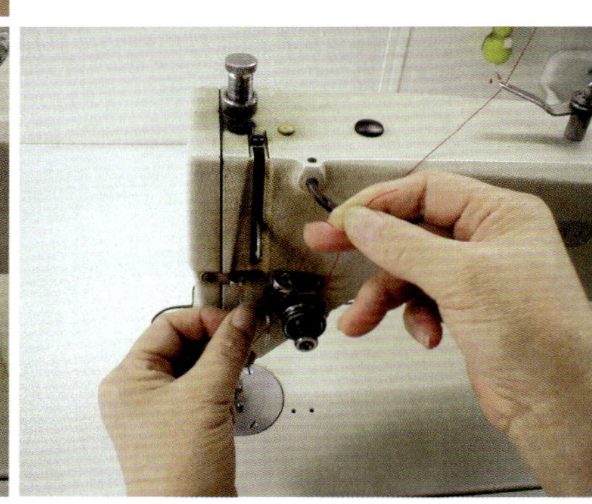

3 실 조절기에 돌려 끼운다.

4 조절기 안쪽 작은 스프링의 걸고리에 걸어 준다.

5 기억자 모양의 걸고리 밑쪽에서 걸어 준다.

03 미싱 실꿰기

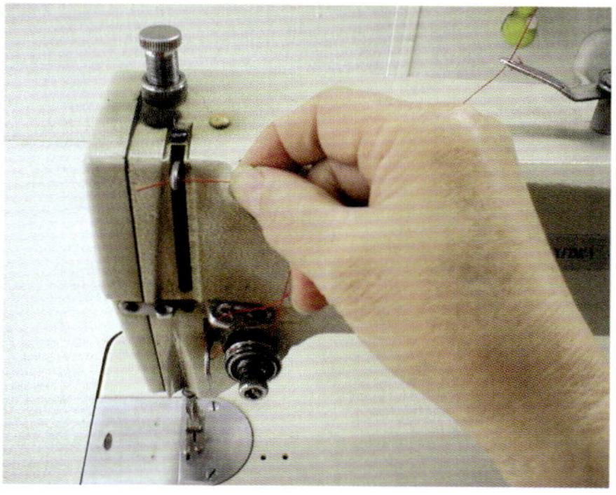

6 실채올리기 구멍에 걸어 준다.

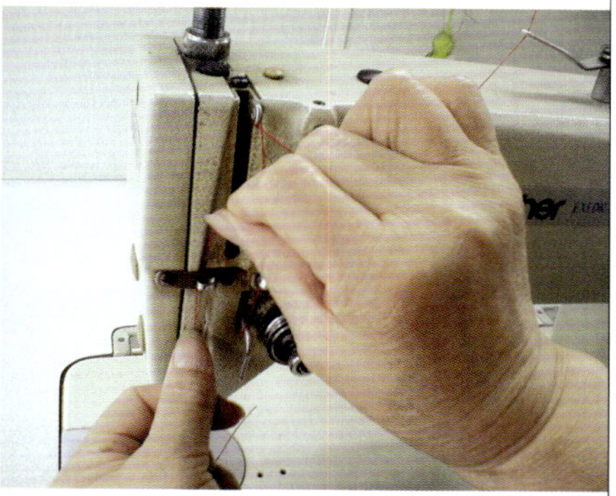

7 고정할 납작한 부분을 통과한다.

8 바늘 위쪽에 붙은 구멍을 통과한다.

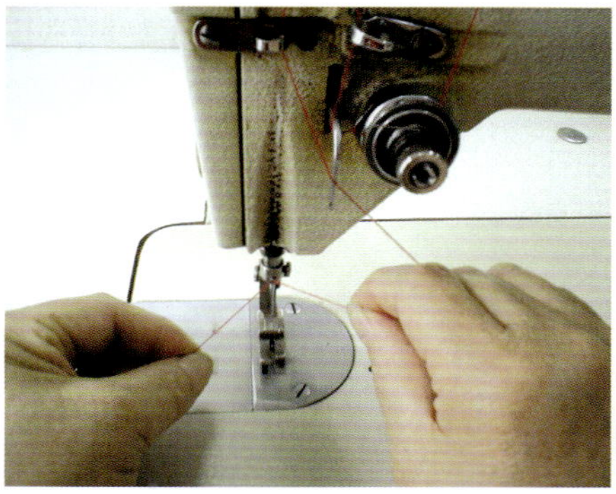

9 왼손으로 실을 잡고 바늘에 끼운다.

10 왼손에 잡은 북집에 오른손으로 잡은 북(보빈)을 끼운다.

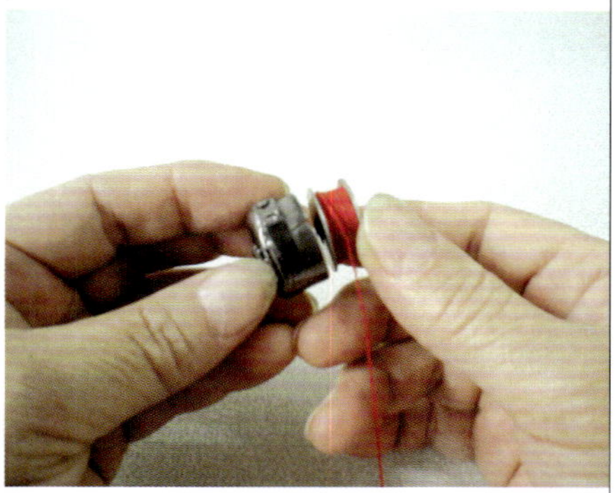

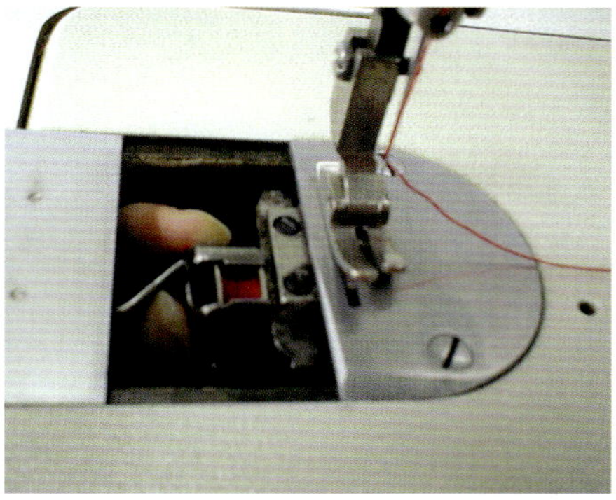

11 미싱밑으로 손을 집어 넣어 미싱 밑 본체의 북집에 끼운다.

12 미싱 위판을 닫고 북실을 뽑아 올린다.

04 오버룩 미싱 실꿰기 1단계

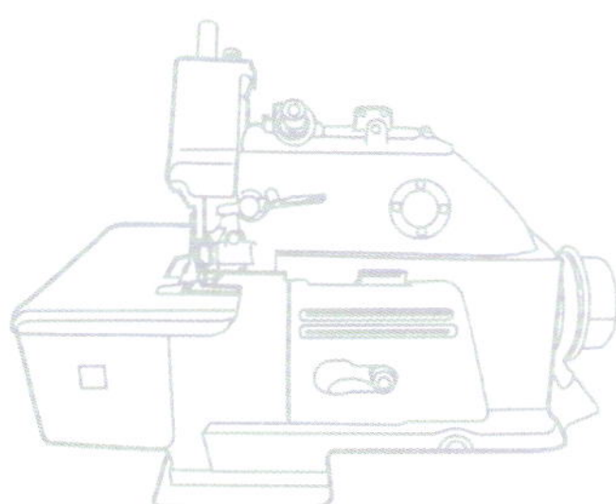

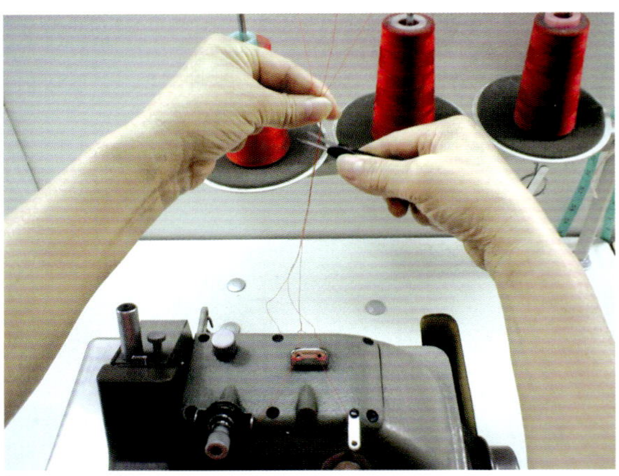

1 실을 갈아야 할 때 세가닥을 손으로 잡고 같이 잘라 준다.

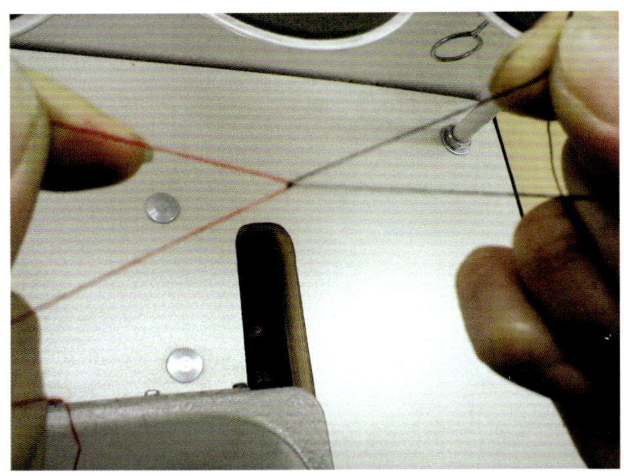

2 사진과 같이 처음에 한번 묶고, 두번 묶어 당긴다.

3 상단에 붙은 두개의 구멍 중 좌측에 붙은 구멍에 끼워 준다. (뒤에서 앞으로)

4 나사 가운데로 통과하는 실 조절기를 거쳐 나온다.

04 오버룩 미싱 실꿰기 1단계

5 실채기 밑쪽에 붙은 구멍에 끼운다.

6 실채기 위쪽 구멍에 끼운다.

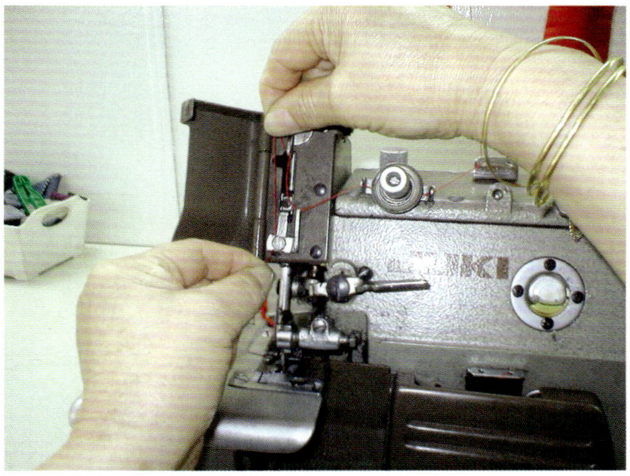

7 납작하게 붙어있는 기계속을 통과한다.

8 바늘 구멍에 실을 끼워 준다.

05 오버룩 미싱 실꿰기 2단계

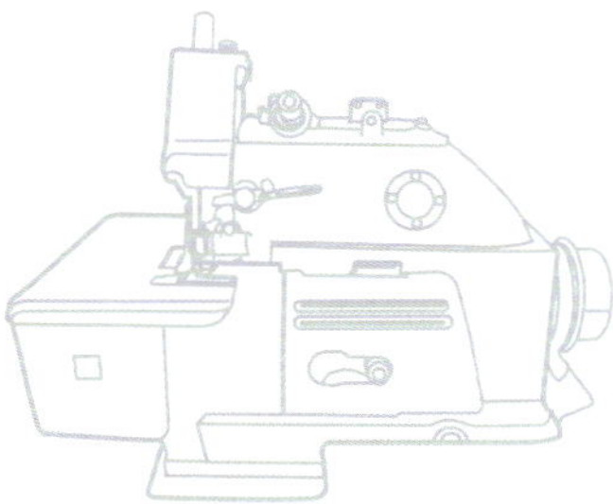

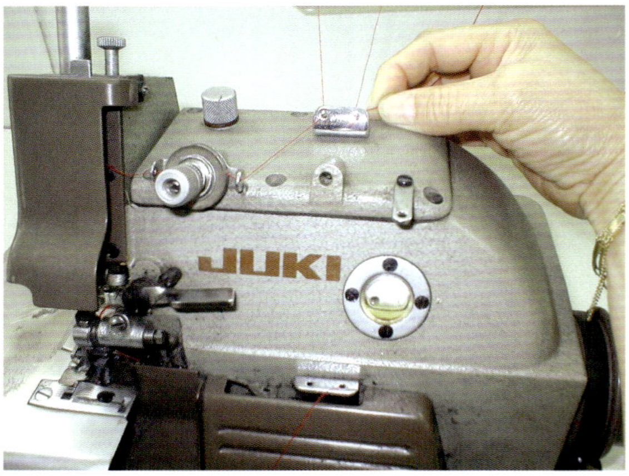

1 상단에 붙은 우측 구멍을 통과한다.

2 밑쪽 구멍에 끼워 준다.

3 앞 뚜껑을 열어 핀셋을 이용해 실을 구멍에 끼운다.

4 나사의 가운데 실 조절기를 통과한다.

05 오버룩 미싱 실꿰기 2단계

5 실조절기 옆에 붙어있는 구멍에 끼워준다.

6 두개의 구멍 중 끝쪽에 끼워준다. (뒤에서 앞으로)

7 구부러진 모양의 두개 걸고리 안쪽에서 바깥쪽으로 끼워준다.

8 다시 올려 6의 두번째 구멍에서 앞에서 뒤로 끼워준다.

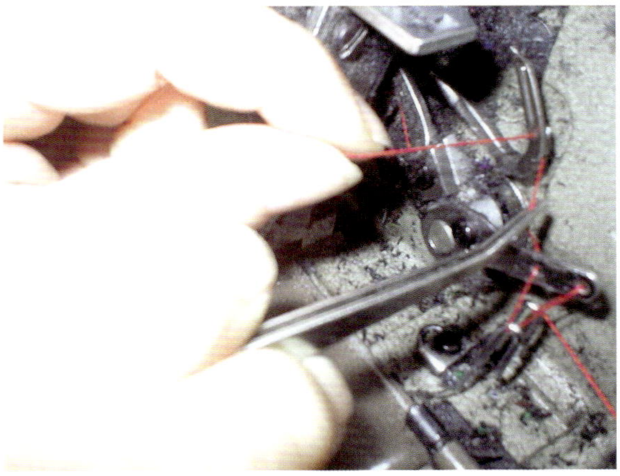

9 바늘판 밑쪽에서 뻗어나오는 기억자 모양의 아래 구멍에 밑에서 위로 실을 끼운다.

10 9사진의 기억자 모양의 윗구멍에 앞에서 뒤로 끼워준다.

06 오버룩 미싱 실꿰기 3단계

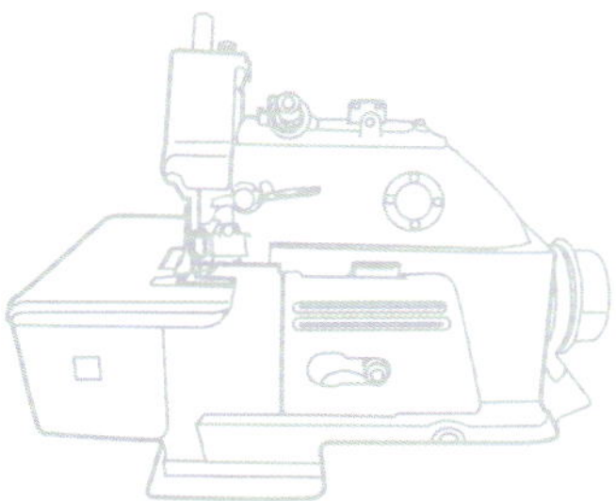

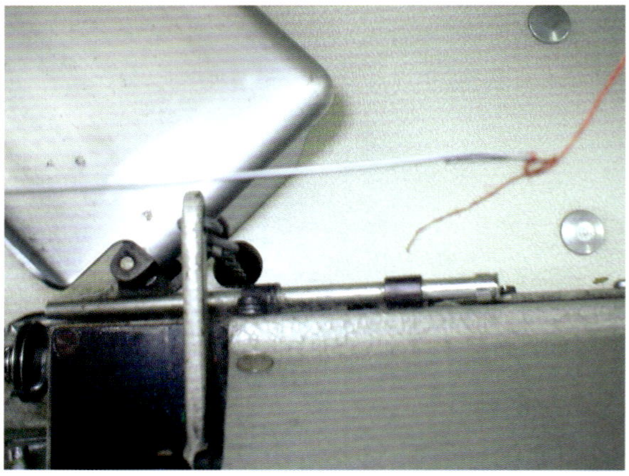

1 약 15cm 길이의 약한 철사줄을 준비한 후 한쪽 끝부분을 실에 연결한다.

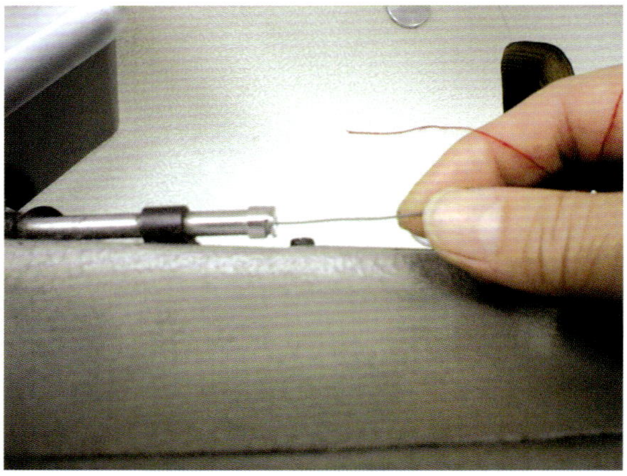

2 오버룩 기계 뒤쪽에 붙어있는 긴 통로로 철사줄을 끼워준다.

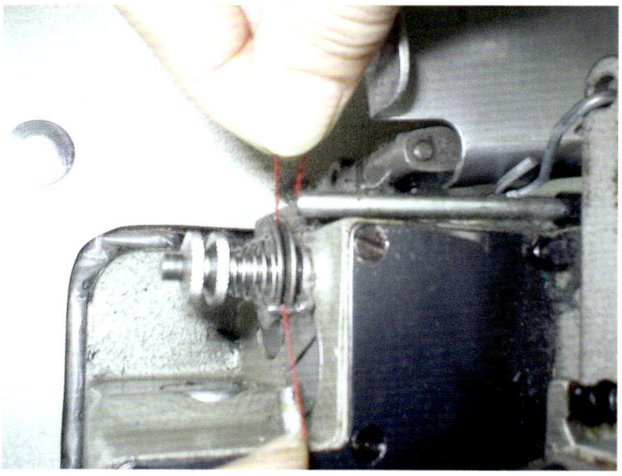

3 기계 뚜껑을 열고 옆쪽의 실조절기에 걸어 준다.

4 철사를 이용해 아래의 짧은 통로로 끼워 준다.

06 오버룩 미싱 실꿰기 3단계

5 기억자 모양의 두개의 구멍 중 안쪽에 먼저 끼워 주고

6 다음 기억자 모양 끝쪽에 실을 끼워주면 된다.

다리미 청소법

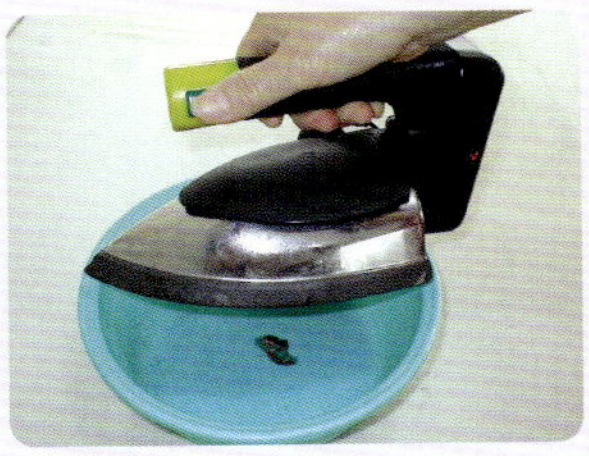

▸전기 스위치를 꽂아 다림이를 들고 옆 스위치를 물이 나올때가지 눌러준다.

▸사용을 하다 구멍이 막혀 증기가 적게 나오는 경우에는 핀을 이용해 구멍을 뚫어 준다.

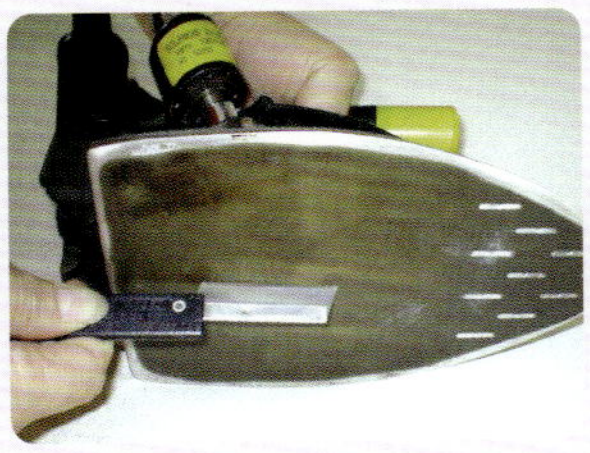

▸다리미 밑판에 묻은 이물질을 칼을 어슷하게 하여 긁어 준다.

▸다리미의 온도 $2\frac{1}{2}$을 맞추면 보통 적당하나 다리미 기능에 차이가 있으니 주의한다.

유여사의 멋진 옷 만들기

www.alter25.co.kr

- **발 행** / 초판 2010년 3월 1일
  2쇄 2015년 3월 1일
- **저 자** / 유 차 순
- **Editorial Design** / 김 수 연
- **Cover Design** / 김 수 연 · 박 기 현
- **발행처** / TEL. 051) 721-8827
- **정 가** / 50,000원
- **등록번호** / ISBN 978-89-963976-0-1